육갑경

육갑경

초판 1쇄 발행 | 1991년 11월 19일

개정판 1쇄 인쇄 | 2009년 1월 13일
개정판 1쇄 발행 | 2009년 1월 19일

지은이 | 마의천
펴낸이 | 이석범
펴낸곳 | 도서출판 동반인
주소 | 121-884 서울시 마포구 덕일길 20번지 2층(합정동 371-18)
전화 | (02)323-1488 팩스 | (02)323-1489
홈페이지 | http://www.msoribook.com
이메일 | to2001@hanmail.net
출판등록 | 제3-359호(1991.6.21)
주문 및 도서 공급처 | 도서출판 맑은소리
편집 | 김현진
마케팅 | 장신동
총무 | 문가영

ⓒ 마의천, 2008, Printed in Korea
ISBN 978-89-85235-90-7 03150

- 이 책은 도서출판 맑은소리&동반인과 저작권자와의 계약에 의거 발행하였으므로
  본사와 저작권자 양측의 서면 허락 없이는 어떠한 형태나 수단으로도 이 책의 내용을 이용할 수 없습니다.
- 잘못 만들어진 책은 구입하신 서점에서 교환해 드립니다.
- 책값은 표지에 있습니다.

> 불법복사는 지적재산을 훔치는 범죄행위입니다.
> 저작권법 제 97조의 5(권리의 침해죄)에 따라 위반자는 5년 이하의 징역
> 또는 5천만 원 이하의 벌금에 처하거나 이를 병과 할 수 있습니다.

당신은 지금 이책 『六甲經』을 집어든 순간,
구속된 영혼이 해탈의 대자유를 맛보게 된다.

반복적으로 세 번을 독파하라!
반드시 박복한 凶命도 행운의 開運期를 맞아
외상 없는 인생을 유감없이
발휘하게 될 것이다.

어차피 우리 人生이란
인도환생의 윤회설을 그대로 수용한다 해도
오늘의 나는 現在의 나로서
오직 나의 몫일 뿐.
이 몸이 다시 사람 몸으로 化身한다 해도
그것은 창창요원한 深海에 떨어진
바늘 찾기보다 더 어려운 노릇이기 때문이다.

분명히 단 한번뿐인 그대의 인생은
오직 그대 자신만이 책임져야 할
삶의 의무가 무겁게 짐지워져 있음을
속히 자각하게 될 것이다.
幸運의 女神은 지금 그대 옆에 미소 짓고 있다.

마의천

팔자비해
八字秘解

역리학의 본의(本意)

우리 인간은 누구나가 자기 나름대로 삶(人生)의 길(路程)을 걷고 있다. 위로는 하늘로부터 아래로는 땅에 이르러 천지가 교합(交合)된 연후에 아버지의 혈(父血)과 어머니의 태(母胎)를 빌려 비로소 세상에 태어나 천부적 사명을 지니고 그 명령을 이행하기 위해서 제각기 정해진 운명의 노정을 걸어가고 있는 것이다.

그럼 인간은 무엇 때문에 태어났으며 운명이란 과연 무엇인가?

어떤 사람은 농부가 되어 모든 사람에게 식량을 제공하고 어떤 사람은 교육자가 되어 혼미한 세인(世人)에게 글을 가르치며 어떤 사람은 건축가가 되어 만인에게 집을 제공하고 혹은 의사가 되어 병든 사람에게 약을 주어 병을 낫게 하고 어떤 사람은 역리 학자가 되어 모든 사람들에게 병든 정신과 마음의 번뇌를 풀어주어 생기 의욕(生氣意慾)을 돋우어주라는 등 하늘의 준엄한 명령을 받고 이 세상에 태어나 그 사명을 위해 끊임없이 숨(命脈)이 다하는 날까지 운동하고 있음이니, 이것이 곧 인간이 숙명적으로 지닌 지고(至高)한 소명(運命)인 것이다.

돌이켜보건대, 인류의 역사를 통해서 볼 때 인간은 운명이라는 미혹(迷惑)의 운정에 몸을 맡길 수는 있어도 그것을 거역할 수는 없었다. 또 인간은 운명이라는 피륙을 짜나갈 수는 있어도 그것을 찢어버릴 수는 없었다.

그러나 인간은 체념하지 않았다. 운명이 비록 무엇을 기도하고 있을지라도…….

범부는 불행(運命)이 어느 골목을 지나 어디서 그 얼굴을 내밀는지 도무지 알 수 없기 때문에 칠흑같은 캄캄한 미로(迷路)에서 어떠한 역경에 놓인다 하더라도 좌절하지 않고 오직 희망만을 구원했다.

이때 하늘(聖賢)은 범부의 무지(無知)한 암맹(暗盲)을 외면하지 않았으니 그때까지 오직 신비에만 붙여진 인간의 운명을 적나라하게 파헤칠 수 있는 역리(易理)를 창도(創道)케 하였다. 이것이 곧 명리학(命理學)이라고 하는 역리 철학이다.

바꾸어 말하면 인간이 타고난 연(年)·월(月)·일(日)·시(時)의 네 기둥(四柱)과 이에 하늘(天干)과 땅(地支), 음·양을 형상화하여 천간과 지지의 여덟 글자(八字)로써 인간의 생사길흉(生死吉凶)을 미리 알 수 있게 명지(明智)해준 것이다.

역리도(易理道)의 진의(眞意)

'역(易)'이란 정녕 천지간의 일월(日月)을 표징하는 것이거니와 우주가 아직 개탄(開誕)되기 이전인 혼돈(混沌)의 시기에서 천지음양과 일월성신(日月星辰)이 아직 개벽(開闢)되기 이전인 배운(胚運)의 시기까지에는 역은 존재하지 않았다.

다만 당시에는 상허(上虛)가 무장(武裝)하였기에 인간과 금수는 물론 구름과 바람, 이슬과 초목까지도 존재하지 않았다.

그와 같은 무중력한 상태에서 오랜 겁(永劫)이 지나옴에 홀연히 일기(一氣)가 서리고 엉기어 하나의 중력이 생겼으니 이것이 곧 오행의 시발(始發)인 태역(太易)의 출현인 것이다.

일찍이 노자(老子)는 『도덕경(道德經)』에서 다음과 같이 설파하였다.
"무명(無明)은 천지의 시초요, 유명(有明)은 만물의 어머니(母)다."

이는 곧 물질이 혼성(混成)한 연후에 먼저 천지가 생겼음을 의미하는 것이니 형상이 있는 것은 형상이 없는 데서 비롯되었음을 뜻하는 것이다.

따라서 태역(太易)이 물(水)을 낳고 다음으로 태초(太初)가 불(火)을 생(生)하였으며 태시(太始)가 나무(木)를, 태소(太素)가 쇠(金)를, 마지막으로 태극(太極)이 흙(土)을 생한 것이다.

그리하여 오행(五行)이 여기에 각각 순서를 따라 선천수(先天數)를 정한 것이니 물〔水〕의 수는 일(一)이 되고 불〔火〕의 수는 이(二)가 됨이요, 나무〔木〕의 수는 삼(三)이 되었으며 쇠〔金〕의 수는 사(四)가 됨이요, 흙〔土〕의 수는 오(五)가 된 까닭이다.

그런 연후에 맑고 밝고 가벼운 것은 하늘〔乾, 天〕, 즉 양(陽)이 되고 흐리고 어둡고 무거운 것은 땅〔坤, 地〕, 즉 음(陰)이 된 것이며 이때에 비로소 모든 만물과 인간이 생겨나게 되었다. 당시만 해도 국가는 물론 도덕과 인륜(人倫)마저도 있을 수 없었다.

이러한 태고(太古) 시대에는 사람의 얼굴이나 몸의 형체가 제대로 이루어지지 않아 그저 금수와도 다를 바 없었으며 나무 위에 집을 틀고 초근목피로써 생존하였다.

역의 기원(起源)

세월이 흐름에 원시적 인간도 차츰 진화를 거듭하여 완성된 인간으로서 그 면모를 갖추게 되니 여러 사람이 모여 사는 부족 사회를 이루게 되었다. 따라서 '역(易)'은 태고 시대를 거쳐 상고 시대에 이르러 천황(天皇)이신 복희씨(伏羲氏)께서 만천하에 교시(教示)함으로써 오늘에까지 전래된 것이다.

'역(易)'은 우주의 자연 원리이며 인생의 궁극 철학으로서 영원 불멸한 생활 진리임에 두말할 나위가 없다. 따라서 동양에서는 고래로 불선(佛仙)의 경전과 더불어 유교의 성경(聖經)이라 할 수 있다. 당시만 해도 학적(學的)으로 완전한 체계가 서지 않았으나 그 후 하(夏)나라와 은(殷)나라를 거쳐 주(周)나라 문왕(文王)에 이르러서야 점차 그 골격이 완전해지게 되었다.

'역'은 상고 시대에는 '연산(連山)'이라 호칭하여 태호(太昊) 복희씨의 역이라 하였고 그 후에는 '귀장(歸藏)'이라 이름하여 황제 헌원씨의 역이라 하였으며 주나라 문왕에 이르러서 비로소 '주역(周易)'이라고 명명하였다.

태곳적에 복희씨께서 백성을 다스릴 때 위로는 하늘을 보아 천도(天道)를 관상(觀象)하시고 아래로는 땅을 살펴 지리(地理)를 관(觀)하시어 만물의 형체와 지형, 인간의 내면을 취상(取象)하여 신명(神明)의 덕(德, 道)에 통달하여 만물을 생정유합(生情類合)시켜 비로소 팔괘(八卦)를 만들었다.
　무릇 우주 만물의 모든 것이 음양오행(陰陽五行)의 도리인 바, 봄에는 갈고 여름에는 가꾸며 가을에는 거두고 겨울에는 감추는 것이 모두 이 '역(易)'의 소관인 것이다.

명리학의 시원(始源)

　동방 문화의 근원인 이 '역(易)'은 세월이 흐름에 따라 수많은 변천을 거치면서 차츰 발전하여 당(唐)나라에 이르러 '사주 추명학(四柱推命學)'의 골격이 이루어졌다.
　이 '사주학'이란 우주 만물이 동정개장(動靜開藏)하는 원동력을 내면의 기(氣)와 삼라만물(森羅萬物)의 기를 연대적으로 상호 연결하여 기상(氣象)의 척도를 합류시켜 그 법칙을 밝히는 수학적 학문이다.
　당나라 초기 때 나진인(羅眞人)이라는 현인이 있었는데 그는 당시 역리(易理)에 확연히 통달하여 160세까지 살면서 세속에 아무런 구애됨 없이 무애인(無礙人)으로 신선처럼 살다 갔다고 한다. 그가 처음으로 역리의 근본인 간지학(干支學)을 학문으로서 세상에 유포하였다.
　그 후 당나라 말기에 이르러 대부(大夫)인 이허중(李虛中) 선생에 의해서 학문적 골격이 이루어졌다. 그러나 이때만 해도 사주학이 관상학보다 뒤떨어졌으며 사주 학자 역시 민중으로부터 인간적 대우를 받지 못하였다.
　그 후 송대(宋代)에 이르러 천문 점성에 밝은 대음양 학자인 서자평(徐子平) 선생에 의해서 완전한 '사주학(연·월·일·시에 의한 운명 판단)'의 체계가 이루어졌으니 소위 이분이 명리학의 비조(鼻祖)라 할 수 있겠다.

실로 복희씨 이후로 '역(易)'이 천하에 홍포되었지만 이허중 선생 이전까지만 해도 생년 중심으로 되었던 운명 판단법이었으므로 학문적 체계가 불완전하였다.

그러나 이 공(李公)께서 연·월·일·시의 생극제화(生剋制化)와 왕상휴수(旺相休囚)와 음양통변(陰陽通變)으로써 인생의 길흉화복과 영고성쇠를 판단케 하였던 것이다. 이 때부터 더욱 발전을 거듭하여 서 공(徐公)에 이르러서야 비로소 생일의 일간(日干)을 위주로 결국 용신과 육친을 분석하여 정확한 운명 판단의 학문적 길을 열어놓은 셈이다.

따라서 연대는 정확히 추정할 수 없으나 송(宋)·명(明) 대의 두 거두(巨斗)의 저서로서 신봉장(神峰張)의 『명리정종(命理定宗)』과 서낙오(徐樂吾)의 『자평서(子評書)』가 명리학의 비전(秘典)으로 오늘날까지 전해오고 있는 것이다.

명리학의 한국 전래(韓國傳來)

우리 나라에 '운명학(四柱學)'이 전래된 것은 확실한 문헌이 없어서 정확히 추정하기는 어려우나 추측건대 단 황조(檀皇祖) 때부터 중원(中原)과의 교역이 이루어진 사실로 미루어보아 그 당시 중국으로 유학간 도학자나 승려들에 의해서 역서(易書)의 보급이 있었으리라 믿어진다.

그러나 정확히 밝힌다면 고려조 때 붓대롱에 목화씨를 숨겨온 문익점(文益漸)에 의해서 수입되었다는 설이 있다.

그 후 조선에 이르러서는 불교의 탄압으로 유교의 근간(根幹)인 사주 명리학은 사대부에서 일반 서생에 이르기까지 더욱 발전하여 특히 학자라면 만학(萬學)의 기초 학문인 양 여기에 공부하여 통달하지 않은 사람이 없을 정도로 번성하였던 바, 조선 초기의 무학 대사나 하륜·이토정·정북창·이서계·남사고 등 유명한 분이 많이 있었다.

그 중에서도 율곡(栗谷) 선생을 빼놓을 수 없겠다.

특히 사기(史記)에 전하는 바에 의하면 400년 전, 이미 율곡 선생은 복서와 사주·주역·천문에 이르기까지 깊이 통달하였으며, 당시 8년 후에 왜적이 침범할 것을 미리 예견하시고 크게 나라의 장래를 근심한 나머지 몰래 이순신 장군을 불러, 다음과 같은 두 글귀를 한지에 써주면서 임진왜란의 처방책을 알려주었던 것이다.

벌목정정 산갱유·伐木丁丁 山更幽
독용잠처 수유청·毒龍潛處 水猶淸

그 후 장군께서 이를 토대로 하여 불뿜는 거북선(毒龍)을 축조하여 왜적을 격침한 것도 이 역시 역학적(易學的) 괘상(離卦)에 연유한 것이라 아니할 수 없다.

당시 율곡 선생은 조정에 나아가 선조 대왕에게 10만 양병책을 강력히 주장하여 국력을 부강시킬 것을 간곡히 탄원하였다. 그러나 당파에 열중하던 조정 신하들의 반대에 부딪쳐 뜻을 이루지 못하자 그만 관직을 사퇴하였다.

그 후 선생께서는 갑년·갑월·갑일·갑시에 왜적이 북상하여 한양을 공략, 아군이 크게 패해 도성이 함락될 것을 미리 예견하시고 임진강 언덕에다 관솔로 정자를 지은 뒤 이름을 '화각정(火脚亭)'이라 붙여놓고 자기의 노복들에게 명하여 매일 이 정자 기둥과 마룻바닥에 기름을 부어놓으라고 지시하였다. 이상스럽게 여긴 노복들은 선생에게 그 연유를 물었으나 아무 말씀이 없었다.

그 후 과연 정자를 지은 지 3년도 못되어 왜장 가토 기요마사(加藤淸正)가 왜병을 이끌고 부산을 거쳐 진주를 함락하고 파죽지세로 한양 땅을 포위하였다.

이렇게 되자 목숨마저 경각에 이른 조정 신하들은 선조 대왕에게 도성을 버리고 일단 의주로 피난할 것을 간언하였던 바, 당시 일행은 비 내리는 컴컴한 야밤을 이용해 궁중을 떠나지 않으면 안 되게 되었다.

일장명궁도(一掌命宮圖)

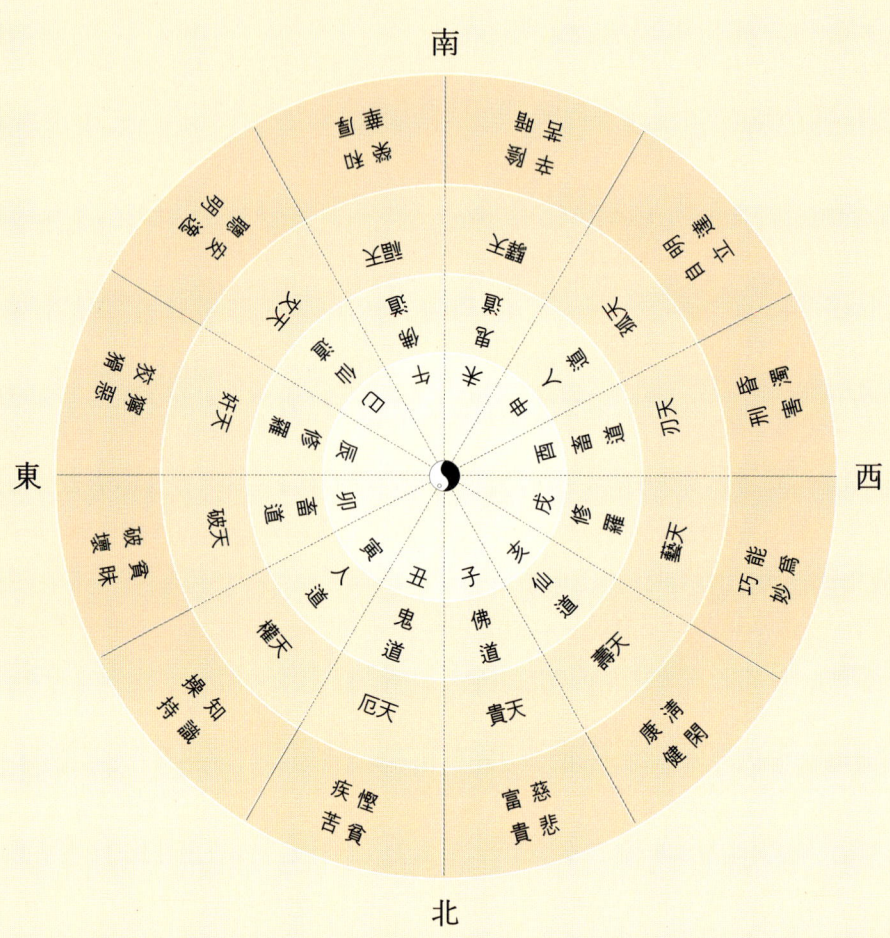

〈우주의 통변과 인간 운명의 비밀이 이 표 안에 들어 있다.〉

그러나 길은 험하고 안개는 자욱한데 비까지 내리는 어두운 밤인지라 더 이상 산길을 택할 수 없게 되자, 일행은 할 수 없이 수로를 택할 것을 결심하고 어렵사리 임진강에 이르렀다. 서둘러 나루터를 찾았으나 사방이 온통 칠흑같이 어두워 앞길을 도저히 분간할 수 없게 되었다.

이때 율곡 선생의 말이 떠오른 한 신하가 화각정을 찾아 불을 놓게 되니 기름 먹은 정자인지라 한번 불이 붙자 사방이 대낮같이 밝았다. 비로소 일행은 진로를 잡아 무사히 강을 건너 선조 대왕의 생명을 구할 수 있었던 것이다.

예로부터 나라에 위급한 일이 생길 때면 세상일을 미리 아는 자가 많이 있었으니 이 분들이야말로 선각자이며 구국의 은충(隱忠)이었던 것이다.

그들은 작게는 사람을 안전하게 하여 인명을 구하고 크게는 나라의 위급을 예방하였던 것이니 이것이야말로 하늘의 이치이며 인간의 생존 역사인 것이다.

생각건대, 고려가 망하고 조선이 개국할 때라든가, 임진왜란·한일합방·육이오전쟁 당시만 해도 앞날을 훤히 아는 현사(賢士)와 지자(智者)가 전국 각처에 많이 있었다.

하지만 그 후로 사회 기반이 근대화되면서 일반 대중들의 의식 구조마저 많은 변화를 거침으로써 역학의 의미가 점점 쇠퇴해갔다.

그러나 본서 『육갑경(六甲經)』은 전생운명판단서로서 우주의 기본 원리이며 인생의 생활철학인 만큼 앞으로도 더욱 발전될 것은 명약관화한 일이며 이에 필자는 의심치 않는 바이다.

신미년(辛未年) 만추(晚秋)에 이 책의 초쇄본을 발행한 지 12년 만에 다시 이 책의 개정판을 내니 감개가 무량할 따름이다.

癸未年 晚秋 九月에
辛樂을 傳하는 靑松山房人
能虛

차례

팔자비해(八字秘解)
- 역리학의 본의 | 12
- 역리도(易理道)의 진의 | 13
- 역의 기원 | 14
- 명리학의 시원 | 15
- 명리학의 한국전래 | 16

제1장 생년천간에 의한 운명의 암시

천간지지론 | 28

천지도수 | 29

갑년생・甲年生	32	을년생・乙年生	35
병년생・丙年生	38	정년생・丁年生	41
무년생・戊年生	44	기년생・己年生	47
경년생・庚年生	50	신년생・辛年生	53
임년생・壬年生	56	계년생・癸年生	59

제2장 생년지지에 의한 운명의 암시

심상(心相)의 대처 방안 | 64

쥐 띠・子年生	66	소 띠・丑年生	69
범 띠・寅年生	72	토끼 띠・卯年生	75
용 띠・辰年生	78	뱀 띠・巳年生	81
말 띠・午年生	84	양 띠・未年生	87
원숭이 띠・申年生	90	닭 띠・酉年生	93
개 띠・戌年生	96	돼지 띠・亥年生	99

제3장 생월지지에 의한 운명의 암시

심상(心相)의 대처 방안 | 104

正月生・寅(범) | 106   二月生・卯(토끼) | 108
三月生・辰(용) | 110   四月生・巳(뱀) | 112
五月生・午(말) | 114   六月生・未(양) | 116
七月生・申(원숭이) | 118 八月生・酉(닭) | 120
九月生・戌(개) | 122   十月生・亥(돼지) | 124
十一月生・子(쥐) | 126   十二月生・丑(소) | 128

제4장 태어난 생일에 의한 운세

1・7・13・19・25일생… | 132
2・8・14・20・26일생… | 132
3・9・15・21・27일생… | 132
4・10・16・22・28일생… | 133
5・11・17・23・29일생… | 133
6・12・18・24・30일생… | 133

제5장 태어난 시간에 의한 운세

자시생・子時生 | 136   축시생・丑時生 | 136
인시생・寅時生 | 136   묘시생・卯時生 | 137
진시생・辰時生 | 137   사시생・巳時生 | 137
오시생・午時生 | 138   미시생・未時生 | 138
신시생・申時生 | 138   유시생・酉時生 | 139
술시생・戌時生 | 139   해시생・亥時生 | 139

제6장 태어난 생월에 의한 질병(疾病)

정월생 • 寅月生 | 142
2월생 • 卯月生 | 142
3월생 • 辰月生 | 142
4월생 • 巳月生 | 142
5월생 • 午月生 | 142
6월생 • 未月生 | 142
7월생 • 申月生 | 143
8월생 • 酉月生 | 143
9월생 • 戌月生 | 143
10월생 • 亥月生 | 143
11월생 • 子月生 | 143
12월생 • 丑月生 | 143

제7장 전생록 • 前生錄

운명(運命)의 찬가 | 146

심상(心相)의 대처 방안 | 147

봉황 • 鳳凰 | 151
사자 • 獅子 | 153
금계 • 金鷄 | 155
노치 • 老雉 | 157
연자 • 燕子 | 159
홍혹 • 鴻鵠 | 161
화록 • 花鹿 | 163
공작 • 孔雀 | 165
황앵 • 黃鶯 | 167
주작 • 朱崔 | 169
청학 • 靑鶴 | 171
앵무 • 鸚鵡 | 173

제8장 유년골격궁 • 流年骨格宮

명리(命理)의 이해 | 176

심상(心相)의 대처 방안 | 180

쥐골 • 鼠骨 | 184
소 골 • 牛骨 | 187
범골 • 虎骨 | 190
토끼골 • 免骨 | 193
용골 • 龍骨 | 196
뱀골 • 蛇骨 | 199
말골 • 馬骨 | 202
양골 • 未骨 | 205
원숭이골 • 猛骨 | 208
닭골 • 酉骨 | 211
개골 • 狗骨 | 214
돼지골 • 猿骨 | 217

제9장 초년운 · 初年運

초년 · 중년 · 말년 운세 찾는 법 | 222

생성 · 生星 | 226   욕성 · 浴星 | 229
대성 · 帶星 | 232   출성 · 出星 | 235
녹성 · 祿星 | 238   명성 · 明星 | 241
왕성 · 旺星 | 245   쇠성 · 衰星 | 248
낙성 · 落星 | 252   절성 · 絶星 | 256
태성 · 胎星 | 260   육성 · 育星 | 264

제10장 중년운 · 中年運

부운성 · 富運星 | 272   고운성 · 枯運星 | 275
성운성 · 盛運星 | 278   패운성 · 敗運星 | 281
교운성 · 巧運星 | 284   안운성 · 安運星 | 287
영운성 · 榮運星 | 290   분운성 · 奔運星 | 293
달운성 · 達運星 | 296   형운성 · 刑運星 | 299
능운성 · 能運星 | 302   건운성 · 健運星 | 305

제11장 말년운 · 末年運

호운성 · 豪運星 | 312   산운성 · 散運星 | 315
등운성 · 登運星 | 318   입운성 · 立運星 | 321
실운성 · 失運星 | 324   정운성 · 定運星 | 327
만운성 · 滿運星 | 330   공운성 · 空運星 | 333
독운성 · 獨運星 | 336   궁운성 · 窮運星 | 339
허운성 · 虛運星 | 342   풍운성 · 豐運星 | 345

제12장 월살궁 • 月殺宮

신살(神殺)의 해설 | 350

겁살 • 劫殺 | 356 재살 • 災殺 | 358
천살 • 天殺 | 360 지살 • 地殺 | 362
연살 • 年殺 | 364 월살 • 月殺 | 366
망신살 • 亡身殺 | 368 장성살 • 將星殺 | 370
반안살 • 攀鞍殺 | 372 역마살 • 驛馬殺 | 374
육해살 • 六害殺 | 376 화개살 • 華盖殺 | 378

제13장 시살궁 • 時殺宮

심상(心相)의 대처 방안 | 382

겁살 • 劫殺 | 386 재살 • 災殺 | 388
천살 • 天殺 | 390 지살 • 地殺 | 392
연살 • 年殺 | 394 월살 • 月殺 | 396
망신살 • 亡身殺 | 398 장성살 • 將星殺 | 400
반안살 • 攀鞍殺 | 402 역마살 • 驛馬殺 | 404
육해살 • 六害殺 | 406 화개살 • 華盖殺 | 408

제14장 부모형제 육친궁 • 父母兄弟六親宮

심상(心相)의 대처 방안 | 412

포궁 • 胞宮 | 414 태궁 • 胎宮 | 416
양궁 • 養宮 | 418 생궁 • 生宮 | 420
욕궁 • 浴宮 | 422 대궁 • 帶宮 | 424
관궁 • 官宮 | 426 왕궁 • 旺宮 | 428
쇠궁 • 衰宮 | 430 병궁 • 病宮 | 432
사궁 • 死宮 | 434 장궁 • 葬宮 | 436

제15장 부부애정궁 · 夫婦愛情宮

심상(心相)의 대처 방안 | 440

상혐 · 相嫌 | 442
격산 · 隔山 | 444
구자 · 求子 | 446
화합 · 和合 | 448
상량 · 商量 | 450
오역 · 忤逆 | 452
보수 · 保守 | 454
입사 · 入舍 | 456
이처 · 離妻 | 458
중부 · 重夫 | 460
중처 · 重妻 | 462
극자 · 克子 | 464

제16장 선천직업궁 · 先天職業宮

읽기 전에 알아두어야 할 사항 | 468

관공 · 官公 | 470
어상 · 魚商 | 470
수재 · 手才 | 471
장공 · 匠工 | 471
술사 · 術師 | 472
주관 · 酒館 | 472
연예 · 演藝 | 473
의복 · 醫卜 | 473
승도 · 僧道 | 474
양재 · 洋裁 | 474
농림 · 農林 | 475
수작 · 修作 | 475

제17장 자녀적성궁 · 子女適性宮

심상(心相)의 대처 방안 | 478

상록 · 商祿 | 481
관록 · 官祿 | 483
예록 · 藝祿 | 485
법록 · 法祿 | 487
문록 · 文祿 | 489
신록 · 信祿 | 491
술록 · 術祿 | 493
군록 · 軍祿 | 495
공록 · 工祿 | 497
정록 · 政祿 | 499
약록 · 藥祿 | 501
교록 · 教祿 | 503

제18장 흉성궁 · 凶星宮

심상(心相)의 대처 방안 | 508

고신살 · 孤神殺	510	과숙살 · 寡宿殺	512
대패살 · 大敗殺	514	적랑살 · 赤狼殺	516
팔패살 · 八敗殺	518	천랑살 · 天狼殺	520
소랑살 · 小狼殺	522	파가살 · 破家殺	524
삼형살 · 三刑殺	526	육파살 · 六破殺	528
대모살 · 大耗殺	530	사관살 · 四關殺	532

제19장 복성궁 · 福星官

심상(心相)의 대처 방안 | 536

복관 · 福官	540	귀예 · 貴藝	542
왕극 · 旺極	544	인문 · 印門	546
거부 · 巨富	548	무고 · 武庫	550
금곡 · 金谷	552	시횡 · 施橫	554
재고 · 財庫	556		

제20장 수명궁 · 壽命宮

심상(心相)의 대처 방안 | 560

조귀 · 鳥歸	564	수귀 · 獸歸	566
목귀 · 木歸	568	초귀 · 艸歸	570
산귀 · 山歸	572	해귀 · 海歸	574
풍귀 · 風歸	576	운귀 · 雲歸	578
우귀 · 雨歸	580	뇌귀 · 雷歸	582
금귀 · 金歸	584	공귀 · 空歸	586

第一章

생년천간에 의한 운명의 암시

천간지지론 | 천지도수

갑년생 · 甲年生 | 을년생 · 乙年生 | 병년생 · 丙年生 | 정년생 · 丁年生 | 무년생 · 戊年生
기년생 · 己年生 | 경년생 · 庚年生 | 신년생 · 辛年生 | 임년생 · 壬年生 | 계년생 · 癸年生

천간지지론

'간지(干支)'의 사용 연대는 정확히 추증(推證)할 수는 없으나 『자평서(子平書)』에 기록된 바에 의하면 그 기원이 중국의 염제(炎帝) 신농씨(神農氏) 말기 때로 거슬러 올라간다.

당시 염제의 후예인 치우(蚩尤)가 병란을 일으켜 세상을 어지럽게 하고 백성들을 폭정으로 흉폭하게 다스리자 황제(黃帝) 헌원씨(軒轅氏)께서 백성을 가엾이 여겨 탁록(琢鹿)이라는 들에서 싸워 치우를 쳐죽이니 사방 백 리에 유혈이 낭자하였다.

헌원씨는 이를 수습하기 어렵게 되자 즉시 제단을 축조하여 목욕 재계하시고 하늘에 성심 축수(祝水)하니 천제(天帝)께서 그 정성에 감응하시어 '10간(十干)'과 '12지(十二支)'를 내리셨다고 한다.

그러므로 10간(十干)은 하늘을 상징하여 둥글게(圓形) 펴서 10개 문자(記號)로 천간(天干)에 붙이고 12지(十二支)는 땅을 상징하여 모나게(方形) 펴서 12개의 문자로 지지(地支)에 붙였다.

그 후 대요씨(大撓氏)에 이르러서 10간과 12지를 각각 분배하여 '60갑자'를 작성했던 것이다.

무릇 '간(干)'은 '幹(줄기)'의 약자이며, '지(支)'는 '枝(가지)'의 약자인 것이니 천간은 위에 있는 줄기란 뜻이며 지지는 아래에 있는 근지(根枝)라는 뜻이 된다.

따라서 천간(天干)과 지지(地支)에도 각각 음양이 배속되어 있어서 천간의 '甲·丙·戊·庚·壬'은 양에 속하고 '乙·丁·己·辛·癸'는 음에 속한다.

지지의 '子·寅·辰·午·申·戌'은 양에 속하고 '丑·卯·巳·未·酉·亥'는 음에 속한다. 오행으로는 '亥·子'는 물(水), '寅·卯'는 나무(木), '巳·午'는 불(火), '申·酉'는 쇠(金), '辰·戌·丑·未'는 흙(土)이 된다.

천지도수

　우주 만물이 생성하는 천지간에는 춘하추동 사시(四季節)에 의한 한란조습(寒暖燥濕)이 있는 까닭에 천도(天道)에는 춥고 더운(寒暖) 두 기운이 있고, 지도(地道)에는 메마르고 축축한(燥濕) 두 기운이 있으니 천도는 천간을 말하고 지도는 지지를 말한다.
　따라서 천간의 '甲·乙·丙·丁·戊'는 난조(暖燥)하고 '己·庚·辛·壬·癸'는 한랭(寒冷)하다.
　지지의 '寅·卯·辰·巳·午·未'는 난조(暖燥)하고 '申·酉·戌·亥·子·丑'은 한습(寒濕)하다.
　또 지지에는 4계절이 분포되어 있으니, 춘하절(春夏節)은 동남지(東南地)에 위치하여 따뜻하고 추동절(秋冬節)은 서북지(西北地)에 거(居)하므로 추운 기운이 상류하는 것이다.
　무릇 모든 만물의 생장(生長)과 수장(收藏), 인생 운명의 영고성쇠와 성패득실, 그리고 수명의 장단과 부귀빈천이 모두 이 도리를 벗어날 수 없는 것이며 따라서 사람의 팔자를 추명(推命)함에 있어서도 음양 분포와 한란조습의 오행을 잘 살피면 그 사람의 격(格局)과 운(運命)이 명확히 드러나는 것이다.
　간지 통변론의 10간명과 12지지의 자의(字意)는 생략한다. 졸저『육갑(六甲)』을 참고하기 바란다.

천간본의 조견표(天干本意 照見表)

천간〔天干〕\\ 본의〔本意〕	甲	乙	丙	丁	戊	己	庚	辛	壬	癸
자의〔字意〕	雷 (우레)	風 (바람)	日 (태양)	星 (별)	霞 (노을)	雲 (구름)	月 (달)	霜 (서리)	露 (이슬)	霖 (단비)
천기〔天氣〕	鉀 (갑옷 갑)	乙 (제비 을)	炳 (빛날 병)	槓 (붉은빛 정)	茂 (성할 무)	起 (일어날 기)	更 (다시 경)	新 (새로울 신)	任 (맡길 임)	揆 (헤아릴 규)

다음 생년천간에 의한 운세에서 생일의 천간을 아는 사람은 생년보다 생일천간을 위주로 보는 것이 더욱 정확성을 기할 수 있다.

출생간지 조견표(出生干支 照見表)

생년월일 生年月日	갑년생 甲年生	을년생 乙年生	병년생 丙年生	정년생 丁年生	무년생 戊年生	기년생 己年生	경년생 庚年生	신년생 辛年生	임년생 壬年生	계년생 癸年生
육십갑자 六十甲子 서기해당년	1914 (甲寅)	'15 (乙卯)	'16 (丙辰)	'17 (丁巳)	'18 (戊午)	'19 (己未)	'20 (庚申)	'21 (辛酉)	'22 (壬戌)	1923 (癸亥)
	1924 (甲子)	'25 (乙丑)	'26 (丙寅)	'27 (丁卯)	'28 (戊辰)	'29 (己巳)	'30 (庚午)	'31 (辛未)	'32 (壬申)	1933 (癸酉)
	1934 (甲戌)	'35 (乙亥)	'36 (丙子)	'37 (丁丑)	'38 (戊寅)	'39 (己卯)	'40 (庚辰)	'41 (辛巳)	'42 (壬午)	1943 (癸未)
	1944 (甲申)	'45 (乙酉)	'46 (丙戌)	'47 (丁亥)	'48 (戊子)	'49 (己丑)	'50 (庚寅)	'51 (辛卯)	'52 (壬辰)	1953 (癸巳)
	1954 (甲午)	'55 (乙未)	'56 (丙申)	'57 (丁酉)	'58 (戊戌)	'59 (己亥)	'60 (庚子)	'61 (辛丑)	'62 (壬寅)	1963 (癸卯)
	1964 (甲辰)	'65 (乙巳)	'66 (丙午)	'67 (丁未)	'68 (戊申)	'69 (己酉)	'70 (庚戌)	'71 (辛亥)	'72 (壬子)	1973 (癸丑)
	1974 (甲寅)	'75 (乙卯)	'76 (丙辰)	'77 (丁巳)	'78 (戊午)	'79 (己未)	'80 (庚申)	'81 (辛酉)	'82 (壬戌)	1983 (癸亥)
	1984 (甲子)	'85 (乙丑)	'86 (丙寅)	'87 (丁卯)	'88 (戊辰)	'89 (己巳)	'90 (庚午)	'91 (辛未)	'92 (壬申)	1993 (癸酉)
	1994 (甲戌)	'95 (乙亥)	'96 (丙子)	'97 (丁丑)	'98 (戊寅)	'99 (己卯)	2000 (庚辰)	'01 (辛巳)	'02 (壬午)	2003 (癸未)
	2004 (甲申)	'05 (乙酉)	'06 (丙戌)	'07 (丁亥)	'08 (戊子)	'09 (己丑)	'10 (庚寅)	'11 (辛卯)	'12 (壬辰)	2013 (癸巳)
	2014 (甲午)	'15 (乙未)	'16 (丙申)	'17 (丁酉)	'18 (戊戌)	'19 (己亥)	'20 (庚子)	'21 (辛丑)	'22 (壬寅)	2023 (癸卯)
	2024 (甲辰)	'25 (乙巳)	'26 (丙申)	'27 (丁酉)	'28 (丙午)	'29 (丁未)	'30 (庚戌)	'31 (辛亥)	'32 (壬子)	2033 (癸丑)

갑년생 · 甲年生

> 드높은 이상으로 남을 지배하고자 하는 의욕이
> 결국 강한 고집을 동반하지만 융화의 덕만 기른다면 대성(大成)에의
> 입신(立身)을 기약할 수 있다.

천성(天性)은 황야에 우뚝 서 있는 곧은 나무(直木)로서 수많은 세월, 갖은 풍상(風霜)에도 쓰러지지 않는 노거수(老巨樹)와도 같이 모든 역경과 시련에도 잘 견디어내는 침착성이 있으며, 그 마음 또한 정직하고 군계일학(群鷄一鶴)으로 남달리 준엄한 기상을 타고났으므로 내면에 도사리고 있는 웅지(雄志)는 가히 타(他)의 추종을 불허한다.

내면 깊숙이 도사리고 있는 강한 자존심은 평소에도 남에게 아쉬운 소리를 하지 못하는 성격으로, 아무리 궁처(窮處)에 몰려 있어도 자신의 초라한 내면이 남에게 노출되는 것을 인생 최대의 수치로 생각한 나머지 빈곤을 교묘히 위장하여 자신의 현실을 더욱 어렵게 만드는 묘한 습성이 있음도 부인할 수 없다.

이런 까닭에 남보기엔 화려한 듯해도 자신 스스로 고독한 생애를 걷기도 하며 지나친 경우 인생의 뒤안길에서 원망서린 독백으로 허탈해 하기도 한다.

역상(易象)으로 '甲(木)'은 큰 나무의 형상이니만큼 가지와 잎(煩惱)도 많은 까닭에 풍우에 시달려 바람 잘 날 없는 격이니 성격적으로는 외성적인 것 같아도 실상은 내성적인 면을 갖추고 있으며 순간순간 명랑과 우울의 이중적 변화의 상(心性)을 보이기도 한다.

　때문에 어떤 때는 금방이라도 하늘에 오를 듯 혹은 천리를 뛸 듯하다가도 일시에 풀(氣)이 죽어 호랑이 앞의 개처럼 움츠러드는 내성을 타고나 일단 노기(怒氣)가 충천했다가도 금세 풀어져서 곧 화해하게 되며 내면에 정(人情)도 많은 반면, 담백(淡白)한 기질이 있다.

　'甲(木)'은 하늘을 향해 곧게 뻗는 향천성(向天性)을 뜻하는 까닭에 이상(理想)은 하늘을 찌르고 고집(自慢心)은 참으로 세어서 이것이 지나친 경우 스스로 인생의 좌절과 실패의 불운에 떨어져 남몰래 실의(失意)의 도가니에서 홀로 오랜 시간 애태우기도 한다.

　그러나 그 내면 깊숙한 곳에는 남다른 웅지와 창조적인 강한 집념이 도사리고 있음이니 이와 같은 특성이 곧 훗날 어떤 장애와 함정에 빠졌다가도 뜻밖의 도움(推薦)으로 일시에 재기 복구(再起復舊)하는 천우신조의 행운을 몰고 오기도 한다.

　다만 자신도 알 수 없는 독선적(獨善的)인 고집 때문에 심지어는 자식이나 부인과도 성격적 화합이 어려워 노경(老境)에는 좋은 환경을 두고도 홀로 쓸쓸한 운명을 맞기도 한다.

　이 점만 깊이 유념하여 주위(妻子)와의 융화를 도모해 나간다면 그 운명 또한 매우 진취적이며 말년의 복록을 기약할 수 있다.

　특히 이 태생은 가족은 물론 사회 전반에 걸쳐 조화의 정신을 갖는 것이 매우 중요한 일이다. 이 조화야말로 삭막한 삶의 길에 활기(活氣)를 불어넣는 윤활유요, 인생의 진미(眞美)다.

　서로 성질을 달리하는 둘 이상의 요소가 하나의 전체적인 통일을 이루고 있을 때 우리는 이것을 조화(調和)라고 칭한다. 조화는 결코 타협이 아니며 개성이 각각 다른 두 물체가 서로 충돌하지 않고 자기의 본질(個性)을 그대로 살려 서로 존중하는 세계다.

이 역도(易道)의 본의도 실은 모두 조화의 세계를 가르치는 변통(變通)의 학문이다. 우리가 존재하고 있는 우주에는 춘추필법(春秋必法)이 있다.

봄이 가면 여름이 오고 가을이 지나면 겨울이 찾아온다. 춘하추동의 사계절은 어김없이 순환한다. 어두운 밤이 지나면 밝은 낮이 되듯 밤과 낮의 교체는 영원을 두고 변치 않는 질서다.

눈을 들어 밤하늘을 관조(觀照)하면 수십억을 헤아리는 무수한 별들이 저마다 제 위치를 지키고 제 궤도를 돌되 결코 서로 충돌하는 일이 없지 않은가? 그것은 참으로 놀라운 질서, 아름다운 세계가 아닐 수 없다.

일찍이 노자(老子)는 『도덕경』에서 다음과 같이 갈파했다.

"삼라만물(森羅萬物)의 모든 자연에는 그네들의 소리(對話)가 있고 천체의 운행(運行)에서 아름다운 음악을 듣는다."

특히 이 태생은 고지식한 성품을 버리고 조화의 미덕을 쌓아야 오직 인생의 성공자라 할 수 있다.

을년생 · 乙年生

- 적덕(積德)과 이기(利己)의 이중성이 있으나 종내(終乃)에는 음덕을 두터이 쌓아
- 격한 시련 속에 풍랑이 인다 해도 순간적인 임기응변으로
- 위험한 고비를 돌파하여 장래 대인으로 추앙받게 된다.

천성은 마치 담장을 타고 올라가는 덩굴나무〔藤蘿繫木〕로서, 이는 곧 강한 해풍(海風)에도 꺾이지 않는 갈대에 비유할 수 있음이니 겉으로는 연약한 듯해도 내면에는 강한 끈기가 도사리고 있다. 때문에 처음 대할 때는 얌전하고 섬세하여 일면 여성적인 면모를 갖추고 있지만 그 내심에는 강한 자존심과 짙은 정열이 깔려 있어 이상과 포부 또한 웅대하다.

그러나 이와 같은 성격의 이면에는 인간 관계에 있어서 자칫 정〔人情〕에 이끌려 손해보는 일이 많고 우유부단한 내성도 지니고 있다.

무릇 역상으로 '乙〔木〕'은 잎만 무성하고 열매가 없는 격이므로 자손이 부족할 운명이며 잎에 줄기가 약한 까닭에 무슨 일〔大事〕에 부딪쳤을 때는 일시에 결단을 내리지 못하고 머뭇거리며 순간적 혼란을 가져와 당황하는 기질이 있는 까닭에 항시 주체적(主體的) 용단이 필요하다.

그러나 대부분 인생을 유화(柔和)의 덕으로써 자신이 남에게 먼저 베풀어주기를 좋아하는 적덕심(積德心)이 있으므로 노년에 이르러서는 대인(大貴人)으로서 추앙받는 사람이 많다.

　　생각건대, 인생에는 반드시 수수법칙(授受法則)이 있다. 인간의 삶은 주고(授) 받는(受) 것, 즉 너와 나의 관계이며 주지도 않고 받지도 않는 인생은 존재할 수 없다.
　　우리가 상대에게 주는 것을 '수(授)'라고 하고, 상대로부터 받는 것을 또한 '수(受)'라고 한다. 이와 같이 경제적 반대급부(反對給付)의 논리(原則)가 곧 인간 관계이다.
　　특히 이 태생은 대부분 받는 것보다 주기를 더 좋아하는 품성이 있는 까닭에 보이지 않는 음덕이 차차 쌓여 연륜이 들수록 주위로부터 인간적인 면을 인정받게 된다 –월·일·시에 자(子)·신(申) 자(字)가 있는 경우.

　　역단(易斷)하건대, 자형(字形)이 의미하듯 '乙'은 이중성을 띠고 있다. 윗줄기(外形)는 바람에 하늘거리는 갈대의 줄기와 같이 몹시 연약한 듯해도, 밑뿌리(根基)는 땅 속 깊이 뿌리박고 있으므로 이 태생에게는 자비심과 이기적 배타심의 이중성이 음양으로 도사리고 있다.
　　특히 남성의 경우는 남에게 은근히 의지하고자 하는 의타심이 타인의 눈살을 찌푸리게 하고 궁극엔 자신의 이익을 위해선 은혜마저도 저버리는 경우가 많다 –연·월·일·시 가운데 축(丑)·술(戌)·미(未) 자(字)가 겹친 경우.

　　돌이켜보건대, 이기적 개인주의가 팽배한 오늘날, 인간으로 하여금 감사하는 마음을 둔화시키고 은혜를 배반케 하는 심성마저 더욱 팽창하게 되었다.
　　인간은 오직 자기 홀로 생존할 수 없는 만큼 저마다 세상에 빚을 진 존재가 확실하므로 우리 모두 인생의 채무자인 것이다.

　하물며 타인으로부터 혜택을 입었으면 두고두고 감사할 줄 아는 마음을 갖고 잠시도 그 은혜를 망각해서는 안 된다.

　선 불교(禪佛敎)의 중흥조 육조(六祖) 혜능(慧能) 대사는 일찍이 육조단경(六祖壇經)에서 다음과 같이 설파했다.

　"은혜를 아는 자를 일컬어 사람이라 하고 은혜를 모르는 자를 가리켜 짐승이라 하였다."

　역단(易斷)하건대, 한때는 격한 시련 속에 풍랑이 있다 해도 그 운명 또한 초년보다 중년, 중년보다 말년으로 갈수록 발전하여 인격도 함께 여물어진다.

　따라서 항상 육체보다 정신을, 구태(舊態)보다 개혁을 주도해 나가는 정신적 소유자라 하겠다 .

　여기에는 평소 내면에 나타나지 않는 창조적 정신이 깃들어 있고 독립적 자기 방어가 매우 강하여 가족에 대한 희생을 고통스럽게 생각지 아니하고 남녀를 불문하고 짙은 모성적 기질이 깔려 있다. 그러하기에 '을년생(乙年生)'은 풍랑(逆境)에 말릴수록 더욱 세련되고 아울러 지혜가 쌓이고 생에 대한 애착도(愛着度)가 상승해서 세상을 바라보는 눈(眼目, 즉 經綸)도 관후(寬厚)해져서 갈수록 풍부한 인격을 갖추게 되어 인생의 황혼기에는 생각보다 위대한 결실을 거두게 되는 운명이라 하겠다.

　특히 여성의 경우 예술적 취향이 두드러져 현실보다 낭만에 흐르기 쉬운 면이 있지만 본성은 착한 까닭에 일찍이 자신의 감성(感性)을 잘 살리면 세인(世人)의 인기를 한몸에 누릴 수 있는 인기성(人氣星)을 타고났다.

병년생 · 丙年生

여명(黎明)을 뚫고 만물을 비추는 광휘한 태양과도 같이
그 마음엔 하늘을 찌를 듯한 이상(理想)이 있다.
결국 야욕을 버리고 분수를 지켜 평온한 복록을 되찾는다.

천성은 이글이글 불타오르는 태양(丙火)과도 같이 화려함을 동경하고 불같이 치솟는 성격이 있으며 일면 예의를 중요시하고 솔직담백한 듯하면서도 그 성향은 경솔한 면을 배제할 수 없다.

무슨 일에 부딪치더라도 수완과 기지(機智)가 능란하여 처음에는 뱃심 좋게 잘 해내는 기질이지만 사후(事後)에는 완벽성의 결여로 인해 허점을 남기게 되므로 스스로 후회를 많이 하게 된다.

인생의 목표 또한 매우 지고(至高)하여 시시한 것은 절대 눈에 차지 않고, 자기의 능력을 초월할 정도의 고차원의 세계에 도전하는 까닭에 주위로부터 이상가(理想家)라는 말을 많이 듣게 되지만 실은 성취 불가능한 공상적인 면이 있어 모든 일이 허영으로 흐르기 쉬운 단점이 있다.

무릇 인간이란 자기 분수에 상응한 목표는 성공 가능하지만 지나친 이상은 공

상이며, 그 공상은 허영을 자극하여 궁극에는 허탈의 포말을 가져와 스스로 실패를 자초하게 된다.

따라서 빛만 좋은 허울(理想)은 결국 망가(亡家)의 원인이 되어 우울증이라는 병적 증후군을 유발하여 혼자 힘으로는 헤어날 수 없는 인생 낙오(落伍)의 도가니에 빠져 허덕이는 사람을 많이 본다.

생각건대 인간의 세계에는 성(誠)과 신(信)과 의(義)의 세 가지 기본 윤리가 있다. 이 중에서도 허영은 성실의 적이요, 낭비는 인생의 도태다.

중국의 고전『중용(中庸)』에서는 다음과 같이 갈파하고 있다.

"성실은 하늘의 길(天道)이요, 성실을 실천하는 것은 사람의 길(人道)이다. 성실이 없고 허영이 있는 곳에선 아무것도 이룰 수 없다. 고로 성실은 만물의 시(始)요, 허영은 인생의 종(終)이다."

역단(易斷)하건대, '丙(火)'의 역상은 온 천지의 여명(黎明)을 뚫고 동해(扶桑)에 솟는 일출의 빛과 같다. 이 빛은 곧 만물을 비추는 광휘(光輝)한 태양과 같으므로 대인 관계나 처세에 있어서도 남달리 화려하고 유능한 반면, 태양의 주위에는 구름이라는 어둠이 항상 따르는 까닭에 승승장구 성세(盛勢)를 타다가도 한번 불운의 폭풍에 휘말리면 생각과 달리 너무도 소극적인 성격으로 변하여 혼자 힘(自力)으로는 그 함정(실패의 그늘)을 헤어나오기 힘든 내성이 있다.

"현명한 사람은 순경(順境)일 때 역경(逆境)을 생각하고 호운(好運)일 때 불운(不運)을 생각한다."

나는 이렇게 일러두고 싶다. 왜냐하면 인간이란 10년 이상 권좌(權座)를 누리는 자 드물고 30년 이상의 대운(大運)은 없다. 하물며 평범한 인간임에랴.

　　평소에도 자신의 외적(外的) 용모에 대해 몹시 신경을 쓰는 편으로 관념적이지만 예의와 친절을 기본으로 상대를 대하는 까닭에 주위로부터 호감을 갖게 되고 좋은 평가를 받아 교제 또한 넓고 빈번하다. 따라서 일생을 두고 뜻하지 않은 여난(女難)을 자초하기도 한다.

　　남에게 인색하지 못한 반면 마음 한쪽에선 항상 상대를 저울질하는 이중성과 심적 변화[變德]가 작용하여 자신을 고독의 그늘에 몰아넣기도 한다.

　　또한 주위로부터 수완가라는 말을 들을 정도로 화술과 임기응변에 능하여 일평생 돈은 궁하지 않다. 다만 금전을 아끼는 때는 기분 여하에 따라 수전노보다 더욱 인색한 면이 있고, 한번 전대(錢袋)를 풀면 용전여수(用錢如水)로 돈을 물쓰듯 마구 낭비하는 괴팍한 성질이 작용하기도 한다.

정년생 · 丁年生

사도(邪道)에 방황하다가도 본성의 회귀(迴歸)로 순간적 기지(機智)가 능란하여
자칫 잔꾀(小技)에 흐르기 쉬운 면이 있으나 끝내 정도를 잃지 않고
신세계를 개척한다. 자성경(自性境)에 안착하여 뭇사람의 주(主)가 되리라.

천성은 캄캄한 방 안을 비춰주는 초롱불(燈燭火)과 같이 모든 일에 자상하고 꼼꼼하여 정서적이며 지극히 섬세한 성격으로 예술적 재능을 다분히 타고났다.

항시 자신은 남으로부터 존경받기를 원하며 신의를 중요시하지만 가까운 사이에도 한 번 틀어지면 두 번 다시 상대하기 싫어하는 지나칠 정도의 결벽성이 있으며 그 후유증으로 인한 고독감으로 누군가를 은근히 원망하는 내성도 깃들어 있다.

이 태생은 대부분 용모 또한 깨끗하여 주위로부터 항상 호감을 사게 되며 순간순간의 기지(機智)가 능란하여 자칫 잔꾀(小技)에 흐르기 쉬운 면이 있으나 신규사업이나 발명·기획·문학·예술 방면에 손을 대면 강한 투지력으로 밀어붙여 타(他)의 추종을 불허하는 급격한 발전을 이루기도 한다.

대부분 여성 편력이 많고 난봉꾼 기질을 갖고 있기도 하다.

그러나 새로운 세계로의 동경이 내면 깊숙이 도사리고 있어 종교가나 교육자도 적합하며 중년에 접어들어서는 정치나 외교 방면으로 진출하여도 아무런 손색이 없다.

일찍이 유년기(幼年期)는 아둔한 듯 머리가 밝지 못한 면이 있으나 장성할수록 지혜가 명륜하여 학구열이 강해 매사에 모르는 바 없이 해박한 자구 능력(自求能力)으로 지대한 발전을 이룩하므로 뭇사람으로부터 선망(羨望)의 대상이 되기도 한다.

무릇 인간이란 누구나 사랑(尊敬) 받기를 원한다.

비록 인간의 삶 그 자체가 고달픈 인생 역정일지언정 오직 인간이 인간답게 사는 것은 서로를 사랑하면서 선망의 모유(母乳)를 먹고 생기(生氣)를 촉진시켜 비로소 각박한 생을 풀어나가는 것이다.

비유하건대, 메마른 산비탈 돌 틈바구니에 솟아난 한 줄기 샘물(石澗水)이 넘쳐흘러서 주위를 촉촉히 적시듯 우리 인간은 어머니의 가슴 속에 흐르는 따뜻한 모정(母情)을 먹고 자랐다.

그래서 일찍이 독일의 철학자 피히테는 '사랑이야말로 인간의 생명체'라고 갈파했다. 고로 사랑(尊敬) 받지 못하는 삶은 도무지 인간에게 있어 곧 사(死葬: 죽음)라고 하는 암흑을 뜻하는 것이다.

특히 이 태생은 항상 자만에 찬 찬란한 이상과 따뜻한 사랑을 갈구하지만, 그 내면에 도사리고 있는 급한 욕구에 비해 끈기(持久力)가 약간 부족하여 가끔 절호의 기회(好機)를 놓치는 일이 많다.

지나친 경우 강한 집념(意慾)으로 거사(巨事)를 추진하다가도 하찮은 인적(人的) 장애에 걸릴 때에는, 그 고비를 번뇌한 나머지 도중에서 그만 체념하고 자기 인생을 스스로 초막(草幕)의 뒤편에서 한쪽으로 치우친(偏視觀的) 초현실의 직관으로 세태의 허무함을 자탄하다가 결국 우울의 늪에 빠져 자기 고독에 취한 나머지 방랑의 길을 걷는 사람도 없지 않다.

따라서 이 태생은 자기 스스로 적절한 감정의 조절이 가장 필요하다. 다만 이 점을 명심해서 인생의 목표를 멀리에 두고 한 가지 일에만 꾸준히 전념해 나간다면 안정된 인생은 물론 복된 삶을 기약할 수 있는 운명임에 틀림없다.

만약 이 땅에 성인의 출현이 없어 종교(信仰)마저 생기지 않았다고 가정해보라. 그것은 끔찍한 수라(修羅)의 세계요, 동물적 본능 사회로 전락하여 인간의 평화로운 생존은 도저히 기대할 수 없었으리라.

특히 이 태생은 늦게나마 신앙에 귀의함이 좋다.

돌(咄)!
난발수귀랑중갈 무형진인회수소 · 亂髮水鬼浪中渴 無形眞人廻首笑

할(喝)!
머리칼이 헝클어진 물귀신이 파도 속에서도 목마르고, 형체나 형상이 없는 참된 도인이 머리를 돌려 미소 짓는다.

무년생 · 戊年生

- 용모 또한 세련되고 순간적 기지(機智)가 능란하여 사도(邪道)에 방황하다가도
- 본성의 회귀(廻歸)로 결국 정도(正道)에 안착하여 신세계를 개척하니
- 뭇사람의 주(主)가 되리라.

천성은 대지(大地)에 높이 솟은 산이나 성벽의 흙덩이〔山城土〕와도 같이 인품 또한 매우 후중(厚重)하고 믿음직한 기상을 타고났다.

내성(內性)은 강직하고 불굴의 고집이 있으며 신앙심 또한 두터워 모든 일을 하나하나 세밀히 생각하며 선후(先後)의 정세를 깊이 판단하여 오류를 범하지 않는다. 이 태생은 신앙〔功德〕이 부족하면 복을 반감한다.

따라서 무슨 일이든 뒤끝이 없도록 깨끗이 처리하는 습성을 갖고 있다.

특히 이 태생은 본래 심중에 양면성(兩面性)이 깔려 있으므로 믿음〔信仰心〕이 부족한 사람은 타(他)의 유혹에 잘 끄달리고 덤벙덤벙한 기질이 있는 반면, 한 가지 일을 너무 깊이 생각하여 앞뒤를 재는 바람에 좋은 기회를 놓치는 경우가 종종 있다.

역상으로 '戊〔土〕'는 신앙〔宗敎〕이라고 하는 이른바 '믿음'을 주재(主宰)하는 오행이므로 이 태생에겐 지극한 신앙심이 필요하다.

무릇 우리 인간은 사회적 존재이며 영혼의 세계를 동경하는 영적(靈的) 동물이다. 비록 현실 세계가 이기(利己)에 찌들어 이윤만을 추구하는 냉혈적(冷血的) 경쟁사회라지만 신앙은 우리에게 한 줄기 깊은 삶의 의미를 던져준다.

따라서 '믿음(宗敎)'은 무더운 여름날 쏟아지는 시원한 소낙비요, 대청마루 사이에서 방 틈으로 불어오는 청징(淸澄)한 바람이며 삶에 지친 나그네에게 방향을 제시해주는 훈훈하고 향기로운 관음(觀音)의 소리(한 소식)임을 어찌 의심할 수 있으랴.

그래서 불조(佛祖)는 『화엄경(華嚴經)』에서 다음과 같이 갈파했다.
신위도원 공덕모 장양일체 제선근 • 信爲道源 功德母 長養一切 諸善根
믿음은 도의 근본이며 공덕의 어머니이며 모든 만물을 기르는 선근이다.

특히 이 태생은 신앙의 공덕 없이는 선천적 자기 자질을 다 발휘할 수 없다.
때문에 '무년생(戊年生)'은 자신이 일단 행한 일에 오류를 범해 실패로 돌아가도 결코 후회하거나 미련을 갖지 않으며, 마침내 그것을 타산지석(他山之石)으로 삼아 다음 기회에 재도전하여 더욱 알찬 성공의 금자탑을 세우는 사람이 많다.
이는 모두 선대(先代)에 믿음(精誠祈禱)의 공과(功果)가 있기 때문임을 명심해야 한다.

생각건대, 우리 인간은 책에서 진리를 만나고 명상과 사색에서 자기의 참된 진아(眞我, 참 나)와 만나 인격을 완성해가듯 기도와 신앙에서 예수와 석존(釋尊)을 만나지 않으면 참 삶이라 할 수 없다.

단론(斷論)하고 남성의 경우, 직업으로는 군인 · 법관 · 경찰관이 좋고 건축 · 미술 · 토건이나 농산 · 어업에 종사해도 큰 성공을 거두며 특히 종교 또는 3차원의 세계에 투신해도 남다른 발전을 가져온다.

다만 부부 애정운은 양가〔兩家 : 두 집〕를 거느리는 수가 많고 상배(喪配) 혹은 처의 질병으로 고민하기도 하며 초혼에 불합하여 재혼하는 경우가 있다.

남과의 금전 거래는 정확히 해야 하며 성격적으로 선악을 분명히 하고 강자에게는 매우 완강하지만 약자에게는 인정 때문에 약한 편이며 본인은 반드시 외지(外地)에 나가 자수성가하는 운명이라 하겠다.

기년생 · 己年生

■ 호언장담은 열등 의식의 발로다. 일확천금의 투기성을 삼가고
■ 안정성 있는 직업을 꾸준히 구가(謳歌)하는 것만이 가장 이상적이며
■ 노년의 복된 삶을 기약할 수 있다.

천성은 전원(田園)의 기름진 흙(潤土)과 같이 인품 또한 온후하고 인자하여 외면상으로는 기질이 약한 듯이 보이지만 그 마음 한구석엔 욕망과 집념이 불타고 있으며 어떤 사물에 접근하면 순간 지혜가 번뜩이는 순발력이 있으므로 예능적 천품이 내면 깊숙이 도사리고 있음을 배제할 수 없다.

그 성격은 외유내강(外柔內剛)하여 운명 역시 인생의 연륜이 더해 갈수록 상승가도를 걷는다. 따라서 담력(膽力)은 약한 듯하나 그 마음은 실로 넓고 웅대하다.

천기관(天氣觀)으로 '己(土)'의 역상은 구름(雲雨)을 뜻하거니와 운우는 곧 태양을 가리듯 그 빛(光輝)을 감추어 결국에는 비(壬癸水)를 동반하여 만물에 직접 영향을 준다.

때문에 이 태생에겐 은연중 이중성이 깃들어 있으므로, 매사에 열정(熱情)은 강하지만 지속성이 결여되어 있어서 용두사미(龍頭蛇尾)식 결과를 초래하기도 한다.

따라서 한 가지 일에 계속 전념하지 않고 이것저것 일을 잘 벌이며 모든 일에 계획과 시작(始)은 찬란하지만 끝(終)이 흐릿하여 그 결실을 완벽하게 맺지 못하는 단점이 있다.

이 점을 깊이 유념하면 순간적으로 두뇌의 회전이 빠르므로 남보다 매사를 쉽게 달성할 수 있는 복록을 갖추고 있음은 의심할 바 없다.

일생을 통해 남의 보증을 서서는 안 되며 일확천금식 투기성을 삼가야 하고, 일의 결실이 약간 늦더라도 안정성(一貫性) 있는 직업을 구가(謳歌)하는 것이 가장 이상적이다.

특히 성격적 단점으로는 남에게 자신이 초라하게 보이는 것을 가장 싫어하여 공연히 무슨 일이든지 호언장담을 잘하는 습성이 있고 자신도 모르게 은근히 허세(虛勢)가 발동하여 과장된 언어를 구사하기도 하며 때로는 일시적 기분에 좌우(陶醉)되어 주위로부터 신용을 잃어 자기 스스로 함정을 초래하는 경우가 있다.

성격상으로 '己(土)'는 외양적 풍모에 예의와 무게가 있고 겸양의 덕을 갖춘 듯하지만 그 마음(心意)을 간파하기란 매우 어려운 사람이다.

다시 말해서 그 내면엔 이중심(二重心)이 있어 행동의 표출은 진실성이 결여되어 있는 단점이 나타난다.

일러두건대, 이 태생은 사람을 사귈 때 먼저 개방적 정신을 가지고 참된 마음으로 늘 대화의 문(言路)을 넓게 열라.

무릇 인간이란 현재 좋은 환경과 학벌, 그리고 아름다운 풍모를 지니고 있다 하더라도 눈 앞의 이익 때문에 마음에도 없는 거짓을 주고받는다는 것은 인간으로서 매우 불행한 일이 아닐 수 없다.

때문에 옛사람(古人)도 허황된 말을 하지 말라고 '불망어(不妄語)'의 문자를 강조했다.

일찍이 『역경(易經)』에도 '설중유독(舌中有毒)'이라 하여 다음과 같이 설파했다.
"일상 내뱉는 말에는 무서운 독(毒)이 서려 있고 언어에는 신(神)이 깃들어 있다."

그러나 아무리 듣기 좋고 아름다운 말일지라도 진실성이 없어서는 안 된다.

그래서 공부자(孔夫子)도 다음과 같이 인간성의 진실을 강조했다.
교언영색은 선의인 · 巧言令色 鮮矣仁(혹은 善疑人)
화려하게 장식하고 꾸미는 말, 아첨하는 표정[言語]에는 거짓이 많다.

왜냐하면 진실의 언어는 언제나 단순을 좋아하고 순박을 사랑하기 때문이다.
적나라한 삶, 순수한 마음은 곧 유무(有無)를 초월한 절대무(絶對無)의 실재인 청정심(淸淨心)과 통한다.

옛사람[古人]도 일렀거니와, 다음과 같이 지적했다.
득지어심 황화취죽 무비묘제 · 得旨於心 黃花翠竹 無非妙諦
실지어심 천경만론 무비마설 · 失旨於心 千經萬論 無非魔說
마음에 뜻[純粹]을 얻으면 노란꽃 푸른 대가 묘제(妙諦) 아님이 없지만
마음에 뜻을 잃으면 천만 권의 경론도 모두 마설 아님이 없다.

특히 이 태생에게 있어서는 표리(表裏)의 마음만 버린다면 중년 이후에 이르러 찬란한 운정(運程)에 올라 대귀인(大貴人)의 좌[權座]에 안주(安住)할 수 있음은 역상의 윤토(潤土)가 가리키는 바와 같다.

경년생 · 庚年生

불의(不義)를 보고는 참지 못하는 직선적 성격으로, 다정다한(多情多恨)하여 상대를 제압하고자 하는 독선적 기질이 두드러져 일찍이 고난의 장벽이 있으나 천품이 순박하여 청운(靑雲)의 뜻을 관철한다.

천성은 땅 속에 묻힌 채 발굴되지 않은 쇠(金)와 같이 아직 뜨거운 불 속에 단련(鍛鍊)되지 않은 완금(頑金)의 형상으로, 그 성품 또한 곧고 솔직 담백하여 매우 강강(剛强)한 반면, 다정다감하면서도 냉정(매정)한 면이 도사리고 있다.

무슨 일이든 한번 마음 먹으면 즉시 실행에 옮겨야 직성이 풀리고 불의(不義)를 보고는 참지 못하는 성격으로, 일을 시작하면 결코 끝을 봐야 물러서는 정복성(征服性)이 매우 강한 특징이 있다.

그러나 평소에 조급한 성격이 작용하므로 일의 진행에 있어 처음에는 잘 나가다가도 중간에 차질을 가져오는 단점이 있으며, 바른말(直言)을 하여 상대로부터 오해를 불러일으키기도 한다.

겉으로는 무척 강인한 듯 보이지만 그 속마음은 실로 인정에 여려 눈물이 많은 편이며 불우한 사람을 보면 그냥 지나칠 수 없는 애약련빈(愛弱憐貧)의 동정심이 있다.

　오행상 '庚(金)'은 무쇠(頑金)인 까닭에 불(火爐)에 달군 뒤 망치로 많이 두드려야 비로소 완전한 성기(成器)를 이루듯 운명도 이와 흡사하다.

　고로 이 태생은 인생에 시련이 겹칠수록 그 정신력은 배(倍)로 증가되어 이른바 난세(亂世)에 대처할 수 있는 반면, 간웅적(奸雄的) 능력의 소유자인 동시에 남녀 모두 호방한 남아(사나이)의 기질이 있다.

　일구이언을 하지 않는 성격으로 그 자존심 또한 고고(高孤)하며 일방적으로 자신의 말만 주장하는 특성이 있으므로 매우 고독한 편이고 사람을 가리는 듯하며 실제 인간적으로는 늘 누군가를 그리워하면서도 대인 관계에 있어 사람을 대할 때는 얼음과 같이 차가운 느낌을 주기도 한다.

　생각건대, 사회적으로 내 말만 주장하는 독단적인 사람, 이기적이고 배타적인 사람, 편협한 사람은 남의 이야기를 조용히 들으려고 하지 않는다.

　인간이 한 세상을 살아감에 있어 마음의 문을 넓게 열고 스스럼없이 대화하고 상대의 말을 정중하게 경청한다는 것은 실로 위대한 덕(德)이요, 자아(自我)의 발전이다.

　그저 자신만 내세우는 일방적인 사람은 폐쇄적 인간이다. 고로 이런 인간은 남에게 마음을 주려고 하지 아니하고 모든 일에 대해서도 하나하나 의심을 갖게 된다.

　무릇 밀폐된 방 안은 공기가 혼탁하고 질식하기 쉬운 법이다. 속히 창문을 열고 밖으로부터 청신한 공기를 받아들여야 한다.

　역상(易象)이 나타내듯 순수한 庚(金)은 단련된 쇠(金)가 아니요, 인간에게 이기(利己)를 줄 수 있는 성기(成器)는 아니다.

　땅 속에서 갓 파낸 금(金)은 용광로의 불 속에서 단련된 뒤에라야 비로소 금으로서 광휘(光輝)를 발휘할 수 있는 것과 같이 이 태생은 성격적 융합, 타인과의 스스럼없는 대화가 필요함을 일러둔다.

　역단(易斷)하건대, 대부분 풍모에 활기(迫力)가 넘치고 음성도 우렁찬 편으로 뭇사람을 제압할 수 있는 기질이 뛰어나므로 초·중년에는 어떠한 역경과 시련이 있다 해도 장차 대기(大器)를 이루어 경륜과 세법(世法)에 능란하여 입지전적 존재로서 세인의 입에 오르내리기도 한다.
　때문에 천부적 기질에 인내심을 병행하여 뜻을 멀리에 두고 일보 일보 다듬어 나간다면 장래 서광(瑞光)이 비치어 중년 이후 몸을 변신하여 정치·외교·언론·무역·흥행 방면으로 진출해도 큰 명성을 드러낼 수 있다.
　다만 부부의 애정운은 별로 뜨겁지 못하고 차가운 편에 속하니 늘 융화의 덕으로 많은 수행(修行)을 쌓을 필요가 있음을 명심해야 한다.

　결론짓건대, "편협적 사상은 고독에 이르는 병이요, 지나친 독선(獨善)은 실패에 드는 문이다."라고 나는 분명히 말하고 싶다.
　특히 역상으로 庚〔金〕이 지닌 강한 의미는 냉(冷)과 온(溫), 비(悲)와 희(喜), 절망과 희망의 교차점에 서 있다. 그 중에도 비관적 염세관에 기울어지는 성향이 있으므로 이 점을 깊이 유념하지 않으면 안 된다.

신년생 · 辛年生

인정은 넘친 듯해도 순간 차갑게 돌변하는 변화성을 보이며
의욕에 비해 환경이 받쳐주지 않아 기선(機先)을 빼앗기는 안타까움이 있으나
운명은 큰 일을 해낼 수 있는 천명(天命)을 부여 받았다.

천성은 가을 단풍에 내린 하얀 서리(秋霜)와도 같이 그 용모 역시 우아하고 깨끗해 보이며 얼굴보다 몸빛이 희고 눈(眼光)에 정신이 서려 은근한 힘(光輝)을 발하고 있다.

모든 일에 적극성을 띠고 행(圖謨)하는 일 역시 남보다 진취적 기상이 있다.

돌다리도 두드리며 가는 신중한 성격으로 일사일정(一事一正)하여 하나하나의 일을 정확히 계산하여 사무에 임해서는 한 치의 착오도 범하지 않고 철저히 수행하려는 천품을 타고났다.

처음 대할 때는 인정이 넘치는 듯해도 순간 차갑게 돌변하는 변화성을 보이며 그 마음은 대범하지만 담(膽)은 약한 편이다.

이에 반해 때로는 독불장군과 같은 기상으로 타인을 우습게 아는 경망스런 행동이 나타나고 마음 한구석에는 자만심이 가득 차 있어 항시 기회를 엿보면서 은

근한 야망을 불태우고 있다.

중년 이후엔 인간으로 인한 함정(因人被害)을 배제할 수 없는 운명이므로, 특히 이 태생에 있어서는 사람의 마음(意中)을 꿰뚫어볼 수 있는 혜안을 기르는 것이 무엇보다 중요하다.

모든 일에 있어 의욕은 과만하지만 항상 체력이 달려 타인으로부터 기선(機先)을 제압당하는 안타까운 면이 있으니 평소에 건강을 잘 보존해야 초곤노왕(初困老旺)으로 만년에 이르러 큰 일을 해낼 수 있는 천명을 부여 받게 된다.

역상으로 '辛(金)'은 찬서리(寒霜)에 해당된다. 서리는 늦은 가을 서풍(西風)에 실려 서(西)에서 동(東)으로 불어내리며 매우 차가운(冷嚴) 존재로서 모든 만물에 숙살(肅殺)의 기를 품어 이때가 되면 온 대지의 초목은 절상(折傷)의 화를 입게 된다.

따라서 신년생(辛年生)은 애정 면에는 찬 빛(憂愁)을 띠게 된다.

일찍이 연애 실패, 부부 갈등을 초래할 수 있는 운이 있으므로 이 태생에겐 특히 물질(經濟)보다 정신(性格) 면에 있어 자신의 그릇에 맞는 배우자의 선택이 가장 필요하다.

무릇 부부애(夫婦愛)란 성애(性愛)의 기초 위에 이루어지지만 육적(肉的) 충족(充足)인 경제와 섹스만 가지고는 살 수 없다.

육(肉)은 영(靈)을 낳고 영(精神)은 육을 움직인다. 그러므로 영육이 혼연일체(靈肉雙全)가 되어야 비로소 두 사람의 사랑이 극치에 도달하여 행복한 부부 생활을 영위할 수 있다고 해도 지나친 말은 아닐 것이다.

부부라 함은 백발이 될 때까지 반세기를 살아야 하는 공동 운명체이기 때문에 남녀의 만남은 그만큼 중요한 것이며 한 인간의 일생일대의 행·불행이 오직 배우자에 의해 결정된다고 해도 지나친 말은 아닐 것이다.

따라서 남편에 대한 성공 열쇠는 아내가 쥐고 아내에 대한 행복 열쇠는 남편이 쥐는 까닭에 부부는 인생의 반려요, 형영상반(形影相反)의 사이다.

일찍이 옛사람(古人)은 다음과 같이 지적했다.
"악처(惡妻)를 얻으면 일생의 흉작이요, 현처(賢妻)를 얻으면 일생의 풍작이다."
이 말은 참으로 인생의 지언(知言)이다.

생각건대, 고운 정과 미운 정, 애(愛)와 증(憎), 희(喜)와 비(悲)로 엮어가는 일대사(夫婦生活)야말로 인생의 산전수전(山戰水戰)을 오직 인내로써 이기고 삶의 고난과 시련을 지혜와 용기로 극복하여 서로 돕고 믿고 존중하면서 은혼식(銀婚式)·금혼식(金婚式)의 영광과 다복(多福)을 장구히 누린다는 것은 마치 풍우에도 아랑곳하지 않고 대지에 우뚝 서 있는 정정한 거목처럼 훌륭한 인생시(人生詩)요, 참으로 축복 받은 행복이 아닐 수 없다.

역단(易斷)하건대, 혼전(婚前)에는 자신이 바라는 배우자의 선택이 여의(如意)치 않아 번뇌하기도 하고 여성의 경우 결혼 후에는 동상이몽(同床異夢)의 이기적 마음이 은근히 남편을 따돌리는(無視) 묘한 습성으로 나타나기도 하며 이성으로 인한 삼각 관계에 한때 번뇌하기도 한다.
따라서 평소에 마음을 항상 균일(均一)하게 갖도록 노력하고 유달리 공상이 많은 성격이므로 현실적 삶에 충실함이 행복을 구가(謳歌)하는 길임을 명심해야 한다.

임년생 · 壬年生

- 실천보다 이론을 앞세우는 경향이 있고 감정이 풍부하여
- 허영에 흐르기 쉬운 면이 있으나 시대의 흐름을 재치 있게 간파하여
- 남이 생각지 못한 큰 일(大事)을 해내 비약적 입신(立身)에의 길로 달리기도 한다.

천성은 큰 바다나 강하(江河)에 흐르는 물(大海水)과 같이 도량이 매우 넓고 그 지혜 또한 충만하여 대업(大業)을 능히 감당해낼 수 있는 천품을 타고났다.

그러나 재승박덕(才勝薄德)으로 재능이 너무 다양하여 주위로부터 팔방미인이라는 말을 많이 듣지만 인내가 약간 부족하고 불로 소득(不勞所得)을 좋아하며 가끔 허욕이 발동, 혹 타인(女子)의 덕으로나 살아볼까 하는 생각이 마음 한구석에 숨어 있어 이성의 번뇌가 따를 운명이다.

이 정신만 잘 견제하면 뭇군중을 희롱하고 중년에 이르러 황궁(鳳凰宮)에라도 활보할 수 있는 행운이 있으며 화술 또한 뛰어나서 많은 사람으로부터 선망(羨望)의 대상이 되기도 한다.

그러나 실천보다 이론만 앞세워 일을 그르치기 쉬운 면도 배제할 수 없다. 다시 말해서 이 태생은 실행보다 말이 너무 풍성하여 결정적인 시기에 신용을 잃게 되고 주위로부터 고립되어 우울한 상황에 빠지기도 한다.

아울러 자신을 앞세우고자 하는 마음 때문에 허영이 작용하여 필요 이상의 낭비로 남몰래 고통당하기도 하며 지나치게 타산적인 까닭에 진정한 친구가 없어 고독해 하기도 한다.

특히 이 태생은 진실한 친구의 도움[助力]이 절대 필요한 명운이다.

때문에 주위에 친구[先後輩]를 많이 사귀어두는 것이 훗날 입신의 등용이 빠르다.

옛사람[古人]은 서로 의기 투합하고 마음에 꼭 맞는 친구, 아주 친밀한 사이를 가리켜 '금란(金蘭)의 벗'이라고 일렀거니와 친구란 인간의 삶에 있어 없어서는 안 될 혈육(血肉)과 같은 귀중한 존재라고 했다.

그래서 『역경(易經)』에서도 다음과 같이 갈파하고 있다.
이인동심 기리단금 • 二人同心 其利斷金
동심지언 기취여란 • 同心之言 其臭如蘭
친우가 마음을 같이할 때 그 견고함은 굳센 쇠[金]를 단절할 수 있으며,
마음이 하나가 된 우정의 향기가 밝은 금란초와 같다.

단테는 우정의 배신을 인간 최대의 악으로 규정짓고 그의 명작 『신곡(神曲)』에서, 막역한 친구 카이사르를 배신한 카시우스와 브루투스를 지옥 제일 밑바닥 감옥에 떨어뜨려 신음하는 모습으로 보여주기도 했다. 이 태생은 극히 명심할 일이다.

역상으로 풀이하면 '壬[水]'은 풀잎에 맺힌 '맑은 이슬[淸露]'과 같다. 따라서 풀잎은 이슬이 필요하고, 이슬은 풀잎에 맺혀 햇빛[日光]에 반사될 때 비로소 해맑고 영롱한 빛[美色]을 드러낸다.

그러나 '壬年生'은 속마음은 순박하지만 정[人情]만 앞서고 행동이 이에 미치지 못하는 까닭에 가끔 주위로부터 구설과 친구의 오해를 받는다. 따라서 자신의

진의(眞意)가 드러날 때까지 인내가 필요하다.

　인간의 우정이란 서서히 자라는 나무에 비유할 수 있다. 나무가 땅 속에 깊이 뿌리를 박고 무성한 가지와 잎사귀를 뻗어 열매를 맺을 때까지 장구(長久)한 세월이 필요하듯 모진 풍우와 매서운 눈서리(風霜)를 이겨내야 비로소 정정한 거목(巨木)이 될 수 있는 것과 같이 인간의 사귐(友情)도 이와 흡사하다.

　비록 친한 사이일지라도 도중에 사소한 오해가 생기고 추잡한 경쟁 의식이 작용하고 격한 반발심이 생긴다. 때로는 섭섭한 마음, 배신당한 느낌 등 은연중 심중에 파상(波狀)이 일어 우정은 파탄과 결렬의 위기에 직면한다.

　"극도의 역경에 처해봐야 비로소 진정한 친구를 안다."
고 키케로는 갈파했다.

　자신이 순경(順境)에 처하고 사회의 성공자가 되었을 때에는 많은 친구들이 몰려 문전성시(門前成市)를 이룬다. 그러나 권좌에서 물러나 처절한 역경에 봉착하면 모두 외면하고 뿔뿔이 흩어진다.

　역단하건대, 이 태생은 인정에 여리고 감정이 풍부하여 배신(失敗)을 당한 뒤에는 주색에 심취하여 중반(中半) 이후에 급격히 건강이 약해져 패인(敗因, 失敗의 原因)이 되기도 한다.

　대단한 야망은 있지만 매사에 선후(先後)를 구분하고 자신의 단점을 미리 포착하여 차분한 마음으로 인생을 걸어간다면 의록(衣祿)은 풍부한 명이므로 행복한 인생을 향유할 수 있다.

계년생 · 癸年生

내면 깊이 뿌리박고 있는 한 가닥 독성(毒性)은 일면 강한 인내심과 동정심의 표징인 만큼 결국엔 위대한 봉사 정신으로 사회의 어두운 곳을 밝혀 자손대(子孫代)에까지 그 복록을 전한다.

천성은 늦은 봄날 춘풍에 날리는 보슬비〔春霖 : 細雨〕와 같이 남녀 모두 용모는 단정하고 우아하여 아름답게 보이지만 마음이 늘 균일(均一)치 못하다.

특히 여성의 경우는 어떤 대상을 원망이라도 하듯 심중(心中) 한 구석에 독성(毒性)을 지니고 있으며, 한 가지 일에라도 몰두〔專念〕해야 하는 직성이다.

매사에 사무적이며 능동적으로 불굴(不屈)의 기상이 있고 매우 총명한 편으로 주위의 인기에 민감하다.

다만 그 총명이 지나친 나머지 자모자패(自謨自敗) 격으로 가끔 자기 꾀에 자기가 넘어가 스스로 불운의 함정을 파는 경우가 있으며 심층 깊은 곳에는 남을 원망하는 듯한 심한(心恨)도 숨어 있다.

역상으로 '癸〔水〕'는 늦은 봄날 메마른 싹에 내리는 단비〔霖〕를 형상하거니와 단비는 모든 만물을 이익되게 한다.

그러므로 이 태생은 봉사와 박애 정신을 항상 가져야 한다.

무릇 박애(博愛)라 함은 널리 인간을 사랑하고 무조건 베푸는 것이요, 반대로 이기(利己)와 자애(自愛)는 나만 생각(自愛)하고 오직 자신만 이익되게 하는 것이다.

오늘날 금전 만능 사상(金錢萬能思想)에 흠뻑 젖은 현대인에게는 여러가지 형태의 이기주의가 성행하게 되었다. 개인적 이기주의, 집단적 이기주의, 지역적 이기주의, 종파적 이기주의 등 이루 말할 수 없는 이기주의가 팽배해 있다.

특히 요즈음 젊은 사람일수록 이기주의 근성(根性)이 깊이 뿌리박고 있으며, 그 힘은 매우 강하다.

때문에 박애의 이상(理想)이 뿌리내리기 힘든 척박한 현실적 토양 위에서 당신은 불교의 위대한 보살도(菩薩道)를 몸소 행하지 않으면 안 된다.

보살도란 무엇인가?

무조건 베푸는 것이다. 나보다 못한 사람을 측은히 여겨 따뜻이 보살피고 받아들여주는 자비심! 이것이 곧 불법에서 말하는 보살도 정신인 것이다.

역단(易斷)하건대, 특히 이 태생은 '癸〔水〕', 이슬〔霖〕의 역상이 의미하듯이 조그마한 감정〔怨恨〕을 버리고 선천적으로 타고난 봉사적 박애 정신을 개발하여 스스로 자신의 복된 운명을 개척해야 할 의무가 있다.

순수한 봉사〔布施精神〕란 무조건 베풀고 자기의 행위를 망각했을 때라야 비로소 음보(陰報)가 되어 자손에까지 그 복록이 전해지는 것이다.

분명히 이 태생에게 있어 내성(內性)에 도사리고 있는 독성〔傲氣〕은 일면 인내심이요, 강한 동정심의 표출인 만큼 일찍이 자기의 천품을 발견하여 인생을 초탈(超脫)한 자세로 현실에 임한다면 기필코 위대한 결실을 보게 된다.

다만 부부 애정은 다정(多情)한 듯해도 삭막함이 있으며 초연(初緣)은 선루후소(先淚後笑)의 격으로 처녀 시절 실연(失戀)의 고배를 마시거나 서로 좋아하면서도 맺지 못할 인연으로 비련(悲戀)에 한때 울기도 하며 초혼 실패수가 따르기도 한다.

　40대에 이르러서는 부부간에 일시적 공방(空房)의 시련이 기다리기도 한다.

　항시 마음을 진실되고 착하게만 갖는다면 천품적으로 복록과 인기운을 타고 났으므로 주위로부터 인덕(人德)은 물론 찬사를 받게 되며 재복(財福) 또한 많아서 중년 이후에 많은 부동산과 훌륭한 저택을 보유할 수 있는 운명이라 하겠다.

第二章

생년지지에 의한 운명의 암시

심상(心相)의 대처 방안

『주역(周易)』에 이르기를,
"천간(天干)은 동(動)이라서 상(相)이 없으며, 지지(地支)는 정(靜)이라서 상을 가지고 있다."
라고 하였다.

그러므로 지지의 상(相, 形)에 의해 얼굴이나 성격·복록·길흉·화복이 각각 다르듯이 사람이 타고난 지지가 내포하고 있는 묵시적 상(物象)은 또 다른 깊은 운명을 암시하고 있다.

따라서 지지(地支, 띠)의 상(物象)에는 각각 상격(上格)·중격(中格)·하격(下格) 등 운명의 3가지 격으로 나누어져 있다.

상격을 갖춘 사람은 그 복록이 무궁무진하고 중격을 갖춘 사람은 그 다음이요, 하격은 고생하고 빈천하지 않으면 단명하게 되는 최하의 격으로 불우한 운명을 말한다.

이 장(章)에서 독자가 미리 알아둘 것은 각 생년(띠)마다 격을 운명적으로 삼분(三分)해놓았는데 이 학설은 추상적인 면이 있어서 전문성을 요한다. 자신이 해당된 해(띠)에다 인상적(人相的) 특징을 아울러 참작하여 판단하는 관법(觀法)이다.

어느 띠(生年)에 해당되던 중상격 이상은 소위 정격(正格)을 갖추었으므로 일생 부귀할 것이지만 중하격 이하의 상은 어느 띠를 막론하고 실격(失格)이므로 빈곤과 희비(喜悲)가 겹쳐 일생에 풍파가 따른다.

즉 청수(淸秀)한 상은 부귀격이요, 혼탁(混濁)한 상은 빈천격이다. 따라서 자신이나 혹은 자기가 알고자 하는 사람의 운명을 판단하려면 그 사람의 타고난 해〔띠〕와 얼굴〔寫眞〕을 보면 상·중·하격 가운데 어느 격에 해당되는지 감지(感知)할 수 있으며, 그 사람이 어느 정도의 그릇〔福祿〕을 타고났는지도 스스로 짐작할 수 있게 된다 — 실격(失格)인 사람의 30년 호운이 정격의 3년 운보다 못하다.

특히 본인이 출생한 해〔띠〕의 상·중·하격에 나타난 특징과 해석을 깊이 생각해보면 '아! 나는 무슨 격이구나.' 할 정도로 자신이 어떠한 격상(格相)에 속해 있다는 것을 곧 알게 될 것임을 재삼 첨언해둔다.

※ 이 부분에 관한 학설은 관상학에 있어 가장 중요한 물형론(物形論, 동물의 형상)에 해당되므로 전문서인 본인의 졸저 『얼골경(乻骨經) – 복 있는 관상은 어떤 얼굴인가』를 참고하면 이해가 빠를 것이다.

쥐띠 · 子年生

쥐띠(子生)의 형상에,
상격에는 천궁유서(天宮遊鼠)지상이 있고
중격에는 노서입고(老鼠入庫)지상이 있으며
하격에는 분서(糞鼠)나 구서규식(溝鼠窺食)지상이 있다.

● 상격-「천궁유서지상」

'황실이나 천장 위에 노니는 쥐의 형상'으로서 일생 동안 복록이 그치지 않고 관운(官運)이 좋아 지방 장관 이상(宰相)의 귀(貴)를 누리고 천석(千石) 이상의 부(富)를 누릴 수 있는 대길상으로 어떤 천재적 자질을 타고난 사람으로 세상에 이름을 날리고 일생 동안 귀인의 대우를 받게 되는 유복한 운명으로 운세 또한 상하(上下)다.

● 중격-「노서입고지상」

소위 '늙은 쥐가 곳집에 드는 형상'으로서 일평생 의식이 유여(有餘)하고 살아가는 데 별 걱정이 없으며, 부(富)는 있으나 귀(貴)는 부족한 운명으로서 운세는 중하(中下)에 속한다.

● 하격-「분서」나「구서규식지상」

'변소나 하수구에 살면서 밥알을 엿보는 형상'으로서 일생 동안 노고가 많고 의식마저도 궁핍을 느끼면서 고생스럽게 살아가는 운명으로서 운세는 하중(下中)에 속한다 하겠다.

『주역』에 이르기를,
"쥐는 밤이면 빛을 내는 야행성(夜行性) 동물로서 매우 민첩하고 영리하며 귀여운 물상(物象)이다."
라고 하였다.

때문에 이 물상(띠)에 해당되는 사람은 사물에 대한 기교가 매우 명민(明敏)하며 지혜 또한 뛰어나서 모든 일에 민첩하고 예리한 반면, 자기 혼자서만 편하고자 하는 이기성(利己性)이 도사리고 있으며 질투와 욕심이 많다고 하였다.

반면 품성은 고결하고 고상한 편으로 예술적 재질이 뛰어나 뭇사람의 지혜를 넘으며 이상(理想) 또한 매우 높은 편이다.

어떠한 어려운 일이 닥쳤을 때도 당황하지 않으며 용기 있게 무난히 처리해내는 지혜를 갖추었고, 모든 일에 경우(境遇)가 밝고 계산이 분명한 사람이다.

일생을 통해 운세는 가을 낙엽 후 다시 회춘(回春)하는 상으로 일생 동안 분주한 가운데 성패(成敗)가 많은 편이며 한편 여성의 경우 남모르는 숨은 번민을 갖고 살아가야 하는 운명이기도 하다.

여성의 경우도 가정에만 묻히지 말고 사회 활동이나 경제 활동을 하는 것이 운명상 유익하며 만년(晩年)은 매우 길하지만 초·중년까지는 뜻을 이루지 못하고 성패가 다단하며 고생이 따르기도 한다.

특히 이 태생의 경우 자시(子時)에 태어난 사람은 외가(外家)가 영락(零落)하는 경우가 많다.

참고사항

- 해외 변동(移徙)운이 깃드는 해 ➡ 인(寅)・오(午)・신(申)・술(戌)・자(子)년 또는 월.
- 애정운이 깃드는 해 ➡ 인(寅)・사(巳)・신(申)・해(亥)년 또는 월.
- 가정 불화가 있는 해 ➡ 묘(卯)・진(辰)・오(午)・미(未)・유(酉)년 또는 월.
- 상복(喪服)을 입는 해 ➡ 인(寅, 喪門)・술(戌, 弔客)년 또는 월.
- 집을 조성(造成)해도 좋은 해 ➡ 31세・37세・39세・43세・47세・51세・57세・61세・63세・67세 때.
- 쥐의 해(子年)
  - 대장군방(大將軍方) ➡ 신(申)・유(酉)・술(戌) 方 : 서쪽.
  - 삼살방(三殺方) ➡ 오(午) 方 : 정남쪽.
  - 삼재드는 해(三災入年) ➡ 인(寅)・묘(卯)・진(辰) 3년간.

소띠 · 丑年生

소띠(丑生)의 형상에,
상격에는 영우보전(靈牛步田)지상이 있고
중격에는 초전유우(草田遊牛)지상이 있으며
하격에는 설전경우(雪田耕牛)지상이 있다.

● 상격-「영우보전지상」

'신령스러운 소가 밭두렁을 걷는 형상'으로, 장래 입각(入閣)해서 세상에 이름을 떨치고 복록이 무궁함은 물론 자손대에까지도 영화가 그치지 않으며 거부(巨富)가 될 수 있는 운명이며 운세는 상중(上中)이다.

● 중격-「초전유우지상」

'풀밭을 노니는 한가한 소의 형상'으로, 평생 의식과 식록은 풍부하지만 관운이 부족한 것이 흠이다. 운세는 중하(中下)다.

● 하격-「설전경우지상」

'겨울 눈밭을 가는(耕) 소의 형상'으로, 비록 체격과 건강운은 타고났으나 복록은 부족한 편이다. 반면 의식이 좋은 경우는 건강이 좋지 못하다.

이 격물(格物)은 자기의 몸을 아끼지 아니하고 근면성실하게 봉사하는 선천적 근로 정신을 타고났으므로 중년(50代)까지는 신고(辛苦)가 많고 풍파 또한 적지 않다. 그러나 심성(心性)을 잘 닦은 사람은 주위로부터 점차 인정을 받게 되므로 만년에 이르러 흥가(興家)하는 운명이라 하겠다.

위의 세 가지 격 외에도 '태전와우(太田臥牛)지상' 이라 하여 소위 '콩밭에 드러누워 있는 소의 형상' 이 있는데 이 격물은 심성이 매우 불량하고 게을러서 주인의 속을 많이 태우는 소의 형상이니만큼 이 격에 해당되는 사람은 대부분 건달 생활을 하게 되고 불로 소득으로 인생을 살아가려는 망나니의 운명이라 하겠다(여성의 경우 술집, 요정 주인이 많다).

『주역』에 이르기를,
"소는 어금니가 없으나 입술이 있어 되새김질을 하는 동물로서 끈기가 있는 까닭에 결국에는 큰 일을 해낼 수 있는 물상이다."
라고 강조했다.

평상시 남에게 늘 베푸는 보시형(布施形)으로서 봉사 정신이 많고 내면엔 인정도 도사리고 있으므로 주위로부터 유덕(有德)한 사람이라는 소리를 많이 듣게 되며 초년보다 중년, 중년보다 말년으로 갈수록 더욱 좋은 운명이지만, 중년(35~50)에 이르러 꼭 한 번의 실패가 있다.

무릇 이 형은 사람들로부터 이용당하기 쉬운 단점이 있으며 성격은 급한 편이지만 그 행동은 소처럼 느린 듯하고 우유부단한 내성이 있다.

평소에는 호인(好人)이지만 한번 노기를 띠면 쉬 풀어지지 않고 오래가는 것이 특징이다.

또한 어떠한 고통이 닥쳐도 그 시련을 이겨낼 수 있는 불굴의 정신이 있고 내면의 고통을 밖으로 잘 드러내지 않으며 오직 혼자서 묵묵히 삭이는 기질이 있다.

자신이 한 일에 대해서는 절대 책임을 지며 비록 일이 잘못되어도 후회하거나 남을 원망하는 일이 없다.

참고사항

- 해외 변동(移徙)운이 깃드는 해 ➡ 묘(卯)·사(巳)·미(未)·유(酉)·해(亥) 년 또는 월.
- 애정운이 깃드는 해 ➡ 묘(卯)·사(巳)·유(酉)·자(子) 년 또는 월.
- 가정 불화가 있는 해 ➡ 인(寅)·진(辰)·미(未)·신(申)·술(戌) 년 또는 월.
- 상복(喪服)을 입는 해 ➡ 묘(卯, 喪門)·해(亥 : 弔客) 년 또는 월.
- 집을 조성(造成)해도 좋은 해 ➡ 31세·33세·39세·41세·43세·47세·53세·57세·63세 때.
- 소의 해(丑年)
  - 대장군방(大將軍方) ➡ 신(申)·유(酉)·술(戌) 方 : 서쪽.
  - 삼살방(三殺方) ➡ 묘(卯) 方 : 정동쪽.
  - 삼재 드는 해(三災入年) ➡ 해(亥)·자(子)·축(丑) 3년 간.

범띠 · 寅年生

범띠(寅生)의 형상에,
상격에는 맹호출림(猛虎出林)지상이 있고
중격에는 심곡주호(深谷走虎)지상이 있으며
하격에는 동굴면호(洞窟眠虎)지상이 있다.

● 상격-「맹호출림지상」

'수풀에 나타난 용맹스런 범의 형상'으로, 장상(將相)과 제후의 운명으로서 매우 준엄하고 위풍이 당당하며, 의리가 있고 뭇사람을 호령할 수 있는 권좌(勸座)를 타고났으므로 부(富)보다는 귀(貴)가 있고 재물보다는 명예를 더욱 소중히 여기는 경향이 있다. 운세는 상중(上中)이다.

● 중격-「심곡주호지상」

'깊은 골짜기를 달리는 호랑이의 형상'으로, 확실한 목표를 정해놓고 그 목표에 온 정신을 집중하여 강력히 도전하는 형상이다. 운세는 중중(中中)이다.

● 하격-「동굴면호지상」

'동굴 속에서 졸고 있는 호랑이의 형상'으로, 이미 기력이 쇠(衰)하여 활동이 불가능한 외로운 늙은 호랑이(老虎)를 말하는 것이다. 운세는 하중(下中)이다.

『주역』에 이르기를,
"범은 목이 없으면서도 화신(和身)하여 구르는 야행성 동물로서 산 속의 왕인 만큼 그 용맹 또한 대단하다."
고 하였다.

물질보다 의리와 명예를 소중히 여기는 충성심이 지극하고 자식을 사랑하지만 절대 겉으로 그 사랑을 나타내지 않는 엄격한 동물이다. 하룻밤에도 천 리를 주행하고 다시 동굴로 귀소(歸巢)하는 번개처럼 민첩한 물상(物象)으로서 자존심이 매우 강하고 평소에는 화를 잘 내지 않지만 한번 노기를 띠면 기어이 끝을 보고야 마는 강한 복수심을 갖고 있다.

반면에 약자나 자기의 부하에게는 매우 인자하고 지극한 사랑으로 보살피는 따뜻한 마음씨도 갖고 있다.

내심에는 덕과 인정을 함께 갖추고 있으나 밖으로 표현하지 못하여 처음에는 친해지기가 몹시 어렵지만 한번 사귀어놓으면 끝까지 변치 않는 우정과 의리를 갖고 있으며 모든 일에 임(臨)해서는 용감하고 철저하게 끝을 보는 불굴의 정신이 있다.

그러나 명예를 너무 중히 여긴 나머지 타인으로부터 역이용당하여 실패하는 수도 종종 있다. 뱃심이 너무 좋아 매사 앞뒤를 생각지 않고 일을 크게 벌여 비극적 함정에 빠지기도 하지만 순발력이 뛰어나 회복력도 빠른 편이다.

성품은 호탕하고 여색을 즐겨서 가정 생활이 쓸쓸한 사람이 많다.

인덕이 부족하고 자수성가의 운명을 타고났으며 여성의 경우 과부를 면치 못하거나 상자(喪子)의 운명이 작용하기도 한다.

초·중년까지는 인생의 풍파가 적지 않지만 말년은 매우 안락할 운명이다.

참고사항

- 해외 변동(移徙)운이 깃드는 해 ➡ 인(寅)·진(辰)·오(午)·신(申)·자(子) 년 또는 월.
- 애정운이 깃드는 해 ➡ 진(辰)·오(午)·술(戌)·해(亥) 년 또는 월.
- 가정 불화가 있는 해 ➡ 사(巳)·미(未)·신(申)·유(酉)·축(丑) 년 또는 월.
- 상복(喪服)을 입는 해 ➡ 진(辰, 喪門)·자(子, 弔客) 년.
- 집을 조성(造成)해도 좋은 해 ➡ 37세·39세·41세·47세·51세·53세·63세 때.
- 범의 해(寅年)
  - 대장군방(大將軍方) ➡ 해(亥)·자(子)·축(丑) 方 : 북쪽.
  - 삼살방(三殺方) ➡ 자(子) 方 : 정북쪽.
  - 삼재 드는 해(三災入年) ➡ 신(申)·유(酉)·술(戌) 3년간.

토끼띠 · 卯年生

토끼띠(卯生)의 형상에,
상격에는 월궁유토(月宮遊兎)지상이 있고
중격에는 산토취갈(山兎取葛)지상이 있으며
하격에는 경토주행(驚兎走行)지상이 있다.

● 상격 - 「월궁유토지상」

일명 '옥토망월(玉兎望月)' 이라고도 하는데 이른바 '달 속에 노니는 옥토끼의 형상' 으로, 복록이 매우 많고 부부의 금슬도 화융하여 처 덕이나 남편 덕이 좋으며 남달리 인기가 좋아 가는 곳마다 여러 사람으로부터 많은 사랑을 받게 된다.
무용이나 음악, 혹은 미술 등 예술적 천품 또한 뛰어나며 재치(聰明)가 있어서 성공하게 된다. 운세는 상하(上下)다.

● 중격 - 「산토취갈지상」

'산토끼가 칡넝쿨을 갉아먹는 형상' 으로, 재운(財運)이 풍부하여 일평생 돈을 많이 만지게 된다. 유흥업이나 인기 대중 사업에 종사하면 수롱만재(水弄萬財)할 수 있는 격이다. 운세는 중중(中中)이다.

● 하격 -「경토주행지상」

'놀란 토끼가 도망가는 형상'으로, 매우 분주다사(奔走多事)하고 건강 또한 좋지 않아 박복한 운명이다.

부부의 인연도 자주 바뀔 수 있는 상으로, 가정이 매우 쓸쓸하고 인생에 노고가 많으며 여성의 경우 혼자 살지 않으면 자신이 일가(一家)를 먹여 살려야 하고 질병이 따르는 운로다.

운세는 하하(下下)다.

『주역』에 이르기를,

"토끼는 입술이 없으니 수컷이 없다."

고 하였고 주야(晝夜)에 다 동(動)할 수 있는 토속(土屬) 동물이다.

모든 일에 민첩하고 매우 영리하여 지혜가 충만해 있으나 한편 경솔한 면이 있다. 무슨 일이든지 속전속결로 빨리 해치워야 직성이 풀리고, 꾸물대는 성격이 아니지만 매사 처음보다 끝이 약한 편이다.

자기의 모사(謀事)에 자기 스스로 넘어가 일을 그르치는 경박성이 있고 무슨 일이든 머리만 잘 쓰면 된다는 생각(一念)으로 노력보다는 아이디어를 매우 중요시한다. 따라서 지구력만 기르면 대성(大成)할 수 있는 운명이다.

매사에 처음보다는 결과에 가서 후회하고 마음 속으로 남을 원망하는 습성이 있다.

화개만춘(花開滿春) 격으로 남에게 돋보이고자 하는 자존심과 이상 또한 대단하여 화려한 것을 좋아하고 속은 소심하면서도 겉으로는 호기(豪氣)를 부리는 성격이 작용한다.

천성은 솔직 담백하지만 변덕이 심하고 자기의 단점이나 현재의 가난을 위장하여 감쪽같이 속이기 위해서 필요 이상의 정력을 낭비하므로 지나친 경우 상대에게 혐오감을 주어 도리어 배신의 슬픈 함정에 빠져서 배회하기도 한다. 이 점만 유의하면 천부적으로 재치가 있고 인기운을 타고났으므로 매우 유복한 인생을 보낼 수 있다.

다만 초연(初戀)이나 초혼(初婚)에는 실패가 따르고 청·장년기에 중단(中斷)과 풍상(風霜)이 따르지만 중년 이후는 매우 대길할 운명이다.

참고사항

- 해외 변동(移徙)운이 깃드는 해 ➡ 묘(卯)·사(巳)·유(酉)·해(亥)·자(子)년 또는 월.
- 애정운이 깃드는 해 ➡ 인(寅)·사(巳)·미(未)·술(戌)·해(亥)년 또는 월.
- 가정 불화가 있는 해 ➡ 묘(卯)·오(午)·신(申)·유(酉)·자(子)년 또는 월.
- 상복(喪服)을 입는 해 ➡ 사(巳, 喪門)·축(丑, 弔客)년.
- 집을 조성(造成)해도 좋은 해 ➡ 31세·33세·37세·43세·47세·53세·57세·63세 때.
- 토끼의 해(卯年)
    - 대장군방(大將軍方) ➡ 해(亥)·자(子)·축(丑) 方 : 북쪽.
    - 삼살방(三殺方) ➡ 유(酉) 方 : 정서쪽.
    - 삼재 드는 해(三災入年) ➡ 사(巳)·오(午)·미(未) 3년간.

용띠 · 辰年生

- 용띠는 극귀(極貴)하는 생이며,
- 상격에는 황룡롱주(黃龍弄珠)지상이 있고
- 다음으로는 창룡출운(蒼龍出雲)지상이 있으며
- 다음으로는 청룡번해(靑龍翻海)지상이 있다.

용띠(辰生)에는 명리학적(命理學的), 즉 사주학적 견지(見地)로 추명할 때에는 상·중·하 격이 엄연히 구분되어 있으나, 관상학적 형상으로 판단 지을 때는 격이 없고(無格諸吉), 모두 극귀(極貴)하는 격물로 운명 또한 대길상이다.

- 상격으로는 「황룡롱주지상」이라 하여 '누런 황룡이 여의주를 희롱하는 상'이 있고,
- 다음으로 「창룡출운지상」이라 하여 '푸른 용이 구름에 나타나는 형상'이 있으며,
- 다음으로 「청룡번해지상」이라 하여 '푸른 바다를 뒤치는 수룡(水龍)의 형상'이 있다.

이 모두 극귀(極貴)하는 상이며 천자나 국부(國父)의 품격으로 천부적으로 상서(祥瑞)로운 기운을 타고났으므로 뭇사람의 선망의 대상이 되어 귀인으로서 한몸에 존경과 추앙을 받는 존재로서 일생을 풍미(豊味)할 수 있는 운명이다.

『주역』의 건괘(乾卦)에 보면,

비룡재천 이견대인 · 飛龍在天 利見大人

이라고 갈파했다.

생각건대, 나는〔飛〕 용은 천상에 있고 대인은 지상에 있는 바, 꿈 속에서라도 용을 보면 반드시 좋은 일〔慶事〕이 생기고 큰 사람〔貴人〕을 만나면 이익됨이 있는 것이다.

이 격물은 한 국가의 존망〔運命〕을 걸머지우기 위해 하늘〔天上〕에서 낸 인물이라 할 것이다.

일찍이 "인장지덕(人長之德)이요, 목장지패(木長之敗)라."고 옛사람〔古人〕은 말했다.

사람이란 무릇 큰 사람의 그늘에 있으면 덕〔惠澤〕을 보게 되어 있지만 나무는 오직 큰 나무의 그늘 아래에서는 잘 자랄 수 없듯이 대인을 만나면 저절로 이익이 따르는 법이다.

이 격물은 인격이 돈후하고 아울러 위풍과 존엄한 기상이 서려 있고 눈동자에는 흰 창〔白晴〕이 일체 보이지 않으며 그 눈빛은 태양과 같이 맑지만 그 빛이 안으로 감추어져 밖으로는 좀처럼 드러나지 않는 관후(寬厚)한 형모(形貌)다.

『주역』에 이르기를,

"용은 귀가 없지만 청각이 매우 밝으며 만물을 홀로 관장하고 선(善)을 보호하고 악(惡)을 응징하는 권선징악의 표징이며 바람을 일으켜 비를 내리게 하며, 천지의 무궁한 변동을 가져오게 하는 극히 상서로운 동물이다."

라고 하였다.

이 형(格)의 운세는 초년은 가산을 탕진한 집안(敗家)에서 태어나지만 유년을 넘어 청년기부터는 점차 발전하고 중년 초반부터 그 능력이 드러나 극품(極品)에 이르는 그야말로 천운(天運)을 타고난 사람이다.

항상 눈을 지그시 감고 명상에 잠긴 듯 눈빛을 함부로 드러내지 않으며, 마음 속엔 거대한 웅지와 이상이 도사리고 있다. 때문에 보통 사람으로서는 그 마음을 헤아릴(寸智) 수 없으며 만물을 관후의 덕으로 대하며 동정심이 넘쳐흘러 측은지정(惻隱之情)을 갖고 있는 사람이다.

특히 용상(龍象)은 외모적으로는 수염이 매우 아름다운 것이 특징이며 말을 할 때도 이(齒)가 잘 보이지 않는 현묘(玄妙)한 상인 것이다.

운세는 상상(上上)에 속한다.

참고사항

- 해외 변동(移徙)운이 깃드는 해 ➡ 인(寅)·오(午)·신(申)·술(戌)·자(子) 년 또는 월.
- 애정운이 깃드는 해 ➡ 인(寅)·사(巳)·유(酉)·자(子) 년 또는 월.
- 가정 불화가 있는 해 ➡ 진(辰)·오(午)·술(戌)·해(亥)·축(丑) 년 또는 월.
- 상복(喪服)을 입는 해 ➡ 오(午, 喪門)·인(寅, 弔客) 년.
- 집을 조성(造成)해도 좋은 해 ➡ 31세·33세·37세·41세·43세·53세·57세 때.
- 용의 해(辰年)
    - 대장군방(大將軍方) ➡ 해(亥)·자(子)·축(丑) 方 : 북쪽.
    - 삼살방(三殺方) ➡ 오(午) 方 : 정남쪽.
    - 삼재 드는 해(三災入年) ➡ 인(寅)·묘(卯)·진(辰) 3년 간.

뱀띠 · 巳年生

▮ 뱀띠(巳生)의 형상에,
▮ 상격에는 사변대망(蛇變大蟒)지상이 있고
▮ 중격에는 청사취와(靑蛇取蛙)지상이 있으며
▮ 하격에는 화사투섬(花蛇鬪蟾)지상이 있다.

● 상격 -「사변대망지상」

'뱀이 변하여 이무기로 화(化)한 형상'으로, 그 운세는 매우 강하지만 복록은 운세에 약간 미치지 못하는 경향이 있다.

용맹과 투기심이 강하고 마음 속에 남모를 유한(有恨)이 있어 인생에 험한 일을 자주 보게 되는 운명이지만, 꾸준한 마음으로 분수를 잘 지키고 선성(善性)만 잘 기른다면 '개천에서 용이 난 격'으로 남이 모르는 사이에 일약 각광을 받아 큰 성공을 거두는 형이다.

운명상으로 활인성(活人星)을 띤 까닭에 생살여탈의 권세가 있어 일세(不世出)의 영웅도 배출되는 묘한 격이다.

직업은 군 · 검 · 경찰이 좋으며 운세는 상하(上下)다.

● 중격 -「청사취와지상」

'푸른 뱀이 개구리를 낚는 형상'으로, 일생에 의록(衣祿)은 풍부하지만 조동모서(朝東暮西)

격으로 매우 욕심이 많고 분주한 형이다.

독선이 지나친 경우 주위로부터 이기주의자라는 말을 듣게 되어 독불장군과 같은 형상으로 '내 실속만 차리면 그만이다'라는 생각이 마음 깊숙이 도사리고 있다.

사업으로 정육 도축장·목욕탕·식품 산업을 경영하면 발전한다. 운세는 중하(中下)다.

● 하격-「화사투섬지상」

'꽃뱀이 수풀 속에서 두꺼비와 싸우는 형상'으로, 일생을 통해 일마다 장애와 풍파가 많고 고독하며 인덕이 전혀 없다.

부부의 인연이 박약하고 남녀를 불문하고 상자(喪子)의 운명이 작용하여 유독히 일생을 살아감에 한(恨)이 많은 격이다. 운세는 하중(下中)이다.

『주역』에 이르기를,
"뱀은 발이 없어도 빨리 달릴 수 있는 음한(陰寒)한 동물이다."
라고 하였다.

일단 독(怨恨)을 품으면 기어이 물고야 마는 성질이 있으며 매우 잔악하고 음란한 물상이다. 그러나 뭇동물 중에 지혜가 뛰어나고 용감하며 사상과 행동이 매우 민첩하다. 그 마음이 대단히 웅대하고 의욕 또한 뛰어나 한번 일을 착수하면 기어이 해내고야마는 기질이 있고 가무(歌舞)와 여색을 몹시 좋아하는 편이다.

춘하추동 사시의 움직임에 민감하고 영적 감각이 발달되어 있으며 얼굴은 준수한 편이지만 눈빛은 매우 차다.

중년에 이르러 갑자기 질병이 생겨 건강에 악신호가 오고 경제(金錢)적 풍파로 인해 갑자기 부부의 금실에 금이 가게 되는 경우가 속출한다.

남자의 경우 그 부인이 애정의 삼각 관계를 갖게 되고 여성은 다른 남성과의 숨은 애정 행각으로 번민하는 수가 많다.

　의식과 생활 정도는 중류 이상이지만 40대에 거센 풍랑이 일기도 한다. 예술이나 종교계에 투신하면 매우 좋다. 인(寅)·신(申)·유(酉)·자(子) 년을 극히 주의하라.

참고사항

- 해외 변동(移徙)운이 깃드는 해 ➡ 묘(卯)·사(巳)·미(未)·유(酉)·해(亥) 년 또는 월.
- 애정운이 깃드는 해 ➡ 묘(卯)·진(辰)·유(酉)·자(子)·축(丑) 년 또는 월.
- 가정 불화가 있는 해 ➡ 인(寅)·사(巳)·신(申)·술(戌)·해(亥) 년 또는 월.
- 집을 조성(造成)해도 좋은 해 ➡ 33세·37세·41세·47세·53세·57세 때.
- 뱀의 해〔巳年〕
  - 대장군방(大將軍方) ➡ 인(寅)·묘(卯)·진(辰) 方 : 동쪽.
  - 삼살방(三殺方) ➡ 묘(卯) 方 : 정동쪽.
  - 삼재 드는 해〔三災入年〕 ➡ 해(亥)·자(子)·축(丑) 3년 간.

말띠 · 午年生

🟦🟧 말띠(午生)의 형상에,
🟩🟦 상격에는 천리준마(天里駿馬)지상이 있고
🟦🟨 중격에는 초원립마(草原立馬)지상이 있으며
🟧🟥 하격에는 험로주마(險路走馬)지상이 있다.

● 상격-「천리준마지상」

'천 리를 달리는 준마의 형상'으로, 소위 관운장의 적토마(赤土馬)나 항우의 오추마(烏騅馬)와 같은 명마로서 이 격상을 가진 사람은 키가 훤칠하고 용모가 아름다우며 정직하고 신의(信義)가 있다. 충성심 또한 대단하여 자기의 직분을 절대 소홀히 하지 않으며 자존심도 고강(高强)하여 남에게 굽히지 않는다.

풍모도 호인형(好人形)으로 보이며 일생을 통해 분주하기는 하나 평생 복록이 넘치고 현처(賢妻)를 얻는다. 운세는 상중(上中)이다.

● 중격-「초원립마지상」

'초원에 서 있는 애마(愛馬)의 형상'으로, 인생이 평온하고 특히 식욕과 재복을 함께 갖추고 있다. 다만 일을 미루는 습성이 있고 게으른 것이 단점이다. 운세는 중하(中下)다.

● 하격-「험로주마지상」

'울퉁불퉁한 험로를 뛰는 말의 형상'으로, 일생을 통해 자신의 일보다 남의 일에 바쁘고 노고(勞苦)가 많은 사람이다.

인덕이 부족하여 자기 딴에는 죽도록 일을 살펴줬지만 결국엔 선무공덕이 되어 한(恨)만 쌓이는 격이다. 그러나 근면성이 있어 중년 이후에는 조금이나마 생활에 안정을 가져오게 된다. 운세는 하중(下中)이다.

『주역』에 이르기를,
"말은 겁이 많고 항시 서서 자는 주행성(晝行性) 동물로서 누워서 자는 법이 없다."
고 하였다.

이 격상은 근면성은 있으나 인내심이 부족하고 은근히 공 것(橫財)을 바라고 게으른 것이 흠이다. 다만 겉으로는 우둔한 듯 보이지만 마음 속으로는 항상 계산을 하고 있으며 동정심도 많고 아울러 정직하다.

말(言語)은 빠르지만 표현력이 부족한 편으로 화술에 능란하지 못하다.

부부 애정운도 결핍되어 특히 여성의 경우, 초년에는 실패가 따르고 중년에 이르러 남편과 정이 격(隔)해져 한때 공방(空房)의 세월을 갖기도 한다.

평소 미식(美食)과 사치를 좋아하고 어떤 때는 정신이 나간 사람처럼 행동이 일정하지 못하고 좌충우돌 천방지축으로 주위 사람들을 당황케 하는 일면이 있다.

보증이나 곗바람으로 한때 금전적 풍파를 면하기 어려우며 남의 말을 곧잘 들어 함정에 빠지는 수가 있다. 그러나 본 심성이 선량한 까닭에 종내(終乃)에는 주위로부터 동정을 받게 되어 안정된 생활을 갖기도 한다.

신경통 · 자궁병 · 편두통을 주의해야 하고 운세는 초년과 말년에는 길하지만 중년 한때 신고(辛苦)가 따른다.

참고사항

- 해외 변동(移徙)운이 깃드는 해 ➡ 인(寅) · 진(辰) · 오(午) · 신(申) · 자(子) 년 또는 월.
- 애정운이 깃드는 해 ➡ 인(寅) · 진(辰) · 미(未) · 술(戌) · 해(亥) 년 또는 월.
- 가정 불화가 있는 해 ➡ 묘(卯) · 오(午) · 신(申) · 자(子) · 축(丑) 년 또는 월.
- 상복(喪服)을 입는 해 ➡ 신(申, 喪門) · 진(辰, 弔客) 년.
- 집을 조성(造成)해도 좋은 해 ➡ 33세 · 37세 · 41세 · 43세 · 53세 · 57세 때.
- 말의 해(午年)
    - 대장군방(大將軍方) ➡ 자(子) 方 : 정북쪽.
    - 삼살방(三殺方) ➡ 인(寅) 묘(卯) · 진(辰) 方 : 동쪽.
    - 삼재 드는 해(三災入年) ➡ 신(申) · 유(酉) · 술(戌) 3년 간.

양띠 · 未年生

양띠(未生)의 형상에,
상격에는 영양좌안(靈羊座岸)지상이 있고
중격에는 백양입초(白羊入草)지상이 있으며
하격에는 우봉경양(雨逢驚羊)지상이 있다.

● 상격 -「영양좌안지상」

'신령스러운 양이 언덕에 앉아 있는 형상'으로, 용모가 선풍도골(仙風道骨)로 준수하고 신앙심이 두터워 도인의 풍모를 갖추고 수명은 상수(上壽)를 누리며 한껏 세속(世俗)에 물들지 않으려는 성품을 갖고 있다.

성질은 불처럼 급한 편이지만 내면에 수양이 잘되어 있으므로 절제심이 있다.

마음 속에 항시 신선의 세계를 동경한 나머지 범인의 생각을 초월, 원악절욕(遠惡絶慾)의 생활을 즐긴다.

천부적으로 의식에는 걱정이 없는 사람으로 운세는 상하(上下)에 속한다.

● 중격 -「백양입초지상」

'흰 염소가 풀밭에 드는 형상'으로, 의식이 풍족하고 남달리 미적(美的) 감각이 뛰어나서 창작의 재간을 발휘, 남이 모르는 사이 은연중 그 이름을 드러내기도 한다. 운세는 중중(中中)이다.

● 하격-「우봉경양지상」

'한가로운 초원에서 노닐다 갑자기 비를 만나 놀란 염소의 형상'으로, 일생 재난과 고통이 그치지 않는다. 내심 의욕은 있으나 마음이 약하고 시작도 흐리며 비록 목표는 잘 세우지만 되는 일이 없어 한숨 어린 일생을 보낸다. 운세는 하중(下中)이다(화재·교통 사고·심장병 주의).

『주역』에 이르기를,
"염소는 눈꺼풀이 있으나 잠잘 적에 항상 눈을 뜨고 자며 감지 못한다."
고 지적하였다.

얼굴에는 신선의 풍모가 있고 고상한 기품이 있는 듯해도 내성이 불처럼 급하고 인내심이 결핍되어 있는 까닭에 모든 일에 끝맺음이 약하다. 때문에 외양으로는 정신력이 뛰어나고 참을성 역시 강한 듯 보이지만 그 내면은 시종일관(始終一貫)이 없고 필요치 않은 일〔虛事〕에 온힘〔全身〕을 쏟아 인생의 중요한 시간을 그만 낭비해버리는 안타까움이 있다.

실제 마음도 악독하지 못하면서 성질이 매우 불량하고 이기적인 반면에 자존심만 고고(孤高)하여 스스로 고독에 빠지게 되고 주위로부터 외고집쟁이라는 말을 듣게 된다.

실로 이 형은 경우도 분명하고 자신은 대계(大計)를 갖고 이상(理想)에 찬 세계를 달리지만 공(功)이 별로 없고 늘 마음 속으로 누군가를 원망해야 하는 남모를 번민과 우수(憂愁)가 그치지 않는 운명이다.

매사에 공상과 생각은 많고 일은 뜻대로 되지 않아 우유부단한 가운데 한 가지 생각에 몰두하다 지나친 경우 정신병을 유발하는 경우도 있다.

철저히 수신(修身)하고 지나온 인생을 돌아볼 일이다. 남녀 모두 혼전(婚前) 실연의 고비가 있고 초혼에 실패하지 않으면 중년 이후 부부의 애정이 급격히 냉각되어 공방을 면하기 어렵다. 중분(中分)에 이르러 운세의 하락으로 39세부터 51세 사이에 한 번의 실패가 따르고 만일 부모의 유산을 받은 경우에는 40세 이전에 모두 실재(失財)해버린다.

참고사항

- 해외 변동(移徙)운이 깃드는 해 ➡ 묘(卯)·사(巳)·유(酉)·해(亥)·자(子) 년 또는 월.
- 애정운이 깃드는 해 ➡ 묘(卯)·사(巳)·오(午)·유(酉)·해(亥) 년 또는 월.
- 가정 불화가 있는 해 ➡ 미(未)·술(戌)·자(子)·축(丑)·인(寅) 년 또는 월.
- 상복(喪服)을 입는 해 ➡ 유(酉, 喪門)·사(巳, 弔客) 년.
- 집을 조성(造成)해도 좋은 해 ➡ 31세·33세·41세·43세·53세·57세 때.
- 양의 해(未年)
  - 대장군방(大將軍方) ➡ 유(酉) 方 : 정서쪽.
  - 삼살방(三殺方) ➡ 인(寅)·묘(卯)·진(辰) 方 : 동쪽.
  - 삼재 드는 해(三災入年) ➡ 사(巳)·오(午)·미(未) 3년간.

원숭이띠 · 申年生

원숭이띠(申生)의 형상에,
상격에는 천궁유원(天宮遊猿)지상이 있고
중격에는 추원롱율(秋猿弄栗)지상이 있으며
하격에는 화산경원(火山驚猿)지상이 있다.

● 상격 -「천궁유원지상」

'천궁에 노니는 지혜로운 원숭이의 형상'으로, 지모가 출중하여 영적(靈的) 감각이 두드러져 모든 일을 지혜로써 능수 능란하게 처리하는 재치 있는 수완을 타고났다.

내심 겁이 많으면서도 용기가 있으며 풍류를 좋아하고 예술적 감각 또한 뛰어나 일생을 통해 무궁한 복록과 행운이 따르므로 아무런 부족함이 없는 격이다.

도요토미 히데요시(豊臣秀吉)와 같은 지모가 이 상격에서 나온 것이며, 초년에 고생이 있고 일생에 풍랑이 많은 편이기는 하지만 분명 극귀(極貴)할 운명임에 틀림없다.

초년에는 대부분 생활이 곤궁하든가 대의(大意)를 이루지 못하여 애태우기도 하지만 중년 이후에는 풍운의 돌개바람이 불어 왕운(旺運)을 타게 된다. 운세는 상중(上中)에 속한다.

● 중격 -「추원롱율지상」

'늦가을 원숭이가 동산에 나와 알밤을 희롱하는 형상'으로, 식록과 의식이 매우 풍부하다.

늘 모사(謀事)를 즐겨하고 호색한 편으로 기획이나 발명 등으로 성공할 수 있는 특성을 타고났다. 운세는 중상(中上)이다.

● 하격-「화산경원지상」

'불난 산에 놀란 원숭이의 형상'으로, 일생을 통해 구설〔官災〕이 빈번하고 뜻하지 않게 놀랄 일이 생긴다.

주위로부터 공연히 미움의 대상이 되어 눈총을 받게 되고 한때 형옥살(刑獄煞)이 몸에 비쳐 곤욕을 치르기도 하고 주색으로 인한 피해가 많게 된다. 운세는 하중(下中)이다.

『주역』에 이르기를,
"원숭이는 비위(脾胃)가 없으나 과물(果物)을 좋아하고 모성애(母性愛)가 매우 강하다."
고 지적했다.

뭇동물에 비해 모성 본능이 뛰어나 새끼를 몹시 아끼고 지능이 높은 포유 동물이다. 생긴 모습은 이마가 넓고 머리털이 별로 없거나 반곱슬이며 유독히 입술이 붉고 여성을 대할 때는 먼저 웃는 습성이 있고 평상시 손가락을 움직이거나 얼굴의 한 부분을 움직이는 습관이 있다.

일마다 지나치게 앞뒤를 재서 도리어 실패하는 경우가 많고 사람을 부리는 수완이 뛰어나서 남을 이용하기를 몹시 좋아하지만 가끔 자기 꾀〔自謀〕에 자기가 넘어가〔自敗〕 도리어 이용당하는 수가 허다하다.

외양은 화려하고 명랑하게 보여도 내심은 생각이 많아 우울하고 고독한 성격을 버릴 수 없으며 자존심이 몹시 강하고 독선적이며 남의 일은 잘 처리하지만 자신의 일에는 무능한 면이 있다.

　　대인 관계에 있어 일단 믿는 사람에게는 간도 빼어줄 정도로 온 정성을 다하지만 한번 눈 밖에 나면 그 증오심 또한 대단하여 두 번 다시 상대하지 않는 결백성이 있다.

　　특히 창조적 두뇌에 문예성(文藝性)이 발달, 주위와의 교제도 능란하지만 유독 마음이 소심해서 일을 착수하기 전에 미리 걱정부터 하여 도중에 대사를 그르치는 사람이 많다(※상격은 예외이며 중하격 이하에 해당된다).

　　초년에는 육친운은 고독한 편이지만 대과(大過)없이 지내며, 중년에 이르러 인간(親舊·親戚)으로 인한 실패가 따르며 만년은 안락한 삶을 누린다. 특히 신경이 예민하여 소소(小小)한 일에도 화를 잘 내고 일을 잘 추진하다가도 끝에 가서 후회하는 성질이 있다. 이 점을 잘 유의하여 한 가지 업(業)에만 전념 투구하면 큰 결실이 있겠지만 대부분 사업 분야는 불길하며 특수한 분야의 기술 방면이나 농·수산·관광업은 가능하다.

　　인(寅)·묘(卯)·진(辰)·사(巳) 년을 조심하라.

참고사항

- 해외 변동(移徙)운이 깃드는 해 ➡ 인(寅)·오(午)·신(申)·술(戌)·자(子) 년 또는 월.
- 애정운이 깃드는 해 ➡ 진(辰)·사(巳)·오(午)·미(未)·자(子) 년 또는 월.
- 가정 불화가 있는 해 ➡ 인(寅)·묘(卯)·신(申)·술(戌)·해(亥) 년 또는 월.
- 상복(喪服)을 입는 해 ➡ 술(戌, 喪門)·오(午, 弔客) 년.
- 집을 조성(造成)해도 좋은 해 ➡ 33세·37세·41세·43세·53세·57세 때.
- 원숭이의 해(申年)
    - 대장군방(大將軍方) ➡ 사(巳)·오(午)·미(未) 方 : 남쪽.
    - 삼살방(三殺方) ➡ 오(午) 方 : 정남쪽.
    - 삼재 드는 해(三災入年) ➡ 인(寅)·묘(卯)·진(辰) 3년 간.

닭띠 · 酉年生

닭띠(酉生)의 형상에,
상격에는 효출보계(曉出報鷄)지상이 있고
중격에는 계전유계(階前遊鷄)지상이 있으며
하격에는 설계규화(雪鷄窺禾)지상이 있다.

● 상격 - 「효출보계지상」

'새벽을 알리는 신령(神靈)한 닭의 형상'으로, 성품이 고강하고 진취적이며 투쟁적인 기상이 있고, 용모도 날씬하고 눈빛이 영롱하여 반짝거린다. 한 가지 특유한 성질이 있으니 특히 독설과 웅변에 능하고 남에게 지기를 절대 싫어한다.

일생 동안 복록과 명예는 따르나, 필요 이상의 일로 분주하고 천부적으로 봉사성(奉仕性)을 부여 받아 자신은 적게 먹고 남에게는 많이 주는 인간적인 면도 숨어 있다. 따라서 초년보다 말년이 좋으며 운세는 중상(中上)이다.

● 중격 - 「계전유계지상」

'섬돌 앞마당에 나온 닭의 형상'으로, 일생을 살아감에 있어 재복(金錢運)은 좋은 편이지만 수입보다 지출이 심하다.

자신만 편하고자 하는 게으른 심성이 작용하지만 모든 일에 재치(瞬發力)가 있어 일시적 함정에 빠져도 순간순간을 잘 모면하는 독특한 기지(機智)를 타고났다. 운세는 중하(中下)다.

● 하격-「설계규화지상」

'겨울에 눈 위에서 닭이 벼이삭을 찾는 형상'으로, 일생에 잔병이 많고 의욕이 상실되어 박력이 부족하다.
평소에도 정신이 흐리고 건망증이 심하여 단명하기 쉬운 격으로, 일찍이 부모 육친마저 뿔뿔이 헤어져 고독한 생애를 살아가는 사람이다. 운세는 하하(下下)다.

『주역』에 이르기를,
"닭은 신(腎)이 없으나 음란하여 평소 절개가 없지만 천시(天時)를 알리는 영물(靈物)이다."
고 지적하였다.

무릇 계룡산(鷄龍山)의 자원(字源)이 나타내듯 지형으로 보아 신령스러운 닭이 도(道)를 많이 닦아 훗날 용으로 화한 형상이다.
이 격물은 입[言舌]에 특징이 있고 투쟁 정신이 강하여 한때 명성도 떨칠 수 있으며 의학·언론·발명 등에 천부적 소질을 타고났다. 다만 일에 의욕은 과만하지만 시종(始終)을 완결치 못하여 한 가지 일을 꾸준히 밀고나가는 내구력이 결핍되어 있다.
따라서 어려운 일은 자신이 다 이루어놓고 마지막 쉬운 일은 남에게 넘겨주는 안타까움이 있다. 이러한 점만 철저히 보강하면 반드시 위대한 결실이 있게 된다.
성격은 화려하고 매사에 거침없이 뛰어드는 담백한 기질이 있으며, 처세가 면밀하고 아울러 꼼꼼[小心]한 면도 깃들어 있다.
예의와 성실을 존중히 여기고 매사 시작은 착실히 하지만 운세는 약간 더딘 편으로 한때 실의(失意)에 찬 불만과 번민의 세월을 보내야 하는 일면도 있다.

평생토록 위인인 척 행세하지만 그 내심에는 소인적 기질이 숨어 있어 필요 이상의 자존심만 가지고 살아가므로 자신만 고독할 뿐 인덕은 전혀 없으며 가정에도 보탬이 되지 않는다.

따라서 놀고먹고자 하는 일면도 있으며 인품에 비해 실력이 부족한 사람이 대부분이다〔※월·일·시에 인(寅)이나 묘(卯) 또는 신(申) 자 중 어느 하나가 들어 있는 경우에만 해당된다〕.

이 격의 경우 대부분 자신의 분수를 넘지 않고 유년보다 청장년기로 갈수록 풍모에 기품이 서리고 융화의 덕을 갖고 강한 책임 의식이 충만해져 뭇사람의 대표가 될 수 있는 지도자적 품격〔氣量〕을 지닌 장점이 있다. 중격 이하의 운명은 일성일패(一成一敗)의 연속이며 중년 한동안은 대과 없이 지낸다 하더라도 초년에 학문의 중단과 말년에 병액의 고통이 있다.

참고사항

- 해외 변동〔移徙〕운이 깃드는 해 ➡ 묘(卯)·사(巳)·미(未)·유(酉)·해(亥) 년 또는 월.
- 애정운이 깃드는 해 ➡ 진(辰)·사(巳)·오(午)·유(酉)·축(丑) 년 또는 월.
- 가정 불화가 있는 해 ➡ 인(寅)·묘(卯)·신(申)·술(戌)·자(子) 년 또는 월.
- 상복(喪服)을 입는 해 ➡ 해(亥, 喪門)·미(未, 弔客) 년.
- 집을 조성(造成)해도 좋은 해 ➡ 31세·37세·43세·47세·53세·57세 때.
- 닭의 해〔酉年〕
    - 대장군방(大將軍方) ➡ 사(巳)·오(午)·미(未) 方 : 남쪽.
    - 삼살방(三殺方) ➡ 묘(卯) 方 : 정동쪽.
    - 삼재 드는 해〔三災入年〕 ➡ 해(亥)·자(子)·축(丑) 3년 간.

개띠 · 戌年生

개띠(戌生)의 형상에,
상격에는 영구수문(怜狗守門)지상이 있고
중격에는 엽구축토(獵狗逐兎)지상이 있으며
하격에는 광구폐월(狂狗吠月)지상이 있다.

● 상격 - 「영구수문지상」

'영리한 개가 문을 지키는 형상'으로, 모든 일에 다재 다능하고 책임감이 강하며 보은(報恩) 정신이 깃들어 있어 충성심 또한 대단하다. 본래 총명하고 민첩성이 있고 이마는 약간 좁은 듯해도 눈빛이 번쩍거리며 센스가 빨라서 비서관·경호 업무에 적격이다. 운세는 중상(中上)이다.

● 중격 - 「엽구축토지상」

'사냥개가 토끼를 쫓는 형상'으로, 정신이 강하고 매사에 용단성이 있으며 신의를 지킬 줄 아는 격물로서 한 가지 일에 끝을 보는 성실형이기도 하다. 운세는 중중(中中)이다.

● 하격 - 「광구폐월지상」

'미친 개가 달을 보고 짖어대는 형상'으로, 인생에 반드시 숨은 여한(餘恨)이 있다. 천성은 본시 불의를 미워하는 정의파인데 윗대(先祖代)에서 멸족(滅族)의 화를 입었거나 원한이 사무쳐 죽은 조상이 있어 자신도 모르게 하늘을 원망하는 격이다.

이 격물에는 정신 이상 병자가 많이 생긴다. 속히 발견하여 한많은 조상을 해원천도(解怨薦度)하여 서방정토 안락국에 극락생(極樂生)을 빌어주어야 가문(家門)의 흥륭을 기약할 수 있다.

『주역』에 이르기를,
"개는 밥통(胃)이 없지만 더러운 것을 잘 삭히고 잘 짖어대며 주인에게 충성심이 강하다."
고 하였다.

평소 책임감이 뛰어나고 항시 정신을 집중하여 때(好期)를 기다리고 있는 격물이다. 이 격은 독자적인 사업보다 특수 기술업이 적합하다.

시각과 청각 역시 뭇동물보다 앞서며 내구력(耐久力)도 강하다. 겉으로는 소심한 듯 보이지만 속으로는 남을 은근히 얕보는 기질이 있고 야심이 만만치 않고 자존심도 대단히 강하다.

누구에게나 신세를 지면 반드시 그 은혜를 갚고야 마는 보은 정신이 깃들어 있고, 대인 관계에 있어서도 공연히 미움을 받는 수가 있으나 마음 속에 의리와 신의가 숨어 있으므로 결국에는 주위로부터 인정을 받는다.

이와 반대로 월·일·시에 사(巳) 혹은 술(戌)이 겹쳐 들어 있는 사람은 겉으로만 인자한 척 화려할 뿐 신의가 없고 부도덕하며 마음 한구석에 항상 남을 원망하고 있으며 남모를 한이 자리잡고 있는 까닭에 외면적으로도 우울한 빛을 보인다. (※중격 이하에 해당됨).

이 격상은 대부분 내심엔 인정(慈悲)이 깃들어 있고 솔직 담백하다. 다만 늘 정(六親情)에 굶주린 탓으로 사람을 그리워하는 마음이 있지만 남이 접근하면 천성적으로 경계하는 듯한 냉정한 반응을 보이기도 한다.

이성의 교제도 빈번하여 사회적으로 화려하지만 가정만은 쓸쓸한 편으로 노년에는 독좌난방(獨座蘭房)의 운명이 도사리고 있다.

초년에는 그런대로 대과 없이 지내지만 35세 이후 44세에 걸쳐 사상누각(沙上樓閣)과 같은 형상으로 인간 혹은 금전으로 인한 불운의 함정이 도사리고 있다. 중격 이하는 일찍이 도시 근교에 절이나 짓고 수행에 몰두하는 것이 장래 더 큰 보람과 복록을 찾는 길임을 일러둔다.

참고사항

- 해외 변동(移徙)운이 깃드는 해 ➡ 인(寅)·진(辰)·오(午)·신(申)·자(子) 년 또는 월.
- 애정운이 깃드는 해 ➡ 인(寅)·묘(卯)·신(申)·오(午)·자(子) 년 또는 월.
- 가정 불화가 있는 해 ➡ 진(辰)·사(巳)·미(未)·술(戌)·자(子) 년 또는 월.
- 상복(喪服)을 입는 해 ➡ 자(子, 喪門)·신(申, 弔客) 년.
- 집을 조성(造成)해도 좋은 해 ➡ 31세·39세·41세·43세·53세·57세·63세 때.
- 개의 해(戌年)
    - 대장군방(大將軍方) ➡ 사(巳)·오(午)·미(未) 方 : 남쪽.
    - 삼살방(三殺方) ➡ 자(子) 方 : 정북쪽.
    - 삼재 드는 해(三災入年) ➡ 신(申)·유(酉)·술(戌) 3년간.

돼지띠 · 亥年生

■ 돼지띠(亥生)의 형상에,
■ 상격에는 양지춘저(陽地春猪)지상이 있고
■ 중격에는 갈저취수(渴猪取水)지상이 있으며
■ 하격에는 산저갈탐(山猪葛貪)지상이 있다.

● 상격-「양지춘저지상」

'따뜻한 볕에 나와 노니는 봄 돼지의 형상'으로, 매우 복록이 많고 특히 재운(錢財運)이 풍부하여 큰 부자(財閥)의 운명을 타고났다.

인상적 특징은 눈(眼目)이 약간 들어가고 입 모양이 뛰뛰하게 튀어나온 상이지만 생각과는 달리 재복이 흥왕하여 농장이나 부동산 · 양조 · 식품 산업 등에 진출하면 성공할 격으로 그 운세는 상하(上下)다.

● 중격-「갈저취수지상」

'목마른 돼지가 물을 얻은 형상'으로, 초년 고생은 있으나 식록이 좋아 일평생 재운이 그치지 않는 격이며 특히 물장사 · 양조업 · 음식업 · 해운업 등에 대길하며 그 운세는 중하(中下)다.

● 하격-〈산저갈탐지상〉

'산돼지가 칡넝쿨을 탐하는 형상'으로, 일생토록 쓸데없이 분주하고 변란이 많으며 특히 큰 수술이나 관재(官災)의 액이 따른다.

이 격은 신앙을 깊이 신봉하면 악사(惡死)만은 면할 상이다. 그 운세는 하중(下中)이다.

『주역』에 따르면,
"돼지는 근육이 없고 항상 잠자는 것처럼 하며 키는 작지만 한번 노기를 충천하면 천문〔天門, 즉 天關〕에 이른다."
고 하였다.

무릇 이 격물은 식록과 재복이 풍족하여 부(富)할 수는 있지만, 대부분 관운(官運)이 부족한 편으로 귀(貴)가 적은 것이 흠이다.

원래 성급하고 내구력이 약한 편이지만 천성적으로 낙천적 기질을 타고났기 때문에 어떠한 불리한 조건 하에서도 잘 견디어낼 수 있는 장점을 지니고 있다. 다만 매사에 지나치게 욕심(慾心)이 많아 주위로부터 지탄을 받는 경향이 있으며 내면에 소극적 성격이 작용하여 무슨 일이든 시작 전에 의심부터 하여 이리저리 계산하는 동안에 호기(好機)를 놓치는 수가 많다.

초년에는 고목달춘(枯木達春) 격으로 고생운이 따르지만 중년부터 운세가 서서히 개운되어 자력 갱생하여 상당한 재산으로 부(富)를 누리게 된다. 이때부터 부의 한계와 욕심의 허망함을 새삼 깨닫고 마음 속에 은근히 숨은 자선심(慈善心)이 발동하여 음덕을 쌓는 사람이 많다.

평소 입 모습은 뛰뛰하고 발바닥은 평발에 가깝고 정갱이에 털이 없는 사람이 많으며 성품은 정직한 편이고 고집은 강대하여 자기 주장 외에는 타인의 말을 수

렴하려 들지 않는 독선적 경향이 짙다.

　중년 이후에는 위장의 악화로 고생하는 수가 많으므로 식사의 분량을 적게 하고 음식의 섭생에 신경 쓰지 않으면 안 된다.

　여성의 경우도 가부장(家父長) 격으로 부부간 금슬이 별로 좋지 못하며 대부분 난산(難産)의 고통을 당하든가 제왕 절개 등으로 몸에 칼을 대는 운명이다. 자궁병이 많은 편이며 평생 사(巳)·술(戌) 생과 사(巳)·술(戌) 년은 주의해야 한다.
　이 격은 일생을 두고 금전상의 횡재운이 종종 따르지만 부모, 형제, 육친의 덕이 부족하고 우애 또한 삭막한 편이다.

참고사항

- 해외 변동(移徙)운이 깃드는 해 ➡ 묘(卯)·사(巳)·유(酉)·해(亥)·자(子) 년 또는 월.
- 애정운이 깃드는 해 ➡ 인(寅)·묘(卯)·오(午)·미(未)·유(酉)·자(子) 년 또는 월.
- 가정 불화가 있는 해 ➡ 진(辰)·사(巳)·신(申)·술(戌)·해(亥) 년 또는 월.
- 상복(喪服)을 입는 해 ➡ 축(丑, 喪門)·유(酉, 弔客) 년.
- 집을 조성(造成)해도 좋은 해 ➡ 37세·39세·41세·47세·53세·63세 때.
- 돼지의 해(亥年)
  - 대장군방(大將軍方) ➡ 신(申)·유(酉)·술(戌) 方 : 서쪽.
  - 삼살방(三殺方) ➡ 유(酉) 方 : 정서쪽.
  - 삼재 드는 해(三災入年) ➡ 사(巳)·오(午)·미(未) 3년간.

第三章

생월지지에 의한 운명의 암시

심상(心相)의 대처 방안

　사람이 태어난 생월, 즉 월령(月令)은 한 인간이 생애를 걸어감에 있어 성격적으로 중요한 영향을 끼치고 있는 까닭에 운명상 그 작용이 매우 심대(深大)하다.
　따라서 춘하추동 사시의 운행(運行)중 각 절기에 소속된 한란조습(寒暖燥濕)의 기상적 변화는 각 개인의 품성에 성격적 영향을 주어 운명적 희비애락을 낳는 원천이 된다.
　"성격은 사고(思考)를 낳고 사고는 운명을 좌우한다."는 만고의 천리(天理)는 장래 부귀빈천과 길흉화복의 근원을 이루어 그 사람의 심기(心器)에 담겨진다.
　일단 심기에 담겨진 각자의 분복(分福)에는 여러가지의 인간형을 이루고 여기에 하나의 직분을 소명 받아 그 천부적 명령을 이행하기 위해 누구나 죽음(死)의 종점까지 자기의 인생선(人生線)을 걷게 된다.
　이와 같은 개개인의 삶이 곧 가정과 사회를 윤택하게 살찌우고 헌신하는 자타합일(自他合一)의 원동력이 되어 결국에는 한 국가의 열강과 약소라고 하는 커다란 힘(國力)의 차이를 가져온다.

백천만겁난조우 · 百千萬劫難遭遇
"즉 사람으로 한 번 태어나기가 백천만겁 년이 다 가도 어려운 일이다."
라고 일찍이 석존(釋尊)은 갈파했다.

때문에 우리 인간은 자기의 운명적 소양을 미리 깨달아 촌음을 아껴 부지런히 갈고 닦아서 자신의 행할 바가 무엇인지 정확히 자각한 연후에 이를 참되게 수행할 의무가 있음은 명현(明賢)한 소명이다.

正月生・寅〔범〕

다술다권(多術多權)하고 모든 일에 권능(權能)이 뛰어나
청운의 운제(雲梯)에 올라 일생 복록이 유여한 기상(氣象)

땅 속 깊은 곳으로부터 따뜻한 기운이 점차 대지를 뚫고 모든 수목이 바야흐로 발아(發芽)하는 때이므로 항시 마음 깊은 곳에는 멀고도 높은 곳에의 이상적(理想的) 웅지가 잠재해 있어 형이상학적(形而上學的) 심미안과 과학적 지혜를 갖추고 있다.

따라서 고절(孤節)한 인품과 권세를 타고났으며, 모든 사물에 구애됨이 없이 자유로이 뛰어다닐 수 있는 '속박 없는 지혜'를 천부적으로 부여 받았다.

역상(易象)으로 '인(寅)'은 '권좌(權座)를 나타내고 천록지인(天祿之人)을 의미'하는 까닭에 태어날 때부터 '권세를 쥐어 하늘에서 내린 녹(祿)을 받아먹는 형상으로서 일생을 통해 생각지 않은 천재(天財)의 행운도 따른다.

음력으로 정월의 절후(節侯)는 모든 만물이 '우후발아(雨後發芽)하는 형상'이어서 태양의 따스한 기운(陽氣)을 요하는 때이므로 운명적으로 타인의 도움을 은근

히 원하고 있다.

　　마음 속엔 자선심(慈善心)이 서려 있어서 자못 두령(頭領)의 운명을 타고났음은 분명하지만 고집이 세고 성품이 고강(高剛)하여 고지식한 내성을 버릴 수 없다.

　　지나친 경우 자신의 뜻만 주장하여 독선적인 경향을 띠고 무슨 일이든 계획(생각)보다는 마음만 앞세워 가벼이 돌진하는 경망성도 배제할 수 없다.

　　금전적으로 평소에는 인색한 반면, 용전여수(用錢如水)하여 손에 현금이 들어왔을 때는 필요 이상의 것에 관심이 쏠려 무계획하게 써버리는 묘한 낭비벽이 있다.

　　따라서 현금을 몸에 지니고 있는 한 자신도 모르게 안달이 나서 자중할 수 없는 성격인 까닭에 부동산과 같이 안전한 방법으로 축재의 묘(妙)를 살리는 것이 중요하다.

　　본래 타고난 자유로운 품성은 타인에게 구속이나 간섭 받는 것을 몹시 싫어하며 그 기질은 애정 면에까지 영향을 주어 결혼도 자유 결합이 많다.

　　반면 부부간에도 강한 고집이 작용하고 있는 까닭에 가끔 성격적 충돌을 일으켜 상반된 분위기를 조성하고 지나친 경우 이별의 비극도 따른다.

　　다만 자신의 분수(性格)를 알고 확고한 목표를 세운 뒤 대인 관계에 융합을 잘 이루어 나아가면 장래 입신(立身)에의 영화는 물론 만세(晩歲)에까지 복록이 따른다.

▲ 31세 · 38세 · 43세 · 52세 · 63세가 개운의 시기이며, 매년 2월 · 7월 · 8월 · 10월이 변화의 운기다.

二月生 · 卯 [토끼]

대사(大事)를 속히 이루고자 하나 일마다 더디고 일생에 길흉과 성패가 상반하여 한때 건강상 장애가 따르지만 후분이 태평할 기상(氣象)

이른 봄을 지낸 따스한 훈풍이 만물을 약동케 하는 화춘의 가절(佳節)로서 조석의 변화가 가장 심한 때이므로 이중적 갈등이 항존(恒存)한다.

때문에 한쪽은 현실적 관능에의 즐거움을 목표로 하고 다른 한쪽은 신비로운 예술에의 희열(喜悅)을 목표로 한다. 마음은 부지런하지만 그 몸은 게으른 이중성으로 이것이 때로 우유부단한 성격으로 나타난다.

그러므로 평소에 무슨 일이든지 질질 끌지 말고 '시작한 즉시 끝을 보는' 용단력을 살리지 않으면 안 된다.

본래 성품은 온순하고 부드러운 반면 운명만은 유독 극단에서 극단으로 치달리는 양극성을 띠고 있는 까닭에 이 태생의 감각 속에는 정신적 자아(自我)의 세계에 공감되는 부분과 육감적 타성(他性)에 의존되는 부분이 항시 마음 속 깊이 공존하고 있는 것이며, 남달리 타인의 아픔(苦痛)을 보면 겉으로는 무심한 듯해도 속으로는 몹시 안타까움을 느껴 강한 동정심을 발휘한다. 특히 봉사 정신이 깃들어 있어 정신적으로나 육체적으로 희생적인 친절을 다하는 사람으로 친구간에도 상대방에게 부담을 주거나 폐를 끼치는 것보다 차라리 자신이 희생당하는 것을 오히려 마음 편하게 생각하며 무슨 일이든 투쟁보다 타협의 길을 원한다.

마음 깊은 곳에는 넓고 푸른 바다를 연상하리만큼 열정적인 낭만이 깃들어 있고 유년 시절 모성에 대한 갈망이 성장한 후에는 이성에 대한 애정으로 변모해간다.

역상으로 '묘(卯)'는 '질병과 승패를 의미'하므로 유년기에는 건강으로 인한 운명적 장애와 한때 학문 길(文道)에서의 방황이 따르고 장년기에는 사업적 승패로 직업적 불안을 야기하기도 한다. 다만 심성이 착해 과욕을 버리고 그저 좋을 대로 살아가고자 하는 낙천적 기질에 따라 커다란 역경을 무난히 돌파하여 자신에겐 비록 고통이 있어도 밖으로 나타내지 않는 신중함이 있다.

음력으로 2월의 절기는 연약한 초목이 봄비를 만나 비로소 발양(發揚)하는 시기이므로 중년에 이르러서는 의외의 행운이 몸에 따른다.

육친(父母)이나 친구(혹은 夫婦)의 인연이 박약한 듯하지만 본 천성이 고와 결국은 주위로부터 인정을 받아 커다란 결실을 이룬다.

▲ 37세 · 42세 · 46세 · 52세 · 64세가 개운의 시기이며, 매년 3월 · 5월 · 8월 · 12월이 변화의 운기다.

三月生 · 辰〔용〕

> 위인이 간교하고 기모(奇謀)가 충만하여
> 그 마음속을 헤아리기 어려운 상이나 한때 처(異性)로 인한 시련을
> 극복하면 후분에 안과태평할 기상(氣象)

늦은 봄날 단단한 대지를 뚫고 나오는 새싹의 생명력과 같이 새로운 세계로의 도전이 고난을 이기는 위세를 상징한다.

특히 권력과 부(富)를 목적으로 상대를 독점하고자 하는 욕정이 마음 속에 불타고 있으면서도 그 야망을 겉으로 나타내지 않는다.

항상 대중 속에서도 두각을 나타내고자 하는 강한 향상심이 내면 깊이 작용하고 있기 때문에 지나친 경우에는 진실이 없는 허영으로 반영되어 주위의 인망을 잃기도 한다.

그러나 마음 속에는 자기의 목표에 대한 이상적 추구를 끊임없이 갈망하고 있으며 천부적 개척 정신이 있어 비상한 수완과 전술적 기교로 치열한 인생의 경쟁 무대에서 낙오될 수 없는 강한 기질을 갖고 있다.

반면 자기가 추구하는 일에 실망을 느꼈을 때는 좌절감 또한 깊어 급속도의

방황과 타락도 배제할 수 없는 사람이다. 그러나 어떠한 곤경에 처하더라도 의연한 자세를 잃지 않고 끝까지 문제를 해결해 나가려는 침착성이 있기 때문에 결국 전화위복의 안정을 얻게 된다.

역상으로 '진(辰)'은 늦은 봄날 번개를 동반한 빗속을 승천하는 '청룡의 상'이므로 평범한 직장, 단조로운 일, 구속된 생활은 장래 발전을 저해할 뿐 큰 성공이 없다.

때문에 이 태생은 자유 분방하고 화려한 직종으로 진출하는 길만이 최상의 행복을 얻을 수 있는 방법이며 확고한 이상적 세계의 추구자로서 치열한 인생의 생존 무대에서 어떠한 경쟁에도 낙오될 수 없는 강한 기질을 형성하여 천부적 자질을 유감없이 발휘할 수 있다.

음력 3월은 청명(淸明)의 절기다.

이 시기는 삼라만상의 생장(生長)을 약동케 하는 계절인 까닭에 수완도 능란하고 흥정의 묘수이며 해외운도 더욱 길하다.

다만 매사에 앞뒤를 너무 재다가 모처럼 다가오는 절호의 행운을 놓치기도 하고 일의 선후(先後)를 가리지 않고 성급히 돌진한 나머지 뜻하지 않은 실패를 자초하기도 한다.

특히 자기가 추구한 일에 실망감을 느꼈을 때는 강한 자존심으로 인해 급속도로 방황과 타락의 늪에 떨어져 타인의 충고도 받아들이지 않은 채 긴 시간을 허비하기도 한다.

▲ 36세 · 38세 · 45세 · 56세가 개운의 시기이며, 매년 정월 · 7월 · 9월 · 12월이 변화의 운기다.

四月生 · 巳〔뱀〕

용모가 비상하고 문무(文武)를 겸전하여 일대의 흥망을 좌우하는
불세출의 영걸로서 과학적 두뇌가 뛰어나 만인을 지배할 기상(氣象)

초 여름 밤 황혼녘에 기우는 태양이 강하수(江河水)에 비친 노을과 같이 초자연적인 아름다움에의 세계를 동경하여 항시 외부적으로도 화려함을 잃지 않는다.

때문에 남달리 자부심도 강한 반면, 마음 한구석엔 열등 의식도 배제할 수 없는 단점이 있지만 외모에서 풍기는 온화한 인상과 단아(端雅)한 용모는 일찍이 주위로부터 사랑을 받기에 부족함이 없다.

항상 마음 속으로는 신선(神仙)의 세계를 동경하여 자신은 비록 오염된 세상 위에 서 있을지라도 혼탁 속에 몸을 두지 않고 청렴하고 순수한 세계에 마음을 맡기려는 내성이 강하다.

그러나 한번 악으로부터 유혹을 받으면 그 환경의 적응도 빨라 철저한 악의 화신이 되기도 한다.

겉으로는 매우 대범하고 용감한 듯하지만 마음이 약하여 잔 인정에 끄달리기

쉽다. 무슨 일이든 저지르기도 잘하지만 실수를 하게 되면 미치도록 후회하는 연약한 사람이기도 하다.

역상으로 '사(巳)'는 '백화만발(百花滿發)'한 형상으로, 대부분 학문에 대한 열망이 높아 박학다식하며 재물운(金錢運) 역시 풍부하여 만인을 먹여 살릴 두치(頭治)의 운명이다.

다만 음력 4월의 절기는 풍우에 백화가 어지럽게 날리는 형상인 만큼 평생 여색(女色)을 삼가야 하며 정신이 어지러운 듯하니 한 가지 일에만 열중하는 것이 성공의 묘책(妙策)이 될 것이다.

천품도 고상하고 이상은 높지만 허영이 작용하고 성질이 급하며 자존심이 몹시 강하여 일을 너무 크게 벌이는 단점이 있는 까닭에 한때 실패가 우려된다.

평소에도 타인을 지배하기를 좋아하며 한번 노기를 띠면 하늘을 삼킬 듯한 기세로 변칙적인 행동도 불사한다.

일생에 대업(大業)을 성취하는 것만은 틀림없으나 30세 전에 부모의 유산을 없앨까 두려운 명이며, 조혼(早婚)은 불리하고 평생 투기는 금물이며 초년에 잠깐 신고(辛苦)가 따르지만 중년기에 행운과 복록이 찾아든다.

▲ 32세 · 36세 · 41세 · 52세 · 60세가 개운의 시기이며, 매년 정월 · 4월 · 8월 · 10월이 변화의 운기다.

五月生 · 午(말)

> 위인(爲人)이 청아하고 낭만적 감성이 두드러져 매사에
> 열정적 의욕이 있으므로 속성속패(速成速敗)의 운명으로 재록이 풍부하여
> 거재(巨財)가 출입하는 기상(氣象).

열(狂熱)한 태양의 불기운 아래 모든 만물이 더위에 지쳐 천지는 죽은 듯 고요하다.

이와 같은 역상은 이른바 '추론(推論)과 실행(實行)'이라는 두 가지 단면으로 나타난다. 다시 말해서 수수께끼를 푸는 것과 같은 빠른 직감력과 신속한 행동을 요하는 일에 특수한 재능을 지니고 있다.

그러므로 이 태생은 어떠한 위기에 봉착하더라도 즉시 해결할 수 있는 명쾌하고 빠른 순발력과 결단력을 가지고 행동에 임한다.

따라서 일생에 어떠한 곤란과 함정, 나아가 죽음의 절박한 경지(狀況)에서도 구도십생(九倒十生)하는 천우신조의 혜택이 따른다.

다만 이중적 품성이 작용할 때는 이따금 모순된 기분을 조성하여 평소와는 달리 이해할 수 없는 사람으로 변신, 주위에 심적 불안을 가져오고 아무런 이유가 없

는데도 자신은 공연히 불안과 동요를 느끼기도 한다.

다시 말해서 마음의 끈이 팽팽하게 긴장되어 있을 때는 사업에 대한 의욕과 지적(知的) 능력도 발휘되지만 긴장의 끈이 풀려 마음이 해이(解弛)해지면 순간 분열현상을 일으켜 평소와는 다른 인격 이하의 행동이 자신도 모르는 사이에 밖으로 노출된다. 그러므로 항시 마음의 평온과 함께 이성적인 자기 조절이 필요한 사람이다.

역상으로 '오(午)'는 '우후홍교(雨後虹橋)' 격으로, 이른바 무더운 여름날 한 차례 소나기가 지난 뒤 뜨는 영롱한 무지개와 같이 심성이 매우 열정적이며 성격 또한 담백하고 예술적 취향이 매우 높다.

뜻(目標)을 너무 크게 세워 허망한 일을 보게 되는 단면도 있으나 삼전사기(三轉四起)의 강한 끈기로 결국 행운을 맞이하게 될 세월이 기다리고 있다는 것을 명심하라.

재론하건대, 본 성품은 온후하고 인정이 있지만 내성엔 불처럼 화급한 성질이 도사리고 있는 까닭에 누구와도 한 번 틀어지면 두 번 다시 상대하지 않는 지나친 결백성과 경직성이 있다.

그러나 유달리 불굴의 정신이 깃들어 있으므로 두목의 운력이며 세련된 문장력과 다듬어진 논술(論術)로 한때 세상에 명성을 떨칠 수 있는 풍운아적 운명이다.

다만 사업보다는 취미를 살려 전문 직종에 전념하는 것이 장래 더 큰 진취적 복록을 획득할 수 있다.

▲ 33세부터 47세까지가 개운의 시기이며, 매년 2월 · 4월 · 9월 · 11월이 변화의 운기다.

六月生 · 未 [양]

모성적 애정이 가득하여 외적 성세(盛勢)보다 내면적 풍요를 갈구하는 품성으로 동서 사방을 쉴새없이 뛰는 역마의 기상(氣象)

황혼이 깃든 늦여름 더위에 지친 양떼가 새로운 초목지(草牧地)를 향해 이동하려는 형상에서 그 성품은 '모방과 창조'의 이면(異面)으로 나타난다.

특히 이 태생은 모성적(母性的)인 애정이 깃들어 있어 자식을 지극히 사랑하고 가정을 지키려는 방어 본능이 뛰어나다. 이러한 특성은 비단 자신의 가정뿐만 아니라 사회적으로는 대중의 정신과 물질의 양면을 풍요롭게 하는 데 공헌할 수 있는 정신으로 나타난다.

이와 같은 인간적 특성은 현 생활에 밀착된 대중성을 지니게 되므로 직업 역시 뭇사람과 접촉할 수 있는 인기성을 띤 것이 좋다.

다만 운명적으로 역마성(驛馬星)을 타고났으므로 외부적 활동이 단절된 좁은 공간에서의 속박된 생활은 맞지 않으며 국내뿐 아니라 세계 어느 곳이든 자유로이 활동(活動)할 수 있는 자유로운 직업을 선택하는 것이 적합하다.

때문에 이 태생은 내향성이 강한 탓으로 명랑한 듯하다가도 일시에 고독에 빠지는 성격이 작용하고 소란한 것보다 조용한 분위기를 갈망한다.

역상으로 '미(未)'는 '황혼귀소(黃昏歸巢)' 격으로 하루의 일을 모두 마치고 석양에 집으로 귀가하는 형상으로서 재능과 지혜를 동시에 갖추고 있으나 다만 마음이 소심한 편이다.

인망은 있으나 내심에는 인색하고 냉정한 면이 숨어 있어서 결국 믿었던 사람으로부터 배신의 화를 입기도 한다.

특히 사업보다는 일정한 보수를 받는 직업 또는 기술업이 적격이며 친척이나 타인과의 동업은 신통치 못하다.

성질이 우유부단해서 평소 허황된 일을 많이 보며 우울이 깃들어 있어 하극상(下克上)의 화로 배신을 당하기도 한다.

일찍[初中年] 부모 덕이 있는 사람은 55세까지는 겨우 지탱할 수 있으나 그 후로는 희망이 미혼(迷昏)하다. 그러나 초년에 고생했던 사람은 중년 이후 말년까지 크게 발복할 운명이다.

▲ 36세 · 43세 · 60세에 파산의 위험이 따르고, 매년 1월 · 3월 · 5월 · 12월이 변화의 운기다.

七月生 · 申 [원숭이]

육친이 무덕하고 외로운 몸이지만 노력으로 세업(世業)을 크게 이루고
편답강산으로 객지를 유풍(遊風)하다가 산이나 해변에 신기루를 세우는
개척자의 기상(氣象)

우주의 염열(炎烈)한 기운은 바야흐로 만하(晩夏)의 시원한 바람을 몰고 가을의 문턱(立秋)에 접어드는 때이므로 '변화와 혁신의 운세'가 작용한다.

운명도 절기의 영향을 받아 성격적으로 호방하고 화려한 기질로 나타난다.

비유하건대, 인적이 끊긴 산골짜기에 남몰래 피는 꽃은 아니며 사회 처세 면에 있어서도 강렬한 기운을 품어 뭇대중의 눈 앞에서 대담하게 활약할 수 있는 활동가로 태어난 것이다.

특히 부(富)보다는 권력을, 돈보다는 지배를 추구하는 부단한 노력가의 상이며 항시 머릿속엔 창조적인 아이디어가 잠재하고 있으므로 구태(舊態)를 타파하고 혁신적으로 운명을 개척하는 탐구적 사상이 깃들어 있다.

이러한 성격적 특성은 지혜에 찬 혁명적 영웅 의식으로 사회에 도전하여 맨주먹, 맨손으로 입신(立身)에의 길에 도전하여 결국 청운(靑雲)의 큰 뜻을 이루기도 한다.

다만 이와 같은 화려한 성격 뒤에는 반드시 고독이라는 그늘이 따르지만 어떠한 외로움에도 절망하지 아니하고 오직 자신의 강인한 정신을 살려 미지의 세계에 도전함으로써 모든 세인(世人)에게 선망의 대상이 되기도 한다.

역상으로 '신(申)'은 '서산일락(西山日落)' 격으로 서산 모퉁이에 떨어지는 해가 강호(江湖)에 비치는 문형(紋形)으로서 그 아름다움을 더해주며 예향적(藝香的) 취각과 새로운 변화가 시도되는 혁신적 운력을 타고났다.

겉으로는 냉정한 듯 보이지만 그 내면에는 진한 인정과 자비심이 도사리고 있다.

즉 애정도 강하고 미움도 강한 사람으로 어떤 때는 매우 잔인한 사람같이 보이지만 그 이면에 뭇대중을 호령할 수 있는 두령운이 깃들어 있어 항시 위풍을 잃지 않는다.

언사도 좋고 임기응변도 뛰어나 정치·외교 면에도 수완을 발휘하지만 가끔 진실성이 결핍된 면모를 보이기도 한다.

이 점만 유의하여 모든 일에 비밀을 보완하고 실천이 앞선다면 성공을 확신할 수 있는 강한 운세다.

▲ 33세·39세에 실패운이 있고 40세 이후에는 개운의 운세로 매년 1월·4월·8월·10월이 변화의 운기다.

八月生 · 酉 [닭]

신체에 다흠(多欠)하고 다살(多殺)의 명이나 역경 가운데서
인내와 지혜를 발휘해 주위의 조력을 받아 어둠을 뚫고 일어나는 기상(氣象)

만물이 성숙을 이루는 들녘에서 지면으로 떨어지는 실과(實果)의 귀로성(歸路性)이 사뭇 낭만에 싸인 감상적인 모습으로 나타난다.

때문에 초연하고 청순한 이미지는 실로 순백(純白)한 소녀와도 같은 자태로 항시 희망에 들떠 있으면서도 한편 좌절하기 쉬운 성격으로 가까운 행복을 놔두고 먼 곳에의 이상향을 찾아 부질없이 질주하는 운명과도 흡사하다.

무릇 가을의 풍요한 수확은 이 태생에게 있어 줄지 않는 식록(食祿)을 의미하거니와 일생 동안 의식과 재물에는 궁핍을 느끼지 않는 운명임을 의미하기도 한다.

다만 중추(仲秋)의 명월이 상징하듯 나이가 들어도 꿈 많던 소년의 낭만을 잃지 않고 이상(理想)의 세계를 향해 달리는, 즉 서정과 감상이 어우러진 지적(知的) 사고(思考)의 소유자로서 앞으로 다가올 꿈의 세계를 그리면서 항상 희망과 공상 속에 파묻혀 있다.

다시 말해서 과거의 추억과 미래의 꿈으로 지탱되는 운명이라 하겠다.

예리한 성격은 여성적인 면도 있지만 예술성이 뛰어나서 많은 사람의 사랑을 한몸에 받기도 한다.

역상으로 '유(酉)'는 '단산명월(丹山明月)'격으로 단풍으로 짙게 물든 산야를 밝은 보름달이 비춰주는 문형으로서 문학이나 미적(美的) 감각이 수려하고 운명의 향방이 새롭게 변화되는 월령(月令)이다.

때문에 성품이 자상(仔詳)하고 자부심이 강해 일면 타인을 무시하는 기질이 있으나 순간순간 지혜가 발동하여 주위의 시선을 끄는 매력도 아울러 지니고 있다.

다만 부모의 유업(遺業)은 흩어지기 쉬워서 일찍부터 가족을 부양하는 책임을 지기도 한다(※특히 여성의 경우).

겉으론 화려하지만 마음 한구석엔 조울증이 있으며 한때 교통·낙반 사고를 당하거나 대수술의 병액이 따르며 남녀 모두 초혼은 불길하다.

이 태생은 사람을 가리는 습성과 차가운 성격을 버리고 모든 사람과의 융화에 힘쓴다면 행운의 길에 들어 크게 복록을 누릴 것이 확실한 운명이다.

▲ 25세·35세·45세·53세가 개운의 시기이며, 매년 2월·5월·8월·12월이 변화의 운기다.

九月生 · 戌〔개〕

본성이 공교(工巧)하고 재예(才藝)가 출중하여 문무백과를 스스로 통달하며
그 경륜 또한 높아 세인의 각광을 받는 문명적인 기상(氣象)

하늘엔 청아한 구름이 맑게 깔리고 만추(晩秋)의 태양이 이제 마악 황혼녘으로 기우는 가을의 마지막 절기에 서쪽 지평선으로 잠기는 노을빛에서 이 태생의 특수한 예술적 소양을 발견할 수 있다.

따라서 서쪽 지평선으로 잠기려는 태양은 인생의 모든 간난(艱難)을 체험한 노련한 이해자의 상징이며 타인의 아픈 마음을 이해하려고 하는 인정이 스며 있고 아울러 공정하고도 차가운 비판력의 표징이기도 하다.

마음은 격렬하면서도 겉으로는 노하거나 격정을 감추려는 특성이 있고 항상 주위에 기품과 중후한 위태(威態)를 지녀 타인으로부터 존경받기를 원한다.

그러므로 내성에 비록 급성(急性)이 도사리고 있지만 어지간한 일에는 열광하지 않으며 자신의 주체를 세워 보수적인 성향을 드러내 극단으로 치우치는 것을 자제하여 안정과 균형을 희구하는 특징이 있다.

특히 이 태생은 금전운도 좋아서 재물에 대한 욕망도 강한 편이지만 활동력의 한계를 넘지 못하는 단점이 있으므로 사회적인 지위나 금전을 탐내는 마음보다는 어떤 특수한 학문이나 일정한 기술을 갖고 꾸준히 일하는 것이 좋으며 예술적 재능으로 미적(美的) 창조를 위해 노력하는 편이 현명하다.

역상으로 '술(戌)'은 '상비적안(霜飛荻岸)'격으로 해안 갈대숲에 내리는 가을 서리의 형상으로서 감정이 풍부하고 낭만적인 이면에 서리처럼 차갑고(冷靜) 고독한 면이 서려 있다.

조급한 성질 위에 마음 속에는 인정이 가득 차 있는 데도 겉으로는 표현할 수 없는 이 형은 초년에 쓸쓸한 운명선을 걷게 된다.

불리한 환경에 처하더라도 시련을 극복 대처할 수 있는 능력은 있지만 운세가 한번 침체하면 회복될 때까지 상당 기간 지연된다.

내심 일확천금의 꿈을 억제할 수 없어 친구나 타인으로부터 이용당하게 되는 함정도 배제할 수 없으며 대부분 초년의 불운을 딛고 중년 이후 큰 결실이 있게 된다. 다만 부부 애정운이 초혼에는 만족치 못한 단점이 있다. 심한 경우 부부간 별리의 비련을 겪는다.

▲ 25세 · 35세 · 43세 · 57세가 개운의 시기이며, 매년 3월 · 4월 · 6월 · 11월이 변화의 운기다.

十月生 · 亥 [돼지]

천성이 급성급해하여 인정이 많고 초년에 병액이 따르는 명이지만
본심이 공평 정직하여 도인적 풍모로 풍류를 즐기는 장수의 기상(氣象)

북(北)에서 동(東)으로 불어내리는 초겨울의 문턱에서 모든 만물은 이제 수장(收藏)의 절기에 접어들어 천지는 죽은 듯 고요하다.

차가운 바람이 좁은 방 문틈을 밀고들어와 고독한 서생(書生)의 무릎을 시리게 하는 시월은 황금빛 들녘의 풍요를 잃은 지 오래되었다.

뒷산 수풀에서 간간이 들려오는 부엉이 울음 소리는 이 태생의 심성에 짙은 고독을 불어넣어주기에 충분하다.

따라서 인생에 대한 강한 집념 위에 일에 대한 집착(熱情)도 매우 강한 반면, 체념 또한 빠른 사람이다.

이러한 경향은 연륜이 더해감에 따라 생(生)과 사(死)의 비밀을 철저히 파헤치고자 하는 철학적 사관으로 나타난다.

이는 곧 겉으로는 양적(陽的) 기질을 드러내고 마음 속에는 음적(陰的) 인생관

을 형성하여 누구에게도 뒤떨어지지 않으려는 강인한 개성을 드러낸다.

따라서 인정도 많은 반면, 적에 대한 증오도 강하여 한번 한(恨)을 품으면 오래도록 지울 줄 모르고 증애(憎哀)의 마음을 일으킨다.

대체로 이 태생은 평소에도 웃음을 잃은 듯 호사한 겉치레를 싫어하지만 무언중에 사람을 끌어당기는 짙은 매력을 지니고 있어 한번 호기(好機)를 타면 승승장구하여 일약 스타의 자리에 우뚝 올라서게 되는 운명적 특징이 있다.

역상으로 '해(亥)'는 '장강도해(長江到海)' 격으로 긴 강물이 끝없이 흘러 바다에 이른 형상으로서 심중에는 남모를 비밀을 갖고 있지만 그것을 외부로 표현하려 하지 않으며 깊은 해심(海心)과 같은 수장(首長)으로서의 남다른 포용력도 갖고 있다.

자기가 지향하는 목표에 대해서는 불굴의 정신을 가지고 있으나 의심이 지나쳐 타인을 믿지 않으려는 단점이 있다.

매사를 속단(速斷)하는 경향이 있고 이상과 포부를 일시에 이루려는 급성이 작용하며, 작은 것에는 매우 인색하고 큰 것에는 대범한 기질이 있다. 간혹 사람을 이용하려 드는 내성이 드러나 소소(小小)한 일에서 인심을 잃는 경향이 있다.

그러나 본 품성은 호방하고 호색한 기질로, 대인(大人)의 사랑도 받게 되는 두령적 운명선이 작용한다.

▲ 37세 이전에 번 돈은 놓치기 쉽고 40세 이후 개운되며, 34세·35세에 잠깐 실패의 함정이 도사리고 있다. 매년 1월·3월·4월·10월이 변화의 운기다.

十一月生 · 子 [쥐]

■ 용모가 청아하여 만사에 구애됨이 없이 화려한 기풍을 지니고
■ 총명한 두뇌로 만인의 사랑을 받아 가문을 다시 일으켜 세우는
■ 권토중래의 기상(氣象)

엄동의 차가운 백설(白雪) 위에 비치는 눈부신 햇빛의 영롱함은 현실적 감각의 세련된 분위기를 자아내지만 바야흐로 동지(冬至)의 절기에 접어드는 때이므로 차가운 음(陰)은 물러가고 따스한 양기(陽氣)가 지면 깊숙이 스며들어 다가올 춘절(春節)의 훈풍을 고요히 기다리고 있다.

이와 같은 절기의 현상은 속박을 증오하는 자유와 고도의 이성적 쾌락을 사랑하는 낙천성(樂天性)으로 이어진다.

따라서 얼어붙은 대지 위에 비치는 강렬한 태양은 곧 민감하고 자유로운 이성 [Idea]과 관능의 순간적 긴장을 동시에 상징하며 나아가 마음 한구석에는 약한 자를 도와 강자를 응징하는 정의의 사도로서 뭇사람 위에 군림하고자 하는 변화 무쌍한 자신 특유의 운명선을 걷게 된다.

때문에 가정적으로도 일상적이고 평범한 정도의 생활에는 만족할 수 없으며,

일단 자신이 소망하는 사회적인 출세나 부(富)에 파묻힘으로써 충분한 만족을 느낄 수 있다.

나아가서는 남이 보기에 부러울 정도의 생활을 영위하고 있는 것 같지만 그 실상은 마음 한구석이 텅 빈 것 같은 공허감으로 현실 생활 그 자체에서 은근한 고독을 느낀다.

이상(理想)의 지향이 높은 만큼 남다른 고통과 방황도 따르지만 일단 인생의 목표가 결정되면 직업의 귀천을 막론하고 오직 목표를 향하여 쏜살같이 돌진하는 강한 특성을 갖고 있다.

남녀를 불문하고 성격적으로 어떤 일이든 자신이 아니면 그 일을 해낼 수 없다는 자부심으로 인생을 살아가지만 대부분 시종(始終)이 고르지 못하고 운명선은 순간적 파장(波長)을 일으켜 일의 처음과 끝을 고르게 매듭짓지〔有終之美〕 못하는 단점이 있다.

역상으로 '자(子)'는 '동천발양(冬天發陽)' 격으로 얼어붙은 겨울 하늘에 한 줄기 따스한 햇빛이 비치는 형상으로서 운세는 변화를 벗어난 개혁(改革)에 가깝다.

성격은 급하고 소심한 듯하지만 매사에 용기를 잃지 아니하고 끝까지 밀고 나가는 박력도 숨어 있는 까닭에 자신이 저지른 일에 대해서는 절대 후회하지 않는 기질이다. 다만 어두운 음기가 서서히 물러가고 밝은 양기가 처음으로 발생하는 절기의 탓으로 한때 지독한 고생이 있어야만 행운의 복력을 더욱 오래도록 보존할 수 있는 묘한 특징이 있다.

▲ 19세·25세·33세·44세에 불운의 함정이 있고, 매년 3월·6월·9월·11월이 변화의 운기다.

十二月生 · 丑 [소]

▎ 초년에는 환경적 시련과 병액이 따르지만
▎ 결국 역경을 뚫고 지난날 잃었던 이상(理想)을 되찾아
▎ 청운(靑雲)의 꿈을 달성하는 도전적 기상(氣象)

눈 속에 파묻힌 대지 위에 여명(黎明)을 뚫고 동해의 태양이 부상(浮上)하는 이제 마지막 남은 한기(寒氣)를 재촉하는 절기의 맨 끝, 대한(大寒)의 시기에 접어들었다.

겨우내 매서운 눈바람 속에 온갖 풍상을 다 겪고도 얼어붙은 지면을 세차게 뚫고 싱싱히 피어나는 인동초(忍冬草)와도 같이 풍우에도 쓰러지지 않는 강인한 성격의 소유자라고 하겠다.

이와 같은 자연 현상은 젊은 날 온갖 역경을 뚫고 굳은 의지를 발휘, 오직 무(無)에서 유(有)를 창조하여 적수공권(赤手空拳)으로 황무지에 신기루를 세우는 입신(立身)의 사도로 점차 그 면모를 드러낸다.

따라서 평소에는 보잘것없고 온순한 듯하지만 일단 자기의 마음 속에 목표가 정해지면 강력한 정신력을 발휘해 절벽이라도 뛰어넘을 수 있는 집착력을 지니고 있다.

특히 여성의 경우에도 외적으로 나타난 가냘픈 육체(人相)와는 달리 어떠한 시련과 곤경에도 절대 굴하지 않고 소신의 목적을 달성해가는 행동적 면모를 보인다.

때문에 한번 마음 먹으면 성취하지 않고는 못배기는 비장한 각오와 격렬한 열정을 품고 있는 사람이기도 하다.

역상으로 '축(丑)'은 '설산조월(雪山照月)' 격으로 눈덮인 겨울 산에 영롱한 달빛을 받아 아름다운 설광(雪光)이 나타나는 형상으로서 문예적(文藝的) 재능이 다양한 천품을 타고났다.

대망(大望)에의 이상으로 인해 가끔 운명적 불운에 휩싸일 때는 염세적 좌절에 빠져 극한적인 타락(도박, 마약 중독 등)도 불사하며, 사소한 일에도 예리한 신경이 작용하여 외부적으로 웃음을 잃어버린 듯 차가움을 보이기도 한다.

특히 이 태생은 성공보다 본질적인 향상을 추구하고 오늘의 괴로움보다 내일에의 희망을 중요시하며 현실적으로 자신이 남에게 초라하게 보여지는 것을 가장 비극적으로 생각한다.

따라서 겉은 화려하고 명랑한 듯 보이지만 심성은 늘 고독하다. 항상 희망에 부풀어 있지만 개운의 시기는 늦은 편이다. 정직 검소하며 축재하는 정신이 깃들어 있으므로 중년 이후 행복한 생활을 하게 된다.

가끔 과음과 색정에 끄달려 퇴행적(退行的) 운정(運程)을 걷게 되지만 자신을 냉정히 성찰하여 진퇴양난의 고비에서 결국 화려한 인생의 문을 열게 된다.

▲ 26세·36세·46세에 실패의 그늘이 있고 25세·38세·43세·54세가 개운의 시기이며, 매년 1월·4월·6월·12월이 변화의 운기다.

第四章

태어난 생일에 의한 운세

태어난 생일에 의한 운세

1日 · 7日 · 13日 · 19日 · 25日生

귀인조력(貴人助力)의 덕을 타고났으며 양친의 덕이 있고 초년은 평운(平運)이며 중년에 이르러 발복한다.
- 19세 · 25세 · 41세는 인생 최대의 변화 운기로서 진퇴양난의 악전고투에서 길상(吉相)으로 화하는 형통의 운세다.

2日 · 8日 · 14日 · 20日 · 26日生

학문에 대한 욕심이 많고 지식이 풍부하여 박학다식한 학문통으로, 부모와의 인연은 박약하여 초년에 중단과 좌절이 있으나 중년부터 형통의 운세를 맞아 입신하는 운력이다.
- 21세 · 33세 · 37세가 특히 청장년기의 최대 개운의 시기며 42세 · 46세 · 52세가 중년 개운기다.

3日 · 9日 · 15日 · 21日 · 27日生

가정적으로 화합운은 있으나 중년에 풍파가 들어오므로 부부간 생사별의 불운이 한때 따르고 대체로 초년에는 고통, 좌절, 중단의 운세가 있지만 중 · 말년이 대길한 운력으로 아홉(9)수가 고비다.
- 32세 · 41세 · 45세 · 53세가 변동운으로 형통 개운의 시기다.

4日 · 10日 · 16日 · 22日 · 28日生

유년기에는 학문의 진로에 갈등을 느끼지만 비약적 발전이 있으며 관직보다 의사 · 공학 박사와 같은 전문 기술직이 적합하며 중년에 횡재의 부운(富運)이 따른다.
- 30세 이전에 대과(大科)에 합격할 수 있는 운력이다.
- 27세 · 37세 · 44세가 대통운으로 개운 변동의 시기다.

5日 · 11日 · 17日 · 23日 · 29日生

포부와 이상이 높고 지식에 대한 욕구가 왕성하지만 유년기에는 일시적으로 학업에 좌질을 겪는다. 그러나 늦게 성공운이 깃들이 재운이 흥왕하므로 실업가의 운력이다.
- 24세 · 36세 · 42세에 횡재운이 따르고 변화 · 개운의 시기다.

6日 · 12日 · 18日 · 24日 · 30日生

지혜가 있어 재치가 뛰어나고 의협심이 강하여 솔직 담백한 성격으로 매사에 능수능란한 수완을 갖추었지만 초년에는 잠깐 신고가 있다.
- 28세 · 38세 · 46세가 복록이 증가되는 형통 개운의 시기다.

第五章

태어난 시간에 의한 운세

태어난 시간에 의한 운세

자시생 · 子時生 (오후 11시~오전 1시)

초년에 부모와 불합하여 일찍이 고향을 등지는 운이며 항상 마음이 일정치 못하여 변화가 잦고 외가가 영락(零落)할 운세며 자수성가할 운명이다.
- 16세 · 18세 · 26세 · 36세 · 46세 · 58세가 흉운으로 실패(학문의 장애) 또는 중병이 있을 시기다.

축시생 · 丑時生 (오전 1시~오전 3시)

유년기에 병액이 따르고 평생 송사(官災)를 주의해야 하며 인덕은 부족하지만 심성이 성실하여 중년 이후 노력의 결실이 있게 되며 한때 자녀의 질병이 있다.
- 19세 · 26세 · 31세 · 35세 · 47세가 대액년으로서 학업 중단, 가정 파괴와 파산운이 있다.

인시생 · 寅時生 (오전 3시~오전 5시)

인품은 고상하나 내성이 급한 편이며 유년기에는 신고가 따르고 청년기에 들어 개운될 운세며 여난을 조심해야 한다. 그리고 여성은 중년에 남편과의 공방수가 있다.
- 20세 · 26세 · 29세 · 33세 · 39세 · 49세 · 66세가 실패 · 중병 · 관재가 따르는 시기로서 대변동이 있게 된다.

묘시생 · 卯時生 (오전 5시~오전 7시)

고집이 남달리 세고 타인의 의견을 무시하는 경향이 있으며 재물에 대한 탐심이 있다. 한때 부부의 인연이 변할 운세며 칠성삼패(七成三敗)의 운력이다.
- 17세 · 26세 · 34세 · 39세 · 49세가 대흉운이며 30세 이후에 운세가 잠깐 약화되는 경향이 있다.

진시생 · 辰時生 (오전 7시~오전 9시)

풍모에는 위태(威態)가 있으나 성품이 간교(奸巧)하고 지혜가 넘쳐 일을 쉽게 이루고 쉽게 그르치는 경솔함이 있으며 중년에 들어 가정적으로 잠깐 불운이 있다. 남녀 모두 삼각 관계의 함정을 조심해야 한다.
- 20세 · 27세 · 31세 · 45세 · 51세가 대액년으로 중단 · 파재(破財)의 고통이 있다.

사시생 · 巳時生 (오전 9시~오전 11시)

인품이 도도하고 총명하여 뜻하는 바 일을 쉽게 이루며 만인이 도와 성공은 빠르지만 형제와는 불화할 운세다.
- 20세 · 27세 · 31세 · 45세 · 51세가 대액년으로 갑자기 놀랄 일이 생긴다.

오시생 · 午時生 (오전 11시~오후 1시)

외양은 사치를 좋아하고 화려하지만 내면에는 표리(表裏)가 있으며 남을 잘 믿지 않고 용단이 부족하여 가정에 변동이 심할 운세다.
- 13세 · 24세 · 32세 · 44세 · 54세가 변화 운기로 불길한 시기며, 33세 이후에 좋은 운이 깃든다.

미시생 · 未時生 (오후 1시~오후 3시)

일찍이 한쪽 부모와 인연이 부족하여 객지에 나가 자수성가하지만 생활이 불안정하여 한때 가정에 실패운이 있다.
- 38세에 형통운이 있지만 중년에 사업상 근심이 따르고 60세 이후는 안락할 운세다.
- 15세 · 25세 · 30세 · 40세 · 47세가 액년(厄年) 변동 시기다.

신시생 · 申時生 (오후 3시~오후 5시)

부모 육친의 덕이 박약하여 초년에 시련이 있고 자신은 늘 이상의 세계를 동경하지만 고독이 항시 몸을 따른다. 나이가 들수록 안정운이 오고 따라서 자기의 천직을 찾게 된다.
- 12세 · 20세 · 33세 · 40세 · 50세가 액년으로 구설과 병액이 따른다.

유시생 · 酉時生 (오후 5시~오후 7시)

마음 속에 깊은 생각이 있고 은근한 정을 가지고 있으며 냉정한 가운데 온순함이 깃들어 있다.
일찍이 몸에 상처를 입든가 큰 수술이 있는 명이다.
- 초년에는 약간의 어려움이 있으나 40대에 들어서 뜻을 이룬다.
- 12세 · 19세 · 34세 · 39세 · 44세가 대액년으로 건강에 흉해가 있다.

술시생 · 戌時生 (오후 7시~오후 9시)

마음 속에 인정은 깃들어 있으나 처음엔 박정한 사람같이 보이며 일생 성패가 다단할 운명이지만 예능이나 기술업을 가지면 일생 복록이 그치지 않는다.
- 초 · 중년은 그런대로 길하나 33세와 34세에 고통과 사고가 따른다.
- 18세 · 24세 · 35세 · 48세 · 57세가 인생 변란의 시기로서 대흉운이다.

해시생 · 亥時生 (오후 9시~오후 11시)

성품은 공평 솔직하고 인정이 있는 반면 불같은 성질이 작용하며 초년에는 몸에 신액이 따르고 학문의 좌절이 있다.
- 40세 이후는 안락할 운세이나 평생 고독을 느끼며 한(恨) 속에 살아가는 운명이다.
- 19세 · 24세 · 32세 · 40세 · 49세 · 59세가 중단(中斷)과 파산이 따를 액년기다.

第六章

태어난 생월에 의한 질병

태어난 생월(生月)에 의한 질병(疾病)

정월생 · 寅月生

담장(膽臟) 질환, 근맥(筋脈 : 근육과 맥박)이나 관절 등 신경 계통으로 인한 만성 질환 또는 중풍(中風).

2월생 · 卯月生

간장염(肝臟炎), 안면(顔面) 신경통, 근골통(筋骨痛), 신경 쇠약, 불면증.

3월생 · 辰月生

소화기 · 비위(脾胃) 계통 질환, 척추 질환, 피부염.

4월생 · 巳月生

편도선, 항암(項癌), 호흡 장애, 감기, 치아(齒牙) 질환, 당뇨병.

5월생 · 午月生

위염(胃炎), 심장 허약, 시각 장애, 뇌일혈, 과로로 인한 자극 삼가.

6월생 · 未月生

소화기 장애, 위궤양, 권태감, 건망증, 피부 질환.

7월생 · 申月生

호흡기 장애, 폐장(肺臟) 질환, 만성 대장 질환, 척추 질환, 근육통.

8월생 · 酉月生

뇌출혈, 나병, 소장(小腸) 질환, 하혈(下血), 토혈(吐血), 심폐(心肺) 질환.

9월생 · 戌月生

하반신 질환, 각부(脚部) 부자유, 간장 질환(남성은 치질, 여성은 자궁병).

10월생 · 亥月生

배설 기능의 고장, 요도염, 전립선염, 두통, 중풍, 신장(腎臟) 질환.

11월생 · 子月生

방광염 · 요도 결석, 담석증, 생식기 질환, 청각(고막) 장애, 성병 주의.

12월생 · 丑月生

근맥 질환, 비후염, 비위허약, 각기병(脚氣病), 흉부, 심장 질환, 시력 감퇴.

第七章

전생록 前生綠

운명(運命)의 찬가

비록 운명이 호의적(好意的)일지라도 스스로의 노력을 포기(抛棄)해서는 안 되며 인내와 노력이 동반되지 않고서는 성공의 문에 들어설 수 없다. 그러므로 운명을 멀리 박차고 스스로의 힘으로 노력하라.

설사 노력해서 성공하지 못한다 해도 무슨 과오가 있겠는가? 마치 수레가 하나의 바퀴로 갈 수 없는 것과 같이 스스로의 노력 없이 행운만으로는 성공할 수 없는 것이다. 소위 운명이라는 것도 전생에 자기가 지은 행위의 결과이니만큼 성공의 과(果)를 얻기 위해서는 부지런히 노력의 인(因)이 쌓아져야 한다. 마치 도공(陶工)이 진흙덩이로부터 자신이 원하는 물건을 만들어내듯이 우리 인간도 자기 스스로 지은 행위의 과보를 결국 거두게 마련이다.

요행히 눈 앞에 다가온 보물을 보았을지라도 운명이 스스로 그것을 주는 것은 아니며 그것을 집는 그 사람 자신의 노력이 요구되는 것과 같이 모든 일이란 원망(願望)에 의해서가 아니라 노력에 의해서 성취되나니, 바람에 의해 출렁이는 파도의 물결처럼 이 세속의 삶이란 허망하고 무상한 것이다.

생각하면 인간의 목숨이란 실로 출렁이는 물에 비친 달그림자처럼 무상한 것이다.

그대에게 일러두건대, 업(業)이 때가 되면 3년 혹은 석 달, 세 번의 보름, 혹은 3일 만에 그 죄악이나 공덕에 따라 행·불행이라는 과보(果報)로 반드시 나타나게 되어 있음을 명심하라.

심상(心相)의 대처 방안

모든 인간은 자기의 정령(精靈)이 태어날 때부터 보이지 않는 밧줄[宿命]에 의해서 과거·현재·미래의 운명에 연결 지어져 있다.

무릇 전생(前生)이라 함은 우리 인간이 태어나기 이전의 세계, 즉 과거생(過去生)을 말함이니 그 과거세(過去世)에 자신이 지었던 숙업(宿業)에 의해서 현재의 행·불행의 분복(分福)이 나누어져 있다.

예컨대 빨간 나팔꽃이 있다고 하자. 이 나팔꽃 씨를 땅에 심은즉 반드시 빨간 나팔꽃이 피게 되어 있다. 그러나 이 꽃을 피우기 위해서는 대지와 태양의 빛, 그리고 물이 없어서는 안 된다.

이와 같이 나팔꽃이 하나의 인(因)이 되고 대지와 태양·물이 연(緣)이 되어 그것이 한데 결부되어 장차 훌륭한 꽃을 피우고 열매를 맺게 된다.

따라서 이 세상의 모든 일은 다 이와 같은 인연법(因緣法)을 떠나서는 어떠한 것도 존재할 수 없다.

여기에 우리 인간도 예외일 수는 없거니와 늘 생활하는 가운데 하나하나의 자신의 행위(業)가 그대로의 결과를 만들어간다. 이것들이 소위 업(業)이 된 나머지 쌓이고 모아져서 그 업이 다시 큰 인(因)이 되어 그것에 상응한 결과가 나타난다.

그래서 옛 불조(佛祖)도 일찍이 '선인선과(善因善果) 악인악과(惡因惡果)'의 이치를 설파하였거니와 "악한 연 짓지 말고 선한 연 많이 가져 빨리 속히 악한 연 끊고 좋은 싹을 틔워라."고 강조하였던 것이다.

즉 우리 인간이 어제의 잘못 지었던 행위가 오늘의 결과로 나타나고, 오늘의 행위가 내일의 결과로 이어지듯이, 현재 그대가 받고 있는 행·불행은 오늘 이전의 지난날〔過去生〕의 행업(行業)에 의해 연결 지어져 있음은 의심할 나위 없다.

여기에 현상(現象)을 떠나 깊이 더 들어가면 우리가 살아 있는 동안 받는 운명적 복록은 필연(必緣)이라고 하는 숙명에 깊은 연관을 갖고 있다.

즉 오늘 내가 받고 있는 분복(分福)은 태어나기 이전의 나의 행위, 즉 업에 의해서 나온 결과라고 할 것인즉, 현재 불행이 닥쳐오더라도 여기에 순응하여 다시 행운으로 전환시킬 수 있는 노력이 미래의 안락(安樂)을 가져올 수 있는 결과를 낳게 된다.

때문에 옛 불조(佛祖)도 『아함경(阿含經)』에서,
욕지전생사 · 慾知前生事
금생수자시 · 今生受者是
욕지내생사 · 慾知來生事
금생작자시 · 今生作者是
라고 설파했듯이 무릇 그 사람이 현재 받고 있는 복록, 즉 운명을 알고자 할진대 그것은 곧 전생에 이미 지은 행위의 산물이며 현재 행하고 있는 선악〔勞力〕이 곧 다가올 내생(來生)에 나타날 결과라는 것이다.

생각건대, 착한 일에 대해서나 혹은 악한 일에 대해서나 평소의 행위〔作爲〕가 무의식적으로 모여 쌓이기 때문에 그 사람이 지금까지 어떤 마음으로 행동〔努力〕하며 생활해왔는지 미루어 헤아려 알 수 있는 것이다.

논단하자면, 전생〔過去生〕을 떠나 현재 그 사람의 일거수일투족에 의해 그 사람이 장래 행운의 방향으로 가든지 불행의 방향으로 가든지 스스로 길을 달리할 수 있는 것도 모두 자신으로부터 기인된 과(果)에 불과한 연기(緣起)의 이법(理法)이 성립되어 있음이니, 여기에는 요령이라는 수단과 어떠한 협잡도 용인될 수 없는 명확한 도리가 나타난다.

일러두건대, 하나의 그림자도 형용에 따라서 나타나고 산울림은 소리대로 울려나오듯 혜택 받지 못한 괴로운 생활도, 풍부하고 깨끗한 축복된 생활도 모든 것이 오직 자신이 지은 업(業, 行爲)의 결과이거니와 누구나 미생전(未生前)에 지었던 전업(前業)은 한 치의 외상도 없이 현생(現生)에 그대로 투영(投影)되게 되어 있다.

전생록 (前生綠)

생월(生月) \ 생년(生年)	子 쥐띠	丑 소띠	寅 범띠	卯 토끼띠	辰 용띠	巳 뱀띠	午 말띠	未 양띠	申 원숭이띠	酉 닭띠	戌 개띠	亥 돼지띠
봉황 (鳳凰)	1	12	11	10	9	8	7	6	5	4	3	2
사자 (獅子)	2	1	12	11	10	9	8	7	6	5	4	3
금계 (金鷄)	3	2	1	12	11	10	9	8	7	6	5	4
노치 (老雉)	4	3	2	1	12	11	10	9	8	7	6	5
연자 (燕子)	5	4	3	2	1	12	11	10	9	8	7	6
홍혹 (鴻鵠)	6	5	4	3	2	1	12	11	10	9	8	7
화록 (花鹿)	7	6	5	4	3	2	1	12	11	10	9	8
공작 (孔雀)	8	7	6	5	4	3	2	1	12	11	10	9
황앵 (黃鶯)	9	8	7	6	5	4	3	2	1	12	11	10
주작 (朱雀)	10	9	8	7	6	5	4	3	2	1	12	11
청학 (靑鶴)	11	10	9	8	7	6	5	4	3	2	1	12
앵무 (鸚鵡)	12	11	10	9	8	7	6	5	4	3	2	1

*생년·생월은 음력 기준

전생에 쥐의 몸이 현생에 봉황의 몸으로 화현했으니
심성이 돈후하고 지혜가 뛰어나 웅지를 이루어 날로 가세가 흥왕할 명(命)

무릇 '쥐(子)'라고 하는 동물은 야행성(夜行性)으로서 밤이면 눈에 광채를 발하며 행동이 민첩해지고 이기성이 팽배하나니 욕심이 많은 반면, 지혜로운 물상(物象)이며 전생에 쥐의 몸이었으니 그 습(習)을 완전히 배제할 수 없다.

그러나 욕심을 버리고 많은 수행을 쌓은 나머지 선인(仙人)에게 자기의 몸을 보시(布施)한 공덕으로 천신(天神)의 은혜를 입어 아름다운 봉황의 몸으로 화현하였다. 따라서 연륜이 더해감에 따라 그 심성도 착하고 돈후해져 운명 또한 행운의 길로 나아가게 된다.

까닭에 그 성품은 총명·정직하여 뭇사람의 모범이 될 것인즉 일생 동안 많은 사람들로부터 예우를 받고 귀인의 위력을 띠어 마치 운룡(雲龍)의 조화와 다를 바 없을진저, 구름을 일게 하고 가문 땅에 비를 내리게 하니 그 조화 또한 무궁한 사람이로다.

평소 이기적이고 독선적인 마음이 팽배해 있었으나 나이가 들어감에 따라 차츰 인자한 덕성을 쌓아 모든 것을 남에게 베풀고자 하는 봉사 정신이 깃들어 있어 이에 악운을 멀리 쫓고 길운을 맞이하도다.

이 명(命)이 어찌 식록을 두려워하랴!

초년엔 한때 애로〔苦痛, 가난〕가 있을지라도 중년이 도래하면 꾀〔圖謀〕하는 일마다 뜻과 같이 이룰 것인즉 일찍이 쇠잔한 새벽달 보며 향가(鄕家)를 떠난 객(客)이 금의환향하여 고향 하늘에 그 이름〔家門〕을 드날리리라.

문전에 모이는 사람마다 모두 기뻐하며 이름 석 자가 사방에 진동할진대, 입신(立身)이 눈 앞에 다가와 40세가 넘은 후에는 조정에 들어가 입각(立閣)할 명도 있음이어니 지나간 세월들이 모두 고난의 연속이었을지라도 이제 값진 보옥과 같은 나날이 있을진저.

명가 · 命歌

서변위봉 총명정직 · 鼠變爲鳳 聰明正直
운행우시 조화무궁 · 雲行雨施 造化無窮
모사소성 식록무우 · 謀事所成 食祿無憂
자손유영 말운형통 · 子孫有榮 末運亨通

전생에 쥐 몸이 변하여 봉황 몸 되었으니 그 성품은 총명하고 정직하도다.
구름을 일게 하고 비를 내리게 하니 그 조화가 무궁한 사람이로다.
꾀하는 일마다 이루게 되니 식록에 근심이 있을손가!
자손에까지 영화가 비치니 말년운이 형통하였도다.

사자 · 獅子

▮ 전생에 소의 몸이 현생에 사자의 몸으로 화현했으니
▮ 그 공덕은 자신의 몸을 희생하면서까지 음덕(陰德)을 베푼 까닭이기에
▮ 갈수록 복록이 쌓여 부귀의 몸이 될 명(命)

무릇 '소〔牛, 丑〕'는 인내의 상징이다. 자신의 고달픈 몸을 돌보지 않은 채 힘겨운 일도 마다하지 아니하고 남의 일을 많이 해준 보시의 공덕으로, 전생의 소가 사자로 변하여 이제 금수(禽獸)의 왕이 되었다.

이는 곧 근면한 정신과 불평을 모르는 착한 심성을 뜻하는 바 이 태생의 마음 속을 어느 누군들 알 수 있으랴! 오직 자신만이 간직해야 하는 지난 세월 속의 고뇌가 맺힌 한(恨)이 되고 마음 깊은 곳에 자리잡고 있으므로 그 성품에는 남이 이해 못할 강한 고집으로 나타나 간간이 억울한 구설도 따르게 되어 있도다.

초년에 고달픈 장애가 있음을 한탄치 말라. 성장해감에 따라 늦머리가 발달하여 후달(後達)의 기상이니 차츰 변역(變易)의 지혜가 생겨 영화로운 귀(貴)가 그대 몸에 스스로 따르리로다.

항시 과욕을 삼가하고 자신의 분수를 지켜 묵묵히 근면하게 살아가면 말년에는 크게 평안의 낙(樂)을 찾을 것이다.

그러나 유년기에는 한때 몸을 크게 앓지 않으면 부모와도 떨어져 살아야 할 운명적 고독도 끼여 있으며 우환(憂患)중 한때는 학마살(學魔殺)마저 침범하여 학문의 중단이 예상되기도 한다.

무엇보다 이 명은 우유부단한 성격이 단점이니 정확한 계획 속에 오직 흔들리지 않는 강한 목표 설정이 필요하다. 필경에는 두령(頭領)이 될 명이 될진저, 초년의 시련쯤은 능히 견뎌야 마땅하리라.

따라서 자신의 마음 속엔 늘 미래에 대한 이상경(理想境)을 자기의 적성과 능력에 알맞게 설정해놓는 것이 현명하다.

반면 자신도 모르게 강하게 자리잡고 있는 외고집은 남이 이해할 수 없으니 주위와 잘 융화될 수 있도록 처신에 맞게 조절하는 노력이 필요하며 설령 인덕이 없다 해도 평소 원망하는 마음을 버리고 속된 현실일지언정 묵묵히 견뎌가면 30세·40세·50세의 나이에 갈수록 그 복록이 차츰 배가(倍加)됨을 스스로 만끽하리라.

명가 · 命歌

우변사자 필유회한 · 牛變獅子 必有懷恨
성수고집 간유구설 · 性守固執 間有口舌
수시변역 자영자귀 · 隨時變易 自榮自貴
근면일생 후분태평 · 勤勉一生 后分泰平

전생에 소 몸이 변하여 사자 몸 되었으니 마음 속에 남몰래 품은 한이 있도다.
성품엔 남다른 고집이 도사리고 있으니 간간이 구설이 따름이로고.
수시로 변역의 지혜가 있음이니, 영화로운 귀(貴)가 스스로 따를 것이오.
분수를 넘지 말고 근면하게 살아가면 노년에는 운이 크게 평안하리로다.

금계 · 金鷄

전생에 호랑이 몸이 현생에 금닭의 몸으로 화현했으니
자유로운 몸이 천 리에 광명을 발(發)하여 그 명성이 자자할 명(命)

전생에 호랑이 몸을 받아 살생을 많이 한 죄로 귤월(橘越)의 비(悲)가 있었으나 산상의 신선 도인을 만나 유연설법(有緣說法)에 감응하여 크게 참회하니 이에 곧 천신(天神)의 도움으로 찰나간에 자유로운 몸이 되었도다. 고로 초년(初年)에는 다소 고통이 따르고 집안에 괴로운 시련(試鍊)도 목격하게 된다.

이는 모두 전생에 살생을 많이 한 과보(果報)로서 이와 같은 고난을 겪지 않으면 단명살이 침범하여 헤어날 수 없는 병액의 화가 따르게 되고 부모 형제마저 모두 뿔뿔이 헤어져 자신은 천생의 고아와 같은 액(恨)을 당하기도 한다.

따라서 이 태생은 시련이 겹칠 때마다 생(生)에 대한 의욕이 되살아나 더욱 의지가 강해지면서도 한편으로 마음 한구석엔 인적이 드문 산야를 동경한 나머지 속세를 버리고 출가(出家)라도 해버리고자 하는 수도승의 운명선을 걷기도 한다.

모든 일이 언제나 처음엔 고통(障碍)을 동반하지만 뒤에는 반드시 귀인의 조력(薦擧)을 입어서라도 순조로운 끝을 보게 된다.

만일 이 명이 출가를 한즉 도문(道門)에서 고강한 뜻과 청렴한 몸을 한껏 빛내어 종래에는 사문(沙門)의 장(長)이 되기도 한다.

오! 허망한 생(生)이여!

춘풍이 꽃소식을 전하고 달빛이 가을을 알리니 문득 한 소식 얻게 되리로다.

속인은 속인대로 중년의 운수가 변화의 상(相)을 입어 개운(開運)의 활로를 열어 이르는 곳마다 권위를 세우고 뜻밖의 횡재(橫財, 浮財)가 몸을 따르니 어찌 부자(甲富)가 되지 않으랴!

다만 병든 처(남편)로 인한 고통이 없으면 이별(喪妻)의 슬픔이 있음이요, 두 집(兩家)을 드나드는 팔자임을 암시한다. 만일 이와 같지 않으면 수화살(水火殺)이 몸에 비쳐 수해나 화재로 인해 한때 일신을 태우리로다.

명가 · 命歌

호변금계 선곤후길 · 虎變金鷄 先困後吉
춘풍롱화 출가입신 · 春風弄花 出家立身
도처춘풍 간유횡재 · 到處春風 間有橫財
약불고분 수화지액 · 若不叩盆 水火之厄

전생에 호랑이 몸 변하여 금계의 몸 받았으니 처음엔 다소 고통이 따르나
뒤에는 길하다.
춘풍에 꽃을 희롱하니 출가한즉 큰 뜻을 세울 것이요,
이르는 곳마다 춘풍에 꽃소식이니 때때로 횡재할 것이며
만약 고분(喪配)의 슬픔이 없은즉 수·화의 액을 당할까 두렵도다.

- 전생에 토끼 몸이 현생에 묵이(老雉)의 몸으로 화현했으니
- 어찌 수완이 없을쏘냐. 만인간의 사랑을 한몸에 받아
- 일생에 조화가 무궁할 명(命)

전생에는 비록 '토끼(卯)'의 몸이었지만 본래 효성이 지극하여 부모를 잘 공양한 덕으로 도(道)에 출중하여 천신의 은혜를 입어 여의주를 얻으니 천상에 오르내리는 묵이(老雉)의 화상으로 화하였도다. 따라서 이 명은 일찍부터 물질보다 정신, 금전보다 명예, 부(富)보다 귀(貴)를 갈망하게 된 것이다.

본시 지혜가 깊고 눈치가 빨라 주위의 시선을 모으고 남에게 조그마한 것이라도 베풀고자 하는 봉사의 정신이 두드러진 나머지, 많은 사람의 사랑을 받게 되지만 유년기에는 건강과 학문에 장애가 따르고 집안에 풍파 – 파산(破産)의 화(禍) – 가 일어남을 보게 된다.

어쨌든 한때나마 이러한 고난이 지나야 비로소 중말년에 발복할 수 있는 형복(亨福)을 받게 되어 있음이니 만일 이 명이 초년기에 호의호식하고 평탄한 운명이었던들, 철든 이후의 여생(餘生)은 고난과 장애 그리고 애증(哀憎)의 연속이리라. 일생을 두고 금전운이 그치지 않아 수롱천재(水弄天財)할 운이지만 많이 벌고 많이 쓰라는 다득다용(多得多用)의 운명적 암시가 엿보인다.

　이는 곧 혼자 힘으로 일(業)을 지어서 열 사람, 백 사람을 먹이라는 팔자임에 자신의 고달픈 생을 때로는 한탄도 해봄직하나 모두 이것이 곧, "내가 노년에 신선락(神仙樂)을 취할 수 있는 공덕을 닦는 과정이려니." 생각하여 인욕행(忍辱行)을 취하는 것이 좋다.

　무릇 노치(老雉)라 함은 꿩이 오백생(五百年)을 넘게 살았으니 '천년묵이'가 되어 장차 여의주를 얻어 무궁한 조화를 부려서 천상에 승천하게 되는 전설적 동물임에랴. 이런 까닭에 특히 이 명은 평소에 인욕과 보시로써 수많은 음덕을 쌓아두어야 마땅하리라.

※ 묵이 : 꿩이 천 년을 살아야 된다는 전설적 동물. 옛 말에 '꿩 잡는 매'라는 말이 있지만 이 묵이는 머리에만 장끼와 같이 털을 달았을 뿐 몸에는 털이 없다고 한다. 때문에 묵이는 강가나 웅덩이 가에서 몸에다 물을 적셔 모래를 묻힌 다음 모래밭 갈대 옆에 나와 앉았다가 매가 오면 몸에 묻혔던 모래를 매의 눈에 뿌려 매의 눈을 발톱으로 파서 잡는다고 한다. 그래서 꿩 잡는 게 매지만 실은 매 잡는 게 꿩이 아니겠는가?

명가 · 命歌

토변노치　재예출중 · 兎變老雉　才藝出衆
재록수다　간유손재 · 財祿隨多　間有損財
약무신흠　일경중병 · 若無身欠　一經重病
일인작지　십인식지 · 一人作之　十人食之

전생에 토끼 몸이 변하여 노치가 되었으니 사뭇 예술적 재주가 뛰어났도다.
재록은 비록 많이 타고났지만 간간이 손재가 따름이여,
만일 이 명이 몸에 흉터가 없은즉 중병을 앓을 것이지만,
일생 분복은 혼자 벌어서 많은 사람을 먹이게 될 운명이로다.

연자·燕子

전생에 선녀의 몸이 현생에 제비의 몸으로 화현했으니 용모가 수려하고 재치 또한 출중하여 만인을 구제하니 그 복덕이 날로 증가할 명(命)

전생에 옥황상제의 맏딸로 태어나 효성이 지극한 나머지 선녀의 몸을 받았으나 차차 상제(上帝)의 말을 거스른 채 늘 사치와 향락을 일삼고 하인과 정(情)을 통한 죄업으로 급기야는 천신의 노여움을 받아 인세(人世)로 던져진 몸이 되었도다.

이와 같은 전업(前業)을 지은 과보로서 한때나마 시련과 고통이 현세에 따름을 원망치 말라.

차라리 후조(候鳥)가 되어 철따라 구름에 몸을 싣고 따뜻한 봄을 찾아 강남을 드나드는 한 마리 제비로 화하여 착한 집에 복씨(福子)를 물어다주는 공덕을 닦게 되었다(※타인을 위해 봉사하든가 한때 남에게 돈을 벌어주어야 할 운명).

여성은 남의 자식을 낳아주어야 할 운명도 있다.

연고로 이 명은 인정은 많지만 천성이 급하여 매사에 뒤를 생각하는 면이 부족한 결점이 있으나 이상하리만치 많은 사람을 끌어들이는 묘한 매력을 지니고 있다.

지나친 경우 매력이 요(妖)가 되어 꽃다운 자신의 인생을 음지(陰地 : 그늘)에 던져버리는 경우도 허다하다.

이와 같이 암시적이나마 운명적 기질이 있는 까닭에 청소년기에 자신의 처지 혹은 이상(理想)에 대한 한때의 좌절감이 세상을 염세적인 사관(思觀)으로 규정 지어 주위〔사람〕를 도피시하는 고독의 늪에 빠지기도 한다.

이와 같은 기질은 성숙한 후에도 일상 생활에 은연중 나타나 심한 경우, 남성은 초혼의 실패, 여성은 이성적 방황 등 성격적 장애에 걸려 남녀 모두 남모르게 부부간 갈등 속에 번뇌하기도 한다.

그러나 대개의 경우는 밝은 지혜로 비상한 수완을 발휘하여 가는 곳마다 귀인과 인연을 맺어 일시나마 화려한 인생을 과시해보기도 한다.

특히 이 명은 아미타불의 원력을 세워 수행 공덕을 열심히 닦은즉 커다란 혜(慧)가 생겨 위대한 과업을 이루고 무궁한 복락이 있음은 의심치 않아도 되리라.

명가 · 命歌

선변위연 광활만인 · 仙變爲燕　廣活萬人
성정수급 이호타인 · 性情雖急　以好他人
다재다능 도처귀인 · 多才多能　到處貴人
안궁무덕 일신고단 · 雁宮無德　一身孤單

전생에 선녀 몸이 변하여 제비 몸을 받았으니 만인을 넓게 구제하리로다.
성품은 비록 급하다 해도 인정이 넘쳐 타인이 모두 좋아할 것이요.
재주 또한 능란하여 도처에 귀인이 나를 도와주지만,
다만 안궁〔肉親宮〕에 덕이 없으니 일신만 홀로 고독하리로다.

홍혹 · 鴻鵠

■ 전생에 구렁이 몸(이무기)이 현생에 기러기 몸으로 화현했으니
그 뜻이 원대하여 타인이 어찌 그 심지(心志)를 헤아릴 수 있으랴.
초년엔 번뇌가 따르나 만년 태평의 명(命)

전생에 '이무기(대망이)'가 인욕 정진의 수행을 많이 닦은 공덕으로 천신의 가피를 입어 창천에 나는 홍혹의 몸을 받아 푸른 물결에 번해(飜海)하는 대자유를 만끽하게 되었다. 위인이 본시 풍모가 준수하고 미려한 형모에 우아함이 서려 있으니 만인이 어찌 좋아하지 않으랴!

매사를 도모함에 있어 먼저 입(秘密)을 조심하라. 만일 이와 같을진대 비밀을 중요시하고 계획이 자연히 신중해질 것인즉 일의 성사가 정확해질 것이로다. 다만 이 명이 일찍이 불안전한 환경으로 인한 시련이 따르는 것을 애석하게 생각지 않을 수 없다. 까닭은 천품적으로 비록 심성은 착하고 뜨거운 인정이 깊숙한 곳에 깔려 있으나 전생에 구렁이의 업을 지었으니 초년의 고통과 고독 속에 인덕이 없음을 한탄하는 것도 어쩌면 당연한 일이리라.

무릇 뱀이란 원래 음소(陰所)에서 생활하는 까닭에 차가운 기운을 띠었다. 하지만 외면의 차가움은 곧 내면의 뜨거운 기(氣)를 뜻하거니와 그 실상은 겉으로는 교만하고 냉정한 듯하나 속마음엔 뜨거운 혈류가 흘러 그것이 곧 열정(熱情)을 상징하는 것이다. 그러므로 인정 또한 많은 사람이다. 고로 초년에는 비상한 지혜와 완벽한 실력을 모두 갖추었다 해도 불운(不運)의 어두움에 가려 안타까운 세월을 허송하기도 하지만, 한번 두각(頭角)을 드러내기 시작한 날에는 평소 도외시했던 주위 사람들로부터 뜻밖의 관심을 불러일으켜 그 인기도(人氣度) 또한 오래 지속된다.

무릇 인간이란 자신이 타인에게 고통을 주는 것보다 차라리 자신이 주위로부터 고통(虐待)을 당하는 것이 아예 행복한 편인지도 모른다. 바로 이 말은 이 태생의 운명적 인간상(人間相)을 암시하고 있는 것이며 이와 같은 심연(心淵)의 표출이 장래에 있어 커다란 복록을 쟁취하여 다시 사회의 광명이 되어 모든 사람들에게 사랑을 베푸는 진정한 보덕인(布德人)이 되는 것이다.

지적건대, 인생 목표의 성취가 약간 늦더라도 너무 조급한 마음을 내지 말며 기다리는 마음(耐心) 자세로 평소 지속성만 발휘하면 성공(立身)에의 입문이 가능한 명이다.

명가 · 命歌

망변위혹 식소사번 · 蟒變爲鵠 食少事煩
심성수급 불혐타인 · 心性雖急 不嫌他人
약비관록 허송세월 · 若非官祿 虛送歲月
금궁유살 고분난면 · 琴宮有殺 叩盆難免

전생에 구렁이 몸이 변하여 홍혹(기러기) 몸이 되었으니 식소사번한 나날을 보내리라.
심성이 비록 급하다 해도 타인이 모두 나를 혐오하지 않도다.
만약 이 명이 관록을 먹지 아니하면 부질없는 세월만 허송할 것인즉
금궁(夫婦宮)에 살이 있으니 다만 고분(喪配)의 화를 면하기 어렵도다.

화록 · 花鹿

- 전생에 말의 몸이 현생에 꽃사슴의 몸으로 화현했으니
- 풍모에 그윽한 기품이 있고 매사에 생각이 깊어 사려 분명하니
- 필시 갑부(甲富)의 복록을 타고난 명(命)

　천리를 뛰는 분주한 '말〔馬 : 午〕'은 그 마음 속에 늘 한가한 날이 오기를 기다리고 있다.

　전생에 말 몸을 받아 장수의 몸을 싣고 살얼음 속 적진을 자신의 몸도 돌보지 아니하고 일기당천의 용맹으로 주인을 위기에서 구출하고 지성껏 보필한 공덕으로 천신으로부터 향기로운 꽃사슴의 몸을 받았다.

　본 성품은 외급내관(外急內寬)으로 겉은 급한 듯해도 마음은 너그러운 사람이므로 일생에 강직 용맹한 반면 그 내면엔 유화(柔和)의 덕을 지녀 뭇사람의 장(長, 主人)이 되어야 할 운명을 타고났도다. 비록 동서(東西) 간에 분주한 명일지라도 가는 곳마다 녹(祿)이 쌓여 있고 친구가 많으니 따르는 자가 구름 같도다. 다만 조화〔智慧〕가 무궁한 나머지 자모자패(自謀自敗)의 함정도 있음이니 항상 둔(鈍)한 듯한 처세로써 상대를 대하는 것이 장차 큰 일을 이룸에 있어 현명한 처사일 것이다.

무릇 외부에 풍기는 온화함에 비해 그 마음은 늘 고독의 그늘에 싸여 무언가 깊은 명상에 잠긴 듯 생각을 계속하고 있다. 무릇 사슴이란 자기 육신의 한 부분인 뿔〔鹿茸〕을 잘라 그 아픔도 잊은 채 타(他)의 목숨을 구하는 활인(活人)의 덕을 타고난 것이다. 그러므로 이 명은 신농씨(神農氏)의 은혜가 있어 의학계나 종교계 등 인도적 차원에서 사회에 봉사할 수 있는 직업을 갖게 되면 눈부신 두각을 나타내어 그 발자취가 사뭇 두드러지게 되어 있다(※문학계, 교육계도 타인에게 광명을 주기 때문에 좋다).

단점으로는 처자에게 무심하여 소홀히 할 수 있는 내액살(內厄殺)이 있으니 혼인에 있어서나 자식을 생산함에 있어서도 신중을 기해야 하며 칠성에 공덕을 게을리한즉 큰 성공을 거두기 힘들며 유년 시절에는 수액(水厄)을 조심하고 중년기에는 화재를 조심해야 한다.

일생을 두고 재복(財福)이 많아 세 번에 걸쳐 큰 횡재를 할 것인즉 돈에는 그리움이 없는 명운이라 하겠다.

명가 · 命歌

마변위록 동서분주 · 馬變爲鹿 東西奔走
도처다우 변화무궁 · 到處多友 變化無窮
조자난양 칠성유공 · 早子難養 七星有功
일시재풍 수화유액 · 一時財豐 水火有厄

전생에 말 몸이 변하여 꽃사슴 몸이 되었으니 동서 간에 분주할 명이로다.
도처에 친구가 많으니 그 변화가 무궁한 사람이요,
일찍 둔 자식은 내 몸에 기르기 어려우니 칠성에 공덕을 게을리해서는 안 되며
한때는 재운이 풍성하지만 수·화의 액을 조심하여라.

공작 · 孔雀

■ 전생에 염소의 몸이 병든 노승에게 제 몸을 보시한 공덕으로
■ 천신의 가피를 입어 현생에 공작의 몸을 받았으니 훌륭한 저택에서
■ 아름다운 의상을 입고 녹을 누릴 명(命)

예부터 '염소(羊 : 未)'라는 물상은 그 성미가 급한 동물임에 틀림없다. 겉으로 보기엔 의젓하고 순한 듯해도 그 내성은 매우 조급하여 제풀에 제가 꺾이듯 매사 무리한 일을 도모하여 스스로 고통을 자초하기도 한다.

그러나 염소는 자신의 살을 베어내어 많은 인명을 구제하고 마침내는 자기의 목숨마저 던져 살신성인(殺身成仁)의 공덕을 이루었으니 이에 하늘이 감응하여 급기야 아름다운 공작의 몸을 부여해준 것이다.

따라서 이 명은 선조 때부터 많은 적선을 베풀어 공덕을 닦지 아니하면 그 자손을 잘 키우기가 어려운 것이며 일생에 번뇌가 따르고 금전적 고통도 느끼게 되는 괴로움(失敗, 破産)이 있게 된다.

본성을 착하게 갖고, 급한 성질과 독선을 가라앉히고 인생의 목표를 원처(遠處)에 두고 계단식 접근 방식으로 차근차근 이루어 나간다는 자세를 갖게 되면 반드시 남이 모르는 사이에 중년에 이르러 깜짝 놀랄 만한 성공이 있게 되리라.

이 명은 일찍이 육친의 정이 성기어(疎遠) 고향을 떠나 타향에 분주한 명으로 30세를 넘은 후에야 비로소 안정처를 만나 의욕 있는 생애에 나날이 그 설계 또한 새로워져 이때쯤부터 참 인생의 맛을 음미하게 된다.

반드시 고향 땅, 태어난 근처에는 이익이 없음이니 타향 또는 타국, 출생지로부터 먼 곳이 자신의 성공을 촉진시키는 자립갱생(自立更生)의 안락처가 될 것이매 힘겨운 고비고비에 육친이나 친척이 아닌 다른 사람으로부터 우연한 협력을 얻어 용기를 잃지 아니하며 그 함정을 교묘히 벗어나기도 하는 귀인성(貴人星)이 도사리고 있다.

다만 처자와 한때 일시적 공방은 있으나 머지않아 복운이 찾아올 것인즉 어찌 미래를 걱정하랴. 갈수록 재물이 늘고 가세 또한 흥왕하니 꽃밭에 노는 한가한 공작과 같이 분명 행복한 날을 기약하리로다.

명가 · 命歌

양변공작 심선수덕 · 羊變孔雀 心善修德
조무공덕 일생수번 · 祖無功德 一生隨煩
고토불리 이거위길 · 古土不利 移居爲吉
귀인래조 식록자락 · 貴人來助 食祿自樂

전생에 양 몸이 변하여 공작 몸을 받았으니 마음을 착하게 갖고 늘 덕을 닦아라.
선조의 적선 공덕이 없은즉 일생에 번뇌가 따름이요,
옛 땅(故鄕)에 이익이 없으니 거주하는 곳을 옮기면 길할 것인즉
우연중 귀인이 와서 도우니 식록이 스스로 안락하리로다.

황앵 · 黃鶯

전생에 원숭이 몸이 현생에 금빛 털, 고운 목소리 꾀꼬리의 몸으로 화현했으니
천하에 태평성세를 구가하며 해맑은 심성은 탁세를
조용히 관조(觀照)할 명(命)

무릇 '원숭이(猿 : 申)'라 하면 꾀(術數) 많은 동물이거니와 그 심성도 계산에 몹시 밝고 이기적이며 남을 잘 믿으려 하지 않는 짙은 의혹성이 유달리 강한 특성이 있다. 유독 자식을 사랑하는 모성애만은 매우 강한 성질이 있어 타(他)에 대한 방어력 또한 몹시 강하다.

그러나 전생에 절간의 수각(水閣) 거리에서 더러운 것도 탓하지 않고 정성껏 일하며 공부하는 선승(禪僧)에게 청수를 잘 바친 덕행으로 그 공덕이 두드러져 이에 감응한 천신의 은혜를 입어 황색 꾀꼬리(錦衣公子)의 몸을 받게 된 것이다.

이 명은 일찍이 신앙심을 깊이 갖고 자신의 복보다 타인의 복을 많이 빌어주어야 자신에게 도리어 환원된 큰 복록이 있게 된다는 것을 잊어서는 안 된다.

비록 태어날 때는 친지(父母) 간에 덕이 부족하지만 성장해감에 따라 차차 복록이 배가되어 타인의 힘을 빌리지 않더라도 본인 스스로 놀라운 성공을 거둔다.

다만 역마성(驛馬星)이 몸에 비쳐드니 한 곳에 가만히 안주(安住)할 수 없는 단점이 있다.
　　그러나 이 명은 사방을 분주하게 뛰는 가운데 빠른 착상을 하게 되고 즉시 그 생각을 독자적으로 진행시키며 모진 역경과 시련이 와도 순간에 좌절치 아니하고 다시 새로운 사업에 도전하여 기어이 성공을 끌어내고야 마는 특성이 있다.
　　일생을 통해 수많은 사람들에게 한량없는 공덕을 베풀지만 결코 자신에게 돌아온 대가는 부족한 편으로 인덕이 무덕함을 때로 한탄하곤 한다.
　　이는 곧 과거세에서 인간 몸 받기 전에 이기적 자만심으로 한때 과욕을 많이 부린 탓이거니 생각하면 추호도 괴로움이 있을 수 없다. 삼세(三世)는 곧 인과(因果)의 반복이며 반대급부(反對給付)의 소산이다. 젊은 시절의 고난을 순순히 받아들이고 인생을 역행하지 않는다면 중년 이후의 복록은 생각 외의 공배수가 되어 분명히 나타나게 되리라.

명가 · 命歌

원화위앵　심직지장 · 猿化爲鶯　心直之莊
천지무덕　자수성가 · 天地無德　自手成家
지남지북　노다공소 · 之南之北　勞多功少
초중다곤　만경태안 · 初中多困　晩境泰安

전생에 원숭이 몸이 황금 꾀꼬리 몸이 되었으니 그 마음은 곧고 참으로 용감하도다.
다만 친지(父母六親)의 혜택은 없으니 반드시 혼자 힘으로 자수성가할 것인즉
남으로 갈까 북으로 갈까 사방에 분주한 몸, 노력은 많으나 그 공과는 적음이니
초 · 중년기에는 장애가 따르지만 늙바탕에는 점차 평안하고 태평하리로다.

주작 · 朱雀

- 전생에 닭의 몸이 현생에 주작의 몸으로 화현했으니
- 입으로 인한 언변의 조화가 무궁한 사람으로
- 만인을 한 입에 삼킬 명(命)

예로부터 '닭(鷄 : 酉)'이라 함은 "계명축시(鷄鳴丑時)에 산상축호(山上逐虎)라." 하여 "축시에 새벽닭이 울어 산 중의 왕 호랑이를 쫓는다."고 하였거니와 새벽(時間)을 알리는 영특한 물상으로서 천시(天時)를 안다고 하여 옛사람은 닭을 영조(靈鳥)라고 일컬어왔다.

세론하면 산 중의 왕 무서운 호랑이도 새벽닭 우는 소리만 듣게 되면 모든 행동을 중지하고 산야로 귀소(歸巢)해야 하는 무서운 영능(靈能, 힘)을 갖고 있다. 때문에 시간 관념이 철저한 공덕이 마침내 천신의 인정을 받아 주작(朱雀)으로 화현된 것이다.

그러나 닭은 평소에 모이를 흩뜨리는 버릇이 있고 입(嘴口)이 특징인 까닭에 일생을 두고 구설이 그치지 않고 때때로 금전적으로 산재(散財)의 풍파와 일신에 번뇌가 따르며 내 일보다 남의 일을, 내 걱정보다 남의 걱정이 앞서서 이에 공덕을 베풀지만 결국 자신에게 돌아온 공과(功果)는 배신이라는 엉뚱한 대가로 돌아오기도 한다. 따라서 일생을 두고 구화(口禍), 즉 입으로 인한 화를 조심해야 함이니 소위 입(話術)으로 사람을 모으고 입(言辭)으로 사람을 쫓기도 하는 까닭에 평소 언어에 신중을 기하는 것이 복록을 배가시키는 유일한 방법이다.

때로는 친한 사람으로부터 시기와 질투를 받아 한때 곤욕을 치르기도 하나 본래 심성이 착하고 남에게 무엇이든 베풀기를 좋아하는 까닭에 결국은 인정을 받아 입신(立身)하게 된다. 일찍이 성공과 실패라고 하는 영욕(榮辱)의 경험이 마침내 큰 그릇을 이루어 뭇사람들의 위에 우뚝 설 수 있는 장(長, 伏)이 되기도 한다.

특히 후천적으로 치산치수(治山治水)의 은혜를 타고났음이니 산이나 임야, 수로, 강이나 바다를 이용하든가 혹은 농산업에 힘쓰면 천록지재(天祿之財)가 붙어 커다란 부(富)를 이루기도 한다.

40세 전까지 풍파(風波)를 한탄치 말라. 40세 이후 연륜이 더할수록 명예와 부가 더욱더 따르고 귀인의 추천을 받아 그 명성을 드러내리로다.

명가 · 命歌

계변주작 일신다번 · 鷄變朱雀 一身多煩
구설수신 친인다시 · 口舌隨身 親人多猜
치산치수 근농부산 · 治山治水 勤農富産
정후오륙 귀인래조 · 井後五六 貴人來助

전생에 닭의 몸이 변하여 주작 몸이 되었으니 일신에 번뇌가 그치지 아니하도다.
구설이 몸에 따르니 친한 사람의 시기(猜陷)가 있을 것이요,
산수를 잘 다스리고 농업에 힘쓰면 생산이 풍부하여 반드시 부할 명인즉
45~46세에 우연히 귀인이 와서 도와주리로다.

청학 · 青鶴

전생에 개의 몸이 현생에 천상에 노니는 신선한 학의 몸으로 화현했으니
부귀에 속박됨이 없고 예향적(藝香的) 기교가 뛰어나 풍류를 좋아할 명(命)

예로부터 '개(狗 : 戌)'는 보은(報恩)의 상징이다. 미생전(未生前) 과거세에 영리하고 충직한 영구(靈狗)의 몸으로, 물에 빠진 주인집 아이를 구해준 공덕이 있어 이에 천신의 가피를 입어 청학으로 화했도다. 무릇 청산의 학은 사려가 깊고 지혜가 뛰어나 풍류를 좋아하여 일신에 한가한 낙을 즐길 수 있는 여유를 타고났다.

초년에 비록 가정적 불운으로 인해 학문적 장애가 있음도 배제할 수 없는 명이지만 점차 안정된 운세에 접어들어 그 결과가 반드시 좋은 방향으로 나타나게 된다.

이와 같은 운기는 초년보다 중년, 중년보다 말년으로 갈수록 그 운세가 더욱 호전되는 까닭에 한때 실패의 함정(苦痛)이 있다 해도 즉시 복구하여 지난날 고난은 물거품처럼 스러지고 옛일을 회상하면서 인생의 참뜻을 한가로이 음미할 수 있는 은근한 도인적 심성을 타고났다.

초년에는 산전수전으로 자신의 몸을 닦아야 하는 명이기에 일찍이 고향을 등지고 타향 땅에 옮겨 살게 되는 잠시 외로운 세월도 따른다.

특히 이 태생은 해운만리(海運萬里)의 풍운객(風雲客)이 되어 낯설고 물선 타국 땅 개척(成功)이 가능한 명이니만큼 차라리 태(胎) 자리(出生地)를 멀리 두고 밖으로 밖으로 뛰는 것이 신상에 좋다. 본시 지혜가 총명하여 하나를 보면 열을 헤아려 알게 되는 빠른 감각과 미래를 내다보는 남다른 선견의식(先見意識)이 장래 성공의 커다란 밑거름이 되어 많은 사람으로부터 사랑과 신임을 받고 종래에는 주도권을 잡아 중인(衆人)의 지도자로서 그 원숙함을 발휘함에 조금도 부족함이 없으리라.

30대에 일찍 행운이 깃드나 분수보다 높은 이상향 때문에 호기(好機)를 놓치는 수도 있지만 40대 중반에 잡은 행운은 지난날 쓰라렸던 경험에 의한 자신의 인생 대가이므로 절대 놓치지 않는 특징이 있다. 그러나 항시 남에게 베풀지만 그 공덕이 부족함을 원망하지 않고 자신 스스로 자기의 고독을 마음 속에 잘 삭인다. 50대에 이르러 크게 명성운이 비쳐 나이가 들어갈수록 모든 경륜이 경지에 이르러 인격 또한 중후함을 보이리로다.

명가·命歌

구변청학 일신청한 · 狗變青鶴　一身淸閑
초년풍상 결과가야 · 初年風霜　結果可也
이거타향 선곤후락 · 離居他鄕　先困後樂
운회명년 유곡회춘 · 運回命年　幽谷廻春

전생에 개 몸이 변하여 청학의 몸이 되었으니 일신이 청한하도다.
초년에 비록 풍상은 있으나 그 결과는 좋아질 것이요,
고향을 등지고 타향에 옮겨 사니 처음엔 곤고해도 뒤에는 즐거우리라.
오십 운이 도래한즉 깊은 골짜기에 햇빛(春)이 드는 것과 같으리로다.

앵무 · 鸚鵡

- 전생에 돼지의 몸이 현생에 아름다운 앵무의 몸으로 화현했으니
- 이제 모든 고통은 꿈결에 사라지고 연륜이 더해감에 즐거운 날만 남았으니
- 만년이 한가할 명(命)

예로부터 '돼지(豚:亥)'는 복상(福象)이라고 하지만 실제 성질이 조급하고 욕심이 많은 까닭에 초년(初年)은 뜻하지 않는 실수도 범하고 어리석음도 보인다.

차차 성장해감에 따라 비록 직선적이지만 거짓을 미워하는 숨김없고 소박한 성격과 결백함이 결국에는 주위로부터 인정 받아 입신(立身, 成功)의 면모를 갖추게 된다. 따라서 한때(初年)의 고통은 눈 녹듯 사라지고 중·말년으로 갈수록 복록이 가중되어 타인이 부러워할 만큼 재물이 쌓이게 된다.

특히 재(財)가 왕성하여 관성(官星)을 생하니 재계뿐 아니라 관계나 정치계에 나아가도 많은 사람의 인정을 받아 명성을 떨침은 물론 뭇사람의 두령이 될 수 있다.

다만 자신도 모르게 마음 밑바닥으로부터 과만(過慢)이 나와 무리한 사업이나 투자, 직업 변경 등으로 일시적 곤욕을 치르기도 한다.

분명히 자신의 분수만 철저히 지키고 과욕만 삼가면 이 명은 행복한 삶을 누리기에 조금도 부족함이 없으리라.

　　일찍이 유년 시절엔 처음 사람을 대할 때 어리석은 듯하고 말도 어둔해 보이지만 차차 성숙해갈수록 언변에 조화가 생겨 능란한 화술로 만인을 한 손아귀에 농(弄)하기도 한다.

　　이와 같은 능변의 비상함과 사람을 자유자재로 다룰 수 있는 능한 대인적 기교가 40대 후반에 명성을 잡아 일생을 두고 부귀에 구애받지 않는 자신 특유의 인생관을 갖게 된다. 항시 시중(市中)의 분주한 가운데도 마음은 언제나 전원적 풍경을 동경한 나머지 신선과도 같은 도교적(道敎的) 미래를 설계하고 있다.

　　특히 이 명은 얼굴의 특징 가운데 귀(耳)와 눈(眼)에 복이 들어 있으며 음성에도 은은한 여운이 있어 평소 적선을 많이 베푼다. 부(富)는 물론 귀명(貴名)을 함께 날려 수명도 90세를 넘는 상수(上壽)를 누리게 되리로다. 다만 인정은 많으나 성질이 급하여 실재(失財)의 위험이 따르게 되니 항시 넉넉한 마음을 가지고 처신함이 현명하리라.

명가 · 命歌

저변앵무　성직강백　·　猪變鸚鵡　性直剛白
일시곤고　재록유여　·　一時困苦　財祿有餘
재왕생관　관계부명　·　財旺生官　官界富名
언중조화　수롱만금　·　言中造化　手弄萬金

전생에 돼지 몸이 변하여 앵무새 몸이 되었으니 성질은 직선적이나 한편 결백하도다.
초년 고생은 있으나 반드시 복록과 재물이 남아돌리라.
재(財)가 왕하여 관을 생하니 관계(官界)에 나아가면 부귀의 명(名)을 떨칠 것이요,
말 가운데 조화가 무궁하니 손 안에 만금을 희롱할 명이로다.

第八章
유년골격궁 流年骨格宮

명리(命理)의 이해

무릇 「유년골격궁」이라 함은 태어난 해(出生年)를 말함이니, 각 해(年度)마다 옛 성인이 동물의 명칭을 붙여 음양(陰陽)을 상징하였으니 각자의 오행, 즉 물상(物象, 띠)이 지니고 있는 의미 또한 매우 심장하여 인간이 한평생 살아가는 데 있어 그 물상의 특징에 따라 운명에 깊이 작용되는 것이다.

12지지 음양 조견표(12地支陰陽照見表)

12支五行	子	丑	寅	卯	辰	巳	午	未	申	酉	戌	亥
물상(物象)	鼠 쥐	牛 소	虎 범	兎 토끼	龍 용	蛇 뱀	馬 말	羊 양	猿 원숭이	鷄 닭	狗 개	猪 돼지
陰陽	陽	陰	陽	陰	陽	陰	陽	陰	陽	陰	陽	陰

『역경(易經)』에 이르기를, "천동상무(天動相無)하고 지정상유(地靜相有)라."고 하였거니와 "지지(地支, 즉 12支)는 상(物象)을 갖추고 있으나 천간(天干, 즉 10干)은 상이 없다."고 하였다.

이는 곧 천간(天干)은 동(動)이라서 상이 없는 것이며 지지(地支)는 정(靜)이라서 상을 가지고 있음을 말한다.

일찍이 천지가 혼돈(混沌)에서 처음 개벽(開闢, 始分)될 때 가볍고 밝은 것은 하늘(乾, 天), 즉 양이 되고, 무겁고 탁한 것은 땅(坤, 地), 즉 음이 되었다. 그래서 모든 만물은 중탁(重濁)한 가운데 물(物象)이 있는 것이다.

'자(子)는 쥐(鼠)', '축(丑)은 소(牛)', '인(寅)은 범(虎)', '묘(卯)는 토끼(兎)', '진(辰)

은 용(龍)', '사(巳)는 뱀(蛇)', '오(午)는 말(馬)', '미(未)는 양(羊)', '신(申)은 원숭이(猿)', '유(酉)는 닭(鷄)', '술(戌)은 개(狗)', '해(亥)는 돼지(猪)'에 속해 실로 열두 개의 상을 이룬 것이다.

따라서 여기에 다시 '기(奇, 陽)'와 '우(偶, 陰)'의 분류가 되어 비로소 성쇠(盛衰)의 쓰임(用)이 있게 된 것이다.

따라서 '기(奇)'는 양이므로 쥐·범·용·말·원숭이·개(子·寅·辰·午·申·戌) 등 여섯 동물을 말하는데, 그래서 이 동물들의 발가락 수(足爪數)는 홑(單)으로 이루어져 있다. 반대로 '우(偶)'는 음인 까닭에 소·토끼·뱀·양·닭·돼지(丑·卯·巳·未·酉·亥) 등 여섯 동물을 지칭하거니와, 그 발가락은 쌍(雙)으로 이루어진 까닭에 음이 되는 것이다.

다만 그 중에 유독 뱀만은 발이 없으니 그 이유인즉, '사(巳, 蛇)'는 월령(月)에 있어서도 곧 순양의 시(時)이지만 숫자로는 곧 우수(偶數, 陰)이니, 그 이유는 뱀은 원래 그늘진 음소(陰所)에서 사는 것이니만큼 발을 쓰지 않는 것이다.

이것이 이른바 상(象)인 것인 바 필자가 추리하기에는 12수(十二獸) 중 다만 단(單)과 쌍(雙)으로만 구분지어 조화의 묘(妙)를 설할 수 있겠는가 하는 데는 의혹의 여지가 없지 않다.

고로 『역경(易經)』에 이르기를, "하늘이 서북(西北)으로 기울어져 동남(東南)은 불만이 있는 것과 같다."라고 하였던 바 천지도 이와 같을진대 하물며 짐승의 몸이야 어떻겠는가?

- 쥐(子)는 눈이 작지만 밤이면 빛을 내고
- 소(丑)는 어금니가 없으나 입술이 있다 하였으며
- 범(寅)은 목이 없으면서도 화신(和身)하여 구르고
- 토끼(卯)는 입술(脣)이 없으니 수컷이 없다 하였다.
- 용(辰)은 귀가 없어도 청각이 발달하여 만 리의 음향을 듣고
- 뱀(巳)은 비록 발이 없지만 빨리 달릴 수 있으며
- 말(午)은 겁이 많으나 항상 서서 잠을 자고
- 양(未)은 눈동자가 없으나 죽어도 눈을 감지 아니한다.

- 원숭이(申)는 지라(脾)가 없으나 과물을 먹기 좋아하고
- 닭(酉)은 콩팥(腎)이 없으나 음란하여 절개가 없는 것이며
- 개(戌)는 밥통(胃)이 없으나 더러운 것을 잘 삭이고
- 돼지(亥)는 근육이 없는데 항상 잠자는 것처럼 키가 작다.

이와 같이 12상에는 음양불비(陰陽不備)의 뜻이 있는 것이며 또한 무궁한 조화와 상응하고 유독 사람만은 모든 것을 갖추고 있음이니 만물의 영장(靈長)으로서 이른바 귀왕(貴王)인 것이다.

※ 참고 : 쥐(子)는 양(陽)에 속한다고 하지만 실은 일음일양(一陰一陽)으로서 앞발가락은 4족이니 우수로서 음에 속하고 뒷발가락은 5족이니 기수로서 양에 속한다.

고로 자시(子時, 밤 11시부터 새벽 1시 사이)의 전야(前夜, 밤 12시 전)는 음이요, 후시(後時, 밤 12시 이후)는 금일의 양이 되는 것이다. 따라서,

- 소(牛)는 발들이 두 쪽으로 양분되어 있으므로 음에 속하고
- 범(虎)은 발굽이 다섯 쪽이니 양이 되는 것이며
- 토끼(兎)는 발가락이 넷이므로 음에 속하고
- 용(龍)은 발가락이 다섯 개가 있으니 양이 되고
- 뱀(蛇)은 발은 없지만 혀가 양분되었기에 음에 속하고
- 말(馬)은 발굽이 하나로 둥글므로 양에 속하고
- 양(羊)은 발굽이 두 쪽으로 양분되었기에 음에 속하고
- 원숭이(猿)는 발가락이 다섯 개 있으므로 양이 되고
- 닭(鷄)은 발가락이 네 쪽이므로 음인 것이며
- 개(狗)는 발가락이 다섯 쪽으로 갈라져 있으므로 양에 속하고
- 돼지(猪)는 발굽이 두 쪽으로 양분되어 있는 까닭에 음에 속한다.

이상 예시한 바와 같이 옛 성현은 동물의 족조수(足爪數 : 발과 발가락)를 취하여 음양을 분별하였다.

다음 「유년골격궁」도 각자의 물상이 갖고 있는 역상으로 인한 운명적 암시가 장차 그 사람의 일생을 좌우하는 성격·두뇌·취미·직업·애정… 등에 지대한 영향을 끼치게 되어 있다.

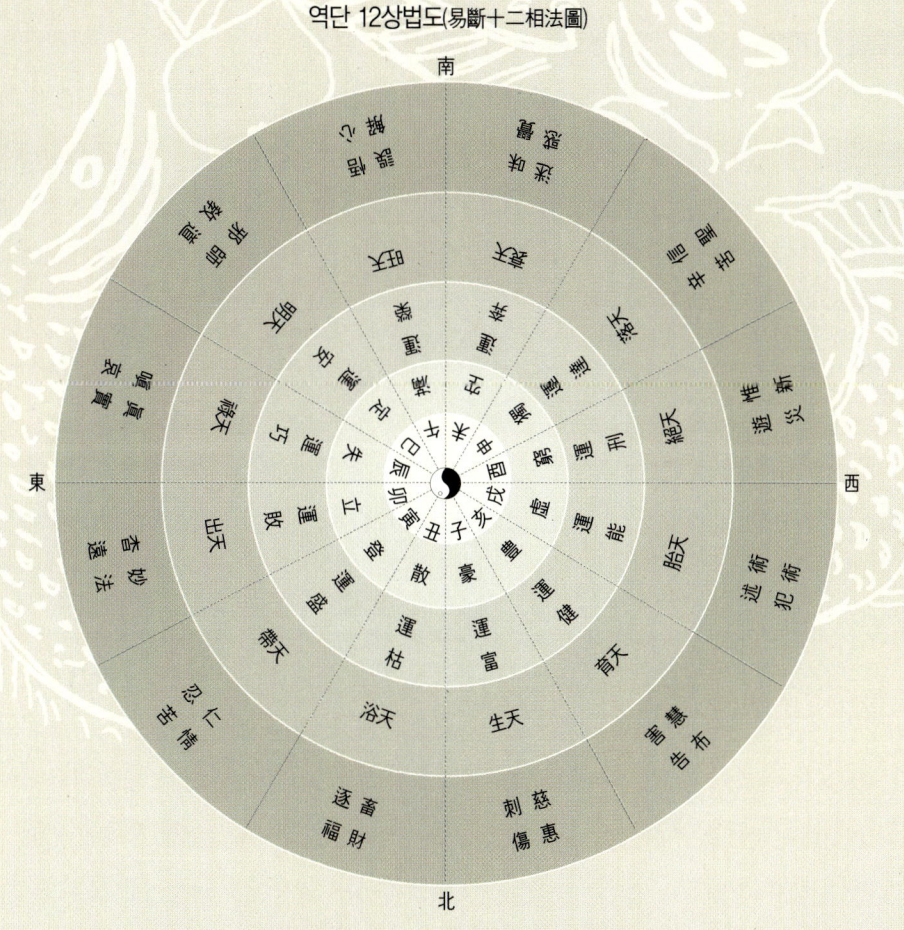

역단 12상법도(易斷十二相法圖)

마의천식(麻衣天式) 우주 통변 원리도(宇宙通變原理圖)

심상(心相)의 대처 방안

이 장(章)에서는 인간의 운명을 '부모·형제·부부·자녀·직업·수명·복록·초년·중년·말년·전생' 등 각 부분별로 세분하여 궁금한 사항이 있을 때 언제든지 직접 찾아볼 수 있도록 도표를 만들어 자세하게 설명해놓았다.

다만 독자가 미리 알아두어야 할 것이 한 가지 있다. 즉 인간에게는 선천운[先天運, 宿命]과 후천운[後天運, 運命]이 있는데 이 선천·후천운은 인간이 한평생 살아가는 동안 인생에 커다란 영향을 끼치며 그 영향 아래 각기 운명이 형성되어 인생이라고 하는 노정을 걸어가게 된다.

이와 같을진대, '선천운'이란 인간이 태어나기 이전의 부모·조상·지역·전생 등 타(他)와 자기의 출생 전 인연[宿命]을 말하는 것이며 '후천운'은 선천에 대한 환경적 영향으로 이루어진 출생 후 인연[運命]을 말한다(※후천운은 마의천 저 『六甲』을 참조).

따라서 선천을 나무 뿌리에 비유한다면 후천은 줄기와 잎이 되는 것이며 이른바 선천은 숙명, 후천은 운명을 말하는 것이므로 불가분의 관계다. 한 인간의 운명에 대하여 부귀빈천과 상·중·하 격으로 복의 그릇[福器]을 정한다는 깊은 운명적 의미가 담겨 있다.

다만 이 장에서는 선천[出生]에 의한 후천적 운명을 설명한 것인 바, 독자께서는 혼동 없기 바란다.

가령 갑이라는 사람이 현재 고생을 하고 있다고 하자. 그런데 갑의 해당 궁을 찾아보니 복록이 매우 많다고 나왔다면 갑은 분명히 장래에 거기에 상응한 복록을 누릴 수 있는 사람이다. 따라서 갑은 현재보다 더욱 분발하고 노력해야 한다는 의미가 포함되어 있는 것이며 혹 자신이 그 복록을 받지 못하면 자손대에라도 그에 상응한 복록을 받을 수 있음을 깊이 믿어야 한다.

　반대로 현재 행운을 누리고 있는데 복록이 적다고 나왔다면 이것은 곧 미래에 다가올 불행을 암시하는 것으로, 이런 사람은 지나온 자신의 행위를 점검하고 현재보다 더욱 참되게 노력하여 선덕을 베풀고 음덕을 쌓아 그 복록을 지켜가야 한다는 의미가 내포되어 있는 것이다.

　한 가지 더 일러두자면 직업에 있어서도 자기의 해당직과 현재의 직업이 맞지 않을 경우 복록(出世)의 차이가 있게 된다. 다시 말해서 자기의 선천적 운명에 타고난 직업을 가질 경우 그 복록은 현재보다 배로 증가되어 자기 자신도 지금까지 몰랐던 숨은 자질을 유감없이 발휘할 수 있게 된다는 것을 확실히 밝혀두는 바이다.

자신의 골격궁(骨格宮) 찾는 법

자기가 출생한 연도(띠)에서 출생한 달(음력)에 해당되는 골격궁을 찾는다.

예 : 만일 1956년 10월생인 경우는 그 해가 병신년(丙申年)이었으므로 원숭이띠(申)가 되는 것이고 이어 10월의 골격궁을 찾으면 사골(蛇骨)이 된다.

고로 이 태생은 '사골'의 부위가 자신의 운명에 해당된다.

남자 유년 골격궁(男子流年骨格宮)

생년(生年) \ 생월(生月)	子 쥐띠	丑 소띠	寅 범띠	卯 토끼띠	辰 용띠	巳 뱀띠	午 말띠	未 양띠	申 원숭이띠	酉 닭띠	戌 개띠	亥 돼지띠
쥐 골(鼠骨)	1	12	11	10	9	8	7	6	5	4	3	2
소 골(牛骨)	2	1	12	11	10	9	8	7	6	5	4	3
범 골(虎骨)	3	2	1	12	11	10	9	8	7	6	5	4
토끼골(兎骨)	4	3	2	1	12	11	10	9	8	7	6	5
용 골(龍骨)	5	4	3	2	1	12	11	10	9	8	7	6
뱀 골(蛇骨)	6	5	4	3	2	1	12	11	10	9	8	7
말 골(馬骨)	7	6	5	4	3	2	1	12	11	10	9	8
양 골(羊骨)	8	7	6	5	4	3	2	1	12	11	10	9
원숭이골(猿骨)	9	8	7	6	5	4	3	2	1	12	11	10
닭 골(鷄骨)	10	9	8	7	6	5	4	3	2	1	12	11
개 골(狗骨)	11	10	9	8	7	6	5	4	3	2	1	12
돼지골(猪骨)	12	11	10	9	8	7	6	5	4	3	2	1

*생년·생월 음력 기준

여자 유년 골격궁(女子流年骨格宮)

생년(生年) 생월(生月)	子 쥐띠	丑 소띠	寅 범띠	卯 토끼띠	辰 용띠	巳 뱀띠	午 말띠	未 양띠	申 원숭이띠	酉 닭띠	戌 개띠	亥 돼지띠
쥐골(鼠骨)	1	2	3	4	5	6	7	8	9	10	11	12
소골(牛骨)	12	1	2	3	4	5	6	7	8	9	10	11
범골(虎骨)	11	12	1	2	3	4	5	6	7	8	9	10
토끼골(兎骨)	10	11	12	1	2	3	4	5	6	7	8	9
용골(龍骨)	9	10	11	12	1	2	3	4	5	6	7	8
뱀골(蛇骨)	8	9	10	11	12	1	2	3	4	5	6	7
말골(馬骨)	7	8	9	10	11	12	1	2	3	4	5	6
양골(羊骨)	6	7	8	9	10	11	12	1	2	3	4	5
원숭이골(猿骨)	5	6	7	8	9	10	11	12	1	2	3	4
닭골(鷄骨)	4	5	6	7	8	9	10	11	12	1	2	3
개골(狗骨)	3	4	5	6	7	8	9	10	11	12	1	2
돼지골(猪骨)	2	3	4	5	6	7	8	9	10	11	12	1

*생년 · 생월 음력 기준

쥐골 · 鼠骨

- 천성이 총명하고 인품이 단아(端雅)하여
- 일찍이 명성이 현양(顯揚)하여 만인이 앙시(仰視)하고
- 일생 복록을 겸비하였으니 자손이 흥왕할 기상

유년송 · 流年頌

고기불리 타향유리 · 古基不利 他鄕流離
초년범사 유두무미 · 初年凡事 有頭無尾

다유지모 수시변통 · 多有智謀 隨時變通
막탄초곤 선빈후부 · 莫嘆初困 先貧後富

순지오륙 앵출유곡 · 旬之五六 鶯出幽谷
관지오륙 관액신지 · 冠之五六 官厄愼之

정지삼사 희사도래 · 井之三四 喜事到來
명지칠팔 필견대리 · 命之七八 必見大利

귀인래조 가득횡재 · 貴人來助 可得橫財
자손만당 혹부혹귀 · 子孫滿堂 或富或貴

늙은 쥐가 겨울 곳집에 드는 '노서입고(老鼠入庫)'의 형국으로, 본래 지혜가 뛰어나고 모든 일에 자상하여 무슨 일이든 한번 시작하면 뒤를 깨끗하게 완전히 마무리지어야 직성이 풀리는 상이다. 사물에 대한 기교가 명민(明敏)하고 예능적 섬세함이 주위로부터 신망[信望, 援助]을 얻어 중년 이후에는 뜻[雄志]을 이룰 수 있는 운명이로다.

그러나 초년에는 일찍이 모든 일을 초지일관(初志一貫)할 수 없음이니 뜻하는 일이 비록 머리는 있으나 꼬리가 없는 격으로 잠깐의 불운(不運)은 있을 터이다.

역단(易斷)하건대, 고향 땅이 이롭지 못하니 타향·타국에 유리(流離)하여 반드시 큰 성공을 거둘 것인즉 어떠한 역경에도 굴하지 않고 남보다 뛰어난 지모로 천우신조가 있음이니 순간순간의 위험을 잘 모면하도. 다만 건강만 주의하면 모든 액난을 무난히 돌파하리라.

유년(流年)을 판단하건대, 15~16세에는 꾀꼬리가 깊은 골짜기를 나오는 격이므로 명성이 있을 것이다[文書發動].

25~26세에는 대운(大運)이 들었지만 한때 관액수(官厄數)가 있음이니, 타인과의 시비를 조심하고 비밀을 지켜 언어를 삼가하라(※부부 이별수 조심).

이어 43~49세에는 차차 기쁜 일이 도래하여 사업인은 부자가 되고 관록[職場]인은 승진에다 영전의 기쁨이 있게 되는 것이니 날로 가산(家産)이 흥왕하여 광치전장(廣置田庄)하는 운이로다.

49~51세에는 약간의 함정[失敗]이 있으니 여러가지 일[事業]을 하나로 묶어 정리하고 과욕을 삼가하고 분수를 지켜 이 고비를 슬기롭게 대처해야 하는 것이니 수행하는 마음으로 자숙하는 것이 가장 현명하리라.

57~58세에는 회광반조(廻光反照)하는 운으로 큰 이익이 몸에 따를 것인즉 온

집안에 웃음이 가득하고 경사가 겹치리로다.

특히 멀리 갔던 귀인이 다시 와서 도울 것인즉 이 운에 가히 횡재를 얻을 것이요, 집안에 자손이 날로 흥왕하니 혹 부(富) 아니면 귀(貴)할 명이 분명하도다.

운평 · 運評

- 고향이 이롭지 못하니 타향에 유리(流離)할 명이요,
- 초년에는 모든 일이 시작은 있으나 끝이 없는 격이며,
- 남보다 뛰어난 지모로 순간의 위험을 잘 모면하리니 초년의 곤고함을 한탄치 말라. 초년은 가난해도 말년에는 부하리라.
- 15~16세에는 꾀꼬리가 깊은 골을 나온 격이요, 25~26세에 관액을 조심하고,
- 43~44세에 기쁜 일이 도래하고, 57~58세에 반드시 큰 이익을 보게 되리라.
- 귀인이 와서 도우니 가히 횡재할 것이며, 집안에 자손이 가득하니 반드시 부하거나 귀할 명이로다.

소골 · 牛骨

- 천상에서 득죄(得罪)하고 인세(人世)에 태어난 몸
- 초년엔 병액의 고통이 따르나 30세 이후 점차 광명운(光明運)이 비쳐
- 나이가 들매 복록이 가중될 명

유년송 · 流年頌

천지무정 세업난수 · 天地無情 世業難守
산정수정 족답호미 · 山程水程 足踏虎尾

필유고지 인재성업 · 必有高志 吝財成業
순지칠팔 화개도문 · 旬之七八 華蓋到門

관지오륙 정난지수 · 冠之五六 庭蘭之數
정지팔구 신지북인 · 井之八九 愼之北人

여인교결 평생강직 · 與人交結 平生剛直
일생소사 선무공덕 · 一生所事 善無功德

주문출입 다유대리 · 朱門出入 多有大利
막한초곤 후분자락 · 莫恨初困 后分自樂

신록(新綠)이 드리운 초원에 갓 나온 '기우봉초(飢牛逢艸)'의 형국으로, 겨우내 굶주렸던 소가 풀을 만났으니 일도 많지만 의식도 풍족하여 누구를 부러워하랴.
　　그러나 이 명은 천지〔父母六親〕가 무정(無情)하게 끊어진 상으로 초년에는 사고무친하고 고립무원하니 일찍이 곤고함이 있을 것인즉 설령 부모의 유업을 받는다 해도 본인이 세업을 지키기 어렵도다.
　　좋은 길〔環境〕을 두고 스스로 험난한 길을 택하여 고생을 사서 하는 격으로 산길·물길을 넘은 세월, 돌이켜보니 마치 호랑이 꼬리를 밟은 것과 같이 위험길 건넜도다.
　　그러나 본래 위인이 근검하고 돈후하여 조그만 복록이나마 적은 재물을 아껴 큰 대업을 이룰지니 그 마음 속의 깊은 뜻〔雄志〕을 세인이 어찌 알 수 있으랴. 붕비상천(鵬飛上天)을 작하부지(雀下不知)로다!

　　역단(易斷)하건대, 17~18세에 화개성(華蓋星)이 몸에 비쳐드니 영화가 분명 문에 이를 것이나 이때 만일 기쁜 문서를 잡지 못한즉 도리어 방황할 운세로다(※부모나 집안에 문서를 잡게 되는 운).
　　21~22세에 수화살(水火殺)이 비쳤으니 물과 불을 조심하고 여난(女難)을 삼가라.
　　이성〔愛人〕으로 인한 충돌·유혹·갈등으로 심상치 않은 번뇌가 따르게 되니 남녀 모두 색(色)을 주의해야 한다.
　　이어 25~26세에 화촉을 맺고 자손을 가질 수이니 기쁜 경사가 몸에 따르리로다(이 시기 놓치면 29~31세).
　　40세를 넘어 금문(金門)에 빛이 들고 재운(財運)이 일〔興〕었으나 인간의 피해가 심상치 않도다.
　　이어 47~49세에도 신부할족(信斧割足)이니 북방 사람이 이해하는구나(박·

민·표·문·변·백·명·전 씨 성을 주의).

  사람을 사귀고 맺음에 그 성품이 강직하고 신용을 중요시하며 일생 뜻하는 일마다 좋은 일을 행하지만 어찌하여 그 공덕만은 부족한고! 나이가 들어 부자(陶朱) 운이 들어 있으니 한때는 큰 이익을 쟁취할 것이로다.

  초년 고생 한탄치 말라. 늦게나마 반드시 영화(榮華)가 찾아드니 스스로 평안하여 태평가를 부르리로다.

운평 · 運評

- 천지(父母六親) 간에 정이 없으니 세업을 지키기 어려우니라. 산길·물길을 넘은 것이 마치 호랑이 꼬리를 밟은 것과 같았도다. 반드시 심중에 높은 뜻을 품었으니 재물을 아껴 결국 대업을 이룰 것인즉,
- 7~18세에 화개(榮華)가 문에 이르고,
- 25~26세에 자손을 낳을 수이며,
- 47~49세에 북쪽 사람을 가까이 말라. 사람을 사귀고 맺음에 있어 그 성품이 강직하고 일생 하는 일마다 좋은 일에도 그 공덕은 부족하도다.
- 몸이 도주문(陶朱門)에 들었으니 한때는 큰 이익을 취할 것인즉 초년의 고난을 한탄치 말라. 늦게나마 영화가 찾아드니 스스로 평안하리로다.

범골 · 虎骨

위인이 다술다곤(多術多困)하고 만사에 권능(權能)할 기상이니
초년에는 성패(成敗)가 잦으나 후달(後達)의 명이므로 갈수록 모든 일에
권능을 발휘하여 영귀(榮貴)할 몸

유년송 · 流年頌

총명준수 필유집권 · 聰明俊秀　必有執權
골육정소 운산무상 · 骨肉情少　雲散無常

약불관록 일생수고 · 若不官祿　一生隨苦
약무신흠 면상유흠 · 若無身欠　面上有欠

순지일이 가신수화 · 旬之一二　可愼水火
순지팔구 금궁춘색 · 旬之八九　琴宮春色

관지칠팔 비영즉액 · 冠之七八　非榮則厄
입지칠팔 명진사해 · 立之七八　名振四海

정지이후 점입가경 · 井之以後　漸入佳境
태공하인 만우문왕 · 太公何人　晩遇文王

잔솔 우거진 깊은 숲에서 늦은 잠에 취한 호랑이가 중천에 뜨는 달 보고 비로소 잠을 깨니 '맹호출림(猛虎出林)'의 기상이 분명하도다.

하늘을 향해 한번 포효(咆哮)하니 온 산천이 진동하고 일 보에 몸을 날리니 천리에 바람을 가른다.

이와 같을진대 사람됨이 준수하고 풍모에 위의(威儀)가 깃들어 있어 본 성품은 남을 지배하기를 좋아하니 영웅의 기상이로다. 비록 한때 고난이 있다 해도 후달(後達)하여 반드시 그 이름이 천지에 충천하리라.

이 명(命)을 살필진대, 비록 그 심성은 영특하고 뜻은 대단하지만 초년에 성패가 다단(多端)함을 원망치 말라. 늘 대기(大器)는 만성(晩成)에 있는 법이니, 만일 이 명이 일찍부터 부귀에 싸여 평안한즉 천수(天壽)를 채우기 어려우리라.

골육[父母兄弟] 간에 정이 삭막하니 우애가 다 무엇인고, 세사(世事)가 구름처럼 흩어지니 무상한 인생일레라.

본래 공문[公官]에 나아가면 크게 권도(權度)를 휘둘러 날로 발전할 것이지만 반대로 국록(國祿)을 먹지 못한즉 관재와 고생이 따르리로다.

만약 신체에 흉터를 갖지 않은즉 면상에라도 흠을 갖게 될 것이니 묘한 명이여! 운명이 여의치 못하면 한때 신명(神命)의 부름을 받아 복술가(卜術家)의 길이 비치도다.

역단하건대, 11~12세에 신명(身命)에 수화살이 비쳤으니 화재수를 조심할 것이며, 친구 따라 물가를 가지 마라. 놀랄 일이 생기리라.

18~19세에 금난초[理性·愛情]에 봄꽃이 피는 형상이니 학문길에 장애가 있을까 두렵도다. 책상머리에 공상이 번번(翻翻)하니 심사(心思)가 창밖으로 들락날락하는구나.

27~28세에 기쁜 문서를 잡아도 경사를 보지 못한즉 몸에 뜻하지 않은 근심

이 따르고,

　　37~38세에는 세상에 명성이 드러나 만인이 부러워하리라.

　　40세 이후가 되면 갈수록 가경(佳境)이니 비로소 인생의 맛을 느낄 것이요,

　　무릇 태공은 어떠한 사람이던가, 늦게야 문왕을 만났음이라.

게송 · 偈頌

위수(渭水) 강 천변에 온종일 앉아 있는 저 늙은 촌부는 무엇을 사유(思惟)하고 있는가.
앞에 일렁이는 장강의 물결과 운월(雲月)을 벗삼은 지 수삼십 년!
무상함을 깨달은 지 이미 오래련만 도대체 하릴없이 낙수만을 관(觀)하는구나.
이제야 시절운풍(時節運風)에 심연(心緣)을 실어 한 소식 띄우노니,
주실(周室)의 문왕이 배알하는구나.

운평 · 運評

- 형모가 준수하고 위인이 총명하니 반드시 권세를 잡을 것인즉 다만 골육(父母兄弟) 간은 정이 없어 산산이 흩어지리라.
- 이 명은 관록을 먹지 못할진즉 고생이 따를 것이며 만일 몸에 흉이 없으면 얼굴에 흠을 갖게 되리라.
- 11~12세에 물과 불을 조심하고,
- 18~19세에 금궁(愛情)에 봄꽃이 피었도다.
- 27~28세에 경사를 보지 못할진댄 반대로 액이 있을 것이요.
- 37~38세에는 비로소 세상에 그 이름이 드러나리라.
- 40세 이후에는 갈수록 가경이요, 묻노라! 태공은 어떠한 사람인고, 늦게야 문왕을 만났도다.

토끼골 · 兎骨

- 위인이 다모(多謀)할 기상이나 유두무미(有頭無尾)라,
- 매사를 속히 이루고자 하나 결과가 더디고 의욕은 과만하나 실패가 잦아
- 마음의 안정이 없으니 옛 땅을 등질 명

유년송 · 流年頌

재백공허 조업모산 · 財帛空虛 祖業耗散
천지사방 일신분주 · 天地四方 一身奔走

오륙칠팔 월탈흑운 · 五六七八 月脫黑雲
순지칠팔 황혼귀객 · 旬之七八 黃昏歸客

관지내외 재영가기 · 冠之內外 財榮可期
약비재영 천지유우 · 若非財榮 天地有憂

관팔구운 대통지수 · 冠八九運 大通之數
입지이후 고목갱생 · 立至以後 古木更生

입지사오 관액신지 · 立之四五 官厄愼之
정지이후 불선타인 · 井之以後 不羨他人

第八章 유년골격궁(流年骨格宮)

중추(仲秋)의 풍요로운 바람결에 옥토끼가 달빛을 희롱하며 칡넝쿨을 가르며 한가로이 노니는 '옥토망월(玉兎望月)'의 형상이나 일찍이는 재백(財帛, 金錢)이 공허하였으니 부모의 조업(祖業)은 구름처럼 흩어져 사방에 어지러이 날리고 천지 동서남북에 이 한몸 몹시 분주하여라.

심성은 한없이 착하고 용모도 고와 매사에 재치(目治)가 있고 성품 또한 총명·정직하지만 다만 세업(世業)을 노력(苦生)으로써 이뤄야 할 명이 분명하도다.

운명짓건대, 금문(金門, 財物宮)에 부재(浮財, 뜬 돈)만 들락날락, 비록 재운은 좋으나 재취(財聚)가 즉산(則散)하여 돈이 들어온즉 즉시 분산되고 수입보다 지출이 많은 격이니 부에 대해 항시 허망함을 느낀다.

이 명은 돈이 들어올 때 미리 나갈 때를 생각해두는 격이라 부동산에 묻어두는 것이 현명하리. 일생을 두고 손끝에 천금을 희롱할 운이지만 간혹 인간으로 인한 마(魔)가 끼어 허망함을 느끼리로다.

역단(易斷)하건대, 유년 5~8세에 달이 비로소 검은 구름을 벗어나는 격이니 부모에게라도 영화가 있을 것이요(※이 운에는 대부분 부모가 집을 사든가 영전을 하는 등 문서를 쥔다).

17~18세에는 저문 날 황혼의 객이 집을 찾는 격이니 혹 학문에 장애가 있을까 두렵도다(※중퇴, 부모의 파산).

20세를 전후하여 한때 재물(金錢)의 영화를 기약할 운인즉 소년에 일찍 취업문이 열렸도다. 만일 이 운에 재물의 복록을 취하지 못하면 반대로 천지(父母兄弟) 간에 도리어 근심이 생길 것이며,

28~29세에는 운이 크게 형통하였으니 뜻하던 소원이 이제야 활기를 띠어 스스로 기쁨을 취할 것이며,

30세 이후에는 메마른 고목 위에 봄비가 내린 형국이니 새로운 변화를 주도하여 혁신의 기쁨(歡)이 있을 것이요,

　　34~35세에는 호사다마(好事多魔) 격이니 좋은 가운데 마가 침범했도다. 특히 관액을 주의하지 않으면 부부(上土) 간이라도 충돌을 빚을 것인즉(※이혼·공방수), 이 고비를 지나 40세에 당도하면 모든 일이 마음과 뜻대로 풀려 직업도 안정되고 가산도 점흥(漸興)하니 어느 뉘라고 부러울 테냐.

운평 · 運評

- 재백이 공허하여 부모 조업은 산산이 흩어졌으니 천지 사방에 일신만 분주하도다.
- 5~8세에 달이 검은 구름을 벗어나고,
- 17~18세에는 저문 황혼에 객이 돌아오도다.
- 20세를 전후하여 재물의 영화를 기약할 것이며, 만약 이 운에 재물의 영화를 보지 못한즉 천지(父母六親) 간에 도리어 근심이 있도다.
- 28~29세에는 운이 크게 형통하고,
- 30세 이후에는 고목이 다시 봄을 만난 격이요,
- 34~35세에는 관액을 조심할 것이며,
- 40세가 넘은 후에는 어느 뉘도 부럽지 아니하도다.

용골 · 龍骨

위인이 간교하고 다모(多謀)할 기상으로 흉중에 품은 한(恨)을
어느 누가 알리요, 기모난측(奇謀難測)하여 그 마음을 헤아리기조차 어려우니
반드시 자수성가할 명

유년송 · 流年頌

어변성룡 조화무궁 · 魚變成龍　造化無窮
재덕겸비 빈출래복 · 才德兼備　貧出來福

불구사심 기흉난측 · 佛口蛇心　其凶難測
수변생활 자연득재 · 水邊生活　自然得財

순지사오 희사유지 · 旬之四五　喜事有之
관지일이 화목봉춘 · 冠之一二　花木逢春

관지팔구 물득이재 · 冠之八九　物得利財
입지오륙 심야조월 · 立之五六　深夜釣月

정지삼사 이소역대 · 井之三四　以少易大
정지팔구 대통지수 · 井之八九　大通之數

푸른 용이 여의주를 농(弄)하여 흰구름에 나타나는 '창룡출운(蒼龍出雲)'의 형상으로 재덕(才德)을 겸비하였으나 일찍이 품은 한(恨)이 많도다.

외양은 온유하고 내성은 조급하여 모든 일이 마음과 뜻과 같지 않으나 연륜이 들어감에 수행이 되어 매사가 균일하도다.

운명짓건대, 본래는 간교(奸巧)한 성품으로 남달리 지모가 뛰어나 그 마음을 헤아리기 어려우며 성격 또한 급성급해(急性急解)하여 불처럼 일어났다 금방 풀리니 뒤가 깨끗하여 모든 사람들이 싫어하지 않도다.

따라서 개천에 있던 고기가 변하여 용으로 화한 격이니 그 조화 또한 무궁한 사람이로다.

성품은 능수능란하고 모든 일에 재질이 있으나 때로는 지모가 너무 지나쳐 가끔 주위의 원망을 사기도 한다.

한편으로 부처와 같은 자비로운 입(말, 佛口)에 뱀과 같은 마음(蛇心)이 있으니 그 심중을 헤아리기 실로 어렵도다. 그러나 참마음 속엔 뜨거운 인정이 있어 재덕도 함께 갖추었으니 머지않아 가난은 가고 복이 도래할 터인즉 특히 이 명이 물가(水邊)에서 생활하면 자연히 득재하리니 바다와 해외로 나간즉 유리하리라.

역단(易斷)하건대, 14~15세에 경사(慶事)가 문에 비치니 본인의 영화가 아니면 가도(家道)가 번창할 것이요,

21~22세에는 꽃나무가 봄을 만난 격이니 귀인이 도울 것이며,

28~29세에 재성(財星)에 복덕이 비쳐드니 재물에 큰 이익이 있고 월하빙인(月下氷人, 중매인)이 홍실을 전하니 처녀 총각이 상봉할 운이며,

35~36세에는 깊은 밤에 명월(明月)을 낚는 격이니 발길 끊긴 서루(書樓)에서 이제나저제나 하고 월랑(月朗)에게 님 소식 묻는구나.

40세 초반에 재물의 손재가 따르니 친한 사람을 주의함이 마땅하고,
43~44세에 작은 것으로써 큰 것을 바꾸고,
48~49세에는 만운(晩運)이 크게 형통하리로다.

운평 · 運評

- 고기가 변하여 용으로 화현했으니 그 조화 또한 무궁하도다. 심중에 재덕을 함께 갖추었으니 머지않아 가난은 가고 복이 도래하리라.
- 부처와 같은 자비로운 입(言)에 뱀 같은 마음이여! 그대의 마음 속을 실로 헤아리기 어렵도다. 물가에서 생활하면 자연히 득재할 것이오.
- 14~15세에 기쁜 일이 도래하고,
- 21~22세에는 꽃나무가 봄을 만난 격이로다.
- 28~29세에 우연히 물건을 얻어 큰 이익을 볼 것인즉,
- 35~36세에는 깊은 밤에 명월을 낚는도다.
- 43~44세에 작은 것으로써 큰 것을 바꾸고,
- 48~49세에는 운이 크게 형통하리로다.

뱀골 · 蛇骨

용모가 청아하고 문예(文藝)에 뛰어나서 팔방미인 격으로
의협심이 강하여 중인(衆人)의 마음을 움직이매 문무(文武)를 겸비할 명

유년송 · 流年頌

정어출해 선곤후태 · 井魚出海　先困後太
명중유액 세업무덕 · 命中有厄　世業無德

심중다모 무용지객 · 心中多謀　無用之客
구순일이 천지유우 · 九旬一二　天地有憂

순지칠팔 화전유유 · 旬之七八　花田留遊
관지삼사 봉접우화 · 冠之三四　蜂蝶遇花

관지입삼 홍문입신 · 冠之立三　鴻門立身
작소구거 누차이택 · 鵲巢鳩居　累次移宅

입칠정팔 굴지득금 · 立七井八　堀地得金
평생지운 길흉상반 · 平生之運　吉凶相半

늦은 봄 누런 뱀이 풀섶을 헤치고 나와 개구리를 희롱하는 '황사롱와(黃蛇弄蛙)'의 형상으로, 민족 정신도 투철하고 의협심 또한 뛰어나 많은 사람들의 총애를 받을 만하도다.

따라서 목표에 대한 집념도 강하여 항상 그 마음 속엔 이상(理想)에 대한 웅비를 쉬지 않고 있으므로 부귀공명도 능히 누릴 만하도다.

아울러 예향적(藝香的) 취향도 두드러져 풍류를 좋아하고 문학과 음악, 그리고 예술적 미각(美覺)도 남달리 뛰어나서 백사(百事)에 모르는 바 없으니 이 운을 평할진대 우물 안에 갇혔던 고기가 비로소 바다로 나오는 격이 분명하도다.

다만 명궁(命宮)에 액이 비쳤으니 유업과 인덕이 없음을 한탄치 말라. 조급성과 나태심만 버리면 최초의 큰 뜻을 크게 이룰 것이나 타인의 말을 지나치게 믿으면 가끔 흉해를 보게 되리라.

일찍이〔初年〕 번뇌와 장애가 따를 운이므로 처음은 곤고해도 뒤에는 태평하리로다.

역단(易斷)하건대, 9세와 11~12세에 부모에게 근심이 심상치 않을 것이요,

17~18세에 꽃밭에서 머물고 노는 운이므로 이성의 유혹이 있을까 두렵다. 마음을 잘 단속하여 학문에 열중함이 장래 후회 없는 길이로고.

23~24세에 벌나비가 꽃을 만난 격이니 화촉(華燭)의 연(緣)이 있을 것이요(※ 상대와 격이 맞지 않으면 실패의 눈물이 있다).

26세와 33세에 홍문(鴻門)에 몸이 설 것이나 까치집에 비둘기가 사는 격이니, 여러 번에 걸쳐 주거를 옮길 것인즉 직장에 약간의 불안도 따르는 운이로다.

37세와 48세에는 땅을 파서 황금을 취할 격이니 반드시 횡재할 운이 있을 것인즉 그대의 일생 운을 논하건대 길과 흉이 서로 상반하도다.

운평 · 運評

- 우물 안에 갇힌 고기 비로소 바다로 나오니 초년에는 곤고해도 뒤에는 태평하리로다.
- 명궁에 액이 있으니 세업과 인간의 덕이 별로 없으며 마음 속에 많은 지모를 갖추었으나 쓸모없는 객이 되었도다(※일시(日時)에 성・형(盛・刑)이나 독・궁(獨・窮)이 들어 있는 사람은 이와 반대로 대기(大器)임).
- 9세와 11~12세에 부모에게 근심이 있을 것이요,
- 17~18세에 꽃밭에서 놀고 머무는 격이며,
- 23~24세에 벌나비가 꽃을 만났도다(※원숭이・개・돼지골과는 맞지 않는다).
- 26세와 33세에 몸이 홍문에 설 것이요, 까치집에 비둘기가 사니 주거가 불안하도다.
- 37세와 48세에는 땅 속에서 황금을 얻는 운이요, 평생의 운은 길흉이 서로 나뉘었도다.

말골 · 馬骨

인품이 중후(重厚)하고 심지가 깊어 일생 재록(財祿)이 풍부하여
관록이 이신(利身)이로다. 혹 의약(醫藥) 방면으로 진출한즉 많은
인명을 소생시킬 명

유년송 · 流年頌

위인조달 마상득재 · 爲人早達 馬上得財
성급이해 내다인정 · 性急易解 內多人情

역마교치 심동천리 · 驛馬交馳 心動千里
순오육칠 일신유락 · 旬五六七 一身有樂

관지삼사 원행신지 · 冠之三四 遠行愼之
관지육칠 춘풍화개 · 冠之六七 春風花開

입지삼사 점개복운 · 立之三四 漸開福運
녹재주문 이견대인 · 祿在朱門 利見大人

정지삼사 갈마취수 · 井之三四 渴馬取水
동서남북 분주치록 · 東西南北 奔走致祿

살벌한 적진 속을 한걸음에 내달아 당당히 귀영(歸營)하는 '천리준마(千里駿馬)'의 형상으로, 사람됨이 위의(威儀)가 있고 지혜 또한 총명하여 일찍이 세사(世事)에 눈이 밝아 조달(早達)의 상으로 마상(馬上, 먼 곳)에서 득재하리로다(※생일에 榮이나 滿이 겹쳐 들어 있는 사람은 반대로 의식이 결핍되고 성패가 많다).

모든 일에 사려가 깊고 침착성을 잃지 않으며 험난한 고비에서도 좌절하지 아니하고 한번 먹은 마음은 끝까지 밀고 나아가려는 집념도 서려 있다.

운명짓건대, 효성이 지극하여 비록 차남이나 딸로 태어난 경우에도 부모를 봉양하는 사람이 많다.

반면 내성이 급하여 친구지간에도 손해 보는 경우가 종종 있으나 금방 화가 났다가도 쉽게 풀어지고 인정 또한 뜨거워서 주위의 미움을 받지 아니하고 모든 사람들이 좋아하리라.

모(母) 중에 입태(入胎)할 때 마골을 타고났으므로 역마가 서로 달리는 상이니 일생을 분주히 지낼 명이며 그 마음은 항상 천 리 밖에 있도다.

역단(易斷)하건대, 15~16세에 한몸에 영화가 찾아드니 모든 가족이 모여 웃음꽃을 피우고,

19~20세에 갇혔던 새가 주인 몰래 새장을 빠져나오는 격이니 집 안에 묶여 있었던 사람이 답답하여 집을 나오는 수로다.

24세에는 수화살(水火殺)을 범했으니 원행(遠行)을 삼가할 것인즉 만일 이 운에서 망동(妄動)하면 반드시 신상에 큰 화(禍)를 면키 어려우리라. 수난(水難)과 화재수도 겹쳤으니 높은 산이나 물가로 향하지 마라.

26~27세에 길운이 도래하여 봄바람에 오므렸던 꽃잎이 활짝 피었으니 님도 보고 뽕도 따리로다.

33~34세에 중년운이 비로소 열렸으니 막혔던 재록이 급기야 도주문(陶朱門, 財閥運)에 비쳐 뜻하는 일이 날로 번창하고 반드시 대인(貴人)을 만나 큰 이익을 얻으리로다.

43~44세에 천 리를 뛰던 목마른 말이 물을 만난 격이요,

동서남북(世界, 우주) 천지 사방으로 분주한 가운데 광명(黃金)을 취하리로다.

운평 · 運評

- 위인이 일찍이 조달(早達)하여 마상(馬上)에서 득재할 명인즉 원래 성미는 급하지만 쉽게 풀어지고 속에는 인정이 많도다.
- 역마가 서로 달리니 그 마음은 천 리 밖에 유(留)하고,
- 15~16세에 일신에 영화가 찾아들고,
- 23~24세에 먼 길을 조심할 것이며,
- 26~27세에 춘풍에 유채꽃이 활짝 피었도다.
- 33~34세에 점차 복운이 열릴 것인즉 녹(祿)이 부운(富運)에 들었으니 반드시 대인을 만나 큰 이익이 있으리라.
- 43~44세에 목마른 말이 물을 취하는 격이니 동서 사방 분주한 몸이 그 가운데서 재물을 얻는도다.

양골 · 羊骨

몸은 한가해도 마음이 항시 바빠야 하는 해운만리(海雲萬里) 풍운객으로
일찍이 고향산천 뒤에 두고 원처(遠處) 타국에 유리(流離)할 기상

유년송 · 流年頌

천리수마 분주성패 · 千里走馬 奔走成敗
누차이거 허송세월 · 累次移居 虛送歲月

문도중단 신운내하 · 文途中斷 身運奈何
곤이득재 이호타인 · 困而得財 以好他人

순지칠팔 심동천리 · 旬之七八 心動千里
관지이삼 외화내우 · 冠之二三 外華內憂

입지일이 부득안처 · 立之一二 不得安處
입팔구정 신부할족 · 立八九井 信斧割足

정후명년 절처봉생 · 井後命年 絕處逢生
삼분운수 만년향복 · 三分運數 晚年享福

고향산천 이별하고 일신이 분주한 명이 되어 발길 닿는 곳이 나의 안식처이니 국경 없는 몸이로다. 정신없이 뛰었던 세월 어느덧 황혼빛에 여울지고 말 못하는 뭇짐승도 어둠이 깃들면 제 둥지를 찾는데 어이하여 이 몸은 이다지도 분주한고!

앞마당과 뒤뜰에 핀 난초는 봄소식을 전하는데 강남 간 제비는 아직도 소식 없으니 고개를 들어 문득 황혼의 해를 바라보니 귓가에 들리는 건 두견성(杜鵑聲)이 아닌가!

이 명은 모든 일에 책임감이 강하고 꼼꼼하여 한번 마음먹은 일은 즉시 이루어야 직성이 풀린다. 비록 심신(心身)은 분주해도 그 마음 깊은 곳엔 서정적(抒情的) 이상향을 동경하며 한가로이 쉴 날을 애타게 기다리는 것과 같다. 하지만 유독 젊은 날에 부지런히 뛰지 않고는 노년의 평안함을 기약할 수 없음이니 이것이 곧 팔자소관이 아닌가.

운명짓건대, 고향보다 타향이, 타향보다 타국이 더 유리한 명운이니 일찍이 고향산천·부모형제를 이별하고 먼 땅에서 성공할 것을 원망해서는 안 되리라.

소위 모래밭에 뛰는 말과 같은 형상이니 일신이 분주하여 노력보다 그 공과(功果)가 적어 초·중년엔 성패가 상반하도다.

초연(初緣)엔 인연이 끊겼으니 규방(閨房)이 적적한 명이여!

여러 번에 걸쳐 주거를 옮겨다니니 어찌 분망한 세월만 허송하는고. 학문길〔專攻〕을 중도에 잘못 들었으니 이내 몸을 장래 어이하면 좋을꼬? 중년을 넘은 후에야 비로소 고생 가운데 낙〔幸福〕이 오고 안정된 재물도 얻게 되었으니 타인이 문전에 와 칭송하도다.

역단(易斷)하건대, 17~18세에 몸이 동(動)할 수이니 그 마음은 천 리 밖에 있는 것과 같고(※친구·이성 주의)

23~24세에는 겉은 남부럽지 않게 화려하지만 그 속은 비단옷 입고 홀로 밤길 걷는 행객과 같구나. 이 운에 자신을 깊이 성찰하여 분수를 깨닫지 못한즉 일생을 두고 후회할 것이요(※혼사나 개업을 신중히).

　　31~32세에는 신수가 불길하여 아직도 마음의 안식을 얻지 못할 격이니 마치 남북으로 분주한 몸이 확고한 거처(位置)를 얻지 못함이로다.

　　38~40세에는 믿는 도끼에 발등을 찍히는 격이니 앉으나 서나 도무지 마음에 걸림(障礙)이 많도다.

　　40세 이후 50세 운에 절처봉생(絶處逢生)이니 다행히 어두운 곳에서 등불을 얻은 격으로 사지(死地)에서 활로(活路)를 찾았도다.

　　이 명을 삼분(三分 : 初年, 中年, 末年)으로 운명짓건대 결국 40세 운에 이르러서야 뜻을 이루게 되리로다.

운평 · 運評

- 그대의 명이 천 리를 뛰는 말과 같으니 분주하고 성패가 상반하도다.
- 여러 번에 걸쳐 주거를 옮겨다니니 애꿎은 세월만 허송하여라.
- 학문이 중도에 끊어졌으니 이 몸 어찌하면 좋을꼬. 마침내 고생 가운데 재물을 얻게 되니 모든 사람이 칭송하도다.
- 17~18세에 마음이 천 리 밖에 있고,
- 23~24세에는 겉으로는 화려하나 그 마음에는 근심이 쌓였도다.
- 31~32세에는 아직도 평안한 곳을 얻지 못한 격운이요,
- 38~40세에는 믿는 도끼에 발등 찍혔도다.
- 40세 이후 50세에는 사지(死地)에서 활로를 찾은 격이니
- 삼분(三分 : 初年, 中年, 末年) 운수를 논하건대 만년에야 큰 복을 누리게 되리로다.

원숭이골 · 猿骨

- 천상천하에 홀로 서 있는 육친무덕의 고독한 생애지만
- 풍랑이 일고 간 후 비로소 안정을 얻어 타처(他處)에 편답하여
- 크게 부귀 명성을 얻을 명

유년송 · 流年頌

곤중득재 선빈후부 · 困中得財 先貧後富
천지정소 친인피해 · 天地情少 親因被害

궁처변통 재질과인 · 窮處變通 才質過人
순지사오 필유상액 · 旬之四五 必有喪厄

순구관년 명멸기로 · 旬九冠年 明滅岐路
백척간두 곤중위안 · 百尺竿頭 困中爲安

관지오륙 갈룡봉우 · 冠之五六 渴龍逢雨
입지칠팔 가도점흥 · 立之七八 家道漸興

정지삼사 수롱천금 · 井之三四 手弄千金
명지영화 신입금곡 · 命之榮華 身入金谷

단풍이 붉게 물든 가을 단산(丹山)에 무리를 지어 나온 원숭이가 밤송이를 희롱하는 '추원롱율(秋猿弄栗)'의 형상으로, 천재적인 괴이한 머리(着想)가 있다.
　매사에 기교가 뛰어나고 특수한 영능(靈能)이 있어서 비상한 수완을 발휘하니 타인이 어찌 그 마음 속을 알리요.
　호주(好酒)·호색(好色)하여 여난이 있을 것이나 위험에 대처하는 기지(機智)가 뛰어났음이니 화를 도리어 복록으로 바꾸는 지혜가 두드러졌도다.
　특히 인간은 온유한 듯해도 불 같은 조급이 있으므로 한번 일을 시작하면 속단속결(速斷速結)로 맺는 직성이다.

　운명짓건대, 초년(初年)에는 고독과 불운적 장애가 따르나 고생 가운데 부(財産)를 이루는 명으로 종종 친한 사람의 피해가 있도다.
　이 명이 천지(父母)의 혜택은 별로 없으나 나이가 들어감에 외허내실(外虛內實)하니 겉은 빈 듯해도 그 속은 부자와 같도다.
　궁한 곳에서 지혜를 발휘, 통변(通變)에 능란하니 그 묘력(妙力)이 뭇사람을 뛰어넘으리로다.

　역단(易斷)하건대, 14~15세에 반드시 친상(親喪)을 당하지 아니하면 도리어 자신에게 액이 닥칠 것이요,
　19~20세에 명멸(明滅)이 기로에 놓인 격이니 전화위복의 계기가 되어 차라리 편안함을 얻으리로다.
　25~26세에 삼년 한파(旱波, 가뭄)에 목마른 용이 대우(大雨)를 만난 격이니 의중(意中)에 깊이 간직했던 숨은 소원을 하나쯤 이룰 것이며,
　37~38세에 가도가 점흥(漸興)하니 가세가 날로 흥왕하리라.
　43~44세에 손끝에 천금(巨金)을 희롱하는 격이니 사방 천지가 모두 돈더미요,

50세 이후에는 영화가 무궁하여 높은 누대에 홀로 앉아 많은 권속을 거느리고 옛말을 하니 정녕 그 몸은 금곡원(金谷園)에 들리라.

운평 · 運評

- 고생 가운데 얻는 명이니 초년(初年)에는 가난해도 뒤에는 부하리라. 천지(父母)의 혜택은 적고 친인의 피해가 따르는구나.
- 궁한 곳에서도 통변이 능란하니 그 재질은 보통 사람을 넘는도다.
- 14~15세에 상복을 입지 않으면 액을 당할 것이요,
- 19~20세에 명멸이 기로에 놓여 있으며 백척간두에 선 몸이지만 곤고한 가운데 평안함을 얻으리로다.
- 25~26세에 목마른 용이 비를 만난 격이요,
- 37~38세에 가도가 점점 부흥하고,
- 43~44세에 손끝에 천금을 희롱할 것이며,
- 50세 이후에는 영화가 무궁하니 그 몸은 필시 금곡원에 들리로다.

닭골 · 鷄骨

수족이 다흠(多欠)하고 다살(多殺)의 기상이나 천성이 강강(强岡)하고 담대심소(膽大心小)하여 시비와 구설은 따르나 종래 마음 속에 성인의 도(道)를 행하니 모든 재앙을 쫓아내고 평안을 얻는 명

유년송 · 流年頌

외화내곤 풍랑하사 · 外華內困 風浪何事
와신상담 만득보배 · 臥薪嘗膽 晩得寶倍

초년성패 세업난수 · 初年成敗 世業難守
진합태산 적소성대 · 塵合泰山 積少成大

초칠순칠 풍질수액 · 初七旬七 風疾水厄
순팔구관 양견쟁육 · 旬八九冠 兩犬爭肉

순구관구 신부할족 · 旬九冠九 信斧割足
입지일이 시운형통 · 立之一二 始運亨通

입삼정삼 가사부흥 · 立三井三 家事復興
명지이후 만사여의 · 命至以後 萬事如意

캄캄한 여명(黎明)을 뚫고 이른 새벽을 알리는 '효계보명(曉鷄報鳴)'의 형상으로, 남에게 지배당하는 것을 몹시 싫어하는 고강(孤剛)한 성격으로서 모든 사람들의 위〔上座〕에 오르고자 하는 독립적 기질이 매우 강하다.

본래 타고난 천품이 고결하여 모든 일에 공사(公私)가 분명한 사람으로 남에게 폐를 끼치고는 한시도 마음이 놓이지 않는다.

특히 입〔舌〕으로 많은 재물을 희롱할 것이지만 인간 관계에 있어서는 간간이 시비와 구설이 그치지 않는도다.

위험한 고비에서도 천우신조의 혜택이 있으므로 그 어려움을 재치있게 극복해가는 지혜가 발동하여 강한 신념〔理想〕으로 만난(萬難)의 역경을 무난히 돌파하여 형극(荊棘) 위에서나마 놀랄 만한 성공을 가져오리라.

따라서 모든 사람들의 선망과 칭송을 받기에 아무런 부족함이 없도다.

그러나 남에게 지기 싫어하는 성격과 강한 자존심은 겉모습과는 달리 내면에 우울이 도사리고 있음이니 스스로 자신이 고통을 동반하기도 하도다.

운명짓건대, 이 명은 유독 고통이 있어도 자기의 심중을 남에게 털어놓을 수 없는 깊은 고독감이 깔려 있으므로 인생에 달성 불가능한 목표를 지향하다가 극한 실망을 가져오기도 한다.

분명 인간의 욕망과 시련은 결국 행복과 창조라고 하는 완숙한 인간을 만든다지만 분수에 넘는 지나친 시련은 당사자에게 순간의 낙천적 재치를 요하기도 한다.

판단짓건대, 초년에 외화내곤(外華內困)으로 겉은 화려하고 속은 곤고하니 뜻하지 않은 풍랑이 일어 갈 길을 붙잡는 것과 같도다.

그러나 남달리 집념이 강하고 책임 의식이 뚜렷하여 와신상담으로 끝내 자신의 웅지와 신념을 잃지 않으니 반드시 대과〔大科, 成功〕에 급제하여 늦게나마 영화로운 보배를 얻으리로다.

　　초년에는 병액과 실패수가 있어 성패가 잦으니 위로부터 물려받은 세업(祖業)을 지키기가 어려울 것이나 이 명이 티끌 모아 태산을 이루는 격이니 적게 쌓아 종래에는 크게 이루리로다.

운평 · 運評

- 겉은 화려하고 속은 곤고하니 풍랑이 어인 일인고! 와신상담으로 늦게는 보배(뜻)를 얻으리로다.
- 초년에는 성패가 잦으니 세업을 지키기 어렵고 중년 이후 티끌 모아 태산을 이루니 적게 쌓아 크게 이루리로다.
- 7세와 17세에 풍질(바람)과 액이 따르고,
- 18~20세에 두 마리의 개가 한 덩이 고기를 놓고 다투는 격이로다.
- 19~29세에 믿는 도끼에 발등 찍힐 수이며,
- 31~32세에 이르러 비로소 시운(時運)이 형통했도다.
- 33~34세에 궁했던 가문이 다시 부흥하고,
- 50세 이후에는 모든 일이 뜻과 같이 되리로다.

개골 · 狗骨

위인이 풍류를 좋아하고 문예에 진보할 기상으로 본성이 공교하고
재예(才藝)가 출중하여 문무백과를 불학자성(不學自成) 하니
장래 천조(天助)의 명

유년송 · 流年頌

성직심평 겸유고지 · 性直心平 兼有高志
심수유덕 초년불운 · 心雖有德 初年不運

오륙순이 천지유흠 · 五六旬二 天地有欠
순지칠관 암중견광 · 旬之七冠 暗中見光

관지육칠 행운도래 · 冠之六七 幸運到來
수희문서 동상이몽 · 雖喜文書 同床異夢

입구정운 절처봉생 · 立九井運 絶處逢生
정삼명이 의외횡재 · 井三命二 意外橫財

약불기연 슬하유액 · 若不其然 膝下有厄
막근주색 기명실재 · 莫近酒色 其命失財

대황각(大皇閣)에 기대 앉은 '영구수문(靈狗守門)'의 형상으로, 그 지혜와 경륜 또한 몹시 수승(殊勝)하여 매사에 모르는 바 없이 해박한 사람임에, 분명 누가 가르치지 아니하여도 능히 학문을 이루는 사람으로 문학이나 예술·과학 방면으로 진출해도 세상에 두각(頭角)을 나타낼 수 있는 천부적 소질을 내면 깊이 소장하고 있도다.

운명짓건대, 속이 붉은 호박은 꼭지까지 붉은 법이므로 초년에는 이상하리만큼 남다른 환경의 난관을 거쳐 역경과 시련을 하나의 낙(樂)으로 삼아 장래 대기(大器, 棟樑)를 이룰 것임에 조금도 의심할 바 없다.

따라서 초년에 다가오는 환경적 어려움이나 인위적 갈등이 기필코 있음을 추호도 원망해서는 안 된다. 이는 곧 장래에 만인이 흔들어도 넘어가지 않는 불락아성(不落牙城)을 구축하는 절대적 과정에 불과한 것이니만큼 일찍부터 비장한 각오로 용단과 투지와 인욕(忍辱)을 길러야 할 터이다.

역단(易斷)하건대, 겉(外樣)은 교만하고 냉정한 듯해도 그 속마음은 곧고 공평하여 심중에는 높은 뜻을 겸비했도다. 따라서 인정과 덕(陰德)을 겸비했으나 초년에는 때를 얻지 못한 격이니 알아주는 자 없어 외로운 명이로다.

5~6세와 12세 되는 해에 부모 혹은 형제에게 액(苦痛)이 따를 것이요,

17세와 20세에 이르러 어두운 가운데 빛(光明, 喜報)을 얻는 격이니 비로소 머리가 맑아지고 장래의 진로가 서서히 보일 것이요,

27~28세에는 행운이 도래하였으니 애타게 기다렸던 소식이 뜰 앞에 날아드는 격이므로 문서상 기쁨이 있겠으나 동상에 이몽(異夢)이니 부부·친구의 액이 있을까 두렵도다.

39~40세 운에 절처(絶處)에서 생(生, 貴人)을 만난 격이니 궁처에서 우연히

소생할 것이며,

    43세와 52세에는 뜻밖의 횡재가 따라 들도다. 만일 이 운정에서 횡재 또는 승진·영전 등 기쁜 일을 보지 못한즉 도리어 자병(自病)이 생기든가 자손에게 우환이 들어 근심이 있을 것이요,

    특히 남녀 모두 과음이나 색(色)을 가까이 말라. 반드시 명(壽命)에 해롭고 재산이 흩어지리로다.

운평 · 運評

- 성품은 곧고 마음은 공평하고 높은 뜻을 겸비하여 심사엔 비록 덕을 갖추었으나 초년에는 때(好期)를 얻지 못한 격이요,
- 5~6세와 12세에 부모에게 흠(苦痛)이 있고,
- 17~20세에는 암흑에서 광명을 볼 것이요,
- 27~28세에는 행운이 도래하여 비록 문서에 기쁨은 있겠으나 어이하여 동상에 이몽이 되었는고.
- 39~40세 운에 막다른 곳에서 소생의 빛이 있고,
- 43~52세에는 뜻밖의 횡재를 만났도다.
- 만약 이 운에 횡재를 보지 못한즉 반대로 자손에 액이 있을 것이요, 중년 이후 주색을 가까이 말라. 명(壽命)에 해롭고 실재(失財)하리로다.

돼지골 · 猪骨

- 천상에 득죄(得罪)하고 인세(人世)에 던져진 몸!
- 본 성품은 성급할지라도 마음 속은 온량(溫良)하여 인정이 저며 있어
- 매사에 공평정대하니 반드시 복수강녕(福壽康寧)할 명

유년송 · 流年頌

천지무덕 조업난수 · 天地無德 祖業難守
초년신고 자력갱생 · 初年辛苦 自力更生

약불신고 신병가외 · 若不辛苦 身病可畏
성정교묘 수시변통 · 性情巧妙 隨時變通

팔구순구 거마유경 · 八九旬九 車馬有驚
관지일이 봉황지락 · 冠之一二 鳳凰之樂

입지삼사 신곤재왕 · 立之三四 身困財旺
입지칠팔 심곡회춘 · 立之七八 深谷回春

정지일이 어변성룡 · 井之一二 魚變成龍
명지삼사 만년통운 · 命至三四 晚年通運

태중(胎中)에서 저골(猪骨)을 타고났으니 독선과 지나친 과욕을 삼가라. 욕심은 온 사바(世上)를 태우고도 남을 만한 불꽃과 같으니 이기(利己)란 부리면 부릴수록 더욱 강렬해질 뿐 좀체로 수그러들지 않는다.

이 명은 비록 일등 갑부(甲富, 재벌)의 명은 아닐지라도 일생 의식이 풍족하고 재물(金錢運)이 끊이지 않는다.

운명짓건대, 인정은 많고 성질이 조급하여 간혹 생각지 않은 손해가 따를 것인즉 초년에는 앞을 보나 뒤를 보나 부모육친의 정(情, 德)이 끊어졌으니 청산(漢陽, 큰 뜻)을 향한 객이 여관방 찬 등(寒燈) 밑에 어찌 외로운 몸이 아니랴!

일찍이 부모로부터 물려받은 조업(祖業)은 그르칠 명이나 반드시 낯설고 물도 선 객지 타관(他關) 땅에서 오직 자력으로 홀로 갱생(更生)하리로다. 아무도 도움 없는 사면초가에서 번뇌(苦生)했던 외로운 날들을 원망치 말라.

시련 속에서 반드시 눈부신 입신(立身, 光明)을 하게 될 것이다.

역단(易斷)하건대, 이 명이 만일 초년에 신고(辛苦)가 없은즉 신병으로나마 한때 큰 고통이 있을 것이요,

점차 성장함에 따라 세상을 바라보는 눈(經綸之道)이 높아지고 성정(性情)에 교묘한 술수(術數)가 깃들어 때때로 변통(變通)의 묘(妙)가 있으니 반드시 귀한 영화를 볼 것이로다.

8~10세에 노경살(路驚殺)이 들었으니 거마(車馬)에 놀랄까 두렵도다(※교통·항공·낙반·유괴 사고 주의).

21~22세와 27세에 외로운 봉황이 월하빙인(月下氷人)으로부터 천생연(天生緣)을 얻으니 일신에 즐거움을 맛볼 것이며,

33~34세에는 몸은 비록 고달프지만 재물(財運)은 왕성한 운이며,

37~38세에는 깊은 골짜기에 비로소 봄이 돌아온 격이니 한 뜻(所願)을 이룰 것이요,

41~42세에 고기가 변하여 용이 된 격이며,

49~50세 운에는 뒤늦게 계획한 일이 뜻(貴人)을 얻어 운수가 대통하였으니 어찌 만인이 부러워하지 않으랴.

게송 · 偈頌

바람이 불고 풍랑(風浪)이 인 세월 몇 년이었던가.
40대에 이르러서야 비로소 운(運)이 열림을 알 것이요,
본 성품은 원래 강호물(江湖物)을 원치 아니하였는데
솔바람 나월(蘿月) 간에 홀로 앉아 문득 한 소식 각(覺)하는구나!

운평 · 運評

- 천지(六親) 간에 덕이 없으니 조업을 지키기 어려운 명이로다.
- 초년에는 비록 신고가 있으나 자력으로 다시 성공할 것인즉 만일 신고가 없으면 신병을 앓게 되리라.
- 성정에 교묘함이 있으니 때때로 변통의 묘를 부릴 것이요,
- 8~9세, 19세에 거마(車)에 놀랄 수이며,
- 21~22와 28세에는 봉황이 즐거운 낙을 얻었도다.
- 33~34세에는 비록 몸은 곤하지만 재물은 왕한 운이며,
- 37~38세에 깊은 골짜기에 비로소 봄이 돌아왔도다.
- 41~42세에 고기가 변하여 용이 된 격이요,
- 53~54세에 이르러 만운이 크게 형통하였도다.

第九章

초년운 初年運

출생부터 30세까지

초년 · 중년 · 말년 운세 찾는 법

• 남성의 경우

가령 '경자년(庚子年 : 1960년) 10월 3일 인(寅)시생' 이라면 경자는 쥐(子) 해이므로 남성「초년운 조견표」에서 먼저 생년궁인 '자년생(子年生)'을 찾고, 그 자년생에서 10월을 짚어 내려간다.

그러면 자년생 1월은 생성, 2월은 욕성, 3월은 대성… 이렇게 하여 10월은 '절성(絕星)'에 해당된다. 이 절성이 곧 이 사람의 초년운이 되는 것이고 다음 생일은 중년운에 해당되므로 「중년운 조견표」에서 같은 방법으로 '절성' 난에서 3일을 찾아 내려가면 '건운(健運)'이 나온다. 이 건운이 곧 이 사람의 중년운에 해당되고 다음 태어난 시(生時)는 말년에 해당되므로 다시 「말년운 조견표」에서 해당 중년운 '건운'에서 인(寅)을 찾아 내려가면 '산운(散運)'이 된다.

이 '산운'이 곧 이 태생의 말년운이 되는 것이다.

그러므로 경자년 10월은 초년운이 '절성'이요, 3일은 중년운이 '건운'이며 '인시'는 말년운이 '산운'이 되어 '절성운 · 건운 · 산운'이 곧 이 태생의 초 · 중 · 말년의 운세가 된다.

다시 한 예를 들면, '을사년(乙巳年, 1965년) 9월 30일 신(申)시생' 일 경우, 초년운은 을사년 9월이 '욕성'이며 중년운은 다시 욕성에서 30일은 '영운'이 되고, 말년운은 영운에서 신시는 '등운'에 해당된다.

따라서 '욕성운·영운·등운'이 이 사람의 운세가 된다.

이하 다른 태생도 이와 같은 방식으로 자신의 해당 년에서 생월을 찾아 내려가면 초년운이 되고, 다음 해당 초년운 난에서 생일을 찾아 내려가면 중년운이 되는 것이며, 마지막으로 그 해당 중년운 난에서 생시를 찾아가면 말년운이 된다.

• 여성의 경우

'임인년〔壬寅年, 1962년〕 4월 5일 술(戌)시생'이라면 남성과 동일한 방법으로 먼저 여성「초년운 조견표」에서 인년생 4월을 찾으면 초년운이 '육성'이 된다.

다음 중년운은 생일 5일을 다시 여성「중년운 조견표」에서 '육성'을 찾아 5일을 짚어 내려가면 '분운'이 된다.

끝으로 말년운은 '분운'에서 술시를 찾으면 '궁운'이 된다.

그러므로 이 태생은 초년운이 '육성운', 중년운이 '분운', 말년운이 '궁운'이 되는 것이다.

이와 같이 다른 '궁', 즉 유년·형제·부부·자녀·수명… 등도 해당 조견표에서 동일한 방법으로 자신의 운명을 산출하면 된다.

남성 초년운 조견표(男性初年運照見表) — 출생에서 30세까지

생년(生年) 생월(生月)	子쥐年 생띠	丑소年 생띠	寅범年 생띠	卯토끼年 생띠	辰용年 생띠	巳뱀年 생띠	午말年 생띠	未양年 생띠	申원숭이年 생띠	酉닭年 생띠	戌개年 생띠	亥돼지年 생띠
생성(生星)	1	12	11	10	9	8	7	6	5	4	3	2
욕성(浴星)	2	1	12	11	10	9	8	7	6	5	4	3
대성(帶星)	3	2	1	12	11	10	9	8	7	6	5	4
출성(出星)	4	3	2	1	12	11	10	9	8	7	6	5
녹성(祿星)	5	4	3	2	1	12	11	10	9	8	7	6
명성(明星)	6	5	4	3	2	1	12	11	10	9	8	7
왕성(旺星)	7	6	5	4	3	2	1	12	11	10	9	8
쇠성(衰星)	8	7	6	5	4	3	2	1	12	11	10	9
낙성(落星)	9	8	7	6	5	4	3	2	1	12	11	10
절성(絕星)	10	9	8	7	6	5	4	3	2	1	12	11
태성(胎星)	11	10	9	8	7	6	5	4	3	2	1	12
육성(育星)	12	11	10	9	8	7	6	5	4	3	2	1

* 생년·생월 음력 기준

여성 초년운 조견표(女性初年運照見表) — 출생에서 30세까지

생년(生年)\생월(生月)	子쥐年生띠	丑소年生띠	寅범年生띠	卯토끼年生띠	辰용年生띠	巳뱀年生띠	午말年生띠	未양年生띠	申원숭이年生띠	酉닭年生띠	戌개年生띠	亥돼지年生띠
생성(生星)	1	2	3	4	5	6	7	8	9	10	11	12
욕성(浴星)	12	1	2	3	4	5	6	7	8	9	10	11
대성(帶星)	11	12	1	2	3	4	5	6	7	8	9	10
출성(出星)	10	11	12	1	2	3	4	5	6	7	8	9
녹성(祿星)	9	10	11	12	1	2	3	4	5	6	7	8
명성(明星)	8	9	10	11	12	1	2	3	4	5	6	7
왕성(旺星)	7	8	9	10	11	12	1	2	3	4	5	6
쇠성(衰星)	6	7	8	9	10	11	12	1	2	3	4	5
낙성(落星)	5	6	7	8	9	10	11	12	1	2	3	4
절성(絶星)	4	5	6	7	8	9	10	11	12	1	2	3
태성(胎星)	3	4	5	6	7	8	9	10	11	12	1	2
육성(育星)	2	3	4	5	6	7	8	9	10	11	12	1

* 생년·생월 음력 기준

생성 · 生星

▌ 황무지에의 도약적 견성(堅性)으로 뭇사람의 귀여움을 독차지,
▌ 겨우내 움츠렸던 맹아(萌芽)가 만인으로부터 각광을 받아
▌ 혁신적 세계로의 도전을 가능케 하는 운명(運命)이어라!

추운 겨울 동안 움츠렸던 땅 속의 맹아(萌芽)가 이제 바야흐로 따뜻한 봄[春陽]의 지열(地熱)을 받아 새롭게 발아(發芽)하려고 하는 생동의 깊은 겨울잠[冬眠]에서 깨어나 혁신적 세계로의 도전을 가능케 하는 그야말로 생동(生動)의 운성(運星)이다.

따라서 사람됨이 위의(威儀)와 현양(顯揚)의 풍모를 갖추어 일찍부터 학문 내지 세사(世事)에 밝아 주위로부터 많은 사람들의 사랑과 귀여움을 받게 된다.

또한 이 운세는 만인의 스포트 라이트 속에서 각광을 받는 순박한 삶의 첫출발을 상징하기도 한다.

그러므로 의식과 재물도 궁핍치 않으며 아무리 써도 줄지 않는 대용여재(大用餘財)의 복덕을 갖춘 행운적 운좌에의 도전이 가능한 사람이라 하겠다.

그러나 이와 같은 복덕을 지닌 이면에는 지모(智謀)가 너무 지나쳐 스스로 실

패의 함정을 부르기도 하며 지구력이 약한 단점이 있기도 하다.

특히 이 '생성'을 타고난 사람에게 극기(克己)의 정신만 가중되면 인생 제반에서 전화위복의 천우신조가 항상 받치고 있음이니 극(極)한 상황에 돌입하면 자신도 모르는 사이 밝은 지혜가 순간적으로 즉발(卽發)하여 백척간두의 절처(絕處)에서 도리어 요행(僥倖)의 기회를 잡아 행복한 초년을 구가할 수 있다.

무릇 하나에서 둘을 창출해내고 다시 둘에서 넷의 창조, 곧 이 운성에서 무(無)로부터 유(有)를 창조해낼 수 있는 가능성이 심층 깊은 곳에 잠재해 있으므로 주위로부터 항시 자극을 요망(要望)하고 있는 것이며 특히 환경적 안정이 무엇보다 필요한 특징을 갖고 있다.

따라서 생리적인 조달(早達)로 인해 이성적(異性的) 문제를 일으키기도 쉽고 감수성을 배제할 수 없는 때(運期)이므로 이 태생에겐 각별히 언어를 주의하고 모범적 행동이 필요하다 하겠다.

무릇 예술적 취향도 드러난 반면 한 가지 일에 실망하면 나태심이 작용하여 즉시 무능(無能)이라고 하는 편향적 표리가 두드러져 가끔 유소년기(幼少年期)에는 엉뚱한 문제를 일으키기도 한다.

때문에 부모나 형제 혹은 타(他)로부터 냉정하면서도 이지적 사랑이 필요하며 자기의 능력에 넘치는 무리한 요구나 책임감을 안겨줄 경우 반항심을 표출하기도 한다.

항시 주위의 뜨거운 인정적(人情的) 애정이 요구되지만 그렇다고 너무 지나칠 경우 인생 초기의 출발이 오시(誤始)될 수 있는 특성이 있으니 이 점만 유의하면 장래의 운세는 상승적 복록이 따르는 대용(大用)의 그릇이 될 수 있음에 의심할 여지가 없다.

초년송 · 初年頌

| 초년생성 소년영화 | · | 初年生星 少年榮華 |
| 막탄친수 혹병단학 | · | 莫嘆親愁 或病斷學 |

| 총명다지 일문천오 | · | 聰明多智 一聞千悟 |
| 도처득의 명진사방 | · | 到處得意 名振四方 |

| 혹유초곤 정후영락 | · | 或有初困 井後榮樂 |
| 막한배궁 불연신병 | · | 莫恨配宮 不然身病 |

| 정지일이 천금복래 | · | 井之一二 千金復來 |
| 막근여색 손재가외 | · | 莫近女色 損財可畏 |

운평 · 運評

- 초년에는 '생성'을 타고났으니 일찍이 소년의 영화가 있음이나 다만 육친으로 인한 근심이 없으면 한때 학문의 장애〔中斷〕가 있을까 두렵도다.
- 심성이 총명하여 한 가지를 들으면 천 가지를 깨닫는 지혜가 뛰어나니 이르는 곳마다 뜻을 얻어 그 이름이 사방에 진동하리라.
- 혹 초년에 고통이 따른다 해도 40세 이후에는 영화로운 낙을 볼 것이며 한때 부부궁에 원망〔미움〕이 없을진댄 신병이 있을 것이요,
- 분명 41·42세에 횡재운〔千金〕이 다시 올 것이지만 여색을 가까이 하면 반드시 손재〔亡身〕가 두려운 명일레라.

욕성·浴星

▌ 오염된 탁세에서 부정(不淨)에 물들지 않는 깨끗한 삶,
이는 곧 더러움도 탓하지 않고 수면 위에 싱싱한 꽃망울을 터뜨리는
홍련(紅蓮)과도 같은 인생이어라!

기나긴 엄동의 풍설(風雪)에 젖어 암장(暗藏)된 가녀린 눈목[嫩木, 어린 싹]이 마치 강인한 세력에 대항이라도 하듯 힘겨운 삶의 끝없는 고해(苦海)의 상징이기도 하다.

그러나 쉬 꺾이지 않는 끈질긴 운세가 작용하므로 체념과 절망을 모르는 운명선(運命船)이 마치 불신(佛身)이 고통스런 파도 위에서 해인(海印)의 삼매(三昧)에 안주하듯 끝없는 고난, 힘겨운 인생 역정일지언정 그 시련에 도전을 거듭하며 조금도 절망치 아니하고 꿋꿋이 살아나가려는 끈질긴 삶의 표정이기도 하다.

일찍이 육친무덕(六親無德)의 운세가 작용하여 한때 이향(離鄕)의 나그네가 되어 서러운 자신의 삶[生]을 원망해보기도 한다.

삼생(三生)을 논(論)하건대, 전생에서 권좌(權座)에 앉아 세도를 부렸던 업연(業

緣)으로 인해 천상(天上)에서 득죄(得罪)하고 인간 세상에 고통의 몸을 받았음에 틀림없다.

　세찬 눈바람(風雪)에도 능히 견디어 자기의 절조(意志)를 지켜 비록 만화(萬花)의 향기를 제압할 수 있는 특향(特香)을 갖추었지만 함부로 향기를 드러내지 않는, 마치 설매(雪梅)와도 같은 운세가 작용하고 있다.

　한때나마 신체적 결함을 갖든가 혹은 장환(長患)의 고통도 따르며 사춘기에 접어들면서 육체의 변화에서 오는 민감한 반응과 비약적 두뇌의 회전이 자칫 친구나 혹은 이성의 유혹에 이끌려 학문적 중단도 우려되는 운세다.

　무릇 '욕성'이라 함은 인간이 모체의 태(胎) 중에서 산아(産兒)하여 인간 세상에 나와 처음으로 몸을 씻는 목욕하는 과정과도 같다.

　이는 곧 진흙 바닥(汚地)에서 자생(自生)하면서도 더러움에 물들지 아니하고 수면 위에서 싱싱한 꽃망울을 터뜨리는 홍련(紅蓮)과도 같은 우고생락(憂苦生樂)의 역리(易理)를 뜻한다.

　따라서 고난과 번뇌 위에 쌓아올린 노련한 인생이 마치 행복한 지혜를 창출해내는 운명의 연금술사라 하겠다.

　예로부터 "뜻이 있는 곳에 길이 있고 두드리면 열린다."는 금언이 어쩌면 고난에 찬 당신의 인생임을 대신하는 말인지도 모른다.

　이와 같이 고르지 못한 운세는 인생의 초입기(初入期)에 운명의 불운적 함정을 암시하는 것이므로 청소년기에 일시적 방황이 있음은 당연하다 하겠다.

　따라서 이 '욕성'을 타고난 사람에겐 주위의 따뜻한 사랑의 배려와 깊고 자상한 관심, 특히 자신의 행위에 대한 1일 점검이 필요하며 평소에도 원망성과 매사 결과를 중요시하는 마음가짐을 갖도록 해줘야 한다.

　즉 모든 일에 시종일관할 수 있는 꾸준한 지구력을 함양시켜주면 능히 유·소년기의 '욕성'의 함정을 벗어날 수 있다.

젊은 날의 욕된 곤욕이 결국은 안락에의 도원경(桃源境)에 안주하여 불안정했던 지난날을 돌아보면서 환가(歡歌)를 부를 수 있는 선고후영(先苦後榮)의 명운이다.

초년송 · 初年頌

초년욕성 유년다액 • 初年浴星 幼年多厄
조업불수 도처손재 • 祖業不守 到處損財

흉중수수 주야불리 • 胸中隨愁 晝夜不離
약무질액 조실천지 • 若無疾厄 早失天地

문도중단 신운내하 • 文途中斷 身運奈何
조처별리 불연산재 • 早妻別離 不然散財

천지무정 자수성가 • 天地無情 自手成家
지동지서 풍상중중 • 之東之西 風霜重重

운평 · 運評

- 초년운에 '욕성'을 띠었으니 유년기에 액이 많음이라. 조업을 지키기 어려운 명이여! 도처에 실재(失財)가 있도다.
- 흉중에 쌓인 근심은 주야의 이별을 뜻하고 이와 같지 않을진대 일찍이 한편 부모를 잃을까 두렵도다.
- 어찌할꼬? 학문길이 중간에 꺾였으니 만일 조처(夫婦)를 이별치 않으면 재물이 흩어질 것이요,
- 천지간에 육친 정(情)이 없으니 맨손으로 성가(成家, 立身)할 것이지만 동쪽으로 갈까, 서쪽으로 갈까, 방황하는 객(客, 길손)이 풍상에 그을리는 명이로다.

대성 · 帶星

> 시련이 겹칠수록 두뇌의 회전이 빠르고
> 지칠 줄 모르는 권력에의 야망은 저 북풍한설에 함초롬히 피어 있는
> 야국(野菊)과도 같은 운명이어라!

오래도록 가뭄에 탄 묘목(苗木)이 메마른 대지 위에 춘우(春雨)의 천조(天助)를 받아 왕성한 기운으로 지표(地表)를 뚫고 나오는 만물의 창성기(昌盛期)를 상징하고 있다.

일찍이 분주한 명이 되어 산천을 두루 편답(遍踏)하여 후달(後達)에의 명성이 곧 뭇사람(衆人)을 호령할 수 있는 권세(權勢)를 잡게 되는 운세다.

"구르는 돌에는 이끼가 끼지 않고 바쁜 꿀벌은 번뇌할 시간마저 없다." 는 어느 성자의 명언과 같이 항시 분주한 가운데 새로운 계획이 서고 불안정한 가운데 새로운 일을 다시 성취할 수 있는 분중혁신(奔中革新)의 강한 운세가 작용한다.

이 '대성'을 타고난 사람은 띠 '대(帶)'자라고 하는 글자가 형상하듯이 마치 보자기에 싼 보석과 같이 처음 태어날 때의 얼굴 모습이 성숙기의 형모(形貌)보다

약간 미흡한 경향이 있으며 영아(嬰兒) 때의 울음 소리는 천지를 진동할 만한 웅장한 성음(聲音)이 곧 장래의 권위를 말해주듯 소위 늦머리가 트이는 후달(後達)의 기상이다.

주위의 환경에는 다소 둔(鈍)한 듯하지만 타인의 마음〔意中〕을 빨리 꿰뚫어 모든 사람의 심리를 이용, 교제 또한 넓은 덕량(德良)을 지닌 특성을 타고났다.

무릇 선천적으로 타고난 재복(財福)과 능수능란한 수완은 언뜻 보기에는 밖으로 표출되지 않지만 실로 그 마음 속엔 늘 거대한 웅지가 도사리고 있음이니 어떠한 시련이 닥쳐도 태산(泰山)을 진압할 수 있는 강력한 운세가 작용하고 있는 것이다.

따라서 일퇴이진(一退二進)의 운력과 선부후수(先負後受)의 처신은 분명 미래에 대한 높은 이상향의 입신〔立身, 즉 入神〕을 말하는 것이니 한때의 고통쯤은 결국 영락(榮樂)에의 대가(代價)라는 것을 명심하라.

폭풍이 휩쓸고 간 들녘에는 다시 새로운 생명이 탄생하듯 이 '대성(帶星)'을 타고난 사람의 품성은 시련이 겹칠수록 두뇌의 회전 또한 빠르고 지칠 줄 모르는 권력에의 욕망은 결국 큰 일을 해내고야 만다.

다만 과욕(過慾) 뒤의 방황은 타인의 충격에 비해 배가(倍加)되어 가끔 정서 불안을 일으켜 엉뚱한 일을 저지르기도 한다.

때문에 당신은 얌전히 피어 있는 온상의 꽃이 아니며 북풍한설에 자기의 의지를 과시라도 하듯 당당히 피어 있는 야국(野菊)과도 같은 운명이다.

일찍이 양부(兩父)를 모실 운세가 작용하고 있으며 한때 직업의 진로에 대한 학문적 방황이 있으며 나아가 멀리 육친을 떠나 해운만리(海雲萬里)의 풍운아가 되기도 한다.

특히 조혼(早婚)보다 만혼(晩婚)이 좋으며 화촉(花燭)의 인연은 중매보다 연애에 가깝다. 그러나 항시 이 태생은 모든 일에 윗사람의 조언을 귀담아 들음으로써 매사에 유종(有終)의 미(美)를 거둘 수 있는 행운이 깃든다는 것을 명심하지 않으면 안 된다.

초년송 · 初年頌

초입대성 소년분주 · 初入帶星 少年奔走
불연이모 양자입명 · 不然二母 養子入命

권진사방 가교천인 · 權振四方 可交千人
기실부다 용전여수 · 其實不多 用錢如水

처처재다 인인앙시 · 處處財多 人人仰視
광교월령 제우상조 · 廣交越嶺 諸友相助

수유육친 심불여의 · 雖有六親 心不如意
원처입재 녹록종신 · 遠處入財 祿祿從身

운평 · 運評

- 초년운에 '대성'을 둘렀으니 소년시에 분주할 상이요, 혹 어머니가 두 분이 아닐진대 본명에 양자로 가는 팔자로다.
- 권세를 사방에 드날리니 천인의 가교가 있음이요, 비록 그 열매(子孫)는 많지 않으나 재운만은 돈을 물쓰듯 해도 부족함이 없으리니.
- 곳곳마다 재물이 흥왕하여 사람마다 우러러볼 것인즉 선(地域)을 넘어 교제가 넓으니 모든 친우가 서로 도와주리라.
- 비록 육친은 있다 해도 그 뜻(情)이 마음과 같지 않고 먼 곳에서 재(錢財)가 들어와 마침내 복록이 몸을 두드리로다.

출성 · 出星

황혼에 지친 길손이 서산마루에 기우는 해를 보며
향리(鄕里)에 두고 온 처자가 그리워 눈물짓는 모습에서 쇠잔한 달
찬 서리에 두견성(杜鵑聲)을 들으며 나그네 옷깃에는 찬바람만 스며라!

조택(祖宅)을 등진 길손이 어찌 슬프다 하지 않으리요? 장강(長江)의 물결만 소리 없이 일렁이고 어젯밤 꿈 속에 고향산천 배회했는데 선잠 깬 타향객(他鄕客)의 눈가엔 어느새 이슬이 고였구나! 어이하랴! 어이하랴! 이 내 신세를….

아직도 못 이룬 입신의 출세가(出世歌)만 한(恨) 서린 응어리 되어 가슴을 때리는구나.

성숙된 인생이야말로 진정 고뇌의 산물이다. 이 '출성'을 타고난 사람은 세상에 태어날 때부터 파경(破鏡)을 암시한다.

'실패(試鍊)야말로 나의 인생이다. 나에게 만약 실패의 고통이 없었다면 무엇을 밑천으로 하여 성공이란 목적을 이루었을 것인가!'

분명 당신은 자신의 운명 또한 실패라고 하는 거름이 인(因)이 되어 결국 성공이라고 하는 영예의 과(果)를 낳게 된다는 인생의 참 진리를 터득해야 한다.

지혜는 곧 번뇌의 값진 산물이듯이 어쩌면 이는 당신의 운명을 두고 한 말이었는지도 모른다.

'밟히면 밟힐수록 더욱 굳세게 일어나는 잔디'의 생리에서 이 '출성(出星)'의 운명을 재삼 예지(豫智)할 수 있으리라.

돌이켜보건대, "나는 태어날 때부터 지금까지 행복한 날이 별로 없었다."라는 독백이 아마 이 운성에 해당되는 당신에게 공감을 불러일으킬 수 있는 것도 다만 '출성'의 어원에서 '출(出)'자가 나타내듯이 산(山)이 겹친 형상이 곧 '산 너머 산'의 고달픈 운세를 내포하고 있기 때문이다.

비록 육친의 정(情)이 엇갈리고 일신마저 의존할 곳이 없는 낭인(浪人)의 운명일지언정 뒤늦게나마 사방을 표류하다 중년에 이르러 점차 운세의 향상을 보아 인생의 묘미(妙味)를 감지하고 비로소 안주(安住)할 곳을 찾게 되는 선곤후영(先困後榮)의 운명임은 두말할 나위가 없다.

부부의 인연마저 박약하여 규방(閨房)이 적적(寂寂)함을 느끼게 되니 안〔家庭〕보다 밖〔社會〕으로 치달리는 운명선이 결국은 고독을 잊는 방편이요, 성공이라고 하는 외적〔外的, 즉 物的〕 대가를 가져오기도 한다.

그러나 지나친 경우 실패의 함정을 초래할 수 있음이니 과욕을 자제할 수 있는 능력도 함께 기르는 것을 잊지 마라.

따라서 원명(原命)에 봉사운(奉仕運)이 비쳤으니 사회, 더 나아가서는 인류를 위해 빛〔光明〕이 될 수 있는 직종에 종사함이 마땅하다.

반면 인덕이 전무(全無)함을 배제할 수 없다.

그러나 중말형통(中末亨通)의 운세가 장래의 복락(福樂)을 기약하리니 초년의 곤고(困孤)함을 한탄치 말 것이다.

전생에 악업(惡業)을 지은 업연으로 한때는 뜻밖의 불운(不運)의 늪에서 자탄(自嘆)도 해보지만 다시 재생의 복록은 특히 이 태생의 인생에 있어 커다란 기쁨이 아닐 수 없다.

초년송 · 初年頌

초년출성 일신무의 • 初年出星 一身無依
외화내곤 타향성공 • 外華內困 他鄕成功

범사다모 유두무미 • 凡事多謀 有頭無尾
약무신액 표리사방 • 若無身厄 飄離四方

조업무덕 입후형통 • 祖業無德 立後亨通
본성청고 인덕무공 • 本性淸高 人德無功

도산도수 중중풍상 • 渡山渡水 重重風霜
선패후성 일신다번 • 先敗後成 一身多煩

운평 · 運評

- 초년운에 '출성'이 들었으니 이 한몸 의지할 곳 없다. 겉은 화려하고 속은 곤궁하니 타향성공이 분명하리.
- 모든 일에 꾀는 많지만 머리(始)는 있으나 꼬리(終)가 없는 격이요, 만일 이 명이 일찍이 신액을 앓지 않으면 사방에 표류할 운명이로고.
- 부모의 조업이 무덕하여 초년에는 고생이 있으나 30세가 넘은 후에 운이 형통할 것인즉 원래 천성이 청고하여 모든 사람에게 인덕을 베풀지만 공덕은 적도다.
- 산을 넘고 물을 건너 풍상이 중중하니 먼저 패하고 뒤에 성공함이니 일신에 번뇌가 그치지 않는 명일레라.

녹성 · 祿星

> 만춘(晚春)의 향그런 바람에 고달픈 행객(行客)이 이제 활력을 얻어
> 실패의 함정을 벗어나 제3, 제4의 큰 업(大業)에 도전하는
> 권토중래(捲土重來)의 운명이어라!

춘풍에 스러진 꽃잎은 이제 초하(初夏)의 절기에 새 이파리(新葉)를 돋우어 새로운 세계로의 도전을 가능케 하는 거구생신(去舊生新)의 변혁적 성격을 상징하고 있다.

이는 속성속패(速成速敗)의 운세를 암시하는 것으로 참모의 기질이 뛰어나 사람됨이 간교(奸巧)하고 선천적으로 지모(計略)가 지나치게 작용하므로 의외(意外)의 성공을 거둘 수 있는 반면 일의 성취(進行)에 있어서도 항시 실패라고 하는 위험한 부담이 따르고 있음을 배제할 수 없는 사람이다.

어려운 현실에서도 능히 적응할 수 있는 수완(瞬發力)이 이 태생에겐 가능하지만 한번 마음 먹었던 일에 실망하게 되면 그때는 매우 나태해져서 자칫 실업적(失業的) 무능이라는 불운의 늪에 상당한 기간 동안을 방황하기도 한다.

따라서 이 '녹성'을 타고난 사람은 처음부터 작은 것에서 큰 것으로 차분히 접

근해가는 사고 방식을 길러야 하며 적소성대(積小成大)의 운명적인 분수를 지키는 것(守分)을 심중에 터득해야만 인생 또한 안정된 삶을 구가(謳歌)할 수 있다.

선천적으로 타고난 품성은 퍽 고지식하면서도 이면엔 간교한 기질이 있으므로 무슨 일이든 시간을 두고 신중히 진행한다면 못 이룰 일이 없으련만 급성급해(急性急解)의 불같은 성질이 나타나는 까닭에 자신 스스로 과대한 일을 도모하다 실패를 자초하기도 한다.

성격 또한 담백하여 누구든 자기의 마음에 들면 모든 정성을 다 바치지만 한편 상대로부터의 거짓을 발견한다든가 신용을 어긴 경우, 마음이 한번 토라지면 그에 대한 원망(疾視) 또한 매우 강하게 작용하기 때문에 마음 속엔 늘 갈등과 고독이 항존하고 있다. 따라서 일생의 운정은 일비일희(一悲一喜)의 운명적 파음(波音)이 작용한다.

청년기에 들어서는 학문적 장애도 따르는 운세이므로 평소에 자신의 두뇌와 적성을 일찍부터 미리 감지(感知)하여 가능성에의 도전만을 행해야만 오직 후회 없는 장래가 가능한 사람이라 하겠다. 특히 남성은 성숙기에 들어 이성(異性)에 대한 홍역, 즉 애정에 대한 번뇌가 따르는 운세이다. 따라서 초혼(初婚)에 불연(不緣, 失敗)이라고 하는 함정이 기다리고 있음을 명심하라.

특히 25세·26세 때의 운세가 미약하여 불안정한 직업 속에 다로소득(多勞小得)의 분망한 사회 출발이 기다리고 있음이니 직업을 선택함에 있어서도 신중을 기해야 함은 물론이려니와 모든 일을 처음부터 깊이 생각하여 처신함이 현명하다.

여성은 감성이 지극히 예리한 반면 분위기에 약한 단점이 있어 상대에게 지나치게 연민을 갖는다든가 혹은 너무 믿었던 나머지 이성적 기만을 당하여 남모를 비련(悲戀)의 아픔에 울기도 하고 심한 경우, 상대적으로 지나친 의심이 작용하여 이성적 피해 망상이라는 조울(躁鬱)의 늪에 떨어지기도 한다.

그러나 대부분 심층 깊숙이 깔려 있는 인내심, 상대를 기쁘게 해주려는 희생

정신, 유달리 남들에 대한 명예욕 내지 자부심이 강한 까닭에 결국엔 주위로부터 그 마음을 인정 받아 뒤늦게나마 진실한 반려를 만남은 물론 반드시 행복한 참 삶을 맞이할 수 있는 조고만락(早苦晚樂)의 운명이다.

초년송 · 初年頌

초입록성 다모지인 · 初入祿星 多謀之人
녹재사방 배궁유액 · 祿在四方 配宮有厄

초학마살 문단가외 · 初學魔殺 文斷可畏
출입공문 우득전재 · 出入公門 偶得錢財

급성급해 호종타인 · 急性急解 好從他人
작사교묘 호중다마 · 作事巧妙 好中多魔

약무관액 친궁유수 · 若無官厄 親宮有愁
총명다지 만인앙시 · 聰明多智 萬人仰視

운평 · 運評

- 초년운에 '녹성'이 들었으니 지모가 많은 사람이요, 재물이 사방에 널려 있으나 부부궁에 액(苦痛)이 있음을 어찌하랴.
- 일찍이 학마살이 침범했으니 학문을 중단할까 두려워라. 만일 공문에 출입한즉 우연히 돈과 재물을 얻을 것이요.
- 성질은 급하지만 금방 풀리니 사람마다 좋아할 것이요, 꾸미는 일마다 교묘하지만 무슨 일로 좋은 일에 마(魔, 障礙)가 끼어드는고.
- 혹 관액이 없으면 부모, 육친 간에 액이 있을 것인즉 위인이 지혜 총명하여 박식하니 만인이 모두 우러러보리라.

명성 · 明星

내심에 도사리고 있는 저돌성은 장차 주위로부터 시선을 모아
군웅 심리로 비화·발전시키니 동량(棟樑)의 재목임에
그 명성 또한 자자할 운명이어라!

뜨겁게 작열하는 태양이 메마른 대지 위에 쏟아놓는 폭염에도 아랑곳하지 않고 그것을 묵묵히 받아들여 일대 시원한 수풍(水風)을 몰아 뜨거운 열기를 식혀주는 일취월장(日就月將)의 운세가 작용한다. 따라서 어떠한 고난과 시련에도 굽히지 않고 백절불굴의 기상으로 오직 지칠 줄 모르는 인생을 살아가는 사람이기도 하다.

무릇 타고난 품성은 미적(美的) 감각이 두드러져 결국 예향적(藝香的) 성취가 가능하며 그 용모 또한 미려하여 모든 학문에도 밝아 뛰어난 선천적 독해력을 갖고 있다.

따라서 이 '명성'에의 운력(運力)은 한 가지 길에만 열중[專念]하게 되면 일찍부터 주위의 사랑은 물론 세상에 명성(名聲)을 드날려 만인이 부러워하는 운정(運程) 위에 자신은 안락한 생(生)을 향유하기도 한다.

외부적으로 풍기는 온유함은 무릇 대인 관계에 있어서도 커다란 이점(利點)을 갖고 있지만 한편 내심에 도사리고 있는 저돌성이 일대 군웅 심리를 일으켜 때로는 경이(驚異)의 행동으로 세인(世人)을 놀라게 하기도 한다.

이러한 특성은 곧 뭇사람의 위(上)에 앉고자(座) 하는 위인대표(爲人代表) 중인 지수(衆人之首)의 기질을 타고났음을 뜻하는 것이니, 이는 곧 순간적으로 남다른 행운을 쟁취할 수 있는 특수한 묘력(妙力)의 소유자임을 암시하는 것이다.

분명 선천적으로 동량의 재목을 뜻하는 것이며 대용(大用)의 그릇을 의미하는 것이니만큼 일찍부터 이 태생에겐 그 자질을 인정·발굴하여 모든 일에 능동적으로 대처할 수 있는 자발심과 창조력·개발 능력을 심어주는 것이 매우 중요하다.

특히 이 운성을 타고난 사람은 남다른 높은 이상(理想)과 두뇌의 순발력이 매우 뛰어난 반면 투지와 지구력이 결핍되어 있는 까닭에 자칫 나태해지면 일시적 향락에 빠져서 한때 돌이킬 수 없는 급격한 방황의 운세가 강하게 작용한다.

따라서 항시 자신의 의지를 재확인하고 매사를 계획성 있게 꾸준히 밀고 나가겠다는 정신만 기른다면 대성(大成)에의 문(門)은 항시 열려 있으므로 반드시 행운적 복록을 쟁취할 수 있는 사람이다.

본 품성에는 세인의 사표(師表)가 될 수 있는 교육자적 운명선이 작용하고 있기 때문에 외적으로도 항시 예의와 위엄을 스스로 갖추고자 노력하는 일면이 강하게 나타난다.

남성은 발명 내지 학문적 연구 계통이나 의학 또는 관공(官公)의 길을 선택하는 것이 좋고 여성의 경우는 예능적 기예(技藝)나 학계로 진출하는 것이 길하다.

항시 모든 사람에게 모범적인 자기의 위상(威象)을 잃지 않으려는 정신, 곧 인간관계의 형성에서도 남보다 우위를 차지하고 매사를 원만하게 풀어나가고자 하는 기질이 이 운성에 평화로운 조화의 정신으로 화하여 사람과 사람끼리의 교량 역할을 발휘하게 하는 능란하고도 성숙된 수완을 함축하고 있다.

따라서 마음 속에 가진 애약련빈(愛弱憐貧)의 따스한 인정이 허위나 억압·교만과 불결을 증오하는 정의의 사도처럼 혼탁한 세상을 청렴의 순수애(純粹愛)로써 순화시키고자 하는 의협적 운명을 암시한다.

그 직성은 어떠한 악에도 대항하여 마침내 선도(善道)에 복귀할 수 있는 본성임이 명백하지만 유년기(15~17세)에는 한때 불합리한 환경에서 주위의 친구나 이성의 유혹에 갈등을 초래하여 집보다 밖으로 맴돌려는 성향이 있다.

그리고 23·24세, 27~29세가 제2의 액년기(厄年期)로서 '갈 지(之)' 자 걸음을 걸을 수 있는 운명적 함정이 도사리고 있음도 배제할 수 없다. 이러한 운명적 특수성은 호운을 탈 때는 주위를 깜짝 놀라게 할 정도로 비약적 발전이 있지만 일단 액경에 휘감기면 그 추락의 강도 또한 매우 심하다.

때문에 감성적 열정과 이성적 냉정함이 함께 항존하여 스스로 번뇌를 만들어 쉬운 길을 두고도 가파른 험로를 택하는 이단적 요소를 가지고 있다. 한마디로 극(極)과 극을 치닫는 곡예의 운명선이라고나 할까.

그러므로 평소 가정에서 따뜻한 분위기를 조성하여 늘 인간적 대화를 가져야 함을 깊이 명심해야 한다.

초년송 · 初年頌

초년명성 명진원근 • 初年明星 名振遠近
용모단정 가기방명 • 容貌端正 可期芳名

약불학문 신출고기 • 若不學文 身出古基
처궁유살 조혼불리 • 妻宮有殺 早婚不利

막한초곤 정지영화 • 莫恨初困 井至榮華
약무영화 자손진명 • 若無榮華 子孫振名

수빈조업 적수성가 • 雖貧祖業 赤手成家
권다처처 의식자족 • 權多處處 衣食自足

운평 · 運評

- 초년운에 '명성'을 띠었으니 원근(周圍)에 크게 이름을 떨칠 명이요, 용모 또한 단아하여 가히 꽃다운 이름을 기약하리라.
- 도중에 학문을 중단하지 않으면 옛터(부모 곁)를 떠날 것이요, 부부궁에 살을 맞았으니 조혼은 불리하도다.
- 초년의 고생 한탄치 마라. 40대에 이르면 반드시 영화가 있을 것이요, 만약 그 영화를 보지 못하면 자손이라도 가히 이름을 얻으리라.
- 비록 타고난 조업은 빈약하지만 맨손으로 성가할 것이며 곳곳마다 권세를 드날리니 평생 의식이 스스로 족하리로다.

왕성 · 旺星

무릇 염하(炎夏)의 계곡에 흐르는 한줄기 시원한 폭포수와 같이
그 성품 또한 끝없는 이상향(理想鄕)의 언덕을 향해 비상(飛翔)하는
불사조와 같은 운명이어라!

열정과 집념을 함께 갖춘 탐구적 개혁자의 운세가 충만해 있는 까닭에 한번 마음먹은 일은 꼭 해치워야 직성이 풀리는 성격이다. 가끔 속성(急性)에서 오는 실패의 고통도 따르나 본래 타고난 선천적 임기응변과 미래를 선각(先覺)하는 빠른 예지가 즉시 재(再)성공으로 전환시킬 수 있는 뛰어난 순발력을 암시한다.

따라서 '왕성'의 운력(運力)은 소위 태양이 지구의 가장 중심에 위치하여 광염(光炎)을 뿜어대는 형상과 같으므로 그 성품 또한 소박하고 원만한 듯해도 한편으로는 직선적 성향을 띰으로써 하고 싶은 말을 마음 속에 깊이 감추어두는 음성적인 사람은 못된다.

여기에 반하여 행동은 약간 느린 듯한 경향을 띠고 있으나 일단 일을 착수한 즉 속행속성(速行速成)으로 끝내는 과단성이 곧 이 운성의 장점이 될 수 있다.

그러므로 '왕성'을 타고난 사람은 인간 관계의 접촉에서도 처음에는 상대의 접근을 마치 경계라도 하듯 결벽할 정도의 의혹성을 보이기도 한다. 그러나 본 마음엔 사람을 그리워하는 서정적 심성이 깃들어 있으므로 일단 대화가 진행되면 금방 친해져서 모든 것을 스스럼없이 주고받을 수 있는 진실한 인간미를 발견할 수 있다.

특히 순간적으로 난처한 일을 당했을 때도 재치를 발휘하여 어떠한 위험한 고비에서도 그 난관을 교묘히 풀어나갈 수 있는 전화위상(轉禍爲祥)의 특징이 있는 것이다.

처음 대할 때는 언어의 통변도 어눌해 보이는 듯하지만 일단 말문(言路)이 열리면 해학적인 유머로 주위 분위기에 맞추어 능변에 가까울 정도의 언설로 상대를 압도해가는 설득력 또한 매우 뛰어나다.

때문에 남녀를 불문하고 일찍부터 이성적 교류가 빠른 편에 속해 성적인 발달도 능속적(能速的) 감각을 띠어 자칫 방관하면 엉뚱한 길로 치닫기 쉬운 결점도 있다.

따라서 유·소년기에는 지속적인 주위의 보살핌(監督)이 필요하고 따뜻한 사랑을 요(要)하는 유형이라 하겠다.

특히 이 태생은 너무 자상(小心)한 나머지 항시 긴장을 풀지 않는 상태가 지속되어 아무런 이유가 없는 데도 상대적으로 필요 이상의 불안과 동요를 느끼거나 신비한 것 또는 이상한 것에의 매혹에 휩싸여 종종 심적(心的) 불안을 자초하기도 한다.

이와 같은 현상은 다만 남보다 수승하게 위(上位)에 서고자 하는 두령 심리(頭領心理, 조급성)가 작용하기 때문이며 항시 일등(一等, 一流)에의 압박감이 자신도 모르는 사이 정신적 컴플렉스로 누적되어 자칫 낙오(落伍)의 함정에 떨어질 수 있음을 명심해야 한다.

'오늘의 휴식은 내일의 능률을 가져온다.'는 평범한 진리를 터득하고 항시 마음의 여유를 갖는 것이 좋다.

연륜[經驗]이 더해갈수록 특히 재복(財福)이 왕성한 운세를 띠었으므로 일생을 통해서는 금전적으로 유복한 삶을 누리게 되는 재운왕성(財運旺盛)의 운력이다.

초년송 · 初年頌

초입왕성 조래부귀 · 初入旺星 早來富貴
귀인원조 매사여의 · 貴人遠助 每事如意

수호귀격 약마타중 · 雖好貴格 弱馬馱重
막탐과재 반유손명 · 莫貪過財 反有損名

논기초중 재기통문 · 論其初中 財氣通門
막탄배궁 불연신병 · 莫嘆配宮 不然身病

관문출입 근귀지인 · 官門出入 近貴之人
익일거재 불선타인 · 益日巨財 不羨他人

운평 · 運評

- 초년운에 '왕성'이 들었으니 일찍이 부귀가 찾아들고 귀인이 멀리서 도와주니 모든 일이 뜻과 같도다.
- 비록 이 명은 귀격이지만 약한 말에 짐이 무거우이! 따라서 지나치게 재물을 탐한즉 한때 이름을 더럽히리라.
- 초·중년을 논하건대 재물 기운이 문안에 통했구나, 부부궁을 한탄치 말라, 도리어 신병이 있을까 두렵도다.
- 관문에 출입한즉 반드시 귀인의 명일진저, 날로 큰 재물이 들어오니 세상 사람 어느 누구도 부럽지 아니하도다.

쇠성 · 衰星

천리장도(千里長途)에 지친 준마(駿馬)가 황혼에 떨어지는 석양을 바라보며
고달픈 심신을 잊는 망중한(忙中閑)의 행객과 같은 운명이어라!

"고생은 낙(幸樂)의 근본이며 낙은 의지의 발로다."

이 말은 곧 고통받는 자의 성공 논리다. 특히 여성은 모성적(母性的) 본능이 강하게 작용하고 상대(敵)로부터 자기를 지키고자 하는 방어 본능이 크게 작용하므로 한 곳(家庭)에만 조용히 묶여 생활에만 전념할 수 없는, 즉 안정성이 결핍되어 있다.

때문에 가정보다는 사회, 정적(靜的)인 수구(守舊)보다는 동적(動的)인 개혁의 방향으로 운세가 흘러 자신 내면에 깔려 있는 전원적 감성, 즉 조용함을 동경하는 가정적 취향(性格)과는 판이하게 달리 그 운명은 실로 분주하게 역주(驛走)하는 가부장적(家父長的) 사회 활동형으로 나타나게 된다.

따라서 유년기에 내성적인 사람은 성년기에 들면 외성적인 성격으로, 이와 달리 외성적인 사람(問題兒)은 성장함에 따라 온순형으로 변해가는 성격 변형(性格變

形)의 특징이 있다.
　　항시 마음 속에는 서정적 전원에의 생활을 동경하면서도 실제 그 몸은 사람이 들끓는 인간 시장의 억척스런 환경에 놓여 있게 되는 자신을 문득 발견하고는 지나간 날을 그리워하기도 한다.
　　오! 분주한 명(命)이여!
　　끝없이 흐르는 물은 바다에 닿는다지만 유독히 이 운성에겐 분주한 나날이 운명에 적용되어야만 하는 것인지!
　　그러나 현실적 체념도 빠른 반면 개혁적 기질이 있기 때문에 유년기의 자기 이상을 체념하고 묵묵히 현실에 적응하는 사람이기도 하다.

　　무릇 철따라 이동하는 후조(候鳥)와 같이 일찍부터 출생지를 떠나 먼 곳으로 유전(流轉), 환경적 변화를 시도하여 자신을 사랑하는 육친과 멀리 떨어져 홀로 외지(外地)에서 운명을 개척해야 하는 역마성(驛馬星)이 있음을 뜻하는 것이다.
　　'달리는 말(駿馬)은 뒤를 돌아다보지 않는다.' 는 논리와 같이 어제보다 오늘을, 오늘보다 내일을 중요시하며 설령 현재의 고통이 있다 하더라도 지난날의 좋았던 시절을 돌아보지 말고 오직 강인한 정신만을 길러야 한다.
　　인간이란 비록 현실적 불만이 있다 해도 이를 지혜롭게 수용하는 것만이 현명한 자세이기 때문이다. 자고로 현실이 곤혹스럽다 해서 어제의 추억에만 심취해 눈 앞의 현실을 외면하는 사람은 장래에 있어서도 발전이 있을 수 없음이니 항시 현실을 수용할 수 있는 자세를 가져야 한다.
　　유년기에는 부모(先生)나 형제와도 서로 마음이 맞지 않아 홀로 자기의 생활(趣味)을 갖고자 하는 충동심(欲望)이 강하게 작용하고 황홀한 예술적 환상의 세계를 동경한 나머지 마치 자신이 비극의 주인공인 것마냥, 타인으로부터 동정(憐憫)을 받는 상상적 세계를 그려보기도 한다. 특히 이 태생은 청소년기(※17세·18세)에 학문적 중단의 고비가 따른다.

　　평소에 풍부한 상상력은 현실적으로 성취 불가능한 극적(極的)이고 위험한 세계에 도전하여 주위를 당황케 하는 문제아가 되기도 하는데 심한 경우 몽상·폭행·가출의 폭풍에 휘말리기도 한다.
　　그러나 이 '쇠성'이 지닌 운명적 특성은 고난과 시련에 강하게 부딪쳐 자신을 단련시키는 독특한 내성을 타고났으므로 분주한 가운데 빠른 착상, 고통 속에 명쾌한 지혜를 드러내면서 장래에 큰 그릇을 이루는 대기만성(大器晚成)의 일대 계기가 되어 훗날의 복록을 이루는 하나의 과정을 뜻하기도 한다.
　　성숙한 연후에는 자신의 목적 달성을 위해서는 갖은 수단과 방법을 동원하여 타인의 지혜나 아이디어를 모방하는 데도 뛰어난 감수성을 내포하고 있으므로 이 태생에 있어 의외로 성공률이 높은 까닭도 여기에 기인하는 것이다.

　　판단하건대, 운명적인 성향이 고향보다 타향, 타향보다 타국으로 나갈수록 더욱 발복(發福)할 수 있는 원처득리(遠處得利)의 행운과 항시 사지(死地)에서 생지(生地)에로의 탈출이 가능한 운력임을 암시하고 있다.

초년송 · 初年頌

초운쇠성 분주사방 · 初運衰星 奔走四方
고토불리 이향팔자 · 古土不利 離鄕八字

심중유한 세사부운 · 心中有恨 世事浮雲
주일동서 녹재기중 · 周馹東西 祿在其中

탕진조업 대해부평 · 蕩盡祖業 大海浮萍
일락서산 귀소혼객 · 日落西山 歸巢昏客

재록자래 필견영화 · 財祿自來 必見榮華
약무영화 관액수신 · 若無榮華 官厄隨身

운평 · 運評

- 초년운에 '쇠성'을 띠었으니 사방에 분주한 명일레라. 옛터는 불리하니 고향을 등지는 팔자로고.
- 마음 속에 쌓이는 한(恨), 세상일이 마치 뜬구름 같구나. 동서사방을 두루 돌아다니는 명이여! 무릇 녹이 그 가운데 있도다.
- 조업을 탕진하고 이 내 몸은 대해의 부평초와 같아 서산에 떨어지는 해를 보며 집으로 돌아가는 황혼의 나그네!
- 늦게나마 재물과 녹이 스스로 풍족하니 반드시 영화를 볼 것이요, 만일 영화를 보지 못하면 관액이 몸에 따르리로다.

낙성 · 落星

▌ 세정(世情)의 삭막함 속에서도 분연히 일어나
▌ 탁세(濁世)의 풍진(風塵)에도 때묻지 않고 자기 본성을 꿋꿋이 지켜나가는
▌ 순수성이 곧 청련(淸蓮)과도 같은 운명이어라!

모든 사물에 대해 사색적이며 논리적인 사고 방식을 갖고 있으며 매사에 열(熱)하기도 쉽지만 반면 본성으로 돌아올 때는 순간 차갑고도 초현실적인 냉정함을 드러내는 양면성이 심층 깊숙한 곳에 도사리고 있다.

무릇 이 '낙성'의 운의(運意)는 문자 그대로 떨어질 '낙(落)' 자가 의미하듯이 절기로 말하면 중추(仲秋)의 문턱에 들어서서 서남(西南)에서 동북(東北)으로 불어 내리는 추풍에 노랗게 물든 잎새를 떨어뜨리는 마치 추풍고엽(秋風枯葉)의 운세와도 같다.

특히 이 운성은 절기의 영향을 받아 예각적(藝覺的) 지혜와 낭만적 착상, 군웅적 영웅 의식으로 일상의 생활을 구태(舊態)에서 혁신(革新)으로 일세를 변환시키는 후천적 개혁 운세로서 여러가지 개성을 소유한 반면 다양한(派生的) 운명선을

걷게 되어 있다.

　　이러한 운명적 경향이 어둡고 침울한 것을 싫어하게 된 것이며, 모든 사람을 주도(主導)해나가는 지도자적 품성으로 때로는 뭇세인들의 시선을 모으고 주위의 분위기를 압도해가는 야성적 절규가 이 '낙성'에 운명적 장점이라 할 수 있다.

　　따라서 내면에서 강하게 일고 있는 다혈질적 야망이 급한 성격을 몰고와 한편으로는 변덕스럽고 침착지 못한 경향을 띠고 청고(淸孤)하고 적막한 것에의 일심회귀(一心回歸) - 심산에서 구름과 달을 벗삼고 바위와 나무·풀과의 대화, 무심히 들려오는 물 소리·바람 소리의 청음(淸音)에 우주의 본체를 관상(觀象)하며 홀연히 파안대소하는 묘한 도인적(道人的) 품성이 마음 밑바닥에 깊숙이 내재하고 있다는 것이다.

　　세론하건대, 이 '낙성'의 운의는 여름날 늘 푸르던 잎새가 가을 서리 바람에 부딪쳐 땅 아래로 떨어져 낙엽이 대지 위에 구르는 형상을 뜻하거니와 이는 곧 자연회귀(自然回歸)의 본체를 의미하는 것이다. 때문에 자신의 마음 속엔 어쩌면 무인공산에 홀로 서 있는 것 같은 요요(寥寥)한 고적감을 떨쳐버릴 수 없는 것인지도 모른다.

　　그러므로 평소에 대중 앞에서의 화려하고 호방한 처신과는 달리 자기 혼자 남게 되면 은밀한 고독감이 마음 속으로부터 뚫고 나와 끝없는 적막감에 휩싸이기도 하고 지난날의 자기 무능(失策)을 회억하며 후회의 극(極)을 넘어 피해 의식에 사로잡히기도 한다.

　　지나친 경우 낙오(落伍)의 뒤안길에서 헤어나지 못하고 우울증에 걸려 그만 허망한 인생을 걸어가는 사람도 없지 않다. 따라서 염세[우울]관을 버리고 낙천성을 갖는 것만이 인생의 성공자임을 명심할 필요가 있다.

일러두건대, 이상(理想, 欲望)과 소극적인 타성(惰性)을 잘 조절하여 현실에 맞게 승화시킨다면 반드시 만인으로부터 공경의 대상이 될 수 있는 두령적인 영웅좌(英雄座)를 쟁취할 수 있는 명운이기도 하다.

일찍이 부모 육친운은 적막한 편이기에 스스로 그 혜택을 거부하는 상과 같다. 오직 자신 혼자의 힘(自力)으로 황무지를 일구어 그 고뇌의 밭에 성공이라고 하는 신기루를 세워 다시 사회에 환원(奉仕)하여 인도적인 동정심으로 사후진명(死後振名)할 수 있는 운명적 특징을 갖고 있다.

분명 고난과 시련 속에 이루는 자력갱생(自力更生)의 운명인지라, 인색할 때는 지독하게 인색하고 차갑게도 보이지만 그 가슴 속엔 항상 뜨거운 인정이 도사리고 있음이니 어찌 한 면만 보고 이 태생의 인간성을 평가할 수 있겠는가?

재론하건대, 한때의 환경적 좌절이 인간적 거부감(背信感)을 강하게 느낀 나머지 고독(憂鬱)이라는 자신 특유의 한(恨) 덩어리의 막을 형성하여 잠시나마 이 막이 걷힐 때는 평온과 인자(人情)스러움이 넘치고 반대로 막이 덮여 있을 때는 세인에게 냉소적인 눈길을 보내기도 한다.

무릇 이 운성은 '고독의 씨앗이 대성의 열매'라고 하는 '고자락지모(苦者樂之母)'의 참 도리를 깨달아 인생을 초연하게 살아가는, 결국 안심입명(安心立命)의 달관자인 것이다.

초년송 · 初年頌

초입낙성 일신고단 · 初入落星 一身孤單
외부내빈 심신불안 · 外富內貧 心身不安

유무신질 조실부모 · 幼無身疾 早失父母
정신고강 무난돌파 · 精神高剛 無難突破

적막산천 독좌농월 · 寂寞山川 獨座弄月
편답강산 족답호미 · 遍踏江山 足踏虎尾

신여부평 사해여택 · 身如浮萍 四海如宅
평생지업 치산치수 · 平生之業 治山治水

운평 · 運評

- 초년운에 '낙성'이 들어 있으니 일신만 고단하여라. 겉은 부자와 같고 속은 가난하니 심신만 불안하구나.
- 유년에 신병이 없은즉 일찍 한편 부모를 잃을 것이지만 정신만은 고강하니 난관을 무난히 돌파하리라.
- 적막한 산천에 홀로 앉아 달을 희롱하고 강산을 두루 돌아다닌 것이 마치 호랑이 꼬리를 밟은 것과 같았도다.
- 몸은 바다에 뜬 부평초와 같아 사해가 모두 내 집일진저, 그대가 타고난 평생 업은 치산치수가 적업이로다(※농수산 · 임산업).

절성 · 絕星

오곡이 무르익은 풍요로운 가을 들녘에 때아닌 우박이 쏟아지거나
만물에 장애를 주어 식물 본래의 자연 성장을 그치게 하는
절지(絕地)에 처한 운명이어라!

역상(易象)에 비유하건대, 중추(仲秋)의 만월은 유난히 광명을 발하고 그 주위에는 크고 작은 무수한 별들에 둘러싸여 서천(西天) 은하(銀河)에 흐르는 모습이 청순한 처녀의 모습에 비할 수 있다.

이는 곧 수확(收穫)의 여신을 상징한다. 때문에 천성적으로 오염된 불의(不義)에 물들지 않고 그 성격 또한 치밀하여 날카로운 비판력을 지니고 있으면서도 밖으로는 노출시키지 않으려는 내성을 갖고 있다.

특히 여성의 경우 중추의 만월이 상징하듯 싱싱한 젊음과 애틋한 감수성을 지닌 꿈많은 소녀와 같은 낭만적 정서를 잃지 않으려는 심성이 크게 작용한다.

그러나 지나친 경우 하나의 공상적 사고(思考)를 낳아 실행력 없는 환상만 낳게 됨으로써 이것이 곧 현실적 불만으로 누적될 때 일대 혼란(錯誤)을 일으켜 비현실적이고 엉뚱한 세계에서 배회하기도 한다. 남녀를 불문하고 남에게 초라하게 보

이는 것을 가장 싫어하는 이 태생은 마음먹은 일은 꼭 이루어야 직성이 풀린다.

　모든 일에 공사(公私)를 분명히, 처음(始)과 끝(終)의 매듭을 명확히 짓고 나가야 하는 자상한 성격은 질서(禮儀)를 존중하지만 때에 따라 날카로운 시각으로 표출되어 급기야 원만(圓滿)을 불허하는 고지식하고 이기적인 냉정성을 나타내기도 한다.

　역리(易理)상 운의로 볼 때, 이 '절성(絶星)'의 특징은 계절적으로 낮이 되면 강렬한 태양빛에, 밤이 되면 밝은 월랑(月朗)의 시혜(施惠)를 받으며 비로소 모든 만물은 황금빛으로 온 들녘을 물들여 소위 성숙의 계절을 이루는 까닭에 섬세한 예능적 감각과 명민한 지혜가 자연히 두드러지게 되는 것이다.

　그러나 월광(月光)의 밝음에 비해 추풍(秋風:露)의 차가움을 지닌 양면성이 이 '절성'의 특징인 까닭에 한편 온냉(溫冷)·선악(善惡)·귀천(貴賤)의 극단적인 인생으로 일대 운명을 좌우하는 성근(性根)을 이루게 된다.

　때문에 초년의 운기에는 부모 육친에 대한 갈등, 이성에 대한 번뇌, 학문적 시련이 따르고 건강상 장애(病苦)를 일으키는 운세가 있는 것이다.

　특히 수족(手足)이나 신체의 어느 부위에 상처(흉터)를 갖게 되는 불운적 질병운이 있음이니 건강에 유의할 일이다(※특히 낙반·교통 사고 주의).

　남성은 집념적 추구력이 강한 반면 도박성이 있고 여성은 자신만 편하고자 하는 나태심이 있는 반면 타(他)에 도움(사회의 등불)을 줘야 하는 봉사운도 깃들어 있다.

　따라서 일시(日時, 中末年運)를 잘 타고난 사람은 남녀 모두 운명상 생사여탈(生死與奪)의 권명(權名)이 있으므로 일찍이 법조계나 의학계로 나아가 사람의 인명을 다루는 일에 종사하여 활인구업(活人求業)의 대명을 충분히 발휘하게 되는 선천적 명운이 있다.

　재론하건대, 이 운성은 불완전한 일이나 불결함을 증오하는 지나친 결벽성(潔

癖性) 때문에 타인과의 융합을 저해하여 주위로부터 인간적인 혜택마저 거부하게 되는 한 요인이 되어 성공을 지연시키고 복록을 멀리하여 결국 자기 고독의 늪에 떨어져 심한 경우 대인 기피증으로까지 발전하게 되는 불운적 함정이 있음을 깊이 깨달아 성격상 단점을 조절함이 무엇보다 필요한 운명이라 하겠다.

무릇 이 운성은 남녀 모두 적성에 맞는 직업 선택이 중요하며 인생의 목표를 멀리에 두고 한 가지 일에만 전념하는 길만이 인생의 풍파를 더는 최선의 방법이 되는 것이다.

애정운마저 선비후희(先悲後喜)의 운세이니만큼 일찍 만난 인연은 비극적으로 끝날 수 있는 애정적 장애선이 있음이니 무엇보다 자신 스스로의 많은 노력을 요한다. 다만 생일에 '쇠(衰)·패(敗)·달(達)·형(刑)' 운이나 생시에 '산(散)·입(立)·실(失)·공(空)·독(獨)' 운이 끼어 있지 않은 사람은 위의 피해가 감소될 뿐 아니라 도리어 복록을 받을 수 있다.

세론하건대, 부부의 연(緣)은 중매보다 연애에 가깝고 필연(必然)보다 우연(偶然)에 가까운 인연이며, 그 대상은 자신의 출생지로부터 먼 곳의 사람이 가장 적합한 천생연(天生緣)이라 하겠다.

특히 남성은 연상의 여인, 여성은 연하의 남성이 인연이 되기 쉬운 기연(奇緣)이 있음도 이 운성의 특징이 아닐 수 없다.

무릇 '절성'에 있어 이 '절(絕)'의 역학적 의미는 낙목생엽(落木生葉)과 같은 절처봉생(絕處逢生)을 의미하므로 실로 죽음에서 생지로 인도되는 입사출생(入死出生)의 반의적 파생(波生)의 깊은 의미를 내포하고 있다.

따라서 인간사(人間事)란 고(苦)가 지나면 낙(樂)이 오고 낙이 다하면 다시 비

(悲)가 생하듯 인생 윤회의 반복 논리가 이 '절성'의 '절(絶, 끝, 末)'이라고 하는 자의(字意) 속에 모두 함축되어 있는 것이다.

초년 고생은 황금을 주고도 못산다는 옛말과 같이 청·장년기의 장애적 환경 요소는 결국 자신의 인격 성숙에 은밀한 밑거름이 되어 지족의 낙을 스스로 갖게 됨을 명심할 필요가 있다.

초년송 · 初年頌

초입절성 친인무덕 · 初入絶星 親人無德
외화내고 심중처사 · 外華內孤 心中處士

유무질액 수족유흠 · 幼無疾厄 手足有欠
신상무흠 누차중병 · 身上無欠 累次重病

귀가옥동 소년패가 · 貴家玉童 小年敗家
배궁유액 외명내암 · 配宮有厄 外明內暗

매사진력 시성종쇠 · 每事盡力 始盛終衰
평생적업 제세활인 · 平生適業 濟世活人

운평 · 運評

- 초년운에 '절성'이 들었으니 육친덕이 부족하고 겉은 비록 화려하나 내면은 고독하니 그 마음은 산 중의 처사(僧)와 같을진저.
- 어릴 때 질병을 앓지 않으면 손발에 흠을 가질 것이요, 신체에 흠이 없으면 한때 중병이 따를 운이로다.
- 태어날 땐 귀한 집 옥동이련만 소년 패가의 명이요, 부부궁에 액이 있음이니 겉은 밝고 속은 어둡도다.
- 매사에 진력을 다하지만 어찌하여 처음은 성하고 끝은 쇠한고. 평생 적업은 만인을 구제하고 활인구명이 분명하도다.

태성 · 胎星

> 차갑고 모진 풍설이 불고 간 들녘에 생생한 보리의 눈맥(嫩麥)이
> 굳은 대지를 뚫고 나오듯 고된 시련이 겹칠 때마다 지침(固疫)의 벼랑 위에서도
> 쓰러질 줄 모르고 더욱 강하게 일어나는 구도십생(九倒十生)의 운명이어라!

모든 만물은 이제 성숙의 절기를 지났으니 황량한 대지 위에는 나목(裸木)만이 눈바람(雪風)에 졸고 있는 '태성'의 단계에 들어 천지는 죽은 듯이 고요하다.

이는 곧 만물의 수장(收藏)을 의미하는 것으로, 동물로 말하면 모체(母體) 내에 태기(胎氣)가 깃들었다가 바야흐로 잉태의 날을 기다리며 보이지 않는 곳(暗藏之處)에서 무럭무럭 성태(聖胎)가 자라나고 있음을 상징한다.

보라! 모든 만물은 누가 가꾸지 않더라도 봄이면 싹트고 여름이면 무성하며 가을이 오면 풍요(盛熟)의 극을 이루어 겨울이 되면 다시 깊은 동잠(冬眠, 겨울잠)에 들어 땅 속에 수장되는 것과 같이 추호도 어김없는 천도(天道)의 영고 성쇠의 도리는 무릇 이 역(易)이라고 해서 예외일 수 없다.

따라서 이 '태(胎)'의 운성을 타고난 사람은 항상 심미안적 예안(藝眼)과 지적(知的)인 아름다움을 보유하여 모든 사람들로부터 사랑받기를 원한다.

그러므로 내면에 숨어 있는 뜨거운 격정이 의롭고 고결한 기품을 형성하여 차츰 하나의 원숙한 인격체를 이루어간다.

본 마음은 매우 순수하여 순간적으로 분위기에 열(熱)하기도 쉬운 까닭에 평소에는 냉정하면서도 어떤 일에 한번 빠져들면 강한 열정을 발(發)하여 사물에 대한 집착의 도(道) 또한 강한 특성이 있다.

유년기에는 내면적 정신 세계에만 심취하여 물질의 세계를 백안시하다가도 일단 성숙한 후(※30세 이후)에는 물적(物的) 경제의 세계에도 강한 소유욕을 발휘하게 된다.

이때 한 경계에 몰입하면 자신의 몸도 돌보지 아니하고 내명(先天性)에 잠재된 숨은 공격력을 발휘한다. 이에 따라 무정히 돌진하는 잠재 능력은 소위 열 사람 몫을 혼자 감당해낼 수 있는 일작십식(一作十食)의 잠재력을 유감없이 발휘하게 된다.

따라서 그늘진 무대(※불운의 경우) 위에서나마 능히 뛰어난 주인공이 될 수 있는 사람임에 틀림없다.

무릇 성숙된 인간(眞人)이 갖는 무소유(無所有)의 경계란 실로 소유(所有)하기 위한 고통스런 아픔의 과정을 남몰래 무수히 넘어야만 터득할 수 있는 것도 하나의 역학적(易學的) 논리가 아닐까?

겨울밤 차갑고 모진 설풍(雪風)이 불고 간 들녘에 생생한 보리의 연약한 싹(嫩麥, 눈맥)이 굳은 대지를 뚫고 나오듯 이 태생의 인생을 '눈맥'에 비유할 수 있으리라.

『역경(易經)』에, "인간이란 극도의 궁지(極窮)에 처하면 자연히 통(亨通)할 수밖에 없다."라는 '궁즉통(窮則通)'의 원리, '고생은 결국 낙의 뿌리'라고 하는 '고즉낙근(苦則樂根)'의 원리가 자못 이 태생의 운명선을 보여주고 있는 것이다.

따라서 환경적 장애와 고된 시련이 겹칠 때마다 지침의 비탈 위에 쓰러질 줄 모르고 역반(易返)의 현상으로 더욱 강하게 일어나는 구도십생(九倒十生)의 운명임에 어찌 입신(成功)하지 못하겠는가.

　무릇 자연의 도리는 모든 인간에게 평등하다. 동해의 태양이 부상출(扶桑出)하여 온 우주를 비춘다 해도 어느 한쪽은 혜택의 결(缺)함이 나타난다. 가령 동쪽이 밝을 땐 서쪽이 어둡고 서쪽이 밝아올 무렵엔 동쪽이 어둠에 가려진다. 무릇 인간의 성패 역시도 운정(運程)의 시차(時差)일 뿐, 영원히 불행의 함정에만 허우적거릴 수 없는 것은 다만 자연이나 우리 인간이나 모든 만물이나 평행의 도를 절대 벗어나지 않는다는 지극히 평범한 우주의 도리를 철저히 수행하고 있는 것이다.
　이러한 도리를 터득한 자라야만 달인(達人)이다. 무릇 춘하추동 사시(四時)의 운행을 보고 자연 성쇠(自然盛衰)의 평범한 철칙을 초월, 달관의 경지에 도달하여 오직 무애(無碍)의 신선락(神仙樂)을 취할 수 있음은 특히 '태(胎)'의 운성을 가진 이 태생의 운명에 절대 당연한 일이다.
　특히 남성은 풍류를 좋아하고 여성은 버들꽃 아래 술 따르는 화류성(花柳星)이 있음을 간과할 수 없는 명이니 한때 방황의 함정을 조심하라.

초년송 · 初年頌

초년태성 자력갱생 · 初年胎星 自力更生
천성정상 능유능강 · 天性精詳 能柔能剛

언중조화 예기다능 · 言中造化 藝技多能
순즉춘풍 역즉추상 · 順則春風 逆則秋霜

모사여천 세업조달 · 謀事如天 世業早達
도처유붕 명성진진 · 到處有朋 名聲振振

수교출중 제인선망 · 手巧出衆 諸人羨望
예술생애 안과평생 · 藝術生涯 安過平生

운평 · 運評

- 초년운에 '태성'이 들었으니 혼자 힘으로 삶을 개척할 명이요, 본 천성은 자상하여 강유를 겸전했도다.
- 말 가운데 조화가 무궁하고 예기가 능란한 사람이니 순운엔 춘풍이요, 역운엔 추풍과 같도다.
- 꾀하는 일이 하늘과 같아 세업을 조달하고 도처에 친구(人氣)가 많아 그 명성 또한 자자하여라.
- 손재주가 뛰어나서 모든 사람들이 부러워할 것인즉 평생을 예술로 업을 삼으면 일생을 편하게 지내리로다〔※장인의 술(術)을 연마하면 뛰어난 명인의 명(命)〕.

육성 · 育星

온갖 시련 속에 황무지를 일구어 기름진 옥토를 만들어놓고도
오직 자신을 먼 곳에 던져 스스로 고독을 찾아 배회하는, 솔바람 덩굴 위에
비친 달(松風蘿月) 아래 조는 선객(仙客)과 같은 운명이어라!

이제 모든 만물은 모태 속에 암장(暗藏)돼 차츰 성태의 단계를 지났으니 곧 밖(人世)으로 투출(透出)하려는 '육성(育星)'의 운기에 접어들었다.

천지는 월백풍청(月白風淸)한데 풍설에 지친 모든 수목은 적요한 적막 속에 죽은 듯 잠들어 있다.

고로 이 '육성'을 타고난 사람의 운명적 의미는 한마디로 차가운 눈 속에서도 굴하지 않고 싱싱한 이파리를 파랗게 드러내고 있는 인동초와 같은 운세를 뜻한다.

때문에 '육성'의 영향은 일찍이 시련과 간난 그리고 병약(病弱)의 유년 시절을 지난 뒤 비로소 안락에의 복록을 취할 수 있음을 뜻하거니와 유년기에 있어 학문적 갈등과 육친에 대한 심적 불안이 따르게 되어 있다.

외부적으로 처음 비치는 인상은 매우 연약한 듯 보이지만 내면에 숨어 있는 강인한 의지와 선도(善道)에의 평소 열망이 차츰차츰 연륜이 더해 감에 따라 더욱

완숙해지고 이 태생 특유의 독특한 개성을 구축하게 된다. 이는 곧 불의와 타협할 줄 모르는 직선적 성격을 형성한다.

그러나 때에 따라서는 이러한 경향이 지나친 경우, 가령 물적 이익이 있음에도 만일 자신의 자존심에 역행한다든가 어떤 모욕감(侮蔑感)을 느꼈을 때는 비록 목전(目前)에 커다란 이익이 있다 해도 타협을 불허하는 비현실적 성격으로 발전하게 된다. 이러한 성격은 유년기의 방황을 동반하기도 한다.

특히 상대를 믿으려 하지 않는 지나친 의심성(拒否感)은 이 태생의 인생(成功, 目標)에 장애를 준다는 사실을 깊이 유념하지 않으면 안 된다.

옛사람도 일렀거니와,
"물 속 깊이 있는 고기와 하늘 높이 나는 새는 높은 곳에 있거나 낮은 곳에 있거나 쏘고 낚을 수 있다고 했지만 오직 사람의 마음만은 비록 가까운 곳에 있을지라도 그 마음 속을 미루어 헤아리기 어렵도다."
라고 탄식했듯이 분명 인간이란 친한 친구간에 있어서도 늘 얼굴을 맞대고 있음에도 그 마음만은 참으로 알기 어렵다.

그러나 지나친 의심은 차츰 암귀(暗鬼)가 되어 혼란만 가져올 뿐 결국 자신에게는 하등의 이익이 없는 것이다.

따라서 이 '육(育)'의 운성을 타고난 사람은 자기 마음에 들면 모든 것을 털어놓고 다 주어야 시원한 직성을 갖고 있으므로 인간과 인간의 불가분한 정적(情的)인 관계에서 때로는 자신이 예기치 못한 피해를 보기도 하여 일시적 번뇌의 늪에 빠지기도 한다.

정열이 강한 만큼 순박한 성품으로 인해 무슨 일에 한번 실망하면 표정 또한 침울해져서 평소에도 웃음을 잃은 듯 엄숙하며 이때부터 개방보다 비밀을, 폭로보다 은폐를 중요시하는, 예전과는 판이한 인생관을 구축한다.
　　따라서 실패의 후유증이 결국 성공을 뒷받침함으로써 새로운 인간상을 형성하게 된다.
　　이러한 영향하에 일면 보수적인 정신과 완벽에 가까울 정도의 처세술로 그 마음 속엔 장래 닥쳐올 위기에 대한 준비(防禦)와 주의(注意)를 게을리하지 않는 모사와 계획이 철저한 지모인(智謀人)으로 변모하게 된 것이다.

　　역단(易斷)하건대, 초년의 운세는 유년기에 있어 부모의 사랑은 지극하나 실로 그 자신에게 미치는 혜택(關係)은 원만치 못하고 홀로 먼 곳에 떨어져 있는 외로움을 느껴야 하며 비록 현재의 여건이 행복한 위치에 놓여 있다 해도 스스로 고독을 찾아 헤매는 수행승(修行僧)의 운세와도 흡사하다.
　　이 명은 10세·15세에 운명적 함정이 스친 뒤 20세에 이르러 운이 열리나(冠至開運) 마음의 갈등이 생겨 호운(好運)을 놓치기 쉬운 경향이 있고, 이어 30세를 넘어 잠깐의 고비를 넘긴즉(立至困厄) 완전한 운세에 돌입해간다(漸進福運).
　　때문에 이 '육(育)'의 운성을 타고난 사람은 중년보다 노년으로 갈수록 운세가 더욱 호전되는 경향이 있으므로 인생의 목표점을 멀리에 두고 차근차근 성취해가는 것이 좋다.

　　판단짓건대, 그대의 운세는 홀로 황무지를 일구어 옥토(沃土)를 만드는 초곤노왕(初困老旺)의 복록을 타고났다.
　　특히 남성은 주위로부터 의협심이 있는 사람으로, 여성은 진실(人情)하고 정열적인 사람으로 인정 받아야만 늦게나마 그 복록이 2배, 3배로 배가(倍加)되어 자신에게 돌아온다는 운의(運意)를 깊이 명심해야겠다.
　　진실성이 결여된 가운데 얻은 커다란 복록은 바보처럼 땀흘려 순수한 가운데 얻은 조그마한 대가(代價)보다 그 보존도(保存度, 幸福度)는 천양지판이다. 비록 한 때의 방황(失敗)은 있다 해도 철든 뒤에는 열악한 환경에서나마 재기하기 위한 강한 복구력은 타의 능력을 초월한다. 때문에 성공에 대한 만족도 역시 그만큼 배가 되는 것은 역리(易理)의 당연한 철칙이다.

초년송 · 初年頌

초운육성 상감고독 · 初運育星 常感孤獨
약비독신 허다풍상 · 若非獨身 許多風霜

존심정직 일생청한 · 存心正直 一生淸閑
십인경지 일인식지 · 十人耕之 一人食之

홀견회수 심회강개 · 忽見廻首 心懷慷慨
막한곤고 대기만성 · 莫恨困孤 大器晩成

관후개운 입지체운 · 冠後開運 立至滯運
약비이모 무후봉사 · 若非二母 無後奉祀

운평 · 運評

- 초년운에 '육성'을 띠었으니 항시 고독을 느끼고 살 명이어라. 그대가 만일 혼자 몸이 아니면 풍상이 심상치 않도다.
- 마음은 곧고 정직하여 일생 청한할 명이요, 열 사람이 지어서 홀로 먹는 격이니 식록은 풍족하도다.
- 홀연히 고개를 들어보니 마음 속엔 슬픈 한만 남았구나. 그대여! 초년의 곤고를 한탄치 말라. 늦게야 큰 그릇을 이룰 것이니,
- 20세 이후에 운이 열리고 30세에 이르러 잠깐 운이 막혔구나. 만일 이 명이 두 어미를 섬기지 않은즉 자손 없는 조상의 제사를 봉헌하리로다[※부친을 일찍 여읜 자는 모친이 재가할 명(命)].

第十章

중년운 中年運

31세부터 50세까지

남성 중년운 조견표(男性中年運照見表) −31세에서 50세

해당 초년운 \ 생일(生日)	生生星성	浴욕星성	帶대星성	出출星성	祿녹星성	明명星성	旺왕星성	衰쇠星성	落낙星성	絶절星성	胎태星성	育육星성
부 운 (富運)	1 13 25	12 24	11 23	10 22	9 21	8 20	7 19	6 18 30	5 17 29	4 16 28	3 15 27	2 14 26
고 운 (枯運)	2 14 26	1 13 25	12 24	11 23	10 22	9 21	8 20	7 19	6 18 30	5 17 29	4 16 28	3 15 27
성 운 (盛運)	3 15 27	2 14 26	1 13 25	12 24	11 23	10 22	9 21	8 20	7 19	6 18 30	5 17 29	4 16 28
패 운 (敗運)	4 16 28	3 15 27	2 14 26	1 13 25	12 24	11 23	10 22	9 21	8 20	7 19	6 18 30	5 17 29
교 운 (巧運)	5 17 29	4 16 28	3 15 27	2 14 26	1 13 25	12 24	11 23	10 22	9 21	8 20	7 19	6 18 30
안 운 (安運)	6 18 30	5 17 29	4 16 28	3 15 27	2 14 26	1 13 25	12 24	11 23	10 22	9 21	8 20	7 19
영 운 (榮運)	7 19	6 18 30	5 17 29	4 16 28	3 15 27	2 14 26	1 13 25	12 24	11 23	10 22	9 21	8 20
분 운 (奔運)	8 20	7 19	6 18 30	5 17 29	4 16 28	3 15 27	2 14 26	1 13 25	12 24	11 23	10 22	9 21
달 운 (達運)	9 21	8 20	7 19	6 18 30	5 17 29	4 16 28	3 15 27	2 14 26	1 13 25	12 24	11 23	10 22
형 운 (刑運)	10 22	9 21	8 20	7 19	6 18 30	5 17 29	4 16 28	3 15 27	2 14 26	1 13 25	12 24	11 23
능 운 (能運)	11 23	10 22	9 21	8 20	7 19	6 18 30	5 17 29	4 16 28	3 15 27	2 14 26	1 13 25	12 24
건 운 (健運)	12 24	11 23	10 22	9 21	8 20	7 19	6 18 30	5 17 29	4 16 28	3 15 27	2 14 26	1 13 25

* 해당 초년운과 생일 음력 기준

여성 중년운 조견표(女性中年運照見表) −31세에서 50세

해당 초년운 \ 생일(生日)	生星 생성	浴星 욕성	帶星 대성	出星 출성	祿星 녹성	明星 명성	旺星 왕성	衰星 쇠성	落星 낙성	絶星 절성	胎星 태성	育星 육성
부운(富運)	1, 13, 25	2, 14, 26	3, 15, 27	4, 16, 28	5, 17, 29	6, 18, 30	7, 19	8, 20	9, 21	10, 22	11, 23	12, 24
고운(枯運)	12, 24	1, 13, 25	2, 14, 26	3, 15, 27	4, 16, 28	5, 17, 29	6, 18, 30	7, 19	8, 20	9, 21	10, 22	11, 23
성운(盛運)	11, 23	12, 24	1, 13, 25	2, 14, 26	3, 15, 27	4, 16, 28	5, 17, 29	6, 18, 30	7, 19	8, 20	9, 21	10, 22
패운(敗運)	10, 22	11, 23	12, 24	1, 13, 25	2, 14, 26	3, 15, 27	4, 16, 28	5, 17, 29	6, 18, 30	7, 19	8, 20	9, 21
교운(巧運)	9, 21	10, 22	11, 23	12, 24	1, 13, 25	2, 14, 26	3, 15, 27	4, 16, 28	5, 17, 29	6, 18, 30	7, 19	8, 20
안운(安運)	8, 20	9, 21	10, 22	11, 23	12, 24	1, 13, 25	2, 14, 26	3, 15, 27	4, 16, 28	5, 17, 29	6, 18, 30	7, 19
영운(榮運)	7, 19	8, 20	9, 21	10, 22	11, 23	12, 24	1, 13, 25	2, 14, 26	3, 15, 27	4, 16, 28	5, 17, 29	6, 18, 30
분운(奔運)	6, 18, 30	7, 19	8, 20	9, 21	10, 22	11, 23	12, 24	1, 13, 25	2, 14, 26	3, 15, 27	4, 16, 28	5, 17, 29
달운(達運)	5, 17, 29	6, 18, 30	7, 19	8, 20	9, 21	10, 22	11, 23	12, 24	1, 13, 25	2, 14, 26	3, 15, 27	4, 16, 28
형운(刑運)	4, 16, 28	5, 17, 29	6, 18, 30	7, 19	8, 20	9, 21	10, 22	11, 23	12, 24	1, 13, 25	2, 14, 26	3, 15, 27
능운(能運)	3, 15, 27	4, 16, 28	5, 17, 29	6, 18, 30	7, 19	8, 20	9, 21	10, 22	11, 23	12, 24	1, 13, 25	2, 14, 26
건운(健運)	2, 14, 26	3, 15, 27	4, 16, 28	5, 17, 29	6, 18, 30	7, 19	8, 20	9, 21	10, 22	11, 23	12, 24	1, 13, 25

* 해당 초년운과 생일 음력 기준

第十章 중년운(中年運)

부운성 · 富運星

해외 원정도 가능하며 비로소 사업의 확장과 기획이 주체성을 띠어
어떠한 역경에도 동요치 않고 번영에의 문을 향하여 초연히 질주하는
성공에의 입신(立身)이 엿보이는 운세

'부운성'의 역상(易象)은 만물이 이제 겨울잠(冬眠)에서 깨어나 바야흐로 약동의 생기(生氣)를 되찾는 재생(再生)의 낙(樂)을 상징한다. 따라서 모든 고통과 시련의 고비를 넘긴 안정의 운기(運期)로 자리잡아 가고 있다.

이는 곧 새로운 세계로의 혁신과 도전을 의미하는 것으로 지나친 과욕만 부리지 않는다면 차츰 성년기에 기반이 구축되어 그 기반 하에서 노년에 이르기까지 일취월장(日就月將)의 복록이 따르는 운세다. 때문에 직장인은 새롭고 더 나은 복록이 따르는 운세다. 때문에 직장인은 새롭고 더 나은 직장으로의 자리바꿈이 가능하며 승진 또는 영전도 이루어져서 자신의 위치가 한껏 부상되는 운정(運程)이다 (※이 운세를 풀지 못하면 직업 전환 풍운을 맞는다).

만일 상업인이라면 가게의 확장, 고용인의 확보, 귀인의 조력이 따르는 운세로서 주위로부터 30세 이전까지는 인정 받지 못한 자신의 능력을 비로소 인정 받고 새로운 두각을 나타내어 선천적 재능을 발휘하게 된다.

반면 인정(人情)에 약한 일면이 있어 친구나 선후배와의 동업 등 인간 관계로 인한 번뇌가 예상되기도 한다. 자신은 비록 완전하고 독립된 주체를 세웠다 하더라도 예기치 않은 사업적 돌풍에 휘말려 일시나마 금전적 낭비를 가져오는 인인피해(因人被害)의 운이 있다.

이 점만 보완하면 상계(商界, 事業)에 진출해도 날로 성업을 이루어 재물도 넉넉하니 만인이 우러러보아 이상(理想)은 날로 새로워지고 40대에 이르면 정치를 향한 꿈에 부풀기도 한다.

따라서 이 명은 단계를 거치지 않더라도 최상의 국록(國祿, 公祿)을 먹을 수 있는 명성운이 함께 들어 있는 것이다.

여성도 이에 상응한 복록이 있으나 다만 부부궁에 한때 공방을 맞든가 파란이 있음은 명운의 소관이리라.

중년송 · 中年頌

일상부대 수롱천금 · 日上富帶 手弄千金
막탄배궁 중년영화 · 莫嘆配宮 中年榮華

정지득명 인개앙시 · 井至得名 人皆仰視
재록겸전 불선타인 · 財祿兼全 不羨他人

막근여색 신수관액 · 莫近女色 身隨官厄
상계진출 성업진명 · 商界進出 盛業振名

운평 · 運評

- 생일에 '부운성'을 둘렀으니 손 안에 천금을 희롱할 것이요.
- 한때 부부궁의 액을 한탄치 마라. 중년엔 반드시 영화가 있음이요.
- 40대에 이르러 명성을 얻게 되니 만인이 모두 우러러보도다. 이 운에 재록을 함께 겸비했으니 어느 누군들 부러울쏘냐.
- 다만 여색을 가까이한즉 몸에 관재(亡身)가 따르리니 이 명이 혹 관계로 나가지 않으면 상업계에 진출해도 큰 성업을 이루어 사방에 이름을 떨치리라.

고운성 · 枯運星

적성의 부적합으로 능력의 한계(不滿)를 느낀 나머지
일시적 중단을 의미하는 것이니 무게 있는 처신과 기다림의 인내가
요구되는 암운적(暗運的) 불운의 터널을 지나야 하는 운세

　무릇 인생이란 희로애락과 영고 성쇠의 운명이라고 하는 바다(蒼波) 위에 한 치의 앞도 볼 수 없는 미혹한 인간이 오직 아슬하고 가녀린 운명선을 탄 채 희망이라는 등대를 향해 항해하고 있는 것일까?

　무릇 캄캄한 대해(大海) 위에 언제 폭풍이 불어올는지 도무지 예측할 수 없는 이 난감한 상황에서 홀로 가슴 조이며 방황하고 있는 것이 아마 인생이리라.

　따라서 이 '고운성'은 역상으로 말한다면 깜깜한 밤(三更)에 해당되어 앞으로 동이 트기를 기다리고 있는 것과 같은 형상으로서 아직 좋은 운(好運)을 만나지 못하여 때(運期)를 기다리고 있는 것과 흡사한 운이다.

　때문에 뜻 아닌 사업적 중단이나 타의(他意)에 의한 직장의 불운적(不運的) 변경, 가정의 상대적 충돌 등이 예상되는 시기다.

재론하건대, 가정적으로는 부부나 자녀의 불운을 의미하고 사회적으로는 상사와의 충돌, 적성의 부적합으로 능력의 한계 내지 불만을 느낀 나머지 일시적 중단을 의미하기도 한다.
　따라서 자녀의 질병(學業中斷)과 본인의 건강도 점검해야 하고 부부간에는 서로의 양보와 화해의 정신으로 매사 분수를 지키는 마음 자세로 살아가는 것이 현명하다. 친한 사람이나 주위의 경쟁으로 인한 번뇌 혹은 인간 관계의 배신으로 좌절의 고통을 암시하기도 하며 뜻밖의 구설로 인해 금전적 손해 내지 소송, 관재의 폭풍에 말려 한때 곤욕을 치르기도 한다.

　여성의 경우 남편과의 충돌이나 자녀로부터 일시적 실망감을 느낄 수 있는 운세이니 늘 인내하고 인생을 공부하는 자세로 생활하는 것이 좋다. 특히 이 운에는 가부장격인 일인이역(一人二役)의 운세가 작용하고 있음을 명심해야 한다(※주부는 40대에 두통, 심장병, 대수술의 병약운이 있다).

중년송 · 中年頌

일입고성 중년신병 • 日入枯星 中年身病
약비신병 관액수신 • 若非身病 官厄隨身

탁신공문 희사중중 • 托身公門 喜事重重
평인처액 선비후희 • 平人妻厄 先悲後喜

명전운기 일집재풍 • 命前運起 一執財豊
막한초곤 점입호운 • 莫恨初困 漸入好運

운평 · 運評

- 생일에 '고운성'이 들었으니 중년에 신병이 있도다.
- 만일 신병을 앓지 않으면 무슨 일로 관재(破産)가 따르는고.
- 공문에 몸을 두면 좋은 일이 중중하겠거니와 만일 평민인즉 처액이 있으리니 먼저는 슬프더라도 뒤에는 기쁘리로다.
- 50세 전에 재운이 일어나 한때 재물을 잡을진저, 그대에게 이르노니 초년고생 한탄치 마라, 연륜이 더할수록 점점 좋은 운이 들리라.

성운성 · 盛運星

실패의 아픔에 울었던 자에겐 성공의 영광이, 능력을 인정 받지 못한 자에겐
비로소 두각(頭角)의 운세가 나타나 재등용의 영광이 되살아나는 운세

무릇 '성운'의 역상은 암흑의 전야(前夜)를 지나 이제 동해의 일출을 눈 앞에 두고 있는 제야투명(除夜透明)의 운세를 상징하고 있다. 바꾸어 말하면 공포(苦痛, 苦生)의 밤은 지나고 희망의 새날이 밝아올 무렵 기상(起床)의 순간에서 자신의 이상(理想)과 계획을 재정비하고 고통의 늪을 벗어나서 이제 개운(開運)의 시기에 접어들었다.

지난날(前年) 좌절과 시련, 질시와 고독에 울었던 사람은 새롭게 탄생하는 중년의 복운(福運)에 중후한 처신과 아울러 성숙된 인격도 갖추게 되어 있음이니 주위의 모든 사람들로부터 선망(羨望)의 눈길을 모아 부러움을 사기도 한다.

무릇 '성(盛)'의 의미는 번성 · 진보 · 성장을 뜻하는 바 자신에게 불리한 모든 핸디캡을 가차없이 떨쳐버리고 제2의 인생 도약의 첫 출발을 의미한다.

남성의 경우 실패의 고통에 울었던 사람은 비로소 성공의 영화가, 주위로부터 능력을 인정 받지 못한 사람에겐 비로소 두각(頭角)의 운세가 나타나 재등용의 영광을 얻는다. 또한 그늘에 가려져 한직(閑職)에 머무르며 번뇌했던 사람은 이제 중책의 은전(恩典)을 받게 되는 개운(開運)의 복록이 찾아들어 중년기의 운세를 아낌없이 발휘하게 된다.

　　한편 여성의 편력도 따르는 운세이니 여난(女難)으로 인한 이성적 갈등이 있음도 간과할 수 없다. 가정에 매우 충실하면서도 늘 마음 한구석엔 타성(他性, 異性)을 동경해보는 이상 심리가 작용하고 있음을 부인할 수 없다.

※ 무릇 이 '성운'의 운의(運意)는 3년 대한(大旱)에 목마른 용이 비로소 물을 얻어 하늘에 승천하는 형상을 뜻하므로 이는 곧 이미 고통과 쇠락(衰落)의 운세를 지났음을 의미하는 것이니만큼 새로운 도약과 복록이 따라 들어 화려한 중년기를 예상함엔 의심할 바 없다. 때문에 과감한 행동 철학이 필요하다.

중년송 · 中年頌

일상성운 도처득명 · 日上盛運 到處得名
중년지사 운용권도 · 中年之事 運用權道

성업진명 만사여의 · 盛業振名 萬事如意
강산상격 일편공방 · 江山相隔 一片空房

재득여산 선실후득 · 財得如山 先失後得
우봉귀인 만득결실 · 偶逢貴人 晚得結實

운평 · 運評

- 생일에 '성운성'을 놓았으니 도처에 권명이 자자할진저.
- 그대 중년의 명을 논할진대 권도를 부릴 명이오.
- 새롭게 사업을 일으켜 크게 이름을 떨치게 되니 모든 일이 마음과 뜻과 같도다.
- 다만 재물(財力)은 산과 같이 쌓일 것이나 먼저는 잃고 뒤에 얻을 것인즉 우연히 귀인을 만나 늦게나마 그 결실을 보게 되리로다.

패운성 · 敗運星

- 모든 사람들에게 희생적이고 진실된 마음으로 온 정성을 다 쏟았지만
- 그 공덕의 보람은 배신이라는 슬픈 결과로 나타나
- 양호유환(養虎遺患)의 통증을 겪기도 하는 운세

무릇 '패운'의 역상은 세파(世波)에 찌들어 힘겨운 황혼객이 지친 심신을 이끌고 거센 운명의 소용돌이 속에서도 좌절하지 아니하고 다시 제2, 제3의 새로운 운명적 시도를 도모하면서 온힘을 다하여 재기(再起)를 위해 몸부림치는 실패자의 함성과 흡사하다.

인생이란 정녕 불행이 닥친 자에게는 설상가상(雪上加霜)으로 다시 불행을 몰고오는 것이며 행운은 금상첨화(錦上添花)로 다시 행운을 몰고오는 것이 아마 인생〔易理〕의 모순된 진리인가보다. 운명상으로 실패의 뒤에는 경제적 고통, 가정적 비운, 신체적 병약도 따르는 법이다.

집념이 강한 반면 남 못지않은 노력도 했으련만 모든 일이 마음 같이 뜻대로 되지 않아 자신의 계획과는 판이하게 달리 일마다 차질이 생기고, 모든 사람들에게 희생적이고 진실된 마음으로 온 정성을 다했다지만 그 공덕의 보람은 배신이라는 결과로 나타나기도 한다.

　때문에 자신은 지난날을 돌아보며 고독으로 점철된 인생을 한탄해보며 생의 무상함을 절감하면서 인덕의 부족함을 깊이 통감해본다.

　옛말에 "소도 언덕이 있어야 비빈다."라는 말은 아마 인간이 살아가는 데 불가분의 환경적 성공 요소가 아닐 수 없다. 맹자도 일찍이 "천운(天運)도 지리(地理)의 이(利)도 모두 좋지만 이보다 중요한 것은 인간적인 융화, 즉 인덕이 있어야 한다."고 갈파하지 않았던가?

　무릇 사람이 때가 되고 운이 들면 자기 주위에 좋은 사람이 모여들듯이 타인이 나를 위해 부자를 만들어주는 것도 고금에 있어 세간의 어김없는 출세 논리라 할 것이다.

※ 특히 이 '패운'의 중년기를 만난 사람은 남녀 모두 사회적 실패와 가정적으로는 부부간의 충돌·이별·공방(空房)의 불운적 암시를 드러낸다. 때문에 이 운기에 해외로 이주하면 악운이 호운으로 갈아 들고 운세는 전화위복으로 호전되며 독자적 사업보다는 월급 생활이 더 나은 운이다(※남성의 경우 동업 불가).

중년송 · 中年頌

일입패성 운중곤액 • 日入敗星 運中困厄
활인구제 양호유환 • 活人救濟 養虎遺患

간유신질 심무정처 • 間有身疾 心無定處
중년지사 선무공덕 • 中年之事 善無功德

일득일실 선곤후달 • 一得一失 先困後達
중년여차 심성적덕 • 中年如此 心性積德

운평 · 運評

- 생일에 '패운성'이 들었으니 운마다 중간에 곤액이 따르도다.
- 비록 만인에게 활인구제할 명이지만 도리어 양호유환일레라.
- 간간이 몸에 질병운이 따르니 마음에 정처가 없음이요, 중년에 모든 일을 착하게 베푸나 그 공덕은 무상할지니.
- 한 번 얻고 한 번 잃는 득실이 상반한 명이여! 먼저는 곤고해도 뒤에는 반드시 이룰 것인즉, 그대 중년 일이 이와 같아 일상에 음덕을 늘 쌓아둬야 하느니.

교운성 · 巧運星

> 남성은 두령의 위치보다는 자신의 능력에 상응하는 참모의 역할이 더 나은
> 명운이므로 불가능한 목표는 삼가는 것이 현명하며,
> 여성은 사회적 유혹의 손길이 뻗쳐와 남몰래 번뇌의 늪에서 잠시 방황하는 운세

무릇 '교운성'의 역상은 폭풍이 지나간 대지 위에 새롭게 발아(發芽)하는 식물의 본체를 의미한다. 비유하면 진한 해풍(海風)에 시달리면서도 꺾이지 않는 갈대의 끈질긴 생명력에서 불타는 야망과 남다른 높은 이상감(理想感)에 젖어 자신의 인생 목표를 향해 돌진하는 청룡의 위상(威象)에 비유할 수 있다.

따라서 '과즉전도(過則轉倒)'라는 말이 뜻하듯 너무 지나친 욕망은 반대로 거꾸러지기 쉬운 것과 같이 자신의 능력을 너무 과대 평가한다든가 혹은 불가능한 목표에 도전하는 것과 같은 만용(蠻勇)을 드러내기도 한다.

이 '교운'의 운성을 띤 사람은 거의 욕망이 크고 지모가 지나쳐 자신이 하는 일에 대해 성공을 과신한 나머지 금방 해야 할 일도 차일피일 미루어 대사(大事)를 그르치는 수가 적지 않다. 따라서 매사에 치밀한 계획과 강력한 실행력이 요구되

며 일의 선후(先後)를 잘 살펴 처리할 수 있는 자상한 정신력이 필요하다.

　이 '교운'의 운기에서는 타인을 비하(卑下)하여 자기보다 아래로 낮춰보는 교만성이 작용하고 조그만 것도 남에게 과시해보고자 하는 허영심이 작용하기 때문에 중년기에 실패의 함정이 따른다.
　특히 주위의 사람을 다루는 데는 능수능란하여 비상한 수완을 발휘하지만 그 지모에 비해 주위가 그렇게 따라주는 것은 아니다. 이는 꾀가 지나친 나머지 덕(人和)의 결핍을 의미하기도 한다.

　이 시기에 남성은 여난(女難)이 예상되고 여성은 비로소 밖으로 뛰는 사회적 활동의 변화상을 보인다. 여성은 새로운 직업에의 시도(試圖), 즉 도전이 있게 되므로 일파만파(一波萬波)의 분주한 운명으로 자칫 사회적 유혹의 손길이 뻗쳐와 스스로 남모를 숨은 번뇌(口舌)의 늪에서 방황하기도 한다.

중년송 · 中年頌

일상교운 좌모중년 • 日上巧運 座謀中年
조화무궁 유두무미 • 造化無窮 有頭無尾

청운유로 편답장안 • 靑雲有路 遍踏長安
신조태극 천우신조 • 身照太極 天佑神助

금궁유액 일편공방 • 琴宮有厄 一片空房
모사중중 흉중난측 • 謀事重重 匈中難測

운평 · 運評

- 생일에 '교운성'을 띠었으니 앉아서 꾀를 도모하는 중년이여!
- 비록 조화는 무궁하지만 머리는 있으나 꼬리가 없는 격이로다.
- 일시에 청운(出世)의 관도(벼슬)에 올라 장안을 편답하니 태극성이 몸에 비쳐 하늘과 조상이 함께 도울진저!
- 부부궁에 액이 있어 한때 공방의 세월이 있을 것이지만 위인이 모사가 출중하여 흉중에 도모한 바를 헤아리기 어려울레라.

안운성 · 安運星

각고면려(刻苦勉勵)의 집념 위에 축적된 노력은 비로소 주위로부터
인정을 받아 나날이 창조와 웅지의 희망에 찬 청사진이 펼쳐지는 운세

무릇 '안운성'의 역상은 겨울잠[冬眠]에서 깨어난 청사(靑蛇)가 풀밭에 나와 개구리를 희롱하는 형상과 같다. 따라서 내면 깊숙이 비축돼 있는 지혜가 외부적으로 스며나와 주위로부터 인정을 받아 차츰 그 위치가 부상되는 향상적 발운(發運)의 중년기에 접어들었다.

오랫동안 대가(代價) 없는 노력이 이어져 지리하고도 우울했던 불운의 늪에서 벗어나 어제까지의 생활을 청산하고 새롭게 도약하는 운세다. 특히 이 '안운'의 역상은 양(陽)이 음(陰)으로 변형된 상이므로 대인 관계에서도 선악의 교량 역할을 할 수 있는 특징이 있다. 따라서 이 시기에는 원만한 처신과 외교적 수완을 유감없이 발휘하여 상하좌우의 인간 관계 형성에 주력해야 하는 때다.

지나간 시절(初年期), 자신의 몸도 돌보지 아니하고 각고면려의 집념으로 축적한 노력은 이제 바야흐로 새로운 활기(活氣)를 띠어 하나의 성공(立身)이라고 하는 진운적(進運的) 대가(代價)를 가져다주는 운세다.
　따라서 사회적으로 너무 집착한 결과 가정적으로 소홀하기 쉬운 일면이 있고 하나의 목표를 단숨에 해결하고자 하는 조급성이 독선적인 경향을 띠어 독단적 외고집으로 나타나기 쉬운 단점도 배제할 수 없다. 때문에 지나친 경우 자신에 대한 과대한 욕구가 인간 관계의 형성에 장애를 불러일으켜 일시적 일의 중단이라든가 혹은 정신적 혼란을 가져와 건강상으로 병약의 불운을 자초하기도 한다.

　특히 남성은 사회적 인정, 주위의 지지기반(支持基盤)을 확산시켜 나날이 창성의 일로를 걷게 됨은 물론 명성도 따르는 운세며 여성은 남성과 달리 가정적으로 고독감을 느낄 수 있는 장애적 요소를 암시하고 있음이니 남편 혹은 자녀에 대한 일시적 고통이 따름을 간과할 수 없음을 특별히 지적해둔다.

중년송 · 中年頌

일입안성 슬하귀영 • 日入安星 膝下貴榮
재문겸비 공명출중 • 才文兼備 功名出衆

향처유재 수롱만금 • 向處有財 手弄萬金
직언직성 심성무독 • 直言直性 心性無毒

막탄신고 선고후락 • 莫嘆身苦 先苦後樂
약불등과 처궁수우 • 若不登科 妻宮隨憂

운평 · 運評

- 생일에 '안운성'이 들었으니 슬하(子孫)에 반드시 귀한 영화를 볼 것이요.
- 학문과 재질을 함께 겸비했으니 공명 또한 출중하리로다.
- 향하는 곳마다 재물이 있어 손 안에 만금을 희롱할 것인즉 비록 바른 말하는 직성을 타고 났으나 마음엔 독이 없도다.
- 초년에 몸이 외로운 것을 한탄치 마라. 먼저 고통이 있은 뒤에야 즐거움이 있으리니 만일 이 몸이 등과(及第)를 하지 못한즉 처궁에 근심이 겹치리로다.

영운성 · 榮運星

이글거리는 태양을 향해 웅비하는 금시조(金翅鳥)와 같은 강한 흡인력으로
맨주먹으로도 능히 재계(財界)에 도전하여
황금의 마천루를 구축하는 익일창성(益日昌盛)의 운세

무릇 '영운성'의 운력은 고루거각에 홀로 앉아 경국제민(經國濟民)의 권도(權度)를 유감없이 발휘함이니 그 경륜 또한 뭇사람을 모았다 흩어지게 하는 '호취갈산(呼聚喝散)'의 강한 운세로서 일세를 가히 풍미하고도 남음이 있다.

때문에 평민(平民)의 경우는 나날이 재물의 복력이 가중되어 남부럽지 않은 생활을 누리고 더 나아가서는 주위의 인망을 한몸에 모아 홍문(鴻門)에 출입할 수 있는 횡관적(橫官的) 운세를 뜻하기도 한다〔※참고 : 시상(時上)에 '산(散)·입(立)·실(失)·공(空)·독(獨)·궁(窮)'이 걸린 경우는 관재를 당하거나 반대로 고생하며 이는 평관인 경우도 똑같이 해당된다〕.

관인〔公官人〕의 경우 매우 분망한 생활 속에서도 나날이 지위가 향상되어 막

중한 중책의 직함을 얻어 관운등등(官運登登)의 복록이 따르는 운세다. 특히 이 운성은 대중을 압도하는 매혹적 흡인력이 내면 깊숙이 깔려 있기 때문에 하나의 목표를 설정하면 정염이 흘러 넘쳐 뜨겁게 충동질하는 까닭에 평범하고 안이한 생활로는 도저히 만족할 수 없다.

이와 같은 '영운성'의 작용이 운명에 미치는 영향 또한 지대하여 맨주먹(赤手)으로 재계에 도전하여 일약(一躍) 황금의 마천루를 세울 수 있는 강한 운세로서 이는 곧 콜럼버스가 신대륙을 발견할 수 있었던 혁신적 운세를 뜻하기도 한다.

36세 전까지 고통의 늪에서 헤맨 자는 쾌적의 평원에, 실패의 불운에서 벗어나지 못한 자는 비로소 귀인의 추천(助力)으로 성공의 행운을 쟁취할 수 있는 것이며, 이제 점진개운(漸進開運)의 중년을 맞아 쌓였던 한(恨)을 한꺼번에 풀고 인생의 맛을 더욱 진하게 음미할 수 있는 때이므로 자칫 방심하면 친구나 주위의 유혹에 넘어가 자신의 분수에 넘치는 일을 벌여 과오를 범하거나 스스로 번뇌를 자초하기도 한다(※가급적 동업은 삼가). 이 점만 유의하면 한때의 영화는 반드시 기약할 수 있다.

중년송 · 中年頌

일상영성 중도부영 · 日上榮星 中到富榮
다재다능 총명과인 · 多才多能 聰明過人

수유재풍 입출거금 · 雖有財豐 入出巨金
정후운중 일편과숙 · 井後運中 一片寡宿

적뢰여산 의식풍륭 · 積賂如山 衣食豐隆
제우상조 인인피해 · 諸友相助 因人被害

운평 · 運評

- 생일에 '영운성'을 띠었으니 중년에 이르러 부귀로운 영화가 있을 것이로다.
- 원래 위인이 다재 다능하여 총명이 뭇사람을 지나치도다.
- 비록 재물운은 풍륭하지만 수지가 빈번하니 거금(큰돈)이 들락날락, 사십 운중에 한편 과방(寡房)이 있을 운이로다! 모든 친우가 서로 도우나 어인 일로 사람으로 인한 피해가 따르는고.

분운성 · 奔運星

기다림의 세월에 지친 청운객(靑雲客)이 겹치는 시련으로 인해
야반(夜半)에 집을 떠나는 고뇌스러운 삶 그대로, 분망한 나날에 등용문에의
희망을 어렵게 관철시키는 만고득락(萬苦得樂)의 운세

무릇 이 '분운성'은 적진을 향해 돌진하는 적토마(赤土馬)와 같은 기상을 뜻하므로 스스로 일을 만들고 스스로 번뇌를 만들어 자기의 공과(功果)를 모두 남에게 던져주는 선무공덕(善無功德)의 운을 상징한다.

이는 곧 기다림의 세월에 지친 청운객(靑雲客)이 야반 삼경에 처자와 이별하고 집을 떠나는 아픔이 고뇌에 찬 삶 그대로 이 '분운'의 운명 속에 저며 있다.

특히 인정에 여린 일면이 있어서 공사(公私)를 분명히 하지 않으면 일생을 두고 고통의 늪을 헤어나기 어려운 명이다. 인간이란 과거의 좋았던 시절의 추억에만 취해 살 수 없는 것. 지난날은 아무리 고통스러웠을지라도 지나고 보면 아름다운 추억임에 틀림없다.

그러나 현실의 냉혹함을 자각지 못한다면 이는 곧 사회는 물론 가정에서도 외면당할 것임에 틀림없다. 따라서 잠깐의 고뇌가 따른다 해도 항상 현실을 긍정적으로 받아들이는 자세와 때로는 교만한 자와도 타협할 줄 아는 처신이 대성(大成)의 문(門)에 들어설 수 있는 것이다.

불행이란 설상가상으로 겹쳐오지만 행운은 금상첨화의 배가된 복록이 역리(易理)의 논리임을 부인할 수 없다.

그러므로 이와 같은 '분운'의 운세에서는 과욕적 도전은 불가능하다.

특히 본인을 위해 따르는 자가 모두 이익이 될 수 없고 자신이 많은 덕을 베풀었다 하더라도 종국에는 양호유환(養虎遺患)의 해가 따름은 안타까운 일이다.

오! 분망하고 고독한 명이여!

자신에게 혜택을 줄 자는 멀리 가고 괴로움을 안겨줄 자만 다가오는 명운이니 자기 일보다 남의 일에 분주하고 수입보다 지출이 많은 운세며, 30세에 이르러 운이 열림을 느낄 것이지만 50세가 다하여 암운(暗運)이 깔려 한때의 시련이 예상되도다.

※ 특히 여성은 남편을 멀리[遠處] 두고 홀로 그리워해야 하는 일시적 공방[獨守空房]의 운세가 있음이니 불전(佛前)에 정성을 게을리하지 말 것이며 음덕을 쌓아두는 것이 악운을 퇴치하는 최상의 방법임을 명심할 일이다.

중년송 · 中年頌

일입분성 상업득리 • 日入奔星 商業得利
육친무덕 일한삼탄 • 六親無德 日恨三嘆

입즉유우 출즉희락 • 入則有憂 出則喜樂
재성지도 원처횡재 • 財星之道 遠處橫財

부부상별 후필재봉 • 夫婦相別 后必再逢
조처불연 만득가배 • 早妻不緣 晚得佳配

운평 · 運評

- 생일에 '분운성'이 들었으니 한때 상업으로 큰 이익을 얻을 것이지만,
- 일찍이 육친의 덕이 결핍됐으니 신세를 돌아보며 하루에도 세 번을 한탄하는구려.
- 이 명이 집에 있은즉 근심, 밖에 나간즉 즐거우니 역마성이 있음이요, 일생 재물의 도는 먼 땅에서 횡재하리로다.
- 부부간에 서로 별거할 운이 있으나 뒤에 다시 만날 것인즉 일찍이 만난 사람(夫婦) 인연이 박약하고 뒤늦게 만난 배필이 천생의 인연이로다.

달운성 · 達運星

🟧 비록 고독으로 점철된 삶일지언정 인생의 목표가 원대(遠大)하여
🟩 현재의 역경을 능히 타파하여 칠전팔기의 운력으로
🟦 새롭게 발돋움하는 고자성락(苦者成樂)의 운세

무릇 이 '달운'의 역상은 황량한 들녘에 솟아오르는 중추(仲秋)의 명월을 바라보며 자신의 고달픈 생(生)을 한없이 원망하면서도 고독으로 점철된 삶을 사랑하는 고성락(苦成樂)의 운의를 뜻하고 있다. 이는 곧 어떠한 고난과 시련에도 굴하지 않는 칠전팔기의 끈질긴 운명으로 이어진다. 지나친 자기방어(獨善)는 고독의 산물이다. 사람이란 고독에 울어본 자라야만 독보적 자기 개성을 발휘하여 뭇사람의 위에 설 수 있으니 이는 인생의 진리다.

때문에 집에 운좌할 때는 마치 수도승과 같은 생활을 동경(創出)하여 일면 도객(道客)의 풍모를 지니고, 밖에 나가면 귀인의 위상을 드러내어 자신의 목적한 바를 달성하려는 집념이 강하게 일어 기어이 인생의 한 획을 긋고 마는 응집력(凝集力)이 서려 있다.

다만 이 '달운'의 운정은 자신이 노력한 만큼의 대가에 비해 그 운이 미흡하다는 안타까움이 따르기는 하나 결국은 만운형복(晩運亨福)의 운력을 발휘하게 된다.

생각건대, 강석공(太公望)이 위수(渭水)의 강가에 곧은 낚시를 던진 지 얼마만큼 세월이 흘렀던가! 겨우 80대에 이르러 문왕(文王)을 만나 주(周)나라 800년 대계(大計)를 세워 정사(政事)를 운위한 것도 오직 이 '달운성'을 타고났기 때문이다.

무릇 마음은 급하게 작용하고 운은 늦은 편이니 어찌 고독한 명이 아니랴!

그러나 인생의 목표를 멀리 두고 차근차근 진가(眞價)를 음미해야 한다. 또한 한때의 불운은 결국 영락(榮樂)에 이르는 개운(開運)의 문(門)이라는 것을 망각해서는 안 되리라.

달이 초생달로 기우는 것은 머지않아 만월을 잉태하기 위한 하나의 필연적 자연과정으로 생각하라. 그런즉 그대의 운명도 나날이 밝은 지혜가 충만하여 힘겨운 시련도 능히 커다란 복록으로 전환시킬 수 있음을 확인하게 될 것이다.

중년송 · 中年頌

일봉달운 독좌청산 · 日逢達運 獨座青山
일몰황혼 춘림독조 · 日沒黃昏 春林獨鳥

정후명년 외부내빈 · 井後命年 外富內貧
은재발동 수구안강 · 隱財發動 守舊安康

금슬부조 금의야행 · 琴瑟不調 錦衣夜行
친척무의 향고일신 · 親戚無依 鄕顧一身

운평 · 運評

- 생일에 '달운성'을 만났으니 청산에 홀로 앉은 격일레라.
- 해질녘 황혼객은 마치 봄 수풀에 홀로 지낸 청조와 같을진저!
- 40대 이후 50대 운에 겉은 부하고 속은 가난한 사람이여(※실패의 함정), 숨은 돈(隱財)이 발동하였으니 옛것(分數)을 그대로 지키는 것이 도리어 몸이 편안하리라.
- 금실이 서로 고르지 못하니 비단옷 입고 밤길 걷는 나그네. 천지 사방 혈육 한 점 의지할 곳 없으니 고향으로 돌아가는 객이 외(孤)로운 일신을 돌아보며 한숨짓누나!

- 활인공덕(活人功德)이 따르는 명운으로 적덕(積德)을 게을리한즉
- 한때 신체의 병약과 관형(官刑)의 해가 따르는
- 일희일비(一喜一悲)의 파장적인 운세

무릇 이 '형운성'의 역상은 서리내린 가을 황혼녘에 무거운 짐을 지고 가파른 언덕을 향해 오르내리는 나귀(驢馬)의 형상을 상징한다.

때문에 고생으로 이룬 복록 뒤에 자신만이 갖는 값지고 진솔한 행복을 미처 향유하기도 전에 다시 암운(暗運)의 바람이 일어 인고(忍苦)의 세정(世情)에 재도전해야 하는 운으로, 한 번 기쁘고 한 번 울어야 하는 일희일비(一喜一悲)의 운세를 암시한다.

이 운성은 선천적으로 활인성(活人星)을 띠었으므로 의술(醫術)이나 사법(司法)계통에 진출한즉 행복한 삶을 누린다. 때문에 본인이 타(他)의 인명을 구하든지 구속력을 행사할 수 있는 권한(司法權)을 갖지 않는 한 도리어 자신에게 관액이나 병액의 고통이 따름은 운수의 소치다.

따라서 평소에 남을 위해 많은 봉사가 필요하고 보이지 않는 적덕(積德, 陰報)을 베풀어 남모른 덕을 축적해두라.

이와 같은 활인공덕이 쌓인즉 부부간은 물론 자손에게까지 그 혜택이 내려 고통이 없게 되는 것이니 이 명은 인생을 늘 베푸는 마음 자세로 살아가는 길만이 진정 복록의 운좌에 안주할 수 있다.

천품적으로 자존심이 매우 강하여 남에게 지기 싫은 성질이 작용하고 아울러 남다른 과시욕도 충만해 있다. 한때는 주위의 구설에 말려들어 인간적 피해가 있으며 금전적 고통도 따른다.

이 '형(刑)'이라고 하는 자의(字意)는 유독 신체에 대한 악신호를 예지하고 있기 때문에 평소에도 건강 상태의 점검이 필요하다. 조용한 생활 속에서도 무언가 이상적 세계를 동경하여 과대한 욕망을 이루고자 하는 정복력이 강하게 충동하고 있는 까닭에 조그마한 행복에 만족할 줄 모르는 심성이 결국은 큰 불행을 자초할 수 있다는 삶의 진리를 유념하지 않으면 안 된다.

중년송 · 中年頌

일상형운 상인수족 • 日上刑運 傷刃手足
약무차액 노경가외 • 若無此厄 路驚可畏

막한초곤 중후태평 • 莫恨初困 中後太平
인인지해 상록불소 • 因人之害 喪祿不少

수유성패 관액불범 • 雖有成敗 官厄不犯
의외지재 다득다용 • 意外之財 多得多用

운평 · 運評

- 생일에 '형운성'을 띠었으니 수족에 흉터를 가질 명이요,
- 만일 신체에라도 칼을 대지 않을 것 같으면 길가에서라도 놀랄 명이어니 교통 사고가 두렵도다.
- 초년 고생을 원망치 마라. 중년 후엔 안가태평할 터이나 사람으로 인한 함정으로 재물을 잃음이 적지 않도다.
- 이 명이 비록 초중년에 성패는 있다 해도 관액은 피해갈 것인즉 뜻밖의 재운이 들어 많이 벌고 많이 쓸 팔자가 분명하도다.

능운성 · 能運星

- 운월(雲月)을 농(弄)하는 풍류의 멋은 오직 예술적 취향의 발로이거니와
- 이제까지 그늘(不運)에 가려졌던 다능한 기교가 시절 인연을 만나
- 비로소 두각(頭角)을 드러내는 운세

무릇 '능운'의 역상은 황혼에 잠들려는 태양이 서쪽 지평선에 떨어지는 황금빛 노을의 문형(紋形)에서 인생의 모든 것을 체험한 노련한 이해자와도 같다. 때문에 다재 다능한 재능과 예술적 기교, 낭만적 사고(思考)를 대동한 가운데 입신(立身)에의 성공 철학이 무르익어 이제 성숙된 단계에 접어들었다.

일견 냉정하면서도 격정적 감정이 넘칠 때는 대사(大事)를 처리하다가도 순간의 실수를 범하기도 한다. 그러나 흐르는 이지적인 품성과 아름다운 미적(美的) 세계에의 동경이 주위로부터 사랑과 동정을 받는다.

이 명은 천우신조의 혜택이 있으므로 궁지(窮地)에 처할 때마다 보이지 않는 신(神, 貴人)의 도움이 따른다. 특히 일인일예(一人一藝)의 기술(※또는 자격증)을 터득해야만 안정된 삶을 누릴 수 있다.

그러므로 자신의 적성을 일찍이 발견하여 한 가지 직업으로만 일관하면 중년기의 운세는 새로운 두각을 나타내게 되고 주위로부터 인정 받는 동시에 명성 또한 드러나 사회에서 각광 받는 화려한 운정을 걷기에 부족함이 없는 명이다.

그러나 직업이 일정하지 않은 데다 자기의 재능만 믿고 시세(時勢)에 편승한 나머지 횡재(橫財)만 노리는 사람은 한 가지 일도 이루기 어렵고 가정도 삭막하여 고통과 방황이 이어지는 중년이 아닐 수 없다.

역단하건대, 이 '능운성'은 일인일기(一人一技)의 특기를 연마함으로써 자신의 운명을 푸는 열쇠가 된다. 다만 중년 30대 후반과 40대 중반에 부부간에 오는 갈등이나 사업적 함정이 도사리고 있다.

특히 가정에 불운의 바람이 불어 정신적 혼란을 일으키기 쉽다(※신경 과민, 의부·의처증 등).

남녀 모두 이 시기에는 사업과 주위〔異性〕에 대한 갈등이 따르는 운세이므로 일언일보(一言一步)의 주의를 요한다. 특히 여성은 만인을 접대할 수 있는 화류성(花柳星)이 명조에 있으므로 자칫 잘못하면 여급으로 전락하는 수도 있다(※주부에게 구설수나 사업의 유혹이 따르는 운).

중년송 · 中年頌

일입능운 정도성가 · 日入能運 井到成家
성본교묘 재예출중 · 性本巧妙 才藝出衆

무월동방 화촉재휘 · 無月東方 華燭再輝
갱조촉슬 가기백년 · 更調蜀瑟 可期百年

만수부명 수다견액 · 晩雖富名 隨多見厄
평생적업 기예술사 · 平生適業 技藝術師

운평 · 運評

- 생일에 '능운성'이 들어 있으니 40대에 이르러야 완전히 성가할 것이요(※40세 전에 번 돈을 탕진하기 쉽다).
- 본래 성품이 교묘하여 재예가 출중하도다.
- 동방[新房]에 달이 없으니 화촉을 다시 밝힐 것인가, 만약에 촉나라 비파를 다시 고른즉 백 년을 가히 해로할지니.
- 이 명이 늦게는 비록 부자의 이름을 듣게 될 것이나 연년이 액이 많이 따를 것인즉 평생의 적업은 기술 방면이나 예술가 · 교육자가 아니면 술사[卜術家]의 명이 분명하도다.

건운성 · 健運星

초년의 고생이 중년에 밑거름이 되어 세사(世事)에 모르는 바 없이 통달,
그 경륜 또한 광대무변하여 경제적 부(富)보다 정신적 도(道),
즉 명성에 심취할 운세

본시 정직한 심성과 미모도 아니면서 이상하리만큼 사람을 끌어당기는 풍모는 마치 신선계의 도인을 방불케 하는 고전적이면서도 현대적 분위기가 가미된 묘한 매력을 풍기고 있다.

즉 '건운'의 역상은 천상(天上)의 신선이 인세(人世)에 출현하여 다시 신선도를 즐기면서 세상 사람들에게 많은 것을 가르쳐주고 마음의 고통을 풀어주는 숭고한 철인과도 같은 의미를 갖는다.

따라서 일찍부터 고생을 많이 하여 세사에 모르는 바 없이 완전히 통달하게 된다. 그 경륜 또한 광대무변하여 현실이 비록 물질에 시달린 오염된 삶 그 자체일지라도 이를 초탈(超脫)하여 목마른 자에게 갈증을 풀어주는 분명 청량제와 같은 운명임에랴!

그대의 운세가 물질적 부(富)의 성취는 약간 늦은 편이지만 신선락(神仙樂)에 취한 정신적 도(道)에의 달관(達觀)은 빠른 편이다. 이는 곧 종교(信仰星)와도 직접 통하는 '건운'이라는 운 자체 속에 깊이 함축되어 있다.

특히 작은 것에도 자신은 마치 큰 부자가 된 양 은연히 살아가는 것이 이 '건운'의 특징이다(※과욕한즉 단명할 운).

무릇 황량한 들판 서리바람(風霜)에 웃는 야국(野菊)은 가장 늦은 계절에 향기를 드러내지만 그 은근한 아름다움은 백화(百花)에 비할 수 없는 것과 같이 운명 또한 고중생락(苦中生樂)의 깊은 운의(運意)를 담고 있다.

특히 이 '건운성'은 물질의 탐착을 버리며 정신적 풍요를 가지려고 하는 도력(道力)이 필요하다.

그 까닭은 금전(財閥)운보다 정신(名聲)운이 더욱 빛나기 때문이다.

이제 고통의 밤(初年期)은 지나고 복록의 날(中年期)이 밝아왔으나 다만 부부운만은 독좌난방(獨座蘭房)의 고독한 운기(運氣)다.

남성은 상처(喪妻), 여성은 상부(喪夫), 즉 남성은 이처(離妻, 二妻), 여성은 이부(離夫, 二夫)에 해당되는 야릇한 중년의 운세이며, 특히 남성은 간·위암, 여성은 자궁·신장·유방암·방광암·췌장암을 주의해야 한다.

중년송 · 中年頌

일봉건운 장명지수 • 日逢建運 長命之數
독좌난방 심중공허 • 獨座蘭房 心中空虛

심직성급 작사공평 • 心直性急 作事公平
심해조월 선난후득 • 深海釣月 先難後得

거거익년 재득여산 • 去去益年 財得如山
금과회수 제고몽사 • 今過廻首 諸苦夢事

운평 · 運評

- 생일에 '건운성'을 만났으니 장수의 명일레라.
- 다만 향내 나는 난초방에 홀로 앉아 있는 격이어니 마음 속은 몹시 공허하도다.
- 성질은 불같이 급하지만 본 마음은 곧고 정직하니 모든 일이 공평하도다. 깊은 바다 가운데서 달을 낚는 상이여! 처음엔 난관이 있으나 뒤에는 모두 풀릴 것이로다.
- 해마다 갈수록 재물이 산처럼 쌓이니 문득 지난날을 회고한즉 지난 고생 엊그제 일들이 이제 꿈 속의 일이어라.

第十一章

말년운 末年運

51세 이후

남성 말년운 조견표(男性末年運照見表) −51세 이후

해당 중년운 / 생시(生時)	富부 運운	枯고 運운	盛성 運운	敗패 運운	巧교 運운	安안 運운	榮영 運운	奔분 運운	達달 運운	刑형 運운	能능 運운	健건 運운
호 운 (豪運)	子	亥	戌	酉	申	未	午	巳	辰	卯	寅	丑
산 운 (散運)	丑	子	亥	戌	酉	申	未	午	巳	辰	卯	寅
등 운 (登運)	寅	丑	子	亥	戌	酉	申	未	午	巳	辰	卯
입 운 (立運)	卯	寅	丑	子	亥	戌	酉	申	未	午	巳	辰
실 운 (失運)	辰	卯	寅	丑	子	亥	戌	酉	申	未	午	巳
정 운 (定運)	巳	辰	卯	寅	丑	子	亥	戌	酉	申	未	午
만 운 (滿運)	午	巳	辰	卯	寅	丑	子	亥	戌	酉	申	未
공 운 (空運)	未	午	巳	辰	卯	寅	丑	子	亥	戌	酉	申
독 운 (獨運)	申	未	午	巳	辰	卯	寅	丑	子	亥	戌	酉
궁 운 (窮運)	酉	申	未	午	巳	辰	卯	寅	丑	子	亥	戌
허 운 (虛運)	戌	酉	申	未	午	巳	辰	卯	寅	丑	子	亥
풍 운 (豊運)	亥	戌	酉	申	未	午	巳	辰	卯	寅	丑	子

* 해당 중년운과 생시 기준

여성 말년운 조견표(女性末年運照見表) −51세 이후

해당 중년운 \ 생시(生時)	富부 運운	枯고 運운	盛성 運운	敗패 運운	巧교 運운	安안 運운	榮영 運운	奔분 運운	達달 運운	刑형 運운	能능 運운	健건 運운
호운(豪運)	子	丑	寅	卯	辰	巳	午	未	申	酉	戌	亥
산운(散運)	亥	子	丑	寅	卯	辰	巳	午	未	申	酉	戌
등운(登運)	戌	亥	子	丑	寅	卯	辰	巳	午	未	申	酉
입운(立運)	酉	戌	亥	子	丑	寅	卯	辰	巳	午	未	申
실운(失運)	申	酉	戌	亥	子	丑	寅	卯	辰	巳	午	未
정운(定運)	未	申	酉	戌	亥	子	丑	寅	卯	辰	巳	午
만운(滿運)	午	未	申	酉	戌	亥	子	丑	寅	卯	辰	巳
공운(空運)	巳	午	未	申	酉	戌	亥	子	丑	寅	卯	辰
독운(獨運)	辰	巳	午	未	申	酉	戌	亥	子	丑	寅	卯
궁운(窮運)	卯	辰	巳	午	未	申	酉	戌	亥	子	丑	寅
허운(虛運)	寅	卯	辰	巳	午	未	申	酉	戌	亥	子	丑
풍운(豊運)	丑	寅	卯	辰	巳	午	未	申	酉	戌	亥	子

* 해당 중년운과 생시 기준

호운성 · 豪運星

■ 이제 인생의 경륜도 완숙해져서 능력 또한 넘치나니
■ 일생일대의 결정적 도전장을 내볼 만한 시기임에 60·70대라도
■ 소녀와 같은 꿈이 되살아나는 운세

어느덧 세월은 불혹〔不惑, 40대〕의 중년을 지나 명년〔命年, 50세〕에 도달했으니 돌이켜보면 지난 50평생이 꿈 속의 환상이었음이 분명하구나.

무릇 옛사람이 세월의 빠름을 탄(嘆)하기를, 다음과 같았으니 이는 이 태생에서 지난 세월의 허무함을 두고 한 말일 게다.

미각지당 춘초몽 · 未覺池塘 春草夢
계전오엽 이추성 · 階前梧葉 已秋聲
세월부득인 · 歲月不待人

정녕 아직 못의 봄풀은 꿈에서 깨어나지 아니하였는데
섬돌 앞 오동나무는 어느덧 가을 소리를 내는구나.

아! 세월은 나를 기다려주지 않는구려!

무릇 인간이란 지난 하루하루가 모두 희로애락의 연속이라고 하겠거니와, 인생의 무상함을 어이 모르랴만. 이 '호운성'의 운세는 비록 노년에 접어들었지만 젊은 날의 열정을 버리지 못해 마음 속엔 계획이 날로 새로워져 60·70대라도 자신이 직접 주인공이 되지 않고서는 직성이 풀리지 않는 운력을 뜻한다.

때문에 이만하면 인생의 경륜도 완숙하고 능력 또한 넘치니 일생일대의 결정적 도전장을 내볼 만한 시기임에 이론이 없다. 다만 사업가의 경우 모든 사업을 너무 확장시키지 말고 단일 업체로 묶어두는 것이 현명하다.

관인(官人)의 경우는 56·57세의 고비가 사뭇 변동적 시기로서 마음의 안정이 필요하며 상인(商人)의 경우는 새로운 직종이 새롭게 대두되는 때다.

여성은 남편보다 자녀에게 의존하는 명운이니 되도록 자식과의 성격적 화합을 잘 조절하여 장래를 계획하는 것이 좋으리라. 특히 남성은 심장·고혈압, 여성은 자궁·폐암을 주의하면 남녀 모두 74세 이상의 장수를 누릴 명이다.

말년송·末年頌

시상호성 노래영화 • 時上豪星 老來榮華
서입곡창 의식자족 • 鼠入穀倉 衣食自足

전후금고 좌우노적 • 前後金庫 左右露積
가세흥왕 불선만인 • 家勢興旺 不羨萬人

자액가외 적공칠성 • 子厄可畏 積功七星
운회말년 신안공명 • 運廻末年 身安功名

운평·運評

- 생시에 '호운성'을 타고났으니 노년에 영화가 찾아들 것이요. 늙은 쥐가 곳집에 드는 형국이니 의식이 스스로 족하도다.
- 앞뒤 금고에 재물이 가득하고 좌우 마당에 노적이 수북이 쌓였으니, 가세가 날로 흥왕하여 만인이 부럽지 않도다.
- 다만 그대에게 일러두건대, 자손의 액이 가히 두려운 명이니 칠성 공덕을 게을리하지 마라. 이제 노년을 돌아보니 몸은 편안하고 공명 또한 따르는구나.

산운성 · 散運星

- 50세를 넘은 황혼기에 예측을 불허하는 희비(喜悲)의 파상(波相)이 일어
- 자신의 분복(分福)을 모르고 무리하게 현실에 도전한즉
- 운명적 비극을 초래하는 운세

대저 인생이란 일장춘몽이며 노생(盧生)의 꿈이런가!

권불십년(權不十年)이요, 화무십일홍(花無十日紅)이라더니 정녕 지나간 10년의 행복도 이제 하나의 포말(泡沫)이 되었으니 50세 이후의 인생을 재(再)정비할 때가 왔다.

무릇 '산운성'의 역상은 노년(老年)의 운명을 예측하기 어려운 희비(喜悲)의 파상(波相)을 말함이니 이는 곧 모든 꿈이 구름처럼 흩어진다는 뜻이렷다. 지나간 과거에만 집착할 수 없는 것은 아마도 현실의 냉혹함에 거역할 수 없는 인간의 속성(屬性)인지도 모른다.

일찍이 공부자(孔夫子)도 "50에 이르러서야 비로소 하늘의 명을 안다."고 '오

십지천명(五十知天命)'이라 하지 않았던가. 인간이란 분명 50세의 연륜에 도달하면 이제까지 살아온 지난날에 자신을 반추(反芻)해볼 때 자신의 타고난 분복쯤은 여히 깨달을 수 있는 까닭에 공자도 사람이 이 나이(※50세)에 이른즉 천명(天命)을 알 수 있다고 했다. 이 태생은 특히 노년에 과욕을 부려 스스로 고생을 자초하는 운력(運力)이 있다.

정녕 산을 넘고 다시 강을 건너는 삶의 아픔이 있다 해도 다시 옛날로 돌아가 인생의 일대 흥망을 걸고 한판 투기를 벌일 만한 용기가 말년의 계획을 다시 바꿈으로써 지난날의 못다 푼 한(恨, 能力)만 생각하고 무리하게 현실에 재도전하는 것이 이 태생의 운명이다.

그대의 명은 모든 사람에게 애틋한 정을 베풀지만 공덕이란 없고 친인(親人)의 해만 따른다. 이에 설상가상으로 가정에도 불운(不運)의 흑마(黑魔)가 찾아드니 소득 없이 분주하기만 한 무상한 나날이여!
모든 일을 마음의 계획(意志)대로 밀고나가도 중간에 왠지 장애를 만나 차질을 빚게 되니 이 운명이 곧 운이 흩어진다는 '산운'의 운의(運意)인 것이다.

※ 그러나 이 '산운'은 초·중년에 고생이 많았던 사람은 반대로 노년에 나이가 더할수록 복록이 가중되며 수명도 남녀 모두 76세 이상 장수할 명이다.

말년송 · 末年頌

시입산운 노중다석 • 時入散運 路中多石
사분소득 신상첨액 • 事奔小得 身上添厄

보덕제인 친인피해 • 布德諸人 親人被害
사불여의 화중지병 • 事不如意 畵中之餠

노기득력 만득귀영 • 老驥得力 晩得貴榮
인생여류 일고일락 • 人生如流 一苦一樂

운평 · 運評

- 생시에 '산운성'이 들었으니 길 가운데 돌이 놓여 있는 격이로다. 일은 분주하고 소득은 적은데 무슨 일로 신상에 액까지 더하는가.
- 무릇 모든 이에게 덕을 베푸나 가까운 사람이 도리어 해를 주도다. 정녕 일이 마음과 같지 않으니 그림 가운데 떡이어라.
- 늙은 천리마가 늦게야 힘(貴人)을 얻었으니 만년에 귀한 영화 꼭 한 번은 볼 것인즉, 무릇 인생이 흐르는 물과 같을진대 한 번은 고생스럽더라도 꼭 한 번은 즐거움이 있으리로다.

등운성 · 登運星

　🟥 늦게나마 대기(大器)를 이루는 운정(運程)이니 고생했던 자에게
　🟩 비로소 행락(幸樂)이 오고 독신은 천생의 배우자를 만나
　🟦 공방(空房)의 외로움을 더는 운세

　　열 두 고개를 굽이 돌아 이제 등성(登城)에 올랐으니 눈 앞에 아득히 보이는 곳, 내 고향집 초가마을 돌담장 버드나무 우물이구나. 시원스레 불어오는 청풍(淸風)에 고달픈 나그네의 마음은 한낱 지나간 모든 시름을 잊어버리고 안주(安住)의 향택(鄕宅)에 봇짐[苦痛]을 푸는 형국과 같다.

　　무릇 '등운성'의 역상은 메마른 고목에 새로운 생기(生氣)를 불어넣어 싹을 돋우는 형상이니 이제 불안하고 고통스러웠던 세월은 가고 비록 정년[停年, 60세]에 들었지만 더더욱 정신은 맑아지고 계획 또한 새로워져 뜻 있는 나날[日日是好日]이 이어진다.

　　비유하건대, 강변에 앉은 촌로[姜太公]가 낚시 바늘을 던진 지 30년! 종일토록

대어(大魚, 文王)는 낚지 못하고 하릴없이 운월(雲月)만 농(弄)하다가 겨우 만경(晚境)에 이르러서야 비로소 도반(道伴)을 얻어 '거보출청(巨步出廳)'하는 운정이 곧 '등운'이라 하겠다.

    따라서 떠돌이 인생에겐 비로소 노년까지 안주(安住)할 저택이 기다리고 있음이요, 독신은 천생의 배우자를 만나 공방(空房)의 외로움을 더는 노년의 운정이다. 이때는 세계 각처를 두루두루 돌아서 발길이 닿는 곳이 모두 안락처(安樂處)이니 어찌 재물과 지위를 그리워하며 걱정하랴.

※ 다만 초·중년까지 평탄했던 사람은 반대로 이 '등운'에 이르러서 역풍(逆風)이 불게 되므로 고독의 노년이며, 여성은 남편보다 10년 이상의 장수를 누릴 명이요, 남성은 상처(喪妻)할 명이니 이것 또한 운명의 소관이다.

명가 · 命歌

북쪽 하늘만 바라보며 이제나 오려나 저제나 오려나 눈이 빠지도록 기다렸던 소식을 인편에 듣게 되고, 머지않은 날 생이별의 상봉도 이루어져 반드시 맺힌 한(恨)을 풀리라.

말년송 · 末年頌

시상등성 이무횡재 · 時上登星 以貿橫財
외화내허 종득거재 · 外華內虛 終得巨財

신출해외 권재사방 · 身出海外 權在四方
순모춘풍 역모추상 · 順謀春風 逆謀秋霜

막근여색 망신가외 · 莫近女色 亡身可畏
노년지사 문명부옹 · 老年之事 聞名富翁

운평 · 運評

- 생시에 '등운성'을 놓았으니 무역업(상업)을 한즉 횡재수가 있을 것이며, 연이나 겉은 화려하고 속은 비었으나 종래에는 큰 재물을 얻을 것이로다.
- 몸은 해외에 드나들며 권세가 사방에 있음이니 착하게 도모한즉 그 뜻을 이룸이 춘풍과 같고 역모를 꾀한즉 추상과 같을진저.
- 다만 여색을 너무 가까이 말라, 망신살이 두려울지니 노년의 일을 역단한즉 분명히 부옹(富翁)이라 이름하나니.

입운성 · 立運星

인생의 낙(樂)은 멀고 고통 위에 쌓인 지난 삶들이
이제 한 조각 한(恨)이 되어 드물게 난 흰 머리칼에 수북이 쌓였는데
노년기에 접어들어 복록이 찾아들었으나 은연중 풍파가 이는 운세

무릇 '입운성'의 운의(運意)는 거칠고 삭막한 세파(世波)에 시달리면서도 넘어질 듯 넘어질 듯 아슬한 운명선 위에서도 절망을 모르는 듯 반복된 고통과 시련 속에서나마 삶(人生)의 목표를 향해 꿋꿋이 전진하는 한 많은 인생이다.

이는 곧 평탄할 수만은 없는 파란 많은 운명을 뜻하거니와 하나의 고통이 끝나면 다시 새로운 시련이 다가오는 역류(逆流)의 연속이라 할까?

이토록 바람(風波)이 잦은 인생 역정 속에서나마 한 가지 희망은 오직 노년의 안락한 생활이 자신에게 기다리고 있음을 굳게 믿고 살아온 인생이었다고 하겠다. 마음은 바다와 같이 넓고 이상(理想)은 산과 같이 높지만 자신의 뜻에 비해 화려한 운(幸運)이 따라주지 않았던 것을 어찌하랴. 좋은 집 훌륭한 부모일지라도 이 태생에겐 하등 인연이 없음이라.

어찌 고향집을 그리워하지 않으랴만 돌이켜보면 지나간 20년의 유년 시절도 한낱 춘몽(春夢)일 뿐, 성년이 되어 연륜이 더해갈수록 인생의 낙(樂)은 점점 멀고 고통 위에 고통이 설상가상으로 찾아온 소위 파란 많은 생애에 비유할 수 있다.

※ 다만 이와 같은 초년 고생은 비로소 노년에 이르러 '입운'을 만난즉 반대로 역운(易運)이 되어 여성의 경우 부모 복·남편 복이 없었다 해도 자손이 영달하여 그 복록을 전하니 차라리 늙을수록 행복이 찾아든다(※남녀 재혼할 운명도 있음).
50세 전까지의 운이 평탄했던 사람은 노년에 '입운'을 만나면 가끔 번뇌가 따르는 법이다. 남성은 실패의 함정에 빠져 건강마저 해칠 수 있는 명운이니, 이러한 운정에서는 오직 현재까지의 업(事業)을 정리하고 소박한 전원(自然) 생활로 복귀하는 것이 현명하다.

말년송 · 末年頌

시대입성 초중다패 · 時帶立星 初中多敗
수고일생 만지득영 · 雖苦一生 晚至得榮

정후명운 기호봉육 · 井后命運 饑虎逢肉
길흉상반 사사재고 · 吉凶相半 事事再顧

본심선덕 별무인덕 · 本心善德 別無人德
자성부쇠 점진윤옥 · 子盛夫衰 漸進潤屋

운평 · 運評

- 생시에 '입운성'을 둘렀으니 초·중년에 성패가 다단하도다. 비록 고통스런 삶일지언정 만년에 이르러 즐거움을 맛볼지니라.
- 40대 후 50대 운에 굶주린 호랑이가 고기를 만났으나 일생에 길흉이 상반한 운이니 매사를 다시 돌아볼 것이요,
- 본 심성은 착하고 유덕하나 인덕이 별로 없음이여! 자손은 성하고 지아비는 쇠하는 운이지만 재운만은 점점 늘어 갈수록 집안은 윤택하리로다.

실운성 · 失運星

- 지나간 오십 평생을 돌아보니 모두 후회의 연속이로다.
- 노년에 비록 재운(財運)은 들었으나 그 마음은 어쩐지 멀리 떠나고 싶은 충동만 이는 심동천리(心動千里)의 운세

찍이 자허원군(紫虛元君)이 이르기를,

"복(福)은 맑고 건전한 곳에서 생기고, 덕(德)은 천하고 사양하는 것에서 생겨나며, 도(道)는 편안하고 고요한 데서만 생기고 명(命)은 오직 화창(和暢)한 가운데서 생겨난다."

고 하였다.

이에 반하여 근심은 욕심이 많은 데서 생기는 것이며, 화(禍)는 탐착이 많은 곳에서, 실패는 게으르고 경솔하며 우유부단한 데서 비롯되는 것이 인생의 철칙이니 이는 모두 인간에게 불가분의 법도다.

일러두건대, 모든 일이 순(順)이 오거든 거스르지 말고(비록 자신에게 고통되는

일이라도), 모든 일이 이미 지나갔거들랑 거기에 집착(執着)하지 마라.

　이와 같은 도리는 이 태생의 노년에 마땅히 지켜야 할 도리인 바 사람이 노년에 이르러서는 특히 혈기를 잘 조정하지 않으면 반드시 재앙이 미치게 된다.

　지나간 오십 평생 돌이켜보니 생각하면 생각할수록 모두가 후회의 연속이어라. 때문에 이 '실운'을 타고난 사람은 덕보다는 지모가, 보시(布施)보다는 이기(利己)가 서려 있는 운명으로 노년에 찾아드는 조그만 복록이나마 잘 지켜나가는 것이 현명하다.

　무릇 고통 위에 이룬 행복은 더더욱 값진 것이기에 인간은 역경 속의 삶을 더더욱 사랑하는 존재이리라.

※ 다만 이 '실운'을 타고난 사람은 일생을 두고 노년뿐 아니라 부부운에 결핍이 있다. 그러므로 가정 생활이 평탄할 수만은 없으며 자녀와도 뜻이 맞지 않아 간혹 대립을 불러일으킨다

명가 · 命歌

내 인생 이제 돌이켜보니 행복한 날 얼마나 있었으며 특별한 행운이 있었던가! 어릴 때는 부모, 성장해서는 처(남편), 말년에는 자식 등 인간에게 기본적인 삼종지복(三從之福)이 나에겐 없었노라!

말년송 · 末年頌

시상실운 지용겸비 · 時上失運 智勇兼備
막탄중분 필봉호운 · 莫嘆中分 必逢好運

용모비상 구변롱재 · 用謀非常 九辯弄財
약비관록 농공상인 · 若非官祿 農工商人

간유처우 일소일루 · 間有妻憂 一笑一淚
청산고객 안심귀처 · 青山孤客 安心歸處

운평 · 運評

- 생시에 '실운성'이 들었으니 지혜와 용기만은 겸비했도다. 한때 실패(苦痛)를 한탄치 말라, 늦게나마 반드시 좋은 운을 만나리로다.
- 지모를 씀이 비상한 사람이니 구변으로 재물을 희롱할 것이지만 만약 이 명이 관록을 먹지 아니하면 농·공·상인이 될 것인저(※기술을 연마하는 것이 좋다).
- 간간이 처(男便)에게 근심이 생길 운이니 한 번은 웃고 한 번은 울 터인즉 청산에 외로운 객이 늦게나마 안심입명의 귀의처를 얻음이로다.

정운성 · 定運星

- 잠든 도심(道心)을 깨워라! 눈 앞의 부귀에 탐착한즉
- 불행의 함정이 기다리고 있음이니 그대 평범하고 소박한 자연으로 돌아가
- 노년의 귀의처(歸依處)를 속히 찾아야 할 운세

무릇 '정운성'의 운의(運意)는 선천적으로 문기(文氣)가 두드러져 원래 글〔學問〕로써 업〔生業〕을 삼아야 하는 문예성(文藝星)이 있는 까닭에 일생을 두고 타고난 운명은 육체보다는 정신의 고통이 더 심화되기도 한다. 항시 마음에 정도(正道)를 생각하고 대의(大意)를 주장하여 불의에 굴복지 않았던 젊은 날은 남다른 고생도 따르지만 후분엔 번영된 노년을 기약하기도 한다.

하지만 재물의 분복에는 액살이 끼어 있으니 한때 금전이 흩어지고 실패의 함정이 있다. 옛말에 "견재십년(樫財十年)이 표풍입출(飄風入出)이라."더니 어찌하여 그토록 못 먹고 아낀 인색한 재물이 하루 아침 표풍〔회오리〕이 일어 바람처럼 흩어진단 말인가.

비유하면 지게지고 벌어놓은 돈 갓쓰고 쓸 놈이 나온 격이니 어찌 마음의 안정처가 있겠으며 산만치 않으랴.

　역단하건대, 이 '정운'을 타고난 사람은 50~60세 사이에 반드시 자신이 행할 진정하고도 소박한 노년에의 귀의처〔安息處〕를 찾아야 할 것이다. 이러한 전도된 운세를 망각하고 과만하게 처신한즉 그만 자기도 모르는 사이에 허망한 늪에 빠지게 된다.

　"복록은 자신에게 찾아왔을 때 잘 지켜야 하는 법. 한번 간 복록은 두 번 맞기 어렵다." 이 도리는 인간 생활의 확연한 명〔命理〕이다.
　특히 이 '정운성'은 때아닌 불바람〔火風〕이 불어 온몸을 삼키는 역상이니 일상에 있어 화재와 관재·시비 등을 늘 조심치 않으면 예기치 못한 우환을 당하기도 한다.

※ 특히 '정운성'은 60세가 다 되어 배우자를 맞이하는 만조금슬(晩調琴瑟)의 운이 있음을 암시하고 그 여성은 상부운(喪夫運)이 있다.
남녀 모두 심장병·뇌일혈·당뇨 등을 조심할 일이다.

명가 · 命歌

강남 간 제비가 다시 돌아와 처마 밑에 둥지를 틀고 멀리 끊겼던 살붙이〔親戚〕소식을 우연히 전하는구나. 산을 넘고 강을 건너 모처럼 잡은 이 행복이 어찌 값지지 않으랴!

말년송 · 末年頌

시상정운 수화신지 · 時上定運 水火愼之
일로매진 이문성공 · 一路邁進 以文成功

약비관록 처우자환 · 若非官祿 妻憂子患
막탄자패 팔자지수 · 莫嘆子敗 八字之數

특기의업 명성자자 · 特技醫業 名聲藉藉
외방자손 희보정전 · 外方子孫 喜報庭前

운평 · 運評

- 시상에 '정운성'을 놓았으니 수화의 액이 있음인즉, 물이나 불을 조심하여라. 이 명이 학문길에 일로매진하면 늦게나마 커다란 수확이 있으리라.
- 만약 한때 국록을 먹지 않으면 도리어 처자에게 근심이 있고 자식에게 우환이 있을 터인즉 자녀로부터 재앙이 일어남도 이 팔자 탓이로고.
- 특수한 기술이나 의학 방면으로 진출하면 천하에 명성이 자자할 것이요, 외방에 잊혔던 자손이 홀연 뜰 앞에 희보를 전해오는도다.

만운성 · 滿運星

■ 서럽고 곤궁했던 세월은 눈녹듯 스러지고 가산도 날로 늘어
■ 슬하에 자녀도 만당하니 번뇌 없는 생활이라, 세계 각국을 두루 답지하여
■ 옛일을 회상하니 연년의 세월이 점입가경(漸入佳景)으로 치닫는 운세

겨우내 얼었던 산천은 이제 훈훈한 춘풍(春風)을 만나 계곡마다 물 소리 가득하고 버들강아지는 때를 만난 듯 털꽃송이를 내미는구나.

돌이켜보면 불만에 찌들었던 지난 50년, 한낱 꿈 속의 일이요, 이제 고통은 눈 녹듯 스러지고 복운(福運)의 바람이 불어오니 비로소 인생의 참맛을 느끼게 되었다.

이 '만운성'의 운의는 곧 "이월매화는 이월개(二月梅花二月開)요, 구월국화는 구월개(九月菊花九月開)라."는 자연의 순리에서 그 의미를 찾을 수 있다 하겠거니와 어김없는 철(季節)의 도리가 2월이 되어야만 눈 속에 피는 매화에서, 9월이 되어야만 서리바람(風霜)에 피어나는 들국화의 자연 현상에서 이 '만운성'의 운의를 찾을 수 있다.

그 뜻은 젊은 날 남다른 노력과 힘겨운 시련 속에서도 좌절치 않았던 자신의 인생이 이제 '만운'이 도래하여 진정한 복록을 받게 된다는 것, 저 무심히 서 있는 매국(梅菊)의 생명력은 곧 자신을 향해 나날이 불어나는 자산(資産)을 보고 만감이 교차하여 새로운 혈기가 돋아나는 때다.

남성은 이 시기에 방심한즉 여색(女色)에 젖기 쉽고 때아닌 정력이 솟아나니 애첩을 두는 것도 모두 위와 같은 운력이 작용하기 때문이다.

※ 다만 이 운성은 초·중년에 부모 덕분에 잘 지냈던 사람은 반대로 역풍의 현상이 일어 도리어 가자여세(家資如洗)하는 운으로, 재산이 물 씻기듯 씻기는 실재(失財)운이 있으며 자손마저 등을 돌리기 쉬운 운이다. 정들었던 거주지 멀리 옮겨 다른 땅(他處)에 앉아볼까! 밤바람 문풍지 소리에 한밤을 지새며 이 궁리 저 궁리로 생각만 많게 되도다.

여성은 남편의 운세가 어둠에 가리듯이 홀로 앉아 탄식하며 자녀의 조력(助力)으로 사는 운세로다.

말년송 · 末年頌

시대만성 노래부귀 · 時帶滿星 老來富貴
논기재궁 수신횡재 · 論其財宮 隨身橫財

위인준수 권귀수신 · 爲人俊秀 權貴隨身
명후영화 자득귀명 · 命後榮華 子得貴名

지무처질 일편신액 · 只無妻疾 一片身厄
은도부흥 종자여운 · 殷道復興 從者如雲

운평 · 運評

- 생시에 '만운성'을 둘렀으니 늙어서 부귀가 스스로 찾아들지니, 그대의 타고난 재물궁을 논하면 자연히 몸에 횡재가 따를 운이로다.
- 위인이 준수하여 권귀(勸貴)가 몸에 따라 드니, 50세 이후의 영화가 자손에까지 귀한 이름을 전하리로다.
- 다만 이 명이 처(男便)에게 한때 질액이 없으면 신액이 있을 것이나, 차츰 은나라의 수도(殷道)가 부흥하듯이 나를 따르는 자 또한 구름과 같도다.

공운성 · 空運星

■ 지나친 과욕 삼가고 오직 자신에게 부여된 천명(天命)에 순응해야
■ 패가망신의 비극을 면할 수 있는 운세이니
■ 이제 지극히 평범하고 순수한 생활로 돌아가야 할 때

서산 대사는 일찍이 "인생홍로일점설(人生紅爐一點雪)이라." 하여 "인생이란 화롯불 앞에 떨어진 한 조각의 눈이니라."고 설파했거니와 인간의 부귀와 공명 따위가 어찌 영원타 하겠는가?

이 운성은 특히 일생을 분주한 명이 노년에야 비로소 안정을 되찾는 귀소(歸巢)의 운이다. 다만 명성과 재물운에 '공망(空亡)'을 맞았으니 과욕을 삼가야 할 것인즉 새롭게 몸을 정제하고 신앙에 귀의, 공덕(功德)을 게을리하지 말아야 한다.

따라서 허무한 인생 일체의 무상함을 깨달아 자신의 내면 깊숙한 곳에 잠재한 진실한 마음, 잊었던 자아(自我)를 새로이 발견, 내면에서 오는 기쁨을 터득하고 인간 본래의 뜻 있는 삶을 누리는 것, 이것이야말로 이 '공운'의 운의다.

때문에 '공(空)'의 참 도리를 탐구하여 부귀에만 치닫던 과거를 과감히 청산하

고 새로운 인생을 출발할 때가 온 것이다.

　인간은 결국 '무소유(無所有)의 경계'를 터득하지 못하면 자기가 벌어놓은 물질〔돈〕에 대해 반드시 상대적으로 놀람〔驚妄〕을 당하여 허무하게 죽게 되는 법이다.

　그러므로 작은 복록에도 만족할 줄 아는 참 지성이 필요하며 이는 곧 당신에게 있어 안락과 장수에 이르는 문〔長壽門〕이기도 하다.

　생각건대, 인생이란 정녕 꿈이요, 이슬·환상·번갯불에 지나지 않는다고 옛 사람은 일렀거니와 우리가 존재하는 현상계의 모든 것이 필경에는 없어져버리고 눈에 보이는 것은 한낱 가현상에 지나지 않는다고 '일체 개공(一切皆空)·본래무일물(本來無一物)'의 '절대공(絕對空)·절대무(絕對無)'의 도리를 누누이 설파했거니와 특히 '공운'을 가진 사람은 이 참법을 귀막고 지나쳐서는 안 될 것이다(※수도인의 명이 있기 때문).

　따라서 지극히 평범한 생활, 순수한 자연에 규합할 수 있는 '공운'의 진리를 개오(開悟)하라는 것.

　이는 곧 노년의 운기를 맞아 지나친 욕망을 삼가고 자신에게 부여된 천명에 절대 순응하라는 암시이니 이 운정에 과욕하고 탐착한즉 패가망신의 비극이 있다.

　무릇 '행복과 불행은 동일한 대지 위에 태어난 두 아들이다.' 그러나 하나의 인간이 같은 토양(土壤) 위에서 행·불행을 나눠 받고 이것을 포용하고 느끼는 시각은 하늘과 땅의 차이요, 살아 있는 동안 천당과 지옥이 아닐 수 없다.

　물론 시각 개념(視覺概念)에 따라서 행복과 불행의 정의는 달라진다. 그러나 이 책에서는 보통 사람이 갖는 개념을 말한다. 때문에 이제는 진실로 자기 자신을 성찰하여 교만도 과시도 버릴 때가 되었다.

　이와 같이 이 '공운성'이 지니고 있는 역리학적 도(道)의 의미는 운명에 매우 중요하다. 젊은 날 고생했던 사람이 받는 복락은 그 의미 또한 매우 큰 것이다.

특히 이 운성을 띤 사람은 해외 이민 또는 대변동을 암시하고 있으며, 수명은 남녀 모두 53세·59세·68세의 고비를 넘겨야 78세 이상의 장수를 누릴 수 있다.

명가·命歌

가난에 울었던 자는 이 운에 부자 될 명이요, 정(情)에 굶주려 외로움에 지친 자는 비로소 좋은 배필을 만나 늦게나마 행락(幸樂)을 취할 운이 분명하도다.

말년송·末年頌

시입공운 외화내고 · 時入空運 外華內孤
상공대리 녹록종신 · 商工大利 祿祿從身

육친무덕 자수성가 · 六親無德 自手成家
수유형제 유손무익 · 雖有兄弟 有損無益

심중번액 세사부운 · 心中煩厄 世事浮雲
주류천하 분망득재 · 周流天下 奔忙得財

운평·運評

- 생시에 '공운성'이 들었으니 겉은 화려하고 마음은 고독하여라. 상업이나 공업계에 큰 이익이 있을 명이거니 재물이 한때 크게 따라 들도다.
- 육친에게 받은 덕이 없으니 맨손으로 성가할 명인즉 비록 이 명에 형제 동기는 있다 해도 손해만 끼칠 뿐 이익은 별로 없도다.
- 마음 가운데 번뇌로운 액이 마치 세상일이 뜬구름과 같을진저, 천하를 두루 돌아 분주한 가운데 재물을 얻으리로다.

독운성 · 獨運星

▎인세(人世)에 쌓은 황금의 탑을 스스로 허물어버리고
▎인적드문 산야에 웅거하여 운월(雲月)을 관조하면서 한 소식 깨달아
▎희야낙락(喜也樂樂)하며 박장대소하는 자연인의 운세

인간이란 인생의 영욕도 빈부도 생가까지도, 이 모든 것을 속속들이 경험해 본 자라야만이 지난날 허영과 과욕 속에 부질없이 살아왔던 자신의 어리석음을 비로소 깨우칠 수 있듯, 이 '독운성'의 운의는 50세가 훌쩍 넘어 부귀의 극치를 맛보았던 한 인간이 꿈같은 지난날을 미련없이 청산하고 노년에 이르러 산 좋고 물 맑은 청학굴(靑鶴窟)에 들어앉아 마지막으로 황혼의 인생을 재정리하는 심산고객(深山孤客)과 같은 노정(路程)을 뜻한다.

이 운정(運程)이야말로 자신의 재산을 신속히 정리하고 화려한 인생 무대 위에서 사라질 때가 다가왔음을 의미하는 것이니만큼 지금까지 걸어왔던 자신의 행로〔人生〕에 대한 냉철한 비판과 아울러 새로운 마음가짐으로 노년을 다시 계획할 때가 되었다.

무릇 '독운성'을 타고난 사람은 부귀(欲望)에 끄달린 인생을 미련없이 청산해야 하고 불현듯 찾아온 현재의 황혼기를 겸허한 자세로 받아들이지 않으면 안 된다.

돌이켜보건대, 지난날 필사의 생존 경쟁에서 초인간적 노력에 의해서 모처럼 이룩해놓았던 오늘의 탑(財産과 地位)은 영원히 그대의 것이 될 수 없는 것이니, 이 운정에 들어선 사람이야말로 모든 것을 지키려고 독선과 과욕을 삭절(削絶)하지 않는다면 수명까지도 천명대로 보장 받을 수 없다.

무릇 인간의 본능이란 그 작태(作態)가 매우 어리석은 것이어니와 이 세상의 모든 것이 영원한 것이라는 착각 속에 실로 오늘 하루도 생존을 계속하고 있다.

때문에 물질에 대한 탐착도 모두 허무한 것이며 궁극엔 남이 가져갈 것이 분명하지만 소유(所有)의 허망을 깨닫지 못하고 그 앞에 노예가 되어 눈먼 인생을 살다가 결국 생사를 마친다는 것이 참으로 허망하고 어리석은 인생임에랴!

필자는 탄식하거늘, 내 것도 아닌데 내 것인 양 마침내 내 것 앞에 노예가 되어 어느날 갑자기 몽사(夢死)하고 마는 것이 아닐까? 그러기에 특히 이 '독운성'의 운의는 '깊은 산 속에 홀로 웅거하여 자족하고 운월(雲月)을 관조(觀照)하면서 열반음을 들으며 희야낙락(喜也樂樂)하는 상'인 것이다.

역단하건대, 남성은 산재(散財)와 병약의 시기가 따르고 남녀 모두 독신의 운기이니 모든 일을 자각하고 수신한다는 자세로 만년을 맞이해야 할 것이다. 자손은 먼 곳에 두고 그리워해야 하는 상이니만큼 한 집에 동거한즉 서로 의사가 충돌하고 사사건건 불만이 속출하여 마음이 편치 못하다.

특히 이 '독운성'은 장자(長者)보다 차자(小男)와 인연이 더욱 깊은 운명을 암시한다. 그러므로 차자의 운세가 더욱 강하여 일찍 둔 자녀는 인연이 박약, 단명하기 쉽고 아들보다 딸이 성한 무자(無子)의 상이 끼여 있다.

수명은 여성이 남성보다 더 장수할 명이며 55세·61세·65세의 고비를 넘겨야 76세 이상 장수할 수 있으며 남녀 모두 중풍, 고혈압, 당뇨 그리고 순환기, 혈액계통의 질환에 유의하라.

말년송·末年頌

시상독성 노년고단 · 時上獨星 老年孤單
수유수단 하다흥패 · 雖有手段 何多興敗

야배북두 조기불전 · 夜拜北斗 朝祈佛前
고신난면 자립부명 · 孤身難免 自立富名

영웅지모 선난후성 · 英雄之謀 先難後成
추월부용 타타쟁홍 · 秋月芙蓉 朶朶爭紅

운평·運評

- 시상에 '독운성'을 놓았으니 노년에 홀로 쓸쓸하여라. 비록 수완은 비상한 사람이지만 어인 일로 이다지 흥패가 잦은고.
- 밤에는 북두님에 절하고 아침에는 불전에 기도하니 외로운 몸 모면하기 어려우나 신심이 돈독하여 종래는 스스로 자립하여 부자로서 이름을 날리리라.
- 이 명은 영웅과 같은 꾀를 도모했지만 먼저는 난관이 있는 다음 뒤에는 반드시 이룰 것이요, 가을달 아래 늦게 피는 부용꽃이 이제야 붉음을 서로 다투니 찬 서리 가을 바람에 송이송이 피었어라.

궁운성 · 窮運星

세정(世情)의 무정함이여! 부(富)와 지위가 있을 땐 문전성시(門前成市)를 이루다가
이제 모든 권부(權富)가 목전(目前)에 떨어지고 보니 문외작라(門外雀羅)로고,
어서 허망한 야욕을 버리고 음덕을 베풀어 무병장수나 빌어야 할 운세

병액과 시련이 한꺼번에 밀려와 50세 전에 일찍이 단명할 명이었지만 전생에 복업(福業)을 쌓은 덕으로써 위험하고 험준한 고비고비에 천을성(天乙星)을 대동하여 가냘프나마 노년의 수명을 기약하게 되었다.

무릇 이 '궁운성'은 부자는 수명의 한계에 부딪쳐[突發事故] 장수하기 힘들고 반면 의식마저 궁핍하여 가난한 자는 모진 목숨 장수할 명이어니 어찌 묘(妙)한 명이 아니랴.

일찍이 고향떠나 육친을 멀리하고 산을 넘고 물을 건너 사해(四海)를 편답하니 반기는 이 없지만 발길 닿는 곳이 내 집이요, 나의 안락처가 분명하여라.

고생으로 낙을 삼고 타관 객지에서 자수성가할 명이로다. 옛 속담에 '죽어 천당보다 살아 고생하는 편이 더 낫다.' 혹은 '개똥밭에 뒹굴어도 이생이 좋다.' 등의 현실론이 이 '궁운성'의 운명을 암시한다.

왜냐하면 이 운성은 일찍이 단명운이 끼여 있어 천수를 다 누리지 못하고 한편 병액에 시달릴 장애의 운명선이다.

때문에 육도(六道) 중에서도 사람 몸으로 인세(人世)에 태어난 것을 감사해야 하고 그 중에서도 부귀보다도 천수(天壽)를 다 누리며 인생을 호흡하다 가는 것이 제일 큰 복락이 아닐 수 없다.

베풀고 또 베풀어도 끝없는 것은 음덕이요, 쌓고 다시 쌓아도 부족한 것은 덕이며 부리고 또 부려도 한없는 것은 욕심이다.

이와 같이 곧 덕과 부덕(慾心)의 차이를 깊이 자각하여 부질없는 야망을 사정없이 절단하는 것만이 노년에 닥쳐올 불행을 막는 일이며 전화위복으로 재앙을 바꾸어 오직 안가태평(安家太平)을 구가할 수 있다.

역단하건대, 인간의 운명을 한마디로 속단하기란 매우 묘난사(妙難事)다. 왜냐하면 운명은 길(吉)과 흉(凶)이 음 반 양 반으로 서로 교차되기 때문이며, 지난날의 어떤 부귀인도 이 '궁운'의 운정에선 '궁(窮)'이 끼여 있음이니 한때 재앙 실패를 면하기 힘들다는 것을 명심해야 한다. 이제 과거의 귀인도 멀리 가고 따르는 권속들도 하나하나 등을 돌리는 운세이니 자신의 운명을 선각(先覺)해야 하지 않으리요.

무릇 인세(人世)의 무정함이란 나에게 부와 지위가 있을 때는 문전성시(門前成市)를 이루었다가 한번 눈 앞에서 부귀가 사라지니 문외작라(門外雀羅)가 됨을 어찌 부인할 수 있으랴.

이 모든 것이 세정(世情)의 메마름이라. 따라서 이 '궁운'에 해당되는 자는 한 가지 업(業)으로만 매진하고 젊을 때부터 부지런히 덕을 쌓아두어야 노년에 안락을 취할 수 있다.

건강은 뇌일혈, 편두통, 하체의 질환 특히 신장, 방광 계통을 주의해야 하며, 수명은 남성은 70세 이상 누릴 수 있고 여성은 이보다 7, 8세 더 연장되는 운이다.

말년송 · 末年頌

시입궁성 일시곤액 • 時入窮星 一時困厄
구재사방 근근의식 • 求財四方 僅僅衣食

편답강산 천지위택 • 遍踏江山 天地爲宅
막한고빈 불연단명 • 莫恨苦貧 不然短命

입사갱생 전화위상 • 入死更生 轉禍爲祥
한묘봉우 생생부절 • 旱苗逢雨 生生不絶

운평 · 運評

- 생시에 '궁운성'이 들었으니 한때나마 곤액이 있을 터인즉 사방을 돌아다니며 재물을 구하니 초년이 어찌 근근한 생활이 아니었으랴(※학문 중퇴, 부모와 불합).
- 강산을 두루 돌아다니니 천지가 모두 내 집일진저 그대여, 일찍이 빈고함을 한탄치 말지니 그렇지 아니한즉 단명할 명이로고.
- 사지에 들어 생지로 다시 인도되니 정녕 화가 상서로운 복이 되었도다. 이제야 가뭄에 탄 싹이 비로소 비를 만나니 생생한 싹이 꺾이지 아니하도다(※57·63세가 노년 변동운으로 실패의 함정을 벗어나면 복운이 10년 연장된다).

허운성 · 虛運星

- 신체적으로 유달리 노쇠 현상이 늦게 오며 그 마음은 그윽히 심오하고
- 뜻 또한 원대하여 장차 대기(大器)를 이룰 것임에 분명하지만
- 간혹 인정에 끄달려 친한 사람으로 인한 피해가 따르는 운세

천부적으로 받은 기예적(技藝的) 재질은 소나무 밑(松下)에서 달빛을 받으며 거문고나 가야금을 뜯으며(彈琴) 강개(慷慨)에 사무쳐 지나간 인생을 허심탄회하게 음미할 수 있는 여유가 보인다.

그래서 이 '허운성'의 운의는 본래 유흥적 기질이 다분하여 한때 젊은 시절에는 향락에 취해 계획에 차질도 가져왔음직하지만 재치 있고 뛰어난 순발력은 모든 악조건을 교묘히 벗어나는 임기응변과 비상한 술수(術手)를 암시한다.

때문에 감정이 풍부하여 인정에 여린 일면이 있어 일생을 통해 생각지 못한 손재(失手)도 따르지만 이것이 나의 운명이려니 하고 한편 넉넉한 마음을 갖는 여유가 있다. 이같은 성격은 모든 일에 직성이 급한 반면 이에 반하여 체념도 빨라 마음의 균형을 잃지 않는 특징을 보인다.

따라서 이 '허운성'을 가진 사람은 실패도 많지만 그에 대한 대응이 민감한 까닭

에 복구력도 빠르며 아울러 미래를 내다보는 시대적 선견지명 역시 남달리 뛰어나다.

　무릇 이 운성은 다양한 재주와 두뇌도 비상하지만 여러가지 직종을 가질 수 있는 운명선이 작용하고 있는 까닭에 젊은 날에는 직업의 불안정으로 한 가지 일에 전념치 못하고 방황의 늪에서 배회하기도 한다.
　그러나 나이에 비해 신체나 피부의 노쇠 현상이 늦게 오는 편이어서 생활에 대한 의욕도 남달리 강한 특징을 갖고 있으므로 늦게서야 놀라운 발전을 가져온다.
　옛말에 "열 가지 재주 있는 사람이 한 가지 재주밖에 없는 사람보다 박복하다."는 말이 이 '허운성'에 적용되며 이는 곧 한편으로 한 가지 일을 오래 계속할 수 없는 단점이 있음을 깊이 내포하고 있다.
　남녀를 불문하고 이 운성에 해당되는 사람은 감성이 예리하고 정적(情的) 과잉으로 순간의 기분에 따라 생활하는 수가 많은 까닭에 뜻하지 아니하여 종종 가까운 사람으로 인한 피해가 심상치 않다.
　그러나 그 마음만은 실로 인정스럽고 뜻이 원대하여 소소한 것은 눈에 차지 않는 사람이며 항시 명예를 중요시하여 자신은 비록 재물이 빈약하더라도 남에게 자신의 약점을 절대 보이지 않고 항시 외부적으로 호화롭게 처신하려는 특성이 있다.

　역단하건대, 그대의 명은 뜻이 이루어지는 시기가 곧 노년이다. 다만 이 운정엔 타인(親戚)의 보증이나 동업만 삼가면 운세는 날로 향상된다. 건강도 아울러 새로운 활기를 띠어 수명도 또한 장수할 명이다.
　여성은 남성보다 고독한 운이 비치므로 독수공방에 홀로 앉아 자손을 기다리는 형국이니 신앙에 귀의하라.
　남성은 과음과 과식만 삼가면 76세 이상 장수할 명이며 여성은 이보다 3~4세가 추가될 명이다.

※ 이 '허운성'에 해당되는 사람은 자신이 살 집을 직접 조성하면 해를 보기 쉬우며 집 좌향은 자오(子午)방을 삼가지 않으면 불시의 액을 당하기 쉽다.

말년송 · 末年頌

시대허성 만지재패 · 時帶虛星 晚至財敗
후분운체 세월허송 · 後分運滯 歲月虛送

탁신공문 이재성공 · 托身公門 以才成功
수신제가 심성양후 · 修身濟家 心性良厚

회고일생 백척간두 · 回顧一生 百尺竿頭
운명여차 몽비환화 · 運命如此 夢飛幻花

운평 · 運評

- 생시에 '허운성'을 둘렀으니 노년에 이르러 재물의 실패가 두려운지고, 후분의 운이 막힌 형국이니 부질없이 세월만 허송하는 빈객(濱)이로다.
- 공문(官界)에 몸을 던진즉 이름을 얻고 재주(藝術 · 文學)로써 가히 성공할 명이여! 몸을 닦고 가정을 잘 다스리니 심성은 어질고 인정 있는 사람이 분명하도다.
- 이제 문득 지난 생을 돌아다보니 백척간두에 서 있는 아슬한 삶이었으니 인생 운명이 이와 같을진저, 마치 꿈 속에 환화가 어지러이 날리며 흩어지는도다.

풍운성 · 豊運星

- 백발이 성성함에도 젊음의 흥취를 잃지 않고 풍월(風月)을 벗삼아
- 고뇌로웠던 지난날들을 회상하면서 불우한 사람들의 등불이 되어 만인에게
- 적덕을 베풀면서도 풍요로운 삶 속에 만세영화(晩歲榮華)가 깃드는 운세

무릇 이 '풍운성'의 운의(運意)는 뜨거운 여름날 씨뿌리고 김매고 애써 가꾼 덕[努力]으로 가을의 풍요를 마음껏 취할 수 있는 초고만락(初苦晩樂)의 운명적 작용이 마치 부춘산(富春山) 아래 노옹(老翁)이 배를 두드리며[鼓腹] 격양가를 부르는 태평스런 역상에 비할 수 있다.

옛 속담에 '초년 고생은 돈 주고도 못 산다.'는 말이 있듯이 수많은 시련과 고난 속에서도 오직 불굴의 정신으로 50세 전까지 모든 고비를 다 넘겼으니 이제 남은 것은 즐거운 낙(樂)이 스스로 내 몸 내 문전을 향해 찾아드는 형국이다.

나날이 늘어가는 백발에도 무릇 청춘의 흥취를 잃지 아니하고 더욱 인생의 참맛을 구가할 수 있는 특징이 이 '풍운성'의 운의다.

특히 이 운성을 타고난 사람은 부(富)보다 수명의 복록을 타고났으며 종교적 차

원을 넘어 신선계를 동경하여 나이를 아랑곳하지 않고 매사에 의욕 또한 대단하다.

다만 성품이 고지식하고 직언(直言無毒)을 잘하기 때문에 주위로부터 오해를 받는 수가 종종 있으며, 사람이 많이 따라주지 않아 자신의 심중엔 늘 고독의 그림자가 깃들어 있다.

때문에 이 세상에 존재하는 모든 것을 하나의 환(幻)이나 상(相)으로 간주하여 일체에 무심(無心)하려고 스스로 노력하기도 한다.

따라서 도(道)에 대한 관념도 유달리 강하여 스스로 4차원의 세계를 찾아 홀로 안일을 취하여 유유자적(悠悠自適)한 생활에 젖기도 한다.

역단하건대, 남성은 두 처(兩妻)를 거느릴 운명이 있어서 자칫 상처(喪妻) 내지 처병(妻病)으로 고통당할 운수가 있으며, 여성의 경우는 노년에 자식의 지극한 효(孝)를 받으며 풍족한 생활을 영위하지만 남편 운만은 빈약한 편이므로 60세 전에 남편을 여의는 경우도 허다하다.

무릇 이 '풍운성'은 50대보다 60대가, 60대보다 70대, 즉 연륜이 쌓여감에 따라 그 복록이 배로 증가되어 아무 부족함 없이 고생했던 지난날을 회억하면서 불우한 사람들에게 봉사해가며 자신도 행락(幸樂)을 즐길 수 있는 좋은 운이다. 젊은 날 이루지 못했던 꿈을 환갑에야 펴보는 선체후광(先滯後光)의 명운을 암시한다.

명가 · 命歌

정녕 인생은 흐르는 물!
서산(西山)에 해 지고 동해(東海)에 부상하니
어이야 봄 산에 눈 녹고 겨울 산에 꽃이 피는가!

말년송 · 末年頌

시입풍운 백수한가 · 時入豊運 白首閑暇
무사무수 수도팔십 · 無事無愁 壽到八十

만지재흥 안가태평 · 晩至財興 安家太平
의식풍족 사사득의 · 衣食豊足 事事得意

막한초곤 노입부운 · 莫恨初困 老入富運
입도불문 홀각삼경 · 入道佛門 忽覺三更

운평 · 運評

- 생시에 '풍운성'이 들었으니 백발(老年)이 한가하도다. 번뇌로운 일 근심 없으니 수명이 무릇 80세에 이르렀도다.
- 만년에 이르러 재물도 흥왕하고 집안도 태평하여 의식이 풍족하니 일마다 뜻을 얻었도다.
- 운명이 이와 같을진대 초년의 고생 한탄해 뭣하랴! 늦게나마 반드시 부자운이 들어 있음이어니 그가 만일 불문에 입도한즉 야반 삼경에 홀연히 대각하리로다.

第十二章

월살궁 月殺宮

중년 전(30세까지) 운세

신살(神殺)의 해설

무릇 인간은 고해(苦海)에 떨어진 몸이기에 누구나 살(殺)을 갖고 있는 것이며 이 악살(惡殺)을 소멸할 수 있는 신(神)이 있기에 생명을 보지(保持)할 수 있는 것이다.

고로 이 장에서 말하는 살(殺)이란 '12신살(十二神殺)'을 뜻하거니와 '12신살'에는 '겁살(劫殺)'·'재살(災殺)'·'천살(天殺)'·'지살(地殺)'·'연살(年殺)'·'월살(月殺)'·'망신살(亡身殺)'·'장성살(將星殺)'·'반안살(攀鞍殺)'·'역마살(驛馬殺)'·'육해살(六害殺)'·'화개살(華蓋殺)'의 12가지 살이 있다.

위의 '신살'에서 '신(神)'이란 운명상 좋게 작용하는 길신(吉神)을 말하는 것이요, '살(殺)'이란 운명상 나쁘게 작용하는 흉살(凶殺)을 뜻하는 것이다.

해석하건대,

- '겁살(劫殺)'이란 뜻은 상대로부터 강제로 겁탈(劫奪)당하는 것을 말함이니, 예를 들면 신(申)·자(子)·진(辰) 수국(水局)은 사중(巳中)의 무토(戊土)에 극(剋)을 당하는 까닭에 '겁(劫)'이 되는 것이다. 해(亥)·묘(卯)·미(未) 목국(木局)은 신중(申中)의 경금(庚金)에 극을 당하는 까닭이요, 인(寅)·오(午)·술(戌) 화국(火局)은 해중(亥中)의 임수(壬水)에 극을 당하고 사(巳)·유(酉)·축(丑) 금국(金局)은 인중(寅中)의 병화(丙火)로부터 극을 당함으로써 소위 '겁살'이 되는 것이다.

  따라서 이 '겁살'은 인(寅)·신(申)·사(巳)·해(亥)로서 오행상 역마살(驛馬殺)에 해당되기 때문에 운명상 그 의미도 사뭇 강하게 작용함은 물론 12운성의 절궁(絶宮)에 해당되는 곳이기도 하다.

  그러므로 이 '겁살'은 사업 실패, 혹은 교통 사고나 도난을 많이 당하여 불의(不意)의 탈재(奪財)가 있게 되는 것이고 애정상 실패, 부부 이별, 구설도 따르게 된다.

- 다음으로 '재살(災殺)'은 일명 '수옥살(囚獄殺)'이라고도 하여 이 살이 있게 되는 경우 송사·납치·감금·포로 등 신상(身上)에 구속됨이 있어 재난을 많이 겪게 되는 살이다.

- '천살(天殺)'은 이른바 하늘로부터의 재앙을 뜻하거니와 뜻밖의 수해나 해일·풍재(風災)·한발 등으로 신변에 천재지변의 화가 있게 되는 것이다.

- '지살(地殺)'은 사업(職業)상 장소의 장애로 인한 지리적 변동이나 답지(踏地)를 뜻하는 것으로서 타도(他道)나 타국(他國) 등 원처(遠處)에 원행이 있게 됨을 자극하는 살이기도 하다.

- '연살(年殺)'은 그 해에 해당되는 달이나 연도 대운(大運)에 있어 뜻밖의 재난이 있게 되는 살로서 일명 '도화살(桃花殺)'이라고 하는데 이는 곧 이성(異性)에 대한 고통을 말하는 바 남녀 모두 이성으로 인한 재난이 따르게 되는 것이다.

- '월살(月殺)'은 소위 모두 마름이 고갈되어 유기를 잃어 메말라 타게 된다는 일명 '고초살(枯焦殺)'인 까닭에 고갈(枯渴)·병액·사업 중단이 따르게 되는 살이기도 하다.
  때문에 택일법(擇日法)에 있어서도 이 날만은 극히 피하고 있다.

※ 이날을 택해 종자(種子)를 심으면 싹이 나지 않고 어미닭에 달걀을 안기면 병아리가 깨지 않는다는 날이다.

- '망신살(亡身殺)'은 일명 '파군살(破軍殺)'로서 모든 계획이 수포(水泡)로 돌아가 마침내 패가망신을 초래하게 되는 살로서 명예가 땅에 떨어지고 소위 돈 잃고 망신까지 당하게 되는 것이다.

  일찍이 『삼명서(三命書)』에 이르기를,
  "망자회야(亡者灰也)요, 자내실지위망신(自內失之 謂亡身)이라."
  고 설했거니와 쉽게 말하면 '다 된 밥에 재 뿌린 격'으로 모든 것이 장애·좌절·실패로 연속되어 나중에는 궁지에 처해 몸을 망치고 마는 것이다.

신(申)·자(子)·진(辰) 수국(水局)에는 '해(亥)'가 망신(亡身)이 되는 것인 바 이는 곧 해중갑목(亥中甲木)에 수(水)가 심히 설기(泄氣)를 당하여 망하는 것이다.

사(巳)·유(酉)·축(丑) 금국(金局)에는 '신(申)'이 망신이 되는 바 이는 신중임수(申中壬水)에 금기(金氣)가 설기되므로 망하는 것이다.

인(寅)·오(午)·술(戌) 화국(火局)은 '사(巳)'가 망신이 되는 바 이는 사중무토(巳中戊土)에 화기(火氣)가 설기되고 있음으로써 망하는 것이다.

해(亥)·묘(卯)·미(未) 목국(木局)은 '인(寅)'이 망신이 되는 바 이는 인중병화(寅中丙火)에 목기(木氣)가 설기되어 망한다고 하여 각각 '망신살'이라고 하는 명칭이 붙게 되었다.

- 다음으로 '장성살(將星殺)'은 귀기(貴氣)로서 정신이 강하게 작용하여 내면에 확고한 주체(主體)를 세우게 됨으로써 특히 생일(生日)에 놓여 있으면 자신의 심지(心志)에 굳은 중심을 세워 사(邪)에 일체 유혹됨이 없게 된다는 길성(吉星)이기도 하다(※다만 이 12살에서는 반대의 작용도 함).

- '반안살(攀鞍殺)'에서 '반안(攀鞍)'이라 함은 말(馬) 등에 사람이 앉을 수 있도록 놓은 안장을 말함인데 이는 곧 인간이 성장하여 출정(出廷)하는 입신 출세를 뜻하는 까닭에 연월일시 중에 '장성·반안·역마'가 함께 구비되어 있는 사람은 소위 말등에 안장을 깔고 장군이 행군(出征)하는 형상으로 크게 출세한다는 뜻이 내포되어 있다.

- 다음으로 '역마살(驛馬殺)'은 사람이 말타고 멀리 달리는 것을 의미하므로 이는 곧 어느 한 곳에 머물지 아니하고 일찍부터 타향살이 또는 해외 출입을 하게 됨을 말하는 것이니 이 살이 있어야

만 이민이나 세계 일주, 더 나아가서 장래에 우주 여행을 할 수 있게 되는 것이다.

※ 옛날에는 지방 곳곳에 역사(驛舍 : 정거장)를 두어 그 역에다 말을 먹여 이곳에서 저곳으로 국가의 긴급 사항을 수시로 연락하는 역할을 취하였던 바 그 당시 그곳에 있던 말을 가리켜 '역마(驛馬)'라고 불렀다. 때문에 이 역마는 항시 달려야 하는 숙명을 타고났기 때문에 멀리 뛰는 것을 의미하는 것이니만큼 이 살을 타고난즉 타향살이, 타국 출입으로 일생을 분주하고 분망한 나날을 보내게 되는 운명적 작용이 있게 되는 것이다.

- 다음으로 '육해살(六害殺)'은 역마의 앞자리로서 일명 '마랑(馬郎)'이라고도 하는데 만일 연월일시(四柱)에 역마가 있어도 이 육해가 있게 되면 역마가 충(沖)을 만나기 이전에는 이른바 마방(馬房)에 매어둔 말이 되어 원행을 못하게 되는 것이다.
  따라서 이 '육해살'은 구병(久病)을 의미하므로 오랫동안 병환을 앓게 된다는 흉살이기도 하다.

- 마지막으로 '화개살(華蓋殺)'은 삼합(三合)의 맨 끝자리로서 소위 오행상 고장(庫藏)이 닿는 곳인즉 '귀객(貴客)이 앉는 자리'라 하여 화려한 방석과 같은 의미로서 이른바 보옥지상(寶玉之象)으로 해석하는 것이어서 이 뜻은 장래에 화려하게 안정되어 비로소 빛(光)을 내게 된다는 길성을 의미하는 것이다.

　　고서(古書)에 이르기를,
　　"화개(華蓋)가 봉공(逢空)하니 정통승도(情通僧道)요, 화개(華蓋)가 중중(重重)하니 근심학예(勤心學藝)니라."
　　고 하였다.

※ 화개가 생년이나 생일에 놓여 있으면 출생 당시 목이나 어깨에 탯(胎)줄을 걸고 출생하였거나 그 집안에 일찍부터 불도(佛道)에 깊은 인연을 갖고 있음을 뜻하기도 한다(※이 명에 승려가 많고 평민은 불공을 지성껏 드려야 장래 큰 뜻을 성취할 수 있다).

12신살 조견표(十二神殺照見表)

생월(生月) \ 생년(生年)	巳(뱀띠) 酉(닭띠) 丑(소띠)	申(원숭이띠) 子(쥐띠) 辰(용띠)	亥(돼지띠) 卯(토끼띠) 未(양띠)	寅(범띠) 午(말띠) 戌(개띠)
겁 살 (劫殺)	寅	巳	申	亥
재 살 (災殺)	卯	午	酉	子
천 살 (天殺)	辰	未	戌	丑
지 살 (地殺)	巳	申	亥	寅
연 살 (年殺)	午	酉	子	卯
월 살 (月殺)	未	戌	丑	辰
망신살 (亡身殺)	申	亥	寅	巳
장성살 (將星殺)	酉	子	卯	午
반안살 (攀鞍殺)	戌	丑	辰	未
역마살 (驛馬殺)	亥	寅	巳	申
육해살 (六害殺)	子	卯	午	酉
화개살 (華蓋殺)	丑	辰	未	戌

* 생년·생월 음력 기준

월살궁(月殺宮)

생년(生年) 생월(生月)	子 쥐띠	丑 소띠	寅 범띠	卯 토끼띠	辰 용띠	巳 뱀띠	午 말띠	未 양띠	申 원숭이띠	酉 닭띠	戌 개띠	亥 돼지띠
겁살(劫殺)	4	1	10	7	4	1	10	7	4	1	10	7
재살(災殺)	5	2	11	8	5	2	11	8	5	2	11	8
천살(天殺)	6	3	12	9	6	3	12	9	6	3	12	9
지살(地殺)	7	4	1	10	7	4	1	10	7	4	1	10
연살(年殺)	8	5	2	11	8	5	2	11	8	5	2	11
월살(月殺)	9	6	3	12	9	6	3	12	9	6	3	12
망신살(亡身殺)	10	7	4	1	10	7	4	1	10	7	4	1
장성살(將星殺)	11	8	5	2	11	8	5	2	11	8	5	2
반안살(攀鞍殺)	12	9	6	3	12	9	6	3	12	9	6	3
역마살(驛馬殺)	1	10	7	4	1	10	7	4	1	10	7	4
육해살(六害殺)	2	11	8	5	2	11	8	5	2	11	8	5
화개살(華蓋殺)	3	12	9	6	3	12	9	6	3	12	9	6

* 생년 · 생월 음력 기준

겁살 · 劫殺

지장보살(地藏菩薩)의 인연 공덕으로 실패의 어두운 수렁에서
모든 액난을 소멸하니 비로소 안정을 찾아 광명을 발(發)하도다.

무릇 '겁살' 이라 함은 자의(自意)건 타의(他意)건 아니면 상대, 즉 주위로부터 건 혹은 자신의 내면(마음)으로부터건 강제로 - 본의 아니게 - 겁탈(劫奪)을 당하는 것을 의미하는 것이니만큼 일찍이 유년기에 들어 신체상 병액을 만나 건강상 고통을 받는다든가, 청소년기에 애정상 갈등으로 인한 이성적 번뇌 · 학업중단 · 사업 실패 혹은 도난 등을 많이 당하여 불의(不意)의 탈재(奪財)가 있게 됨을 뜻하거니와 구설과 시비도 종종 따르게 된다.

따라서 조용한 환경(마음)에 갑자기 파상(波相)이 일어나는 격으로 마음의 갈등이 생겨 한 가지 일에 몰두할 수 없는 충동감이 치솟아 집(家庭)보다 밖으로 내치는 경향이 있게 된다.

고로 학문길(文道)에 장애가 있음을 그저 간과(看過)할 수 없는 일이요, 사춘기에 들어 이성적 갈등으로 인한 유혹이나 번뇌가 따름도 배제할 수 없다.

일찍이 편모(偏母) 혹은 편부시하(偏父侍下)에서 부모와 이별하고 다른 집에서 양육될 수 있는 고독함도 있음이니 어찌 육친간의 정을 다 받을 수 있을쏘냐.

 이와 같지 않을 것 같으면 젊은 날 집(苦行)을 떠나 타향으로 몸을 옮겨 항시 육친부모를 먼 곳에서 남몰래 그리워해야 하는 나그네의 눈물도 있게 된다.

 반면 이 '겁살'은 천부적으로 강력한 지도자의 기질을 타고난 상이니만큼 일찍이 남다른 명성이나 무(無)에서 유(有)를 창조하는 발명적 재간이 있고 남에게 절대 뒤떨어질 수 없다고 하는 고강한 자존심을 타고났기 때문에 모든 일을 행함에 능동적으로 자의(自意)에 의한 자발적인 심성이 작용하므로 책임감 또한 강하다는 장점이 있다.

월살가 · 月殺歌

월입겁살 조별부모 · 月入劫殺 早別父母
약비조실 타향의탁 · 若非早失 他鄕依託

골육무정 항시한탄 · 骨肉無情 恒時恨嘆
순육관이 거마유액 · 旬六冠二 車馬有厄

- 생월에 '겁살'이 들었으니 일찍이 한쪽 부모를 이별할 것이요.
- 만약 한쪽 부모를 잃지 않으면 타향에 외로운 몸 의탁하리라.
- 어찌하여 골육(六親)의 정이 없음을 한탄치 않을까.
- 16·24세에 노액살(路厄殺)이 있으니 거마(※車馬 : 자동차·비행기·선박)의 액을 조심하여라.

재살 · 災殺

미륵보살(彌勒菩薩)의 인연 공덕으로 고통스런 병액의 아픔을 딛고
모든 액난을 소멸하니, 새로운 생명이 탄생되어 부활의 희열을 맛보리라.

무릇 '재살'은 재앙을 초래하는 살로서 일명 '수옥살(囚獄殺)'이라고도 하는 것이니 특히 송사 · 납치 · 감금 · 포로 · 유괴 등 신상에 재앙이 들어 구속됨이 있어 불의의 재난을 받게 됨을 뜻하거니와 유년기에 유괴나 물로 인한 수재 혹은 불로 인한 화재 등을 각별히 주의해야 한다.

따라서 이 명은 태어날 때부터 지극한 치성공덕이 필요하므로 석가불(특히 미륵불)에 귀의해야 한다.

옛 고구려의 연개소문도 부모로부터 70세에 태어난, 그 집안에서는 귀한 존재였지만 생월에 '재살'이 들어 있었으므로 일찍이 9세 때 중국땅으로 유학을 보내 양부모를 삼아주어 일부러 초년고생을 시켰다고 한다.

이는 곧 운명상 재앙을 미리 소멸하고 천명(天命)대로 살기 위한 옛사람들의 전통의식으로 장수를 염원하기 위한 하나의 무속적(巫俗的) 개운 방법(開運方法)이었다.

때문에 이 명을 타고난 사람의 부모된 사람은 자손에 대한 공덕이 필요하므로 평소에 불우한 사람을 위해 많은 보시(布施)와 음덕이 필요하다는 것을 명심해야 한다.

풍모에 기품이 서려 있고 두뇌도 총명하여 모든 일을 일찍 깨달아 조달(早達)할 수 있는 명인 까닭에 다방면에 남다른 소질(特技)을 타고났으므로 동량(棟樑)의 그릇임을 의심할 수 없다.

다만 높은 곳(山)으로부터의 낙상(落傷)이나 화재를 당하여 몸에 흉터를 갖게 되는 액화(厄禍)가 있으니 유년 시절에는 무엇보다 주위의 보살핌이 필요하다.

무릇 '재살'은 '수옥살'이니만큼 일명 '유괴살(誘拐殺)'이 되는 것이니 이는 곧 타인으로부터 자신의 몸을 강제로 구속(혹은 강간) 받을 수 있음과 감옥에 갇히게 되는 육체적 고통도 따르게 되는 것이다.

따라서 전생에 미륵불의 인연공덕이 있음이니 이에 정성을 게을리하지만 않는다면 재액의 소멸은 물론 반대로 복덕을 불러들여 장래 큰 그릇이 될 수 있음을 확인할 수 있는 명이다.

월살가 · 月殺歌

월입재살 유업난수 · 月入災殺 遺業難守
약무신흠 일경도적 · 若無身欠 一驚盜賊

지성기도 액반위복 · 至誠祈禱 厄反爲福
순팔관팔 수화유액 · 旬八冠八 水火有厄

- 생월에 '재살'이 들어 있으니 유업을 지키기 어렵도다.
- 만일 몸에 흠이 없으면 한 번 도적에게 크게 놀랄 것이요,
- 지극 정성으로 기도를 올리면 액이 변하여 반대로 복이 될 것인즉
- 18 · 28세에 당처하여 수 · 화(水 · 火)의 액을 조심하라.

천살 · 天殺

■ 허공장보살(虛空藏菩薩)의 인연 공덕으로 천신의 구원을 받는 명이려니
■ 온갖 구설과 누명의 함정에서 액난을 소멸,
■ 온 집안에 기쁨이 날로 넘치리라.

무릇 '천살'은 하늘로부터 생각지 않은 불의의 재앙을 받게 됨을 뜻하거니와 일신상에 뜻밖의 수해나 해일·한발·가뭄 등으로 인한 신변에 천재지변의 화가 있게 됨을 의미한다.

그러므로 이 명은 태어날 때부터 전란(戰亂)의 화가 있을 수 있는 명이니만큼 늘 천존(天尊)을 향해 지극한 치성 공덕이 필요함은 물론 폭넓은 보시 공덕이 필요하다.

특히 생월에 '천살'이 들어 있는 명은 건강상으로 심장병이나 간질병을 주의해야 한다. 심장이나 간질 혹은 나병 등은 하늘에서 내리는 천질(天疾)에 속하는 질병이기 때문이다.

무릇 이 '천살'은 하늘로부터 직접 연관이 있는 살이기에 사람됨이 세심하고 공사(公私)를 가리는 소위 경우가 분명하고 인품에 위의(威儀)가 서려 있어 어려서부터 모든 사람을 제치고 홀로 남의 위에 서기를 좋아한다.

따라서 모든 일에 천부적인 소양이 있음이니 일찍부터 정신만 잘 개발하면 영능적(靈能的) 직감이 남보다 두드러져 평소에도 예리한 영감(inspiration)이 작용하여 현몽(現夢)이 밝고 미래를 내다보는 선견안(先見眼)이 뛰어나 때로는 주위 사람들을 깜짝 놀라게 하기도 한다(※운명상 천살이 너무 많으면 이와 반대로 바보천치도 있음).

다만 일찍 부모의 유산을 받아 사업에 손댄 자는 30세 전에 모두 없애게 되는 불운이 있으며 인덕이 결핍되어 있으므로 이른바 '자신이 못 먹고 죽도록 벌어놓은 돈을 남의 입에 털어넣는 형상'으로 선무공덕(先務空德)의 운세가 작용함도 배제할 수 없다.

특히 조혼(早婚)을 신중히 하라. 부부궁에 액살이 있음이니 어찌하여 조용한 가문에 난데없는 풍파가 일어 부부 사이에 외로운 공방의 시간이 따르는고. 천신(天神)에 공덕을 게을리하지 마라. 30세를 넘은 후에는 뭇사람의 어른(頭領)이 되어 많은 공경을 받고 큰 복운이 일어 천하에 이름 석 자가 드러나리라.

월살가 · 月殺歌

월대천살 심간유병 · 月帶天殺 心肝有病
공방하사 금궁유흠 · 空房何事 琴宮有欠

근이득재 용구타인 · 勤以得財 用口他人
순구관구 천지대액 · 旬九冠九 天地大厄

- 생월에 '천살'을 둘렀으니 심장과 간장에 병이 있으리라.
- 청춘공방이 어인 일인고, 금실(琴瑟)이 고르지 못하니 부부궁에 흠이 있음이라.
- 부디 근면으로서 재물을 얻었으나 타인의 입에 털어넣는 격이요.
- 19·29세에 천지(부모·육친) 간에 큰 액이 있으리로다.

지살 · 地殺

▮ 동서남북 지주신(山神)의 인연 공덕으로 말미암아 모든 액난을 소멸,
▮ 땅으로부터 복덕이 있음이니 지하자원을 개발하여
▮ 부(富)를 이룸이 태산과도 같도다.

무릇 '지살' 이라 함은 일상의 환경에 의한 생각지 않은 '장소적[地理的]' 변동이나 답지(踏地)를 뜻하는 것으로서 타도(他道)나 타국(他國)에 원행이 있게 됨을 자극하는 살이거니와 늘 마음이 한곳에 안주(安住)할 수 없는 불안정한 감(感)이 들게 된다. 이는 곧 태어난 곳(出生地)으로부터 원처(遠處)에 옮겨 살게 됨을 의미하는 것이니만큼 일찍부터 분주한 나날(運命)을 걷기도 한다.

자신의 마음 속엔 항상 정서적이고 한가한 낙(樂)을 동경하여 전원적이고 신선한 세계를 그리지만 왠지 그 몸은 반대로 화려하고 시끄러운 곳에 놓여지게 된다.

무릇 '지살' 은 이른바 '이지(離地)'를 뜻하는 까닭에 일찍이 고향 땅에서 전답(田畓)을 팔고 친척과 이별하고 타향으로 옮겨가는, 실로 유목민과도 같은 운명이 작용하고 있는 것이다.

그러므로 그 마음도 새로운 세계의 동경이나 신비한 세계에의 유혹이 마음 속

으로부터 깊이 깔려 현재의 환경을 — 비록 고통이나 어떠한 이유가 없다 해도 — 자꾸 변혁해보고자 하는 특성이 있다.

부모로부터 물려받은 유업은 지키기 어려우나 타향에 나가 혼자 힘으로 자력갱생(自力更生)하여 훗날 반드시 큰 성공이 있게 됨은 지리(地理)에 대한 이익이 있는 까닭이요, 이는 곧 토지신(土地神)으로부터 전생에 닦은 인연공덕의 산물인 것이다. 일찍이 청소년기에는 관재가 따르고 학문의 중단이 있게 되지만 자꾸 성장해갈수록 그 흉해는 없어지고 도리어 안정과 평온을 되찾아 세인의 칭찬을 받게 된다.

반드시 산신(山神)의 공덕도 있음이니 중년기에는 지출황금(地出黃金) 격으로 땅으로부터 황금을 얻는 복덕이 있어 산이나 강 또는 계곡 등을 이용한 지하자원을 개발하여 뜻밖에도 놀랄 만한 횡재를 하게 되는 굴지득금(掘地得金)의 화려한 운세가 따른다. 한때 초년의 고통이 있음을 한탄치 말라. 중년에 이른즉 옛말을 하게 되리라. 늘 토지신이나 산신에게 공덕을 게을리하지 않은즉 연륜이 더해 갈수록 복덕이 가중되리로다.

월살가 · 月殺歌

월임지살 심사부정 · 月臨地殺 心事不定
조업난수 풍전등화 · 祖業難守 風前燈火

모사도처 간유구설 · 謀事到處 間有口舌
순칠관칠 관재유액 · 旬七冠七 官災有厄

- 생월에 '지살'이 임하였으니 마음과 일이 안정치 못하도다.
- 부모의 조업을 지키기 어려운 명이어니 마치 바람 앞에 등불과도 같아라.
- 꾀하는 일마다 도처(成功)에 이르나 구설이 어인 일인고.
- 17 · 27세 운에 관재가 몸에 따르도다.

연살 · 年殺

- 관세음보살(觀世音菩薩)의 인연 공덕으로 일찍이 단명할 명이지만
- 액난이 소멸하였으니 날로 활기(活氣)가 돋아
- 재물이 흥왕하리로다.

무릇 '연살'은 일명 '도화살(桃花殺)'을 말함이니 이 살이 닿는 해(年度)나 혹은 달(月슈)에 뜻밖에 재난이 있게 된다는 살로서 여성은 남성, 남성은 여성으로 인한 재난(口舌)이 따르게 된다는 소위 이성적 번뇌·갈등·충돌·이별 등을 뜻하거니와 심한 경우는 유년기의 학문 중단, 중년기의 사업 중단은 물론 인간적 배신으로 파산(破産)이나 부부 이별을 당하게 된다.

따라서 이 명은 일찍이 관음보살상에 귀의하여 지극 정성으로 기도한즉 모든 액(厄)이 도리어 길(吉)로 화하여 반대로 복덕이 가중된다.

원래 머리가 총명하여 하나를 보면 셋을 헤아려 일단 한번 본 것은 잊지 않고 해낼 수 있는 빠른 감각(눈매)을 갖고 있으며 얼굴이나 모습에서도 어느 한곳에 귀여운 매력이 풍겨나와 많은 사람들로부터 깊은 사랑을 받게 된다.

따라서 타인에 비해 성적 발달이 민감하여 이성적 교제가 빠르고 미식(美食)을

좋아하고 사치나 화려한 의상을 소유하고자 하는 충동심이 강하게 일어 한때 학문적 장애를 초래하기도 한다.

이 점만 잘 보완하면 재치 있는 화술과 민감한 센스, 매력적인 풍모로 주위의 시선을 한몸에 모아 일찍이 그 명성을 드날리게 된다.

다만 머리가 너무 빨리 작용하는 까닭에 마음에 수시로 변덕이 있어 한 가지 일에 골몰할 수 없는 성벽이 작용하며 변화가 잦은 생활을 하기도 하나 이에 맞는 직업 선택만 잘하면 오히려 발전하는 수가 허다하다.

특히 형제 또는 부모와도 의견[마음]이 서로 맞지 않아 집[家庭]보다 밖으로 혼자 나가고자 하는 마음이 항시 유동적으로 일고 있다.

일러두건대, 이 명은 관음보살에 귀의하여 공덕[精誠]을 게을리하지 마라. 반드시 머지않은 날 황금이 몸을 휘둘러 안정된 영화가 스스로 깃들게 되리로다.

월살가 · 月殺歌

월봉년살 성겸강유 · 月逢年殺 性兼強柔
의식수족 형제유액 · 衣食雖足 兄弟有厄

제영지사 임시변통 · 諸營之事 臨時變通
순칠관삼 도화유액 · 旬七冠三 桃花有厄

- 생월에 '연살'을 만났으니 본 성품은 강과 유를 겸했도다.
- 의식은 비록 풍족하나 형제에게 액이 있을 명이요,
- 모든 경영하는 일을 때에 따라 순간순간 변통을 잘하는 사람임에,
- 17·23세에 이 명에 도화[女難·男難]의 액이 따르도다.

월살 · 月殺

만월보살(滿月菩薩)의 인연 공덕으로 신변에 다가오는 액난을 소멸,
위험한 고비를 재치 있게 승화시켜 항시 천우신조가 깃드는 명이로다.

무릇 '월살'은 일명 '고초살(枯焦殺)'이라 하여 이 살을 맞게 되면 모든 만물이 고갈(枯渴)되어 윤기(活氣)를 잃고 결국엔 메말라 죽게 된다는 살인 까닭에 고갈·장애·병액·좌절 등 운명적 불운의 함정이 도사리고 있으며 심한 경우 정신적 이상을 일으켜 광인(狂人)이 되기도 한다.

이와 같은 생사(生死)에 반향되는 운명적 갈등이 본시 천재적 두뇌를 낳기도 하는데 유년 시절 환경의 부조화로 인해 자칫 잘못 끌리는 경우 사회적 물의도 적지 않게 일으키는 문제아가 되기도 한다.

그러나 전생에 만월보살의 인연 공덕으로 매사 어려운 고비에 이를 때마다 전화위복(轉禍爲福)의 우연한 행운이 따른다.

특히 이 명은 금전에 대한 과대한 욕망을 버리지 않는 한 일생 동안 고통의 늪에서 헤어나기 힘들다. 까닭은 이 '월살'은 재물에 대한 허욕이 자신도 모르는 사

이에 발동하여 세상에 있는 모든 물건(錢財)이 곧 나의 것이라고 생각할 수 있는 정신적 소양(素養)이 있기 때문이다.

이와 같은 현상은 유년 시절에 부모로부터 혹은 주위 환경에 의해서 금전(돈)에 대한 허망한 현실 – 부자에 대한 증오 – 을 겪을 수 있는 심적(精神的) 충격을 받을 수 있기 때문이다.

가령 부모의 사업 실패, 편애적인 사랑 또는 불합리한 고통의 현실이 따른다는 것이다. 일찍이 부모의 덕이 끊어졌으니 호화로운 생활, 풍요로운 환경을 바라지 마라.

여기에 인간의 정마저 삭막하여 한 많은 인생, 스스로 한탄도 해보지만 20대의 열병의 고비를 지난 후에야 날로 새롭게 발전하리라. 초년의 고독(가난)은 중·말년의 부(富)를 가져온다는 평범한 생활의 진리를 망각지 말라. 난간에 비치는 월랑(月朗)은 일찍이 외로운 세월을 말함이나 의지와 인내가 유달리 강하게 작용하는 운명이니 반드시 가까운 날 성공을 기약하리라.

월살가 · 月殺歌

월입월살 제사허망 · 月入月殺 諸事虛妄
물탐과재 간간손명 · 勿貪過財 間間損名

인덕절무 다한인생 · 人德絶無 多恨人生
순지육구 중단지액 · 旬之六九 中斷之厄

- 생월궁에 '월살'이 들었으니 모든 일이 허망하도다.
- 지나치게 재물을 탐하지 마라, 간간이 그 이름을 더럽히리라.
- 인간의 덕이 끊어져서 전혀 없으니, 한 많은 인생이로고.
- 16·19세에 학문길에 중단의 액이 두렵도다.

망신살 · 亡身殺

금강신장(金剛神將)의 인연 공덕으로 죽음의 고비를 넘어
모든 액난이 소멸하니 삶에 대한 새로운 의욕이 솟아
날로 명성(立身)이 높아지리라.

무릇 '망신살'이라 함은 일명 '파군살(破軍殺)'로서 모든 계획이 수포(水泡)로 돌아가서, 마침내 패가망신(敗家亡身)을 초래하게 된다는 살이다. 다시 말하면 '다 된 밥에 재 뿌린 격'으로 학업 중단·좌절·병난·애정 갈등·사업 실패 등의 풍파가 일어 급기야는 몸을 망쳐 패가(敗家)하게 된다는 운명적 불운을 암시하는 까닭에 평소에 과욕을 삼가는 건전한 생활 태도와 인격적 수행이 필요하다.

따라서 두뇌는 타(他)에 비해 뛰어난 편이지만 내성엔 불처럼 급한 성질이 도사리고 있어 초년기에 자신이 바라는 대로 모든 일을 이루고자 하나 뜻대로 되지 않아 홀로 애태우기도 한다.

다시 말해서 마음은 급하고 운(幸運)이 더딘 편이기에 자신도 모르는 사이 독선적 행동(猪突性), 이기적 마음이 작용하여 매사를 자신이 주도(主導)해 나가야만 직성이 풀리는 명이다. 이와 같은 자신의 성격적 특성을 깊이 성찰하여 장래 보완

해나간다면 큰 재목(大器)임에 두말할 나위 없다. 왜냐하면 사주(年月日時)에 이 '망신'의 운성이 끼지 않은 사람은 결코 큰 일을 해내기 어렵다.

까닭은 '망신살'이란 모든 살성(殺星)을 주도하는 강한 운성이기 때문에 그 특징은 과감·속행·배짱 등 용단(勇斷)이 작용하기 때문이다.

조상의 유업은 유명무실(有名無實)로 이름만 있을 뿐 열매가 없는 격으로 마치 바람 앞에 등불과 같다. 한때의 누명과 고난을 한탄치 말고 그것을 당연한 것으로 받아들여라. 이 명은 고난과 역경 속에 진주를 줍는 격이니 일찍부터 고생의 과정이 있어야 중년기에 더욱 알찬 성공을 거둘 수 있으며 그 복록을 노년까지 지켜나갈 수 있기 때문이다. 30세 전의 세월에는 동(東)으로 갔다 서(西)로 갔다 하는 분주한 몸이 이집 저집으로 옮겨다니며 주거(住居)마저 불안정하지만 40세가 이르기 전 영구한 안착지를 마련할 명이 분명하다. 특히 20대 후반에 이성으로 인한 고통, 부부의 이별 등이 있을 명이므로 마음에 수양이 필요하고 참고 견디는 인내심을 길러야 노경(老境)에 이르기까지 오래도록 복록을 지킬 수 있다.

월살가 · 月殺歌

월침망신 천성화급 · 月侵亡身 天性火急
조상유업 추풍여등 · 祖上遺業 秋風如燈

누차이석 허송세월 · 累次移席 虛送歲月
관사입사 망신유액 · 冠四立四 亡身有厄

- 생월에 '망신살'이 침범했으니 천성이 불처럼 급하도다.
- 조상의 유업은 손대지 마라. 마치 가을 바람에 등불과 같으니.
- 여러 번에 걸쳐 자리를 옮겨다니니 세월만 허송할 명이여!
- 24·34세에 크게 망신을 당할까 몹시 두렵도다.

장성살 · 將星殺

화엄신장(華嚴神將)의 인연 공덕으로 나쁜 인연을 끊어버리니
모든 액난이 소멸되어 비로소 광명이 몸을 감싸
날로 가산(家産)이 증진되도다.

무릇 '장성살'이라 함은 정신적으로 타(他)에 흔들림 없이 내면의 주체(主體)를 세워 모든 사물을 혼자 힘으로 능히 주도(主導)할 수 있는 길성(吉星)에 해당되지만, 12살(十二殺)의 월성운(初年運)에서는 운명적으로 흉성(凶星)이 작용하기도 한다. 이 살을 띠게 되면 일찍이 기계(鐵)나 칼(劍)로 인한 검난(劍難), 자동차로 인한 노중(路中)의 화(禍)가 따르고 일생을 통해 한 번쯤은 수·화(水·火)로 인한 재앙을 당하기도 한다.

따라서 '장성살'을 타고난 사람은 태어날 때부터 지극한 지성공덕이 필요한 명으로 화엄신장의 가호가 반드시 따라야 장래의 복된 운명을 기약할 수 있는 것이다.

무릇 바람에 흔들리지 않는 곧은 나무는 강한 폭풍이 불면 부러지지 않지만 뿌리째 뽑히기 쉬운 약점이 있는 것과 마찬가지로 이 태생도 평소에 강·유를 겸전한 부드러운 성격을 길러두는 것이 현명하다. 특히 주위 사람들을 끌어들일 수

있는 흡인력과 숨은 매력이 있는 까닭에 뭇사람의 우두머리(長)가 될 수 있는 특징이 있다. 그러나 때로는 독단적인 행동으로 치달아 주위의 의견을 수렴치 아니하고 자기 직성(直性)대로 단체를 몰고 가려는 기질이 있으므로 지나친 경우 따돌림을 당하여 스스로 고독한 생(生)을 걷기도 한다.

특히 의협심이 지나쳐 융통성이 부족하고 고지식한 일면이 있어 진실과 정의만 주장한 나머지, 때로는 영웅심만 두드러져 불의의 사고를 내기도 한다. 이 점만 잘 보완하면 빠른 성공으로 복된 권좌(權座)에 안주할 수 있다. 분명 모든 것은 정신을 강하게 주도하는 '장성'의 영향으로 일장일단이 있음이니 자신이 이를 깊이 성찰하여 매사를 좋은 방향으로 승화시켜 처신해 나간다면 눈부신 성공을 기약할 수 있음에 틀림없는 명운이다.

재론하건대, 이 명은 극(極)에서 극을 치닫는, 즉 귀(貴) 아니면 천(賤), 부자 아니면 거지, 성공 아니면 실패라고 하는 양극단을 오고가는 가파른 운명의 노정을 의미하고 있는 것이다.

월살가 · 月殺歌

월봉장성 검사지화 · 月逢將星 劍事之禍
약무기화 수화유액 · 若無其禍 水火有厄

수유명성 흉중유수 · 雖有名聲 匈中有愁
순구입구 검난유상 · 旬九立九 劍難有傷

- 생월에 '장성살'을 만났으니 칼이나 차로 인한 화가 있도다.
- 만약 그 화를 당하지 않은즉 수·화로 인한 액을 당할까 두려우며,
- 비록 명성은 드날리나 가슴 속에 남모를 근심을 안고 있음이요,
- 19·39세에 칼침의 화를 당할까 두려운 명이로다.

반안살 · 攀鞍殺

아미타불(阿彌陀佛)의 인연 공덕으로 불리한 악조건 하에서도
모든 액난이 소멸하니 오직 혼자 힘으로
성공이라는 신기루를 능히 건설해내도다.

무릇 '반안살' 이라 함은 말등 위에 안장을 놓고 장수가 그 위에 앉아 병졸을 거느리고 출정(出征)하는 것을 뜻하거니와 인생의 노정에 수많은 역경과 험난한 고비를 지나 마침내 안락한 위치에 도달해서 자신의 운명을 돌아본다는 역상의 의미를 함축하고 있는 것이다. 따라서 이 명은 초년에 고생스런 삶을 걸었던 경험이 있는 자라야만이 참된 인생의 행복을 만끽할 수 있는 특수성을 내재하고 있다. 이 태생은 마음 속에 간직한 뜻을 직선적으로 표현하기보다 내면에 깊이 간직해두었다가 하나의 완전한 뿌리를 형성한 뒤에 새롭게 남에게 보여주는 깊은 내구력(耐久力)이 마음 속 깊이 수장되어 있는 까닭에 남이 보기엔 내성적이고 소극적인 사람이라고 생각할 수도 있다. 그러나 그것은 뜻이 높고 생각이 깊은 까닭이며 선천적으로 신중성(뿌리, 가문)이 있는 증거다.

지나친 경우에는 공상적이 되어 결단력이 부족하고 실행력이 결핍돼 우유부

단한 성격으로 자신에게 다가오는 절호의 기회마저 안타깝게 놓쳐버리는 경우도 있다. 때문에 항상 나태심을 버리고 민첩성을 길러야만 자신의 복록을 유감없이 쟁취할 수 있는 것이다. 특히 이 명은 심층 깊숙이에 인정이 내재해 있어 가엾은 것에의 동정심이 지나쳐 본의 아니게 선의의 피해를 보기도 한다.

그러나 이러한 행위는 이른바 적선과 음덕의 발로이므로 결국은 모든 복록이 자신에게 돌아와 초년보다 중년, 중년보다 말년에 이를수록 더욱 빛(光明)을 더해 장수는 물론 자손의 영화도 보게 된다. 무릇 인간의 일대 운명이란 춘하추동 사시의 운행과 같거니와 봄과 여름 동안 열심히 땅을 일구어 텃밭에 씨를 뿌리고 퇴비를 주어 열심히 가꾼 사람은 가을이 되어 풍요의 극치를 만끽할 수 있을 뿐 아니라 추운 엄동설한에도 따뜻한 생활을 할 수 있는 것과 마찬가지로 선덕(善德)의 인과(因果)에는 선덕의 복락만이 나타날 뿐 자신이 뿌린 씨(因)는 오직 자신만이 그 열매(果)를 걷게 된다는 참다운 이치는 이 역리(易理)라고 해서 예외일 수는 없다.

다만 육친의 고독과 인덕의 결핍을 한탄치 말라. 착한 심성은 반드시 아미타불의 가호를 받아 내세(內世)에까지도 그 복록이 연결되리로다.

월살가 · 月殺歌

월대반안 선무공덕 • 月帶攀鞍 先務空德
초년신고 중년형통 • 初年辛苦 中年亨通

정명지간 인인피해 • 井命之間 因人被害
순오관팔 관재유액 • 旬五冠八 官災有厄

- 생월에 '반안살'을 띠었으니 마음은 돈후하여 착하게 베풀었으나 공덕만은 없도다.
- 초년에는 비록 신고가 있으나 중년운에 들어 형통하리로다.
- 40대에서 50대 사이에 사람으로 인한 피해가 두려울진저,
- 15 · 28세에 관액을 당할까 두렵도다.

역마살 · 驛馬殺

보현보살(普賢菩薩)의 인연 공덕으로 자신보다 남을 위한 삶이
모든 액난을 소멸하여 훗날 큰 복록이 되어 노년의 행복을 기약하리라.

무릇 '역마살' 이라 함은 역사(驛舍)에 매어둔 말이 다른 곳으로 행차하고자 문전(門前)에 기다리고 있는 형상이거니와 항시 분망하고 바쁜 나날을 의미한다. 일생을 두고 한곳에 편안히 머물 날이 별로 없이 동서사방으로 자신보다 남을 위해 봉사해야 한다는 운명적 의미가 깃들어 있다.

이 명은 자신은 비록 평안하게 살 수 있는 환경을 타고났다 해도 어쩐지 마음이 분주하여 안(家産) 살림보다 밖(社會)으로 뛰어야 하는 운명인 까닭에 한곳에 앉아 있기 어려운 분망한 기질을 타고난 것이 특징이다. 때문에 태어날 때부터 부모의 환경이 여의치 못하여 거주(學校)를 자주 옮긴다든가 혹은 한때 친지의 손에 양육된다든가 하는 운명적 전환(轉換, 결함)이 있기도 하다.

성장한 뒤에도 고향을 등지고 타향에서 타국으로, 즉 하늘 아래 떠 있는 세계가 마치 본인에겐 일가(一家)인 양 생각하고 사방 각처에 깊은 인연을 맺어 그 가운

데 희비(喜悲)의 운명선에 몸을 싣고 자신은 세월의 무상함을 한탄할 시간마저 없이 인생을 분주한 나그네의 행장으로 줄곧 치닫게 되는 특수한 운명임에랴.

　본 성품은 급성급해(急性急解)로 불 같은 성격이지만 화난 즉시 금방 풀려 뒤가 없는 깨끗한 기질로 마음은 순후하여 남에게 베풀기를 더 좋아하고 항시 마음 속에는 군자와 같은 도풍(道風)을 지니고 있어 비록 오염된 탁세에 자신의 몸이 서 있을지언정, 이를 조금도 원망치 아니하고 순수히 받아들여 인생을 멀리 보는 - 더 나아가서는 내세까지도 관망하는 - 묘한 습성을 갖고 있다.

　특히 이 명은 관계(官界)로 진출하지 않은즉 후회가 따를 것이며, 만일 관계에 나아가면 종래에는 자신의 실력을 인정 받아 도처에 복록이 미쳐 인생을 낙관적으로 살 수 있음은 물론이요, 재산도 나날이 늘어 중년이 넘으면 사업가로 변신하여 부명(富名)을 날리기도 한다.

월살가 · 月殺歌

월입역마　성품순후　·　月入驛馬　性品順厚
군자득명　가관진록　·　君子得名　加官進祿

약불관위　가탄평생　·　若不官位　可嘆平生
순관입삼　노상유액　·　旬冠立三　路上有厄

- 생월에 '역마살'이 들었으니 본 성품이 순후하도다.
- 군자의 이름을 얻으니 날로 관직의 녹을 더할 것인즉,
- 이 명이 만일 관록을 먹지 않으면 평생을 두고 한탄할 것이요,
- 10·20·33세에 노액살(路厄殺)이 있으니 노상의 화가 두렵도다.

육해살 · 六害殺

약사여래불(藥師如來佛)의 인연 공덕으로 활인구명할 명이어니
어려운 고비고비마다 신농씨(神農氏)의 가호가 그치지 않으리라.

무릇 '육해살' 이라 함은 백면서생(白面書生)이 오랜 세월 청운(靑雲)의 뜻을 품고 외로운 방에 홀로 앉아 입신(出世)의 날을 기다리고 있음을 뜻하거니와 고독하고 지루한 날을 청산의 움막에 기거하면서 조정의 부름을 기다리다 지친 몸을 이끌고 구태(舊態)의 환경을 벗어나고자 몸부림치고 있는 형상과 같다. 이는 곧 운명상 지체 혹은 구병(久病)을 암시하고 있는 까닭에 유년 시절 병고의 환(患)이 있는 것이다. 그러나 늘 마음 속엔 높은 웅지를 품고 이상(理想) 또한 평범한 사람을 초월하여 현재의 위치를 훨훨 털고 자유로이 비상하고자 하는 짙은 몸부림이 깔려 있다.

이와 같은 심중엔 남모를 고독을 안고 있음에 이것이 비록 현실과는 동떨어질지언정 무형의 예술로나마 승화시키지 않으면 자신은 스스로 병을 얻어 오랜 장환(長患)에 시름하게 된다는 의미를 내포하고 있다.

이 명에 있어서는 현실과 이상의 차이가 항시 마음의 갈등을 가져와 자신도 모

르는 사이 세상을 비관적으로 사유(思惟)하는 염세적 사관이 자리잡기도 한다. 지나친 경우 속세를 버리고 홀연히 승도(僧道) 혹은 수녀의 길을 택하는 사람도 있다.

그러나 지나칠 정도의 섬세함과 명민한 사고력에서 오는 관찰력이 한때 운기(運氣)의 희생을 얻게 되면 순간 발명적 재능을 발휘하여 괴이한 인생을 걷게 되는 한편 더욱 발전하여 사회적 등불이 되기도 한다.

따라서 일찍부터 적성에 맞는 천부적 재질을 잘 개발하면 문학이나 예술 또는 과학 방면에 일약 유명인이 되기도 한다.

이러한 특성은 일찍이 부모나 형제와도 성격상 화합을 이룰 수 없어 밖으로 나가고자 하는 충동감이 일어 친구나 이성으로 인한 유혹에 휩쓸려 잠시 학문적 방황로에 배회하기도 한다. 특히 사춘기에 접어들어 우울해지기 쉬운 염세관은 독서를 할 때도 낙천적인 내용의 책을 선택해서 읽는 것만이 장래의 성격 형성에 중요한 일이라 하겠다. 왜냐하면 사회나 주위의 자극도 남달리 민감한 까닭에 좋은 일이든 나쁜 일이든 한 곳에 매료되기 쉬운 내성적 심성이 강하기 때문이다.

월살가 · 月殺歌

월봉육해 고독지명 • 月逢六害 孤獨之命
심중의욕 사사불리 • 心中意慾 事事不利

안궁불화 간간유해 • 雁宮不和 間間有害
순오입오 신상가외 • 旬五立五 身傷可畏

- 생월에 '육해살'을 만났으니 고독한 명이로다.
- 마음 속에는 거대한 욕망이 도사리고 있으나 일마다 이로움이 없느니라.
- 안궁(兄弟肉親)이 조화나 화합을 이루지 못하여 간간이 해를 볼 것인즉,
- 15 · 35세에 몸에 상처(傷害)를 입을까 두려운 명이로다.

화개살 · 華蓋殺

문수보살(文殊菩薩)의 인연 공덕으로 무수한 역경에도 굴하지 아니하고
피나는 노력 위에 지혜의 탑을 쌓아올리는
탕탕무애한 슬기로운 명이어라.

무릇 '화개살'은 12살(十二殺)의 맨 마지막 자리로서 소위 귀객(貴客)이 앉는 자리라 하여 화려하게 수놓은 방석을 형상하거니와 이는 마치 땅 속에서 막 파낸 보석을 뜨거운 불 속에 집어넣어 인간의 노력으로 갈고닦아〔切磋琢磨〕비로소 화려한 광채를 발하여 세상에 그 값어치를 드러내는 것과 같음이니 이는 곧 피나는 노력의 결과를 뜻한다.

무릇 세상 모든 일들은 모두 노력 없이 대가가 없듯이 특히 이 화개살을 띤 사람은 머리가 너무 지나쳐 평소 자신의 두뇌만 믿고 나태한 나머지 일생을 두고 일정한 직업도 없이 방황하는 사람도 있다.

반면 유독 자부심만 강하여 외면만 화려하게 치장할 뿐 모든 일에 끝맺음이 약하고 허영에 흐르기 쉬운 면도 배제할 수 없다. 지나친 경우 사람을 멀리하는 대인기피증이 나타나기도 하고 현실에 상응치 못한 나머지 일생을 조울의 늪에 빠져

여성의 경우 화류계로 전락하는 사람도 볼 수 있다.

무릇 '화개살'은 본뜻이 예술성을 의미하는 동시에 지혜와 총명, 민감한 센스, 선각적 영감을 의미하는 까닭에 자신의 분수를 깨달아 일찍이 천분(天分)만 잘 살려준다면 일생을 통해 인생의 화려한 무대 위에서 수많은 사람에게 웃음과 즐거움을 선사하고 자신도 인기에 싸인 행락(幸樂)의 안위(安位) 속에 남은 여생을 만끽할 수 있다.

이 명은 겉으로는 유하고 너그러운 인상을 풍기나 그 마음은 참으로 고집이 세고 무엇엔가 쫓기는 듯 늘 급한 마음이 내재하고 있는 까닭에 일순간 성질을 못 참아 불의의 사고를 내는 경향이 있어 주위를 놀라게 하고 자신도 금세 후회의 눈물을 흘리기도 한다.

이와 같은 뜨거운 인정과 급한 정열은 나이가 들어감에 결국은 성자(聖者)와도 같은 자비로운 성품으로 화하여 중년 이후에는 더욱 원숙해져서 많은 사람들에게 빛(光明)이 되기도 한다.

월살가 · 月殺歌

월상화개 곤중대성 · 月上華蓋 困中大成
능수능간 풍류지객 · 能手能奸 風流之客

작소구거 누차이택 · 鵲巢鳩居 累次移宅
순구입구 형옥가외 · 旬九旬九 刑獄可畏

- 생월에 '화개살'이 놓여 있으니 처음에는 고통이 있으나 마침내 크게 이룰 것이오.
- 모든 일에 능수능란하여 풍류를 좋아하는 사람이로다.
- 까치집에 비둘기가 사는 격이어니 여러 번에 걸쳐 집을 옮길 것이요,
- 19 · 39세에 형옥의 화가 두려운 명이로다.

第十三章

시살궁 時殺宮

중년 이후의 운세

심상(心相)의 대처 방안

　무릇 사람이 태어난 '시(時)'라 하면 인생 말년에 해당되는 자리로서 장년(盛長)을 지난 황혼기의 노년운(老年運)을 지배한다.
　때문에 인생을 자연의 성허(盛虛)에 비유한즉 태양이 동해(東海)에서 어둠을 뚫고 그 면모를 드러내는 일출(日出)이라 하거니와 반드시 한낮(中天)의 열화(熱火)와 같은 한순간을 지나 서산(西山)에 떨어지는 일몰(日沒)의 과정과도 대동소이하다 하겠다.
　이것을 인생에 비유하건대, 일출은 유년기(初年)를 말하고 한낮(正午)은 중·장년기를, 황혼의 일몰은 노년기를 뜻함에 어찌 한 인간의 생애와 다를 바 있겠는가.
　앞 항에서 설명한 바와 같이 '살(殺)'은 인간이 일생을 살아감에 장애를 불러일으키는 불길한 흉적(凶賊) 요인이 되기도 한다.
　그래서 석가도 우리 중생을 가리켜 고뇌의 산물인 '고해(苦海)에 떨어진 미혹(迷惑)의 한 물건'이라고 지적했거니와 정녕 인간의 육신은 영원(永遠)이 아닌 한순간(찰나)에 놓여 있으므로 영원 불멸한 진아(眞我, 참 나)의 주인공인 자성(自性) 자리를 밝히라고 고구정녕으로 간곡히 일렀던 것이다.

　『역경(易經)』에 이르기를,
　　당두동방 배단지 · 黨斗同傍 拜丹遲
　　학문유제 녹불제 · 學文唯齊 祿不齊
　　생사영고 천백수 · 生死榮枯 千白數
　　이연살국 유고저 · 以緣殺局 有高低

같은 해, 같은 방, 같은 섬돌 밑에서 똑같은 스승에게
동문수학했으나 녹(祿, 벼슬)만은 가지런하지 않도다.
생사(生死)와 흥망성쇠(榮枯)도 천 가지 백 가지인데
이것이 모두 연(因緣)에 따라 살국(殺局)도 각 자리(高低, 즉 部署)가 정해졌도다.
라고 했다.

이와 같이 '살(殺)'은 인간이 태어난 명(命)에 있어 천 가지 백 가지이며 반면 여기에 대처할 인간의 생명을 구원해줄 길신(吉神)도 또 아울러 있는 것이다.

바야흐로 인간에게 있어 부귀빈천의 차이가 연간(年干, 즉 生年)에 있는 것이 아니라 생월과 일시가 더 중요함을 간과할 수 없다.

따라서 이 '시살궁(時殺宮)'은 중·장년부터 노년까지의 운을 암시하고 있기 때문에 매우 중요한 의미를 내포하고 있다.

돌이켜보건대, 인간이 초·중년까지는 철이 없어 눈앞(目前)의 이익만 생각하고 정신없이 지냈을지라도 40세 이후의 장년기에 들어서는 나날이 적덕(積德, 積善)을 게을리해서는 안 된다는 것을 필자는 간곡히 첨언해두는 바이다.

12시간 조견표(十二時間照見表)

12시 (十二時)	자시 (子時)	축시 (丑時)	인시 (寅時)	묘시 (卯時)	진시 (辰時)	사시 (巳時)	오시 (午時)	미시 (未時)	신시 (申時)	유시 (酉時)	술시 (戌時)	해시 (亥時)
해당 시간 (該當時間)	오후 十一時 오전 一時	오전 一時 오전 三時	오전 三時 오전 五時	오전 五時 오전 七時	오전 七時 오전 九時	오전 九時 오전 十一時	오전 十一時 오후 一時	오후 一時 오후 三時	오후 三時 오후 五時	오후 五時 오후 七時	오후 七時 오후 九時	오후 九時 오후 十一時

시살궁(時殺宮)

생년(生年) 생월(生月)	子 쥐띠	丑 소띠	寅 범띠	卯 토끼띠	辰 용띠	巳 뱀띠	午 말띠	未 양띠	申 원숭이띠	酉 닭띠	戌 개띠	亥 돼지띠
겁살(劫殺)	巳	寅	亥	申	巳	寅	亥	申	巳	寅	亥	申
재살(災殺)	午	卯	子	酉	午	卯	子	酉	午	卯	子	酉
천살(天殺)	未	辰	丑	戌	未	辰	丑	戌	未	辰	丑	戌
지살(地殺)	申	巳	寅	亥	申	巳	寅	亥	申	巳	寅	亥
연살(年殺)	酉	午	卯	子	酉	午	卯	子	酉	午	卯	子
월살(月殺)	戌	未	辰	丑	戌	未	辰	丑	戌	未	辰	丑
망신살(亡身殺)	亥	申	巳	寅	亥	申	巳	寅	亥	申	巳	寅
장성살(將星殺)	子	酉	午	卯	子	酉	午	卯	子	酉	午	卯
반안살(攀鞍殺)	丑	戌	未	辰	丑	戌	未	辰	丑	戌	未	辰
역마살(驛馬殺)	寅	亥	申	巳	寅	亥	申	巳	寅	亥	申	巳
육해살(六害殺)	卯	子	酉	午	卯	子	酉	午	卯	子	酉	午
화개살(華蓋殺)	辰	丑	戌	未	辰	丑	戌	未	辰	丑	戌	未

* 생시 기준

겁살 · 劫殺

현세의 가상(假相, 幻)에 끄달리지 말고 어서 집착(執着)을 버리고
불도(佛道)에 귀의하여 자성락을 밝혀라.

시입겁살 형난지액 · 時入劫殺 荊蘭之厄
중년득재 운산재명 · 中年得財 雲散財名

황혼취객 일신무의 · 黃昏醉客 一身無依
제영범사 용두사미 · 諸營凡事 龍頭蛇尾

헌공불전 거흉래복 · 獻功佛前 去凶來福
정팔명팔 신질가외 · 井八命八 身疾可畏

이순당년 원행신지 · 耳順當年 遠行愼之
운명여차 안빈낙도 · 運命如此 安貧樂道

운평 · 運評

태어난 시에 '겁살'이 들었으니 자손 중에 근심이 있도다. 만일 자손으로 인해 한때나마 남모를 근심을 갖지 아니하면 부부궁이 어찌 온전하리요.

중년에 큰 재물을 얻었다 해도 어인 일로 젊은 날 드높았던 명성과 돈마저 이

제 노경(老境)에 이르러서 구름처럼 산산이 흩어져가는 것인가.

해 저문 황혼마루에 선 취객(醉客)이 이 한몸 의지할 곳 없이 돌아갈 길을 그만 잃었는데 거뭇거뭇 죽음의 그림자가 눈 앞에 다가오는구나.

모든 경영하는 일들이 시종일관(始終一貫)하지 못하고 용두사미(龍頭蛇尾)로다.

이제 부귀에 대한 집착(執着)을 버리고 자연으로 돌아가서 진여(眞如)의 본성 자리를 밝혀라. 이 명은 불당(佛堂)에 지극 정성이 있어 늘 염불 소리가 그치지 않아야 모든 흉이 물러가고 복록이 찾아들리라.

운명짓건대,
- 40세와 50세에 친한 사람으로부터 해를 입을까 두려우며,
- 48세와 58세에 신병을 조심하라.
- 60세에 이른 해에는 원행(먼 길)을 삼가야 할 것인즉 몸을 바르게 갖고 적덕을 베풀라.

영욕(榮辱)으로 점철된 인생! 운명이 이와 같을진대 현세의 가상(假相, 幻)에 끄달리지 말고 직관하여 편안한 마음으로 불도에 귀의하여 자성락을 즐겨라.

마의천 영가 · 麻衣天 靈歌

돌(咄)! 봉과난고 한야원 · 鳳寡鸞孤 寒夜怨
　　　　등한경극 양삼쌍 · 等閑更剋 兩三雙
　　　　초년풍랑 막한탄 · 初年風浪 莫恨嘆
　　　　귀의불도 자성락 · 歸依佛道 自性樂

　　　　봉과 난새가 춥고 외로워 홀로 긴 밤을 원망하니,
　　　　처궁이 등한하여 두세 번 형극(荊剋)하리라.
　　　　초년 풍랑을 한탄치 마라.
　　　　불도에 귀의하여 스스로 자성락을 밝힘이 가하리로다.

재살 · 災殺

꿈결 같은 인생이여! 젊은 날은 가고 노경에 병마가 찾아드니
어서 속히 신앙에 귀의하여 지극 정성으로 몸을 닦아라.

시봉재살 일신고단 · 時逢災殺 一身孤單
사다불의 좌불안석 · 事多不意 座不安席

수신원악 액소복래 · 修身遠惡 厄消福來
정구명일 관재수신 · 井九命一 官災隨身

이순지년 슬하유액 · 耳順之年 膝下有厄
화마입택 상외경사 · 火魔入宅 想外驚事

의탁하처 행북거왕 · 依托何處 行北居往
지극정성 신명가호 · 至極精誠 神命可護

운평 · 運評

태어난 시에 '재살'을 만났으니 이 한몸 홀로 외롭고 고단하여라. 모든 일이 마음과 뜻이 같지 않으니 앉으나 서나 편안치 못하리라.

어서 속히 몸을 깨끗이 닦고 부지런히 수행하여 악을 멀리하라. 그리하면 액

은 점차 소멸되어 은연중 복록이 찾아들리라.

역단(易斷)하건대,
- 49세와 51세에 구설과 관액이 몸을 두르고,
- 60세에 이른 해에 슬하에 액이 있으니 자손으로 인한 근심이 심상치 아니하도다.

우환중 화마(火魔)가 집에 침범하였으니 뜻밖에 놀랄 일이 생길 것인즉 만일 이 운에 처자(妻子)로 인해 상심(傷心)하지 않으면 몸에 병마가 들어 질환이 있게 된다.

아! 꿈결에 지난 허무한 인생이여! 화려했던 젊은 날은 가고 다니나 머무나 자리가 불안하니 어찌하여 이 한몸 의탁할 곳 없는고.

생각을 다시 고쳐먹고 신앙에 귀의하라.

마음이 지극하여 그 정성이 하늘에 닿은즉 비로소 천신이 감응하여 안정된 거처를 내리시리라.

마의천 영가 · 麻衣天 靈歌

돌(咄)! 초년순풍 천록인 · 初年順風 天祿人
중말역풍 쟁재인 · 中末逆風 爭財人
재살본시 살비가 · 災殺本是 殺非佳
막착부귀 방아욕 · 莫着富貴 放我慾

초년에는 순풍이 불어 하늘로부터 녹을 받았는데,
중말년에 이르러 역풍이 불어 재물〔푼돈, 적은 돈〕을 다투는 사람이 되었도다.
재살은 본래 아름다운 살이 아닐진저,
부귀 따위에 집착지 말고 속히 마음의 욕망을 놓아라.

천살 · 天殺

천지간에 홀로 외로운 몸 죽도록 노력하여 남 좋은 일만 시켰으나
이것이 곧 음덕이요, 적선이니 원망한즉 참다운 공과(功果)가 없으리로다.

시대천살 친척무의 • 時帶天殺 親戚無依
가내유성 조자난양 • 家內有聲 早子難養

일신분주 입재무실 • 一身奔走 入財無實
정사명사 불취동사 • 井四命四 不就同事

명구순오 허재발동 • 命九順五 虛財發動
소탐대실 과욕신지 • 小貪大失 過欲愼之

치구사방 별무소득 • 馳驅四方 別無所得
양호유환 수원수고 • 養虎遺患 誰怨誰告

운평 · 運評

태어난 시에 '천살'을 둘렀으니 이 한몸 의지할 사람이 없구나. 형제 친척이 있다고 한들 무슨 소용 있으랴!

천지간에 오직 홀로 외로운 몸, 차라리 그 가운데서 낙(樂)을 찾도다.

집안에 시끄러운 소리 어인 일이며 일찍 둔 자식(長子, 즉 부子) 내 한몸에 키우기 어려워 단명할까 두렵도다.

일평생 돈은 떨어지지 않지만 큰돈이 들락거려도 안주머니에 실밥이 터진 격이어니 일신만 분주할 뿐 밑터진 항아리에 물 퍼붓기로다.

역단(易斷)하건대,
- 44세와 54세에 친한 사람과 같이 동업을 하지 마라. 잠시 어려움이 있어도 독립으로 홀로 단행(單行)하는 것이 장래 화근(禍根)을 면하리라.
- 59세와 65세에 헛된 재물만 발동하였으니 노경(老境)에 몸을 몸소 삼가고 지난날을 돌아볼 것인즉 이 운은 분명 적게 탐했는데도 크게 잃는 격이니 지나친 욕심 삼가는 것이 좋을 것이로다.

지난 인생 돌이켜보건대, 부지런히 땀 흘리며 세상 천지 다녔는데도 이제 와 생각하니 남 좋은 일만 시키고 내 주머니에 들어온 소득은 별로 없었으며, 호랑이 새끼를 키워 그 환(患)을 도리어 당한 격이니 누구를 원망하고 누구를 고발할 것인가 !

마의천 영가 · 麻衣天 靈歌

돌(咄)! 설만산중 고사와 · 雪滿山中 高師臥
　　　　월명만리 미인래 · 月明萬里 美人來
　　　　기년홀거 몽중사 · 己年忽去 夢中事
　　　　불매인과 무애인 · 不昧因果 無碍人

　　　　흰 눈 가득 쌓인 적막한 산야에 높은 스승 산등(뫼)에 누웠는데,
　　　　달 밝은 밤 만리(먼 곳)에서 미인이 찾아드니!
　　　　문득 가버린 지난 세월 이제 와 생각하니 모두 한 조각 꿈 속의 일일레라.
　　　　인과(因果)에 어둡지 아니하니 분명 걸림 없는 사람이로고.

지살 · 地殺

인간으로 인한 피해가 심상치 않으나 음사(陰事)를 도모한즉 스스로 불행을 자초할 것인즉 어서 탕탕무애한 마음으로 장부일대사(丈夫一大事)를 마쳐라.

시입지살 식소사번	時入地殺 食小事煩
농상겸비 의식풍융	農商兼備 衣食豊隆
인인성사 후분안과	因人成事 后分安過
정일명일 구설분분	井一命一 口舌粉粉
약불관액 노상유액	若不官厄 路上有厄
명육순육 막행원처	命六旬六 莫行遠處
조동모서 부득기족	朝東暮西 不得其足
수유생재 음사불리	雖有生財 陰事不利

운평 · 運評

태어난 시에 '지살'이 들었으니 노력은 많은데 대가는 적고 일만 번거롭구나.

이 명은 농업에 상업을 겸한즉 일생 의식이 풍륭하여 식록이 남아돌 것인즉 부업(맞벌이)이 가능한 명이로다.

인덕은 약간 부족하다 해도 결국은 사람으로 인해 대사(大事)를 이루니 노경〔늙바탕〕'에는 지난 고생, 옛말 하면서 심신이 함께 태평하리로다.

역단(易斷)하건대,
- 41세와 51세에 몸에 구설이 들었으니 입〔말〕을 무릇 삼가 타인과 다투지 말고 길을 피해 갈 것이요, 만일 이 운에 경솔히 행동한즉 노상의 액이라도 당하게 되리로다.
- 56세와 66세에 먼 길을 행하지 말 것인즉 아침에는 동쪽으로 뛰고 저녁에는 서쪽으로 분주히 뛰었건만 어찌하여 노력에 대한 만족〔代價〕이 이다지도 부족한고.

재운(財運)을 돌아볼진대, 일생 동안 금전운이 끊이지 않을 명이 분명하니 마음을 넉넉히 갖고 음사〔不義〕를 도모하지 말며 정도(正道)를 지켜야 비로소 노경에 안락한 삶〔生〕을 기약하리로다.

마의천 영가 · 麻衣天 靈歌

돌(咄)! 　일타오운 경오작 • 一朶烏雲 驚烏鵲
　　　　　반천잔월 낙리가 • 半天殘月 落離家
　　　　　조년이향 풍운객 • 早年離鄕 風雲客
　　　　　만경태안 작신선 • 晩境泰安 作神仙

　　　한 송이 검은 구름에 까막까치 놀라는데,
　　　쇠잔한 새벽달 보고 초가를 떠나는구려!
　　　어린 나이에 고향집 이별하고 지친 세월 풍운의 나그네 되어,
　　　늙바탕에 이르러 크게 편안하니 신선락을 지으리라.

연살 · 年殺

세상 넓은 천지에 화류(花柳)간에 기대 선 몸,
어느 누구를 믿고 의지할꼬. 모래 위에 세운 집(樓閣)에 홀로 앉아
장마비에 애태우는구나!

시상년살 금슬부조 • 時上年殺 琴瑟不調
다소영사 유두무미 • 多小營事 有頭無尾

성심기도 사사귀정 • 誠心祈禱 事事歸正
정칠명년 막신타언 • 井七命年 莫信他言

유궁무시 내적하방 • 有弓無矢 來賊何防
명구순삼 사상누각 • 命九順三 砂上樓閣

만리붕정 거거태산 • 萬里鵬程 去去泰山
욕지차사 고려전업 • 欲知此事 顧慮前業

운평 · 運評

태어난 시에 '연살'을 놓았으니 금실(부부 사이)이 고르지 못하도다. 촉나라의 거문고 줄이 끊어졌으니 어찌 오나라 비파를 고르지 않으랴.
크건 작건 경영하는 모든 일들이 마음과 뜻 같지 않아 어인 일로 장애에 부딪

쳐 머리는 있으나 꼬리가 없을꼬?

　　마음을 바르게 갖고 성심으로 기도한즉 종래에는 일마다 노력한 대가를 얻으리로다.

　　역단(易斷)하건대,
- 47세와 50세에 하극상(下剋上)의 해가 미쳤으니 인간으로 인한 화(禍)가 심상치 않을 터인즉 타인의 말에 너무 미혹되지 마라.

　　이 운은 활(弓)은 있는데 화살(矢)을 구하지 못한 격이니 달려드는 도적을 무슨 수로 막을꼬! 몸과 마음을 잘 단속한즉 어렵사리 화는 면할 것이로되 스스로 망동(妄動)을 삼가하라.
- 59세와 63세에 모든 사람이 겉으로는 부러워하리라. 모래밭에 신기루를 세운 격이니 앞날이 매우 근심이로다.

　　만리길을 행한 나그네여! 갈수록 눈 앞엔 태산만이 가로놓여 있구나. 그대의 일을 자세히 알고 싶거든 눈을 감고 조용히 지난 일(過去)을 돌이켜보아라.

마의천 영가 · 麻衣天 靈歌

돌(咄)!　화락화개　추부춘　•　花落花開　秋復春
　　　　낙중세우　우중락　•　樂中世憂　憂中樂
　　　　부운세사　무궁진　•　浮雲世事　無窮盡
　　　　천수망망　불가도　•　天數茫茫　不可逃

　　꽃이 떨어지고 다시 피니 가을은 가고 봄이 돌아왔도다.
　　즐거운 가운데 우수(憂愁)가 깃들고 근심 가운데 다시 즐거움이 생기네.
　　뜬구름 세상일은 무궁하여 다함이 없으니,
　　천수(天命, 天運)가 망망하여 피할 길이 없도다.

월살 · 月殺

노경에 궁지(窮地)에 처한 몸, 어느 곳에서 안정을 찾을까.
지나온 영욕(榮辱)의 세월 돌이켜보니 꿈 속의 일!
어느새 붉은 화롯불에 떨어지는 흰 눈 한 조각.

시대월살 분외물탐 · 時帶月殺 分外勿貪
취산무상 세사여운 · 聚散無常 世事如雲

약불처액 자궁유우 · 若不妻厄 子宮有憂
적막강산 화촉불명 · 寂寞江山 花燭不明

정삼팔년 부운폐일 · 井三八年 浮雲蔽日
명삼순년 이재생우 · 命三順年 以財生憂

이십년광 유사표풍 · 二十年光 有似飄風
연연세월 홍로낙설 · 然然歲月 紅爐落雪

운평 · 運評

태어난 시에 '월살'을 둘렀으니 자기 분수 외의 것을 탐하지 마라. 매사가 금전 출입과 같이 모아졌다 흩어졌다 영원하지 않아 무상한 것이 또한 마치 뜬구름과 같구려.

이 명이 분명 처(남편)로 인한 액이 없으면 자녀에게 근심이 있을 것이요, 아무도 와주지 않는 적막한 강산에 화촉마저 밝지 못하구나.

역단(易斷)하건대,
- 43세와 48세에 밝은 태양이 구름에 가렸으니 지나친 욕심을 삼가고 모든 계획과 일에 대해 특히 비밀을 지켜 신중히 행하지 않으면 눈뜨고 앉아서 당하는 격이요,
- 53세와 60세에 재물(財産金錢)에 근심(禍)이 일어나 밧줄로 몸을 얽는 격이니 마치 진퇴양난의 형세로다.

남으로 갈까, 북으로 갈까, 이렇게 할까, 저렇게 할까? 밤새껏 생각만 분주하여 궁지에 처한 몸, 노경의 안위(安位)를 어드메서 찾을꼬?
지나간 20년! 광휘(光輝)로웠던 세월!
이제 와 문득 돌이켜보니 한줄기 회오리 바람과 같았구나.
그렇고 그런 세월들!
어느새 붉은 홍로에 떨어지는 한 조각 눈송이가 되었도다.

마의천 영가 · 麻衣天 靈歌

돌(咄)!   잔월투영 옥로상 · 殘月投影 玉露上
　　　　 객심청계 효무중 · 客心聽鷄 曉霧中
　　　　 임종고혼 독자거 · 臨終孤魂 獨自去
　　　　 공명부귀 개허망 · 功名富貴 皆虛妄

　　쇠잔한 달빛 옥로상에 아롱져 맑게 비쳤으니,
　　길 가는 나그네 문득 새벽닭 우는 소리에 한 소식 얻었네.
　　임종에는 외로운 혼(魂) 오직 홀로 가나니,
　　그까짓 부귀 공명 따위 다 부질없는 것을!

망신살 · 亡身殺

여색을 삼가고 보증을 서지 말며 진정한 원력(참뜻)을 세워
몸과 마음을 청결히 하여 북두(北斗)에 헌공하라.
모든 악(惡) 짓지 않고 뭇 선(善)을 행한즉 종래 안심입명하리라.

시대망신 고립무원 · 時帶亡身 孤立無援
난궁불리 헌성북두 · 蘭宮不利 獻誠北斗

곤이득재 타인구제 · 困以得財 他人救濟
정이명이 물증인감 · 井二命二 物證印鑑

정구명구 축성방적 · 井九命九 築城防賊
견이불식 화중지병 · 見而不食 畵中之餠

인욕남아 권토중래 · 忍辱男兒 捲土重來
속환강동 종자여운 · 速還江東 從者如雲

운평 · 運評

태어난 시에 '망신살'이 둘렀으니 광활한 천지간에 홀로 서 있으나 도무지 구원해주는 이 뉘 한 사람도 없구려.

이제 와 새삼스레 부모 형제(妻子) 원망한들 무슨 소용 있으랴. 오십이 넘은 지

금 노경에는 편안함을 찾을 때가 되었으련만, 어인 일로 난궁〔子女宮〕이 불리하여 눈앞〔目下〕에 근심이 서리는고. 이제라도 속히 진정한 원력을 세워 칠성님께 헌공하라.

그대에게 이르노니, 사바〔世俗〕의 모든 것은 영원함이 없으나 참 마음〔眞如〕 공든 탑은 무너지지 않으리라.

운명을 자세히 살피건대, 이 명은 곤고(困苦)로운 역경 가운데서 재물을 얻어 이웃을 구제해야 할 명이 분명하도다.

역단(易斷)하건대,
- 42세와 52세에 문서(文書)에 화가 미칠 것이니 인간을 동정해서 경솔히 보증을 서지 말 것이요,
- 49세와 59세에 마음 성벽〔內實〕을 단단히 쌓아서 오는 적을 막아라.

보고도 먹지 못하니 분명 그림 가운데 떡이요, 욕된 것을 참는 사람에게 어찌 권토중래가 되지 않으랴. 강동〔江東, 本家〕으로 속히 돌아가 마음을 잘 견제한즉 예전과 같이 나를 따르는 자 구름과 같을진저.

마의천 영가 · 麻衣天 靈歌

돌(咄)! 춘고춘래 고자치 · 春古春來 苦自馳
　　　쟁명쟁리 세월송 · 爭名爭利 歲月送
　　　기과년년 적집죄 · 奇過年年 積集罪
　　　금조회수 대창영 · 今朝廻首 對窓影

늦은 봄 가고 새 봄이 다시 와도 티끌길만 부질없이 뛰어다니고,
명리(名利)에 끄달려 아까운 나날, 그만 세월만 허송해버렸네.
지나온 연년 세월 쌓아온 죄업들!
오늘 아침 홀연히 고개를 들어보니 외로운 그림자 창문에 어리네.

장성살 · 將星殺

▬ 해는 뉘엿뉘엿 갈 길은 먼데 청산으로 돌아가는 객(歸客)이
▬ 문득 지나온 생(生)을 회고해보니
▬ 어이타 본향(本鄕)을 두고 허명(虛名)만 날렸는고!

시상장성 관록이호 · 時上將星 官祿以好
약비관록 평생여한 · 若非官祿 平生餘恨

차신무흠 중년병액 · 此身無欠 中年病厄
금슬상격 하지심정 · 琴瑟相隔 何知心情

정지사오 일락서산 · 井之四五 日落西山
명이순일 풍전등화 · 命二順一 風前燈火

황혼귀객 일모도원 · 黃昏歸客 日暮途遠
허명일생 백발분분 · 虛名一生 白髮粉粉

운평 · 運評

태어난 시에 '장성살'을 둘렀으니 관문(官門)에 출입함이 좋을 명인즉 만일 국가로부터 녹(食祿)을 받아먹지 못하면 일생을 사는 동안 두고두고 한(恨)이 되리라. 이 명이 몸이나 얼굴에 흉터가 없으면 중년에 이르러 크게 한 번 병액을 앓을

것이요, 부부의 운을 돌아볼진대 금슬(琴瑟)이 고르지 못하여 서로 등을 맞댄 격이니 가히 그 안타까운 심정을 알고도 남겠도다.

역단(易斷)하건대,
- 44세와 45세에 해가 서산마루에 떨어지니 이 내 몸 어이하면 좋을꼬! 일은 분명한데 사람과 경제는 마땅치 못하니 분수를 점검하고 매사를 조심하여 행동을 바르게 하라.

만약 이와 같이 아니하면 구설이 난만하고 몸이 우연히 형상(形傷)에 이를 터인즉 지나온 길 돌아보고 마음(環境)을 정비하라.
- 52세와 61세에 바람 앞의 등불 같은 운이니 부디 이 운을 잘 넘겨야 하거늘 불전(佛前)에 성심껏 기도해야 다가오는 액을 소멸하고 능히 천수(天壽)를 기약할 수 있겠도다.

청산으로 돌아가는 객이 아직도 장부일대사를 다 마치지 못하였는데 해는 저물고 갈 길은 멀어 지나온 과거를 돌이켜보니 이제까지 살아온 인생 헛된 이름(虛名)만 남겼구나. 새삼 경대(거울) 앞에 고이 앉아 모습을 비춰보니 온 머리 위엔 하얀 서리만 분분하구나!

마의천 영가 · 麻衣天 靈歌

돌(咄)! 천신만고 경과후 · 千辛萬苦 經過後
　　　　일편부귀 소지음 · 一片富貴 少知音
　　　　부귀여장 지력구 · 富貴如將 智力求
　　　　한신공성 십대모 · 韓信空成 十代謀

천신만고 끝에 겨우 얻은 한 조각 부귀!
인생의 참뜻을 아는 이 참으로 드물도다.
부귀를 힘이나 지혜로 구할 것 같으면,
명장 한신이 어찌 10대를 도모하지 못했겠는가!

반안살 · 攀鞍殺

일평생 못 먹으며 지게 지고 번 돈!
갓 쓰고 쓸 놈이 나온 격이니 어서 소유(所有)의 어리석음 내동댕이치고
속히 진아(眞我)의 자리에 귀의하게나.

| 시상반안 보덕중인 · 時上攀鞍 布德衆人
| 약무보덕 노년낙루 · 若無布德 老年落淚

| 육친무덕 일한삼탄 · 六親無德 日恨三嘆
| 천문광개 외진북극 · 天門廣開 外振北極

| 정사구년 반곡반소 · 井四九年 半哭半笑
| 명사순사 호입함정 · 命四順四 虎入陷井

| 송충송엽 갈엽불식 · 松蟲松葉 葛葉不食
| 홍등하인 혹세혹인 · 紅燈何人 惑世惑人

운평 · 運評

태어난 시에 '반안살'을 놓았으니 모든 사람에게 선덕을 베풀 것인즉 만일 이 명이 음덕을 쌓지 아니하고 적선을 게을리하여 자신의 사리사욕만 채운다면 황혼〔老年〕에 이르러 크게 한탄하고 눈물을 흘리리라.

그대에게 일러두노니, 인간이란 참으로 어리석은 것. 온종일 남의 돈을 세어주지만 내 몫은 반푼도 없는 가련한 인생. 아득한 옛적부터 쌓아온 죄업, 오늘 아침 홀연히 심경(心鏡)에 비쳐오누나!

운명짓건대, 이 명은 남을 딛고(依支) 일어서지 않으면 안 되는 명이기에 항시 자신의 마음자리와 행위를 점검하는 것이 필요하다.

초년에는 육친의 덕이 없어 하루에도 세 번을 한탄하지만 천문(天門)이 넓게 열려 있으니 한때 밖으로 멀리 나가 북극 하늘 위에 명성을 떨칠 것이로다.

역단(易斷)하건대,
- 44세와 49세에 반은 울고 반은 웃는 격이니 도찐 개찐이요,
- 54세와 64세에 날쌘 범이 함정에 들어 있는 격이니, 과욕을 삼가고 분수를 지켜야 명을 보존할 터인즉 미물인 송충이도 솔잎만 먹고 살 뿐, 갈잎은 먹지 않는데 하물며 인간이야.

홍등 밑에 웃고 있는 저 여인은 어떠한 사람인고? 세상을 미혹하고 사람의 마음을 유혹하는 사람이로다.

마의천 영가 · 麻衣天 靈歌

돌(咄)! 초산절벽 상고지 · 楚山絶壁 上孤枝
　　　　일타춘풍 개개화 · 一打春風 介介花
　　　　세인불문 행인처 · 世人不問 行人處
　　　　자득진묘 극락생 · 自得眞妙 極樂生

　　　　초산 절벽 마루에 우뚝 선 외로운 가지,
　　　　봄바람 한번 불어오면 사이사이 피는 것을!
　　　　세인들아! 내 가는 곳 어드멘지 묻지 마라,
　　　　묘한 법 스스로 얻었거니 이곳이 참 극락이로고!

역마살 · 驛馬殺

▥ 아침에는 동쪽으로, 저녁에는 서쪽으로
동가식(東家食) 서가숙(西家宿)하며 천지 사방에 오직 이 한몸 외롭지만
분주한 가운데 식록을 얻고 마침내 큰 뜻을 이루게 되리로다.

시봉역마 분파지명 · 時逢驛馬 奔破之命
조무정처 누번이거 · 早無定處 累番移居

동치서구 녹재기중 · 東馳西驅 祿在基中
입구정구 노마실족 · 立九井九 路馬失足

명오순년 막탐비의 · 命五順年 莫貪非義
분외재물 종래화근 · 分外財物 終乃禍根

순지오륙 부마등산 · 順之五六 負馬登山
북풍한야 차사피사 · 北風寒夜 此思彼思

운평 · 運評

태어난 시에 '역마살'을 만났으니 일생이 분주한 명이로다. 일찍이 고향길 끊어지고 정처 없으니 천지에 외로운 몸, 여러 번에 걸쳐 거주를 옮겨다녔도다. 동에 번쩍, 서에 번쩍, 동서남북 사방을 뛰어다니는 오직 분주한 명이지만 식록이 다만

분주한 가운데 있도다.

역단(易斷)하건대,
이 명은 집에 앉아 한가하면 좋지 않고 차라리 사회적으로 바쁘게 활동하는 것이 좋으리라.
- 39세와 49세에 노상(路上)에 뛰는 말이 다리를 삔 격이니 진행하던 일에 장애가 생겨 인간과 금전으로 인한 중단 혹은 좌절의 위험이 따르고,
- 55세와 60세에 목전의 이익만 보고 옳지 않은 일을 탐하지 마라. 만일 정도(正道)에 벗어난 일을 행하면 관액(官厄)의 화가 따를 터인즉 혹 분수밖의 재물을 탐하여 비록 얻게 되더라도 반드시 머지않은 장래에 그것이 화의 근본(禍根)이 되어 크게 놀랄 일을 당하리로다.
- 65세와 66세에 늙은 말이 힘겨운 짐을 지고 산등성이를 오르는 격이니 어느 누구를 믿고 의지할 것이냐. 친구의 말을 너무 믿은즉 큰 손실이 있음이요, 북풍한설 휘몰아치는 야반 삼경에 이 생각 저 생각에 잠 못 이루누나.

마의천 영가 · 麻衣天 靈歌

돌(咄)!　녹음삼월 비형화 · 綠陰三月 飛螢火
　　　　허광분주 금곡원 · 虛光奔走 金谷園
　　　　금곡삼입 인부득 · 金谷三入 人不得
　　　　낭음비가 한강수 · 浪吟悲歌 漢江水

녹음 짙은 춘삼월에 나는 반딧불아!
어이하여 헛된 빛만 날리고 분주히 금곡원을 들락거리는가.
애절타! 세 번이나 금곡원에 들어갔지만 사람을 얻지 못하고,
슬픈 노래 읊조리며 한강수(洞庭湖)를 건넜노라!

※ 금곡원(金谷園) : 중국의 일등 갑부 석숭(石崇)이 황금을 캐낸 곳.

육해살 · 六害殺

초년에는 진토(塵土)에 묻혀 흉중의 큰 뜻을 알아주는 자 없었지만
늦게나마 봉황의 붉은 벼슬을 드러내 극희(極喜)의 낙(樂)을 취하리로다.

시입육해 심기불편 · 時入六害 心氣不便
사사다체 신재분망 · 事事多滯 身在奔忙

성패다단 가산누혁 · 成敗多端 家産累革
입팔정육 송사가외 · 立八井六 訟事可畏

명오륙년 노다무공 · 命五六年 勞多無功
오작작소 욕동욕지 · 烏鵲作巢 欲動欲止

물여인쟁 유손무익 · 勿與人爭 有損無益
사중득금 선난후성 · 砂中得金 先難後成

운평 · 運評

태어난 시에 '육해살'이 들었으니 그 마음 또한 늘 편치 아니하도다.

어인 일로 일마다 막힘이 많은고, 몸은 항시 분주한 가운데 놓여 있고, 홍혹(鴻鵠)의 웅지를 알아주는 이 없으니 일찍이는 성패(成敗)가 잦아 심기(心氣)가 불편하도다.

모든 일〔家産〕을 새롭게 정리하여 늦게나마 마음을 정비하니 희망찬 활로가 서서히 보이는구나.

이 명은 특히 우유부단한 심성을 버리고 모든 일을 과감하고 용단 있게 처리해나가야 큰 뜻을 펼 수 있을 것이로다.

역단(易斷)하건대,
- 38세와 46세에 무진 애를 다 썼는데도 공(功)이 없으니 남몰래 돌아서서 한숨짓는도다.

한 가지에 까막까치가 서로 집을 지으니 움직일까 말까 마음만 빈번(頻繁)하여 애만 태울 뿐 안정이 안 되는구나.

주위의 질투와 모략이 몸에 닿으니 매사를 신중히 하고 비밀을 지켜 완전한 계획을 수립한 후에 행동하는 것이 현명하리니.

인간과 다투지 마라. 손해만 있고 이익은 전혀 없도다. 비록 모래밭에서 사금(砂金)을 채취하지만 초기에는 난관이 있으나 뒤에는 크게 이루게 되리로다.

마의천 영가 · 麻衣天 靈歌

돌(咄)! 춘매추국 각유시 • 春梅秋菊 各有時
  시래시연 자연성 • 時來時緣 自然成
  초년곤고 막한탄 • 初年困苦 莫恨嘆
  만세영화 확무의 • 晩歲榮華 確無疑

봄 매화 가을 국화도 각각 피는 때가 있나니!
때가 되면 시절 인연 무르익어 자연히 이루어질 것을!
그대! 초년의 외로운 세월 한탄치 마오.
노년에 무궁한 영화 확실히 의심할 바 없으이.

화개살 · 華蓋殺

외로운 땅 홀로 앉아 맨주먹 맨손으로 가산을 일으켰지만 겉은 부자,
마음은 근심이 가득. 어서 전재(錢財)의 집착(執着)을 버리고 자비심을 내어라.

시상화개 풍류지객 · 時上華蓋 風流之客
수류조업 공권성가 · 水流祖業 空拳成家

약비관록 상술이재 · 若非官祿 商術利財
정후명년 소영필사 · 井後命年 所營必事

명칠팔구 백계산패 · 命七八九 百計散敗
순년이후 수신원악 · 順年以後 修身遠惡

양가지수 외화내수 · 兩家之數 外華內愁
인생여차 낙공치산 · 人生如此 落空致散

운평 · 運評

    태어난 시에 '화개살'이 둘렀으니 가히 세사(世事)에 초연한 풍류객일진저! 초년에는 친지(肉親)의 연(緣)이 박약하여 부모의 조업마저 물처럼 씻겨갔으니 일찍이 선산을 뒤로 하고 타관 땅에 홀로 앉아 맨주먹 맨손으로 자수성가를 이루어 만

인이 모두 부러워하도다.

역단(易斷)하건대,
이 명은 관록이 대길하나 만일 국가의 녹(祿)을 먹지 못한즉 특수한 기술 방면이나 상업으로 나가야 큰 재물이 따를 것이로다.
- 40세 후 50세까지의 운에 경영하는 일은 반드시 이룰 것이지만 관화살(官火殺)이 침범했으니 관재나 화재를 조심하라.
- 57~59세에 100가지 계획이 산산이 흩어지는 운이니 마음을 넉넉히 먹고 특히 과욕을 삼가라.
- 60세 이후에는 재운에 구름이 끼었으니 수행으로써 몸을 닦고 정도(正道)를 행한즉 흉악이 반으로 감소되어 멀리 달아날 것이로다.

본래의 이 운명은 혼자 몸으로 두 집〔兩家〕을 왕래하여 겉은 부자인 듯해도 마음은 홀로 늘 처량하여 수심에 싸이는구나.

부운(浮雲) 인생이여! 바야흐로 눈빛〔眼光〕이 허공〔空〕 중에 떨어지니 눈 앞에 공화(空華)가 어지러이 흩날리는구나.

마의천 영가 · 麻衣天 靈歌

돌(咄)! 강산병설 이봉우 · 江山病雪 李逢雨
   만산회춘 초목생 · 滿山廻春 艸木生
   생중유극 극우생 · 生中有剋 剋又生
   무중일월 득시명 · 霧中日月 得時明

강산은 눈 속에 병들었으나 오얏은 다시 비를 만났네.
온 산에 봄이 돌아오니 초목이 푸릇푸릇,
인생이여! 삶 가운데 극이 있고 극 가운데 재생의 윤회가 있을진저!
잿빛 안개 속 일월이 때를 만나니 비로소 광명을 발(發)하는구나!

第十四章

부모형제 육친궁
父母兄弟六親宮

심상(心相)의 대처 방안

역리학(易理學)에서 부모를 가리킬 때 하늘과 땅에 비유하여 '건곤(乾坤, 天地)' 또는 대나무와 오동나무에 비유해서 '죽오(竹梧)'라고도 하며, 호랑이와 봉황새에 비유하여 '호봉(虎鳳)'이라고도 한다.

그리고 형제궁(雁宮)을 가리킬 때는 중국의 동정호(洞庭湖)나 소상강(瀟湘江)에 비유하기도 하였으니, 형제 자매를 논할 때는 기러기에 비유하여 '홍(鴻)' 또는 '안(雁)'이라고 한다. 이와 같이 옛사람(古人)은 동물이나 초목에 비유하여 육친을 나타냈던 것이다.

고금(古今)에 있어 인간이란 집안이 안정된 후에라야 비로소 사회와 나라를 다스릴 수 있듯이 가정이란 생(生)의 한 부분이며 중요한 위치를 차지한다.

그래서 옛 선인(先人)들은 집을 가리켜 다음과 같이 찬양하였다.

"세계가 제아무리 넓다 해도 내 집같이 그윽한 곳은 없다. 이곳이야말로 아무도 간섭 없고 구속 없는 절대절소(絶對絶所)의 안락경(安樂境)이기 때문이라."

무릇 우리 인간이 일생을 사는 동안 밖에서 활동하는 시간을 제외하고는 집에서 가장 많은 시간을 허비하는 것은 당연하다. 그러므로 가정은 인생의 한 공간이요, 생기(生氣)의 공급처이자 생명의 휴식처다.

그래서 사람들은 자기 가정을 가리켜 '자신이 거(居)하는 궁전'이라고 하여 자기 집에서만은 오직 자신이 제왕이라고 안위하였다.

이와 같이 '부모·형제·부부·자식'은 인간의 생명이 다하는 그날까지 불가분의 인연 상생처(因緣相生處)로서 생존을 같이하는 도원경(桃源境), 바로 그것이다.

안궁 조견표(雁宮照見表)

생월(生月) \ 생시(生時)	正月	二月	三月	四月	五月	六月	七月	八月	九月	十月	十一月	十二月
포(胞)	亥	申	巳	寅	亥	申	巳	寅	亥	申	巳	寅
태(胎)	子	酉	午	卯	子	酉	午	卯	子	酉	午	卯
양(養)	丑	戌	未	辰	丑	戌	未	辰	丑	戌	未	辰
생(生)	寅	亥	申	巳	寅	亥	申	巳	寅	亥	申	巳
욕(浴)	卯	子	酉	午	卯	子	酉	午	卯	子	酉	午
대(帶)	辰	丑	戌	未	辰	丑	戌	未	辰	丑	戌	未
관(冠)	巳	寅	亥	申	巳	寅	亥	申	巳	寅	亥	申
왕(旺)	午	卯	子	酉	午	卯	子	酉	午	卯	子	酉
쇠(衰)	未	辰	丑	戌	未	辰	丑	戌	未	辰	丑	戌
병(病)	申	巳	寅	亥	申	巳	寅	亥	申	巳	寅	亥
사(死)	酉	午	卯	子	酉	午	卯	子	酉	午	卯	子
장(葬)	戌	未	辰	丑	戌	未	辰	丑	戌	未	辰	丑

* 생월·생시 음력 기준

포궁 · 胞宮

역상으로 '포(胞)'는 사계절에 비유하면 엄동(嚴冬)의 마지막 절후인 대한(大寒)의 절기에 속한다.

      천성강직 의기관대 • 天性剛直 義氣寬大
      호걸남아 미식평생 • 豪傑男兒 美食平生

      건곤소식 유명무실 • 乾坤消息 有名無實
      조업무진 자력갱생 • 祖業無盡 自力更生

      동정추월 삼안동비 • 洞庭秋月 三雁同飛
      동기무성 별무인덕 • 同氣茂盛 別無人德

이 시기는 이미 땅 속에 수장(收葬)된 모든 만물이 겨우내 뿌리를 튼실히 보호·양성(養成)하는 식물의 휴면기에 해당된다.

따라서 그 본성은 자신을 외부의 적으로부터 방어하려는 때이므로 천성이 곧고 강직하며 의기(義氣) 또한 관대하여 호걸다운 기상이 있다.

역단하건대, 천지지간 부모의 혜택은 이름만 화려할 뿐 그 열매〔실속〕가 없는 격이며 조업(祖業)은 공허하여 아무 이익이 없다.

홀로 세업(世業)을 고생으로 닦아 자수성가할 명이 분명하다.

형제 육친궁은 동정호 달빛 아래 세 기러기〔三雁〕 나란히 나는 격이지만 별무 인덕이라 하였으니 다만 혈육은 3형제격으로 무성하더라도 본래 타고난 덕이 부족하여 형제는 있지만 그 정이 소원(疎遠)하여 별 이익〔友愛〕이 없는 것과 같다.

※ 원명(原命)은 3형제격(兄弟格)이나 덕(德)이 없는 명(命).

태궁 · 胎宮

역상으로 '태(胎)'는 사계절에 비유하면 추운 엄동을 갓 지난 입춘(立春)의 절기에 속한다.

천성강유 애약련빈 · 天性剛柔 愛弱憐貧
동방정기 생어인간 · 東方精氣 生於人間

천지지간 유아독비 · 天地之間 唯我獨飛
타향성공 만인찬탄 · 他鄕成功 萬人贊嘆

동정홍안 삼사각비 · 洞庭鴻雁 三四各飛
운해창공 일안독비 · 雲海蒼空 一雁獨飛

이 시기는 겨우내 땅 속에 수장된 모든 만물이 이제 양기(陽氣)를 받아 서서히 체내(體內)의 활동을 시작하는 이른바 식물의 호흡기에 해당된다.

따라서 그 본성은 강(剛)한 내성과 부드러운(柔) 외성을 함께 갖추어 강유를 겸비한 상이며 본래 동방(東方)의 정기로 인간 몸을 받았으니 인(仁)을 숭상하는 사람이로다.

역단하면, 넓은 천지간에 나만 홀로 고독한고? 사방을 둘러봐도 나를 크게 보살필 자 그 아무도 없으니 오직 만난(萬難)을 극복한 후에 홀로 성공하여 향리로 다시 돌아오니 모든 사람이 나를 보고 찬탄하는 형국이로다.

동정호 물결 위에 나는 기러기 3~4마리가 분명한데 어찌하여 따로따로 날며 뿔뿔이 헤어지는고?

이 명이 형제 자매는 많아도 산산이 흩어진 격이 되어 형제 덕이 전무(全無)하도다. 이제 보니 구름 바다 푸른 창공 위를 외기러기만 기럭기럭 홀로 날아가는구나.

※ 원명(原命)은 3~4형제(兄弟)이나 독신격(獨身格).

양궁 · 養宮

역상으로 '양(養)'은 사계절에 비유하면 초춘(初春)을 지나 중춘의 경칩(驚蟄) 절기에 속한다.

천성청아 추호불오 · 天性淸雅 秋毫不誤
외급내관 호종타인 · 外急內寬 好從他人

부모지정 생소후정 · 父母之情 生疎後情
파조리향 공권성가 · 破祖離鄕 空拳成家

월야한천 삼안동비 · 月夜寒天 三雁同飛
약유다매 난면독신 · 若有多妹 難免獨身

이때가 되면 천지는 따스한 '양(陽)'의 기운을 받아 모든 만물이 깊은 동면(冬眠)에서 깨어나는 생동기(生動期)라 할 수 있다.

본 성품은 청아하고 낭만과 감성이 풍부하여 그릇된 것을 추호도 용납치 않는 직선적인 선비 정신이 깃들어 있다. 마음은 정이 깊고 너그러워 심성이 온후하니 모든 사람이 좋아하며 늘 곁에 따른다.

역단하면, 부모의 정은 하늘(乾, 父)은 멀고 땅(坤, 母)은 가까운 격이니, 처음에는 그 정이 소원하지만 나중에는 차차 깊은 정이 들리라.

정든 향리(鄕里)의 조택(祖宅)을 이별하고 맨주먹 맨손으로 기울어진 가문을 다시 일으키니 그 뜻이 매우 장하도다. 동정호 달밤 추운 하늘에 3마리 기러기 나란히 날아 모두 둥지를 틀어 자손을 번창시키니 가히 선망(羨望)이로다. 다만 이 명이 자매가 많은 경우라면 그 한몸 외독신을 면하기 어려우리라.

※ 원명(原命)은 3남매(男妹) 중 독신격(獨身格).

생궁 · 生宮

역상으로 '생(生)'은 모든 만물이 모태(母胎)에서 그 싹(生命)을 처음으로 세상에 드러내는 탄생기를 의미하며 사계(四季)의 절후에 비유한즉 청명(淸明)의 절기에 해당된다.

성겸강유 희중생우 • 性兼强柔 喜中生憂
지기여천 만인지상 • 志氣如天 萬人之上

복덕자고 성공무의 • 福德自高 成功無疑
막한초곤 노경안락 • 莫恨初困 老境安樂

형제사오 이복가지 • 兄弟四五 異腹可知
불연동기 이안각비 • 不然同氣 二雁各飛

무릇 '생(生)'은 곧 환(歡)이기 이전에 인생에 비유하면 '고(苦)'를 뜻한다. 그러므로 만물은 이 시기부터 절상(折傷)의 화가 있고, 인간에겐 희비(喜悲)의 운정에서 미혹(迷惑)의 삶이 인명(人命)에도 지대한 영향을 끼쳐 하나의 성격과 운명을 형성한다.

역단하건대, 마음 속에 품은 뜻이 하늘과 같으니 능히 만인의 위에 설 수 있는 심기(心氣)를 타고났도다.

일생 복덕을 구비하여 의식이 스스로 족하니 성공의 문에 나아가 입신하게 됨을 어찌 의심할 수 있으랴.

운명이 이와 같으니 초년에 고된 시련 있었음을 한탄치 마라. 반드시 노경(老境)에 안락함이 스스로 찾아들리라.

본래 형제의 수는 4~5명이지만 배다른 형제가 있을 명이로다. 만약 이와 같지 아니하면 동정호 상공에 두 기러기만 각각 따로따로 날리라.

※ 원명(原命)은 4~5형제(兄弟)이나 2형제격(兄弟格).

욕궁 · 浴宮

역상으로 '욕(浴)'은 사계절에 비유하면 곡우(穀雨)의 절기에 해당되므로 이때가 되면 지상의 모든 만물은 세우(細雨)에 몸을 씻는 것과 같은 의미를 갖는다.

성여고운 조모무정 • 性如孤雲 朝暮無定
야학도봉 동서숙식 • 野鶴途鳳 東西宿食

건곤소식 유성무형 • 乾坤消息 有聲無形
제욕포기 독자성가 • 諸慾抛棄 獨自成家

영국제자 환생금세 • 永國弟子 還生今世
회안봉두 이안동비 • 徊雁逢頭 二雁同飛

무릇 '욕(浴)'은 인간에 비유한즉 모태에서 세상에 처음 태어난 새 생명이 태를 자르고 목욕하는 과정과도 같다.

사람의 일생을 돌이켜보면, '인간은 고뇌로 얼룩진 고독의 생애'임에 틀림없다. 모든 생명은 의식(철)이 들면서부터 생(삶)의 불안 요소가 따른다. 즉 인간의 생명은 음으로 양으로 위협을 받고 여기에 아픔(苦惱)이 따르게 되어 있다.

　역단하건대, 본 성품은 한 조각 떠도는 외로운 구름!
　아침 저녁 제자리 정한 바 없어 들판의 학, 길가의 봉새는 동서로 오가며 숙식을 하는구려!
　이와 같이 외로움이 가득 깃든 명이니 천지간(父母六親)에 소식 끊어진 지 오래이며 혼자 힘으로 집을 일으킴이 옳으리라. 형제궁을 돌아보니 두 기러기가 머리를 맞대고 나란히 동정호 물결을 가른다.

※ 원명(原命)은 3형제(兄弟)이나 2형제격(兄弟格).

대궁 · 帶宮

역상으로 '대(帶)'는 인간이 장성하여 의상을 정제하고
요대(腰帶)를 둘러 성년으로서 위풍의 상을 의미한다.

전생귀인 환생금세 • 前生貴人 還生今世
심인포덕 경신존불 • 心仁布德 敬信尊佛

다유형제 유정무익 • 多有兄弟 有情無益
군하독비 유아독존 • 君何獨飛 唯我獨尊

천정삼사 각분동서 • 天定三四 各分東西
외명내암 은연수심 • 外明內暗 隱然愁心

사계절에 비유하면 이제 만물이 무성하게 자라 성장의 극(極)을 이루는 형상과 같다. 따라서 용모에는 아름다움이 서려 있고 성품에는 중후한 위의(威儀)가 깃들어 만사(萬事) 투쟁을 피해 자신의 위치를 고수하여 협상과 화합으로 처신해가려는 특징이 있다.

역단하건대, 전생에 천상의 옥경귀인(玉京貴人)이 금세에 인간의 몸을 받아 태

어났다. 특히 성전(聖殿)을 받들고 신앙심이 두터운즉 복덕이 더욱 가중될 것이나 다만 형제 자매는 많은 명이라도 서로 간의 정은 있지만 이익이 없으니 자신이 차라리 형제에게 베푸는 운명이로다.

어찌하여 그대만 홀로〔一雁〕 나는고? 천상천하에 오직 외로운 몸! 하늘이 정해준 혈육은 3~4명이지만 동서로 따로 나는 격이니 겉은 화려하고 속은 어두워 형제간 은연중 수심이 이는구나.

※ 원명(原命)은 다자매(多姉妹) 중 2형제격(兄弟格).

관궁 · 冠宮

역상으로 '관(冠)'은 인간이 이미 성장의 과정을 지나 제반 학문을 섭렵하고 나라의 명을 받고 출사(出仕)하여 관복을 입고 정사를 돌보는 것을 의미한다.

고량송백 강직총명 • 高良松柏 剛直聰明
청절지모 영학자성 • 淸節知謀 靈學自成

건곤소식 선죽복명 • 乾坤消息 先竹伏鳴
명진관중 종효여한 • 名振官中 終孝餘恨

재복다인 일신고단 • 財福多人 一身孤單
추월삼사 필유일락 • 秋月三四 必有一落

식물에 비유한즉 꽃이 피고 열매를 맺는 형상과 같다.
따라서 위인됨이 돈후하며 사시(四時)에 청청(靑靑)한 송백에 비유할 만하니 품성이 고결하고 마음이 어질어 강직 총명한 사람이로다.

역단하건대, 천지간의 소식은 먼저 대나무를 짚고 엎드려 우는 격이니 부친과의 인연이 먼저 끊어지리라. 관복을 입고 이름을 날렸으나 효도를 못다했으니 이 내 가슴 속에 한(恨)만 쌓였도다. 이제 촌머슴아〔장부〕가 출세는 하였건만 어버이를 모실 길이 없구나.

일생 돈(財貨)은 많은 명이지만 일신의 고독은 면할 길이 없다.

동정호 가을 달 아래 나는 기러기는 3~4마리가 분명한데 그 중 한 마리는 날개를 잃었도다.

※ 원명(原命)은 3~4형제(兄弟) 중 1명 단명(短命 : 不幸).

왕궁 · 旺宮

역상으로 '왕(旺)'은 사철에 비유하면 모든 만물이 풍요의 절정을 이루는 중추(仲秋)의 절기에 해당되므로 이제 열매를 맺어 사방에 붉음을 과시하고 왕성의 극치를 이루는 극왕기(極旺期)다.

본래천성 능소능대 • 本來天性 能小能大
심인구급 자취구설 • 心仁口急 自取口舌

건곤소혜 독자성공 • 乾坤小惠 獨自成功
초곤막한 중도형복 • 初困莫恨 中到亨福

추천야월 삼안동비 • 秋天夜月 三雁同飛
약유다매 일신난면 • 若有多妹 一身難免

    따라서 본 성품은 모든 일에 능소능대하여 매사에 모르는 바 없이 아무리 어려운 일이라도 지혜 있게 헤쳐나갈 수 있는 능력을 소유하고 있다.
    다만 마음은 어질지만 입은 급하여 불의(거슬린 것)를 참지 못하고 직언(直言)을 하게 되니 자연히 구설이 따라든다.

    역단하건대, 천지간 부모육친의 혜택이 적은 명이니 혼자 힘으로 세업을 이룰 터인즉 일찍이〔初年〕 곤고함을 애석하게 생각지 마라. 초년에는 고생이 따르지만 중년에 이르러 크게 형복(亨福)을 누리리라. 형제궁을 돌아보니 청명한 가을 하늘 동정호에 3마리 기러기 나란히 난다. 만약 이와 같지 아니하고 자매가 많은 사람이면 일신만 홀로 남아 외로움을 면키 어려우리라.

※ 원명(原命)은 3남매(男妹) 중 독신격(獨身格).

쇠궁 · 衰宮

역상으로 '쇠(衰)'는 만물이 성장의 절정을 지나 노쇠한 형상을 말하며 인간에 비유하면 40대를 지나 50대 초반의 황혼기에 접어들었다.

외성원급 내심관인 • 外性元急 内心寬仁
종신수덕 비승처사 • 終身修德 非僧處士

건곤지간 일월제암 • 乾坤之間 日月諸暗
천지편사 육친무덕 • 天地偏斜 六親無德

동정추월 비안사오 • 洞庭秋月 飛雁四五
강상각비 형제분리 • 江上各飛 兄弟分離

따라서 본 외성은 원래 급하게 타고났지만 그 마음은 착하고 관대하도다. 운명은 마치 산사에 홀로 앉아 염불하는 중 팔자로 일생을 종신토록 몸을 닦고 덕을 쌓는 사람이로다.

역단하건대, 천지간에 해와 달이 어인 일로 광명을 잃었는고?

천지가 옆으로 기울었으니 일찍부터 부모 덕을 바라지 마라. 태어날 때부터 부모육친과는 그 인연이 박약하니 하늘을 원망치 말고 앞일을 개척해야 할 명이 분명하도다.

동정호 가을날 나는 기러기 4~5마리인데 물 위에 따로따로 흩어져 제 갈 길로 가는구나.

이 명은 후에 형제가 각각 분리하여 먼 곳에 떨어져 살면서 그리워해야 할 명이로다.

※ 원명(原命)은 4~5형제(兄弟) 중 독신격(獨身格).

병궁 · 病宮

역상으로 '병(病)'은 사시에 비유하면 모든 만물이 쇠락의 단계를 지나 귀결(歸結)하는 상태를 의미한다.

상불구인 당당장부 • 常不拘人 當當丈夫
상호매불 기신귀사 • 常好罵佛 豈信鬼邪

천지무흠 무척촌지 • 天地無欠 無尺寸地
이향성공 불선타인 • 離鄉成功 不羨他人

소상양안 기안롱파 • 瀟湘兩岸 幾雁弄波
강비이사 일안독비 • 江飛二四 一雁獨飛

인간에 비유하면 출생하여 왕성의 과정을 지나 늙어서 이제 병든 형상과 같다. 따라서 마음의 청정(淸淨)함을 지향하여 항상 천품이 끝없이 고결하고 온갖 삿된 것에 걸림 없으니 이러한 사람을 일컬어 당당한 장부라고 하였거니, 부처나 예수도 정도(正道)가 아니면 꾸짖는 성품으로 하물며 어찌 삿된 귀신 따위를 믿으랴.

역단하건대, 천지간에 비록 흠은 없으나 부모로부터 촌지(寸地)의 땅도 받지 아니하고 태(胎) 자리를 이별하고 당당히 타향 땅에서 몸을 크게 세우니 모든 사람이 다 부러워하도다.

　　소상강 양 언덕에 몇 기러기가 파도를 희롱했는고?

　　강 위에 나는 기러기 2~4마리로되 그 중 모두 가고 한 기러기만 홀로 남아 외로이 나는구나.

※ 원명(原命)은 4형제(兄弟) 중 독신격(獨身格).

사궁 · 死宮

> 역상으로 '사(死)'는 사시에 비유하면 입동(立冬)의 절기에 접어들어 이제 모든 만물이 사지(死地)에 떨어져 막 잠들려는 (冬眠) 형상과 같다.

천품고강 군자지명 • 天品高强 君子之命
총명과인 흉중난측 • 聰明過人 凶中難測

천하부조 조실북당 • 天何不助 早失北堂
일가호월 낙루북천 • 一家胡越 落淚北天

상강쌍안 분비동서 • 湘江雙雁 分飛東西
약유이복 이안동비 • 若有異腹 二雁同飛

　　이때가 되면 모든 만물은 성장을 일단 중지, 잎새마저 져버린 지 오래되어 온 대지 위에는 나목(裸木)만이 초초히 서 있다. 따라서 타고난 천품 역시 고결하고 희망과 체념이 분명하여 단념의 용단도 빠른 사람이다. 본 성품은 고강하여 군자와 같은 명으로 총명이 뭇사람에 비해 출중한 사람이니 그 마음 속에 품은 뜻을 참으로 헤아리기 어렵도다.

역단하건대, 하늘은 어찌하여 나를 돕지 아니하는고? 일찍이 어버이를 북당〔北邙山〕에 묻고 한 가족이 오랑캐 땅을 넘어올 제 북천(北天) 초막에서 얼마나 울었던가!

 소상강 두 기러기 동서로 각각 갈리었도다. 만일 이 명이 자매가 많으면 두 어머니에 배다른 형제가 있을 터인즉 마침내 무심한 강물 위에 두 기러기만 나란히 날리라.

※ 원명(原命)은 다남매(多男妹)이나 2형제격(兄弟格).

장궁 · 葬宮

역상으로 '장(葬)'은 모든 만물이 일체의 활동을 중단하고 이미 땅 속에 수장(收葬)되어 묻힌 상태를 의미한다.

성본청고 웅지여천 • 性本淸孤 雄志如天
성급무독 대용지재 • 性急無毒 大用之材

막한신고 만조거오 • 莫恨辛苦 晩釣巨鰲
장부행처 수지기심 • 丈夫行處 誰知其心

동정추월 사안일고 • 洞庭秋月 四雁一孤
약불이모 난면독신 • 若不二母 難免獨身

　　인간에 비유하면 생로병사의 사정(四程)을 다 마치고 무덤에 들어가 장묘(葬墓)되어 있는 형상을 뜻한다.
　　모든 만물이 봄이 되면 싹트고 여름에 이르러 무성하며 가을이 되면 성숙의 극을 이루어 겨울이 되면 땅 속에 묻히는 것과 같이 인간의 생사윤회가 어찌 역리(易理)의 도(道)에서 벗어날 수 있겠는가?

나는 지금까지 모든 사람들에게 강론하기를,
우주조화미역도 ・ 宇宙造化未易道
생로병사부두량 ・ 生老病死否杜量
"우주의 무궁한 조화 속은 이 손바닥〔易理〕안을 벗어날 수 없는데,
비록 생로병사를 미루어 헤아렸지만 윤회의 고(苦)는 막을 길이 없다."
고 심정의 안타까움을 토로해왔다.

다만 여기서 '장(葬)'의 본체는 죽음 그 자체로 끝나는 것이 아니라 다시 태어날 출생(出生)에 대한 기다림과 같다.
이는 곧 장차 새 생명의 탄생을 뜻하는 바, 미래의 희망을 내면 깊이 은연중 소장하고 있는 것이며 따라서 신세계의 도약이 곧 이 장(葬)의 의미다.

역단하건대, 본래 성품이 청고하여 그 큰 뜻이 하늘과 같은 사람이며 비록 성질은 급하지만 마음이 청아하여 독이 없으니 장차 대의(大意)를 가진 사람이 분명하도다.
초년에는 세업을 고생으로 닦으니 일찍이 신고함을 한(恨)하지 마라.
늦게는 거오〔巨鰲, 큰 자라〕를 낚을 것인즉 이것이 곧 장부가 행하는 길인 것을 어느 뉘라서 감히 그대의 마음을 알 수 있으랴. 장래 민초(民草)를 가꿀 대용지재〔큰 인물〕로다.
동정호 가을 달 아래 네 기러기 나는데 무슨 일로 한 마리는 고독한고?
만약 이와 같지 않은즉 두 어머니를 모시지 않으면 독신을 면키 어려우리라.

※ 원명(原命)은 4형제격(兄弟格)이나 1명 불행(不幸).

第十五章

부부애정궁 夫婦愛情宮

심상(心相)의 대처 방안

예로부터 부부(夫婦)라 함은 남녀간 서로의 짝(伴侶)을 말하거니와 인간이 성숙한 후에는 인위적 생존 원리에 의해 자연히 서로가 상대(異性)를 필요로 하기에 이른다.

그러므로 결혼은 인간의 행·불행을 가름하는 제2의 출발이며 우연이든 필연이든 하늘로부터 이미 정해져 있는 보이지 않는 하나의 끈(緣分)에 의해 남녀 결합이 이루어지게 되어 있다.

따라서 결혼은 서로가 반평생 이상을 같이 의지하며 동거동락해야 하는 가장 중요한 과제이며 필연적 절차가 아닐 수 없는 것이니 반세기 전만 해도 동양에서는 여성을 고를 때 결혼 전 의식 절차로서 반드시 궁합(合性)을 보게 되어 있었으며 상대의 가문과 성품, 그리고 자손의 생산 능력 등을 깊이 고려하여 그 선택의 자유는 오직 부모나 윗사람에게 있었던 것이다.

그러나 현대에 이른 요즈음, 부모의 승낙 없이도 서로가 눈에 들면 결혼을 하기에 이르렀으니 경솔이 지나친 경우, 이혼이라는 불행을 몰고 오게 되었다.

그러므로 비록 과학적 초현대 의식에 깊이 젖어 있는 젊은이라도 혼인할 때에는 자신의 성격과 수준 및 능력을 잘 감안하여 냉정한 판단 하에서 상대를 선택하는 것이 무엇보다 불행을 막고 행복해질 수 있는 길이다.

옛사람(古人)은 부부 사이를 가리켜 거문고나 비파의 줄에 비유하여 '금슬(琴瑟)'이라고 하였거니와 부부궁을 일컬어 '금궁(琴宮)' 또는 '형궁(荊宮)', '원앙(鴛鴦 또는 元央)'이라고 일컬어왔다.

다만 이 장(章)에서는 자신이 선천적으로 타고난 부부의 운(運)을 기술한 것이니만큼 여기에 많은 참작이 있으므로 해서 결혼 전 남녀가 혹은 기혼 부부라 할지라도 자신의 타고난 분복(分福)을 조금이나마 앎으로써 인생을 살아가는 데 많은 도움이 될 줄로 믿는다.

형궁 조견표(荊宮照見表)

생년(生年) 생월(生月)	子쥐年生띠	丑소年生띠	寅범年生띠	卯토끼年生띠	辰용年生띠	巳뱀年生띠	午말年生띠	未양年生띠	申원숭이年生띠	酉닭年生띠	戌개年生띠	亥돼지年生띠
상 혐(相嫌)	4	1	10	7	4	1	10	7	4	1	10	7
격 산(隔山)	5	2	11	8	5	2	11	8	5	2	11	8
구 자(求子)	6	3	12	9	6	3	12	9	6	3	12	9
화 합(和合)	7	4	1	10	7	4	1	10	7	4	1	10
상 량(商量)	8	5	2	11	8	5	2	11	8	5	2	11
오 역(忤逆)	9	6	3	12	9	6	3	12	9	6	3	12
보 수(保守)	10	7	4	1	10	7	4	1	10	7	4	1
입 사(入舍)	11	8	5	2	11	8	5	2	11	8	5	2
이 처(離妻)	12	9	6	3	12	9	6	3	12	9	6	3
중 부(重夫)	1	10	7	4	1	10	7	4	1	10	7	4
중 처(重妻)	2	11	8	5	2	11	8	5	2	11	8	5
극 자(克子)	3	12	9	6	3	12	9	6	3	12	9	6

* 생년·생월 음력 기준

상혐 · 相嫌

역상으로 '상혐(相嫌)'이라 함은 서로 좋아하면서도 은연중 미움이 일어나 잠시 등을 돌리고 있는 형상을 말하거니와 이는 곧 이해와 양보하는 마음으로 원만과 화합을 찾을 수 있음을 의미하기도 한다.

금궁유애 규방불명 · 琴宮有碍 閨房不明
수득양배 조혼불길 · 雖得良配 早婚不吉

부부상혐 가내수심 · 夫婦相嫌 家內愁心
차인합운 이합유시 · 此人合運 離合有時

수화원앙 손궁유우 · 雖和鴛鴦 孫宮有憂
약과액년 재봉원앙 · 若過厄年 再逢鴛鴦

가당혼기 관육팔년 · 可當婚期 冠六八年
입일삼년 유합해로 · 立一三年 有合偕老

타고난 금궁〔夫婦宮〕에 조그마한 걸림새가 있으니 규방이 적적하여 밝지 못함을 원망치 마라.

이 명은 분명 어질고 훌륭한 배필을 맞이할 것이지만 너무 일찍 결혼한즉 불행한 인연이 되기 쉽도다.

부부궁에 '상험'을 드리웠으니 집안에 남모를 수심이 일렁이고 이 사람의 운명은 한때 이별했다 다시 만나는 운이니만큼 중년에 잠깐 공방(空房)의 때〔落淚〕가 있을 것이로다.

가을 바람에 댓잎〔竹葉〕 부딪치는 소소(嘯嘯)한 가을밤 가을비〔秋雨〕를 맞으며 서로 아쉬운 정(情) 남겼다가 다가오는 이른 봄〔早春〕에 꽃샘 바람 불면 다시 못다한 정분 살려 상봉의 기쁨〔歡〕이 있으리로다.

판단짓건대, 마땅히 혼인할 시기는 26·28세가 가장 좋은 길년(吉年)인즉 이때 천상에서 월하빙인〔月下氷人, 중매장이〕이 화촉을 전할 것이요,

만일 이 시기를 놓친다면 31·33세에 만나는 인연이라야 가히 백년을 서로 해로할 것이로다. 이 명을 다시 돌아볼진댄 간혹 부부 사이에 자신도 모르게 미운 정이 생겨 한때나마 충돌이 있을 것임을 암시한다.

재론하여 일러두건대, 하루하루의 생활을 수신(修身)하고 참는 자세로 양보하며 살아가는 것이 영원한 부부의 행복을 기약하리로다.

격산 · 隔山

역상으로 '격산(隔山)'이라 함은 산이 가로막힌 형상을 말하거니와 이는 곧 부부간의 충돌·암투 등 가정 생활의 장애를 의미한다.

상사천리 산하격산 · 相思千里 山河隔山
각분동서 하일재봉 · 各分東西 何日再逢

독수년년 고매회춘 · 獨守年年 古梅回春
간유공방 누여세월 · 間有空房 淚如歲月

정지이후 길운자생 · 井之以後 吉運自生
관삼칠구 원앙유봉 · 冠三七九 鴛鴦有逢

남북지간 월하빙인 · 南北之間 月下氷人
막한금궁 선소후화 · 莫恨琴宮 先疎後和

　　타고난 금궁을 살펴보건대, 부부궁에 '격산'을 놓았으니 산하를 사이에 두고 천 리 밖에서 애틋한 정을 사모하는 격이로다.
　　동서로 각각 갈린 몸, 어느날에나 다시 그리운 님 만나보려나! 향기로운 넓은 방에 홀로 지낸 수많은 세월들, 어인 일로 나만 홀로 공방(空房)의 아픔으로 시름에 겨운 날들을 보내야 했는가?

운명짓건대, 초연(初緣)의 아픔(悲戀, 離別)도 있으나 40세 이후에 길운이 스스로 찾아올 터인즉 젊은 날의 외로움을 너무 괴념(愧念)치 마라.
예로부터 남녀의 만나고 헤어짐은 인생의 일상적인 일(常事)이거늘 어찌 그까짓 것에 걸려 긴 밤을 지새우랴! 중분(中分) 이후에 호운(豪運)이 도래하여 말년운이 광개(廣開)했으니 소소(小小)한 일 따위에는 탕탕(蕩蕩)히 초연하여라.

역단하건대, 23·27·29세에 녹수청파(祿水靑波) 숲 속에서 성숙한 원앙이 서로 짝짓는 운이요, 월하의 빙인이 남북간에서 천생연(天生緣)을 보낼 터인즉 마음을 돈독히 하여 무릇 경망한 행동을 삼가고 내면적 기품을 길러 신중히 처신하여라.

그대에게 일러두노니, 초년에 금슬이 고르지 못함을 조금도 한탄치 마라. 먼저는 그 정이 서먹서먹해도 자손이 행락(幸樂)을 싣고 규방을 찾아드니 뒤에는 반드시 화합하여 남부럽지 않게 그 정이 무르익으리로다.

구자 · 求子

> 역상으로 '구자(求子)'라 함은 부부의 금슬도 부귀도 공명도 모두 갖추어진 한 여인이 오직 아들을 얻기 위한 일념으로 칠성단 앞에 엎드려 자손이 내리기를 삼신님께 지극한 정성으로 기도하는 형상을 말한다.

원앙유살 부궁유우 · 鴛鴦有殺 夫宮有憂
부부반목 심사미정 · 夫婦反目 心思未定

약무별리 자인낙루 · 若無別離 子因落淚
청산낙일 구자출가 · 靑山落日 求子出家

정실무사 소실유자 · 正室無嗣 小室有子
약무공방 자손무덕 · 若無空房 子孫無德

관이사칠 동남래연 · 冠二四七 東南來緣
입팔정년 공방신지 · 立八井年 空房愼之

원명(原命)은 무자식 팔자로서 아들을 많이 둔 사람은 그 복록이 약간 감축됨을 의미한다.

운명짓건대, 부부가 마음이 서로 맞지 않아 매사에 부딪칠 때마다 반목(反目)하는 형상이니 비록 남보기엔 좋아도 그 내면은 쓸쓸함이 있음이니, 서로 같이 생활하는 가운데라도 아직도 그 마음이 정해져 있지 않은 것과 같도다.

해 저문 청산을 향해 자손을 구(求)하기 위해 삼실과(三實果) 보자기를 들고 머리엔 떡시루 이고 집을 나서는 형국과 같으니 어찌 일찍이 별거나 이별의 고(苦)가 없을 것인가?

한때나마 자녀로 인해 애태우는 눈물을 흘릴 것인즉 만일 이 명이 정실 부인으로부터 대(孫)를 잇지 못하면 소실 몸에서나마 아들을 둘 것이로다. 어이하여 부귀는 돌아보지 않고 정란(庭蘭, 子孫) 늦은 것만 한탄하는가?

그러므로 한때나마 공방(空房)의 쓸쓸함을 겪지 아니하면 자손의 덕을 보기 어려울 것이요, 운명이 이와 같을 터인즉 칠성(七星)과 삼신(三神)을 잘 위하여 불당에 정성이 끊이지 말아야 할 것이로다.

역단하건대, 22·24·27세에 동쪽이나 남쪽에서 연분이 나설 것이며, 38·40세에 이르러 공방살이 문에 비쳤으니 부부 사이가 소원(疎遠)하지 않은즉 신병이 있을까 두렵도다.

화합 · 和合

■ 역상으로 '화합(和合)'은 부부 사이 금슬의 현(弦)이 바르고
■ 고름을 의미하거니와 서로의 애정을 아낌 없이 주고받을 수 있는,
■ 마치 안락한 부녀(父女)의 상과 같다.

수합부부 조혼불길 • 雖合夫婦 早婚不吉
녹수청파 만봉원앙 • 綠水淸波 晚逢鴛鴦

월하빙인 원처봉연 • 月下氷人 遠處逢緣
천연상합 치부지명 • 天緣相合 致富之命

관오칠년 춘화추실 • 冠五七年 春花秋實
정명지간 일편공방 • 井命之間 一片空房

약불공방 신질가외 • 若不空房 身疾可畏
천연지방 재운가지 • 天緣之方 財運可知

  타고난 금궁(琴宮)을 살피건대 다만 부부간 상합(相合)은 잘 이루어졌지만 너무 빠른 결혼(早婚)만은 마땅치 못함이니 푸른 물 맑은 물결에 원앙이 이른 봄을 시샘하여 다른 짝을 사모하는 격이므로 분명 만혼(晚婚)의 결합이 천생의 연분이로다.

하늘이 돕고 조상이 굽어 살피사, 월하빙인(月下氷人)을 지상으로 내려보내 먼 곳(遠處) 또는 타국(他國)으로부터 청·홍실을 엮게 해주도다.

무릇 외로운 남녀가 서로 화합하여 정기(情氣)가 통하니 훗날 반드시 부자의 명이 분명할진댄 일찍이 마음(첫눈)에 썩 들지 않는 사람이 나타나더라도 실망하지 말 것이다.

역단하건대, 25·27세에 늦은 봄 그늘에 가리운 꽃이 여름을 지나 가을이 되어 풍요로운 열매를 맺는 격이요,

이어 40세에서 50세 사이에는 타인이 나의 안방을 엿보는 격이니 한편으로 공방(空房)이 예상되나 이는 잠깐의 지나가는 가벼운 바람(輕風)에 불과함이라.

그대에게 이르노니, 만일 일시나마 이와 같은 흠(苦痛)이 없으면 신체의 질환이 있을까 가히 두렵도다. 하늘이 내려준 처방은 재운이 풍부함에 이 명이 분명 모든 고난을 능히 헤칠 것임을 미루어 알겠도다.

상량 · 商量

역상으로 '상량(商量)'이라 함은 앞마당 뒤뜰에
노적(露積)을 가득 쌓아놓고 둘이 마주 앉아 재물을 논하는 형상과 같다.

논기금궁 춘봉추실 • 論其琴宮 春逢秋實
남가유연 막실기회 • 南家有緣 莫實機會

화촉동방 금슬동화 • 花燭東方 琴瑟同和
원앙롱파 구로하사 • 鴛鴦弄波 鷗鷺何事

조취불연 만봉해로 • 早娶不緣 晚逢偕老
관일이오 금슬부조 • 冠一二五 琴瑟不調

관사육칠 천연지결 • 冠四六七 天緣之結
범사상량 유길무흉 • 凡事商量 有吉無凶

일생 의식이 풍족하고 많은 사람을 손수 먹여 살려야 할 운명이로다.
　타고난 금궁(琴宮)을 살피건대, 이른 봄 우연히 만났다가 소식 끊겨 애태웠는데 늦가을 잎새 질 때에 바야흐로 결실을 이루어 화촉을 밝히는 운이 분명하도다.

생각 밖의 천생 인연이 우연히 남쪽 집에서 찾아드니 의상을 정제하고 정신을 가다듬어 기회를 놓치지 마라. 동방(東方)의 외로운 거처에서 화촉을 훤히 밝힐진저!

바야흐로 금슬이 서로 고르니 마음에 사뭇 기쁜 낙이 일도다. 무릇 사이 좋은 원앙 한 쌍이 즐거이 푸른 물결을 희롱하는데 어인 일로 느닷없이 백로가 원앙 속에 뛰어드는가?

역단하건대, 이 명이 비록 부부궁에 '상량'이 들어 유복한 명이지만 일찍 여자를 맞아들인즉(早婚) 인연이 박약하고 늦게 결혼(晩娶)한즉 반드시 해로하리로다.

21 · 22 · 25세에 금슬의 현(弦)이 고르지 못하니 그대의 연분이 아님을 원망하지 마라. 24 · 26 · 27세에 하늘로부터 청 · 홍실을 내려 그 결합이 참다운 연분일진대 모든 일이 상량하여 재물에 수완이 능수능란(能小能大)하여 이제 좋은 일이 있으나 흉한 꼴은 없으리로다.

오역 · 忤逆

역상으로 '오역(忤逆)'이라 함은 서로의 마음이 상반되고
의사가 거슬려 증오(憎惡)하는 마음을 말한다.

원앙무정 금슬부조 • 鴛鴦無情 琴瑟不調
일동일서 의사불합 • 一東一西 意思不合

양삼봉연 누락정전 • 兩三逢緣 淚落庭前
약불기연 별리가지 • 若不其然 別離可知

관사칠구 일편유연 • 冠四七九 一片有緣
입운후취 가득해로 • 立運後娶 可得偕老

양인쟁재 화불단행 • 兩人爭財 禍不單行
인욕수신 수가현부 • 忍辱修身 守家賢婦

인생을 살아가는 데는 많은 인내와 수행이 필요하다.
　타고난 원앙궁(鴛鴦宮)에 애틋한 정이 결여되어 있으니 거문고 비파줄(弦)이 어인 일로 한 줄은 팽팽하고 한 줄은 늘어져 마치 한편은 동쪽으로 다른 한편은 서

쪽으로 등을 맞댄 형국과 같이 서로의 마음 뜻〔心思〕이 합일치 못하도다.

일러두노니, 부부간 정이란 고운 정 미운 정 중에 서로를 가엾이 여겨 동정하는 마음 정이 가장 으뜸일진대, 어서 노여움 풀고 짧은 인생 너그러운 아량으로 상대방을 아껴라.

인생이란 찰나간에 잠깐 스러질 광음(光陰)일진저!

젊음도 즐거움도 꿈결의 시간이다.

본명〔原命〕을 돌아보니 양가지수(兩家之數)로서 두세 번 인연을 바꿔들여야 하는 명이거늘, 금 침낭 베개 위에 어찌 눈물이 떨어지지 않을쏘냐.

만약 이와 같은 시련이 없을진댄 한때 별거의 세월이라도 겪지 아니하면 이별의 고(苦)나 병액의 화(禍)가 반드시 따를 것이로다.

역단하건대, 24·27·29세에 한 조각 스치는 찰나간의 연분이 있을 것이요,

30세가 넘은 후에 혼인을 맺은즉 가히 백년해로할 참 인연이 분명하리라(※남성의 경우).

어인 일로 중년에 한 재물을 가지고 두 사람이 다투는 격이 되어 화가 한두 가지가 아니로다.

'오역'을 참고 수신을 게을리하지 아니하면 결국 파경(破鏡)만은 면할 것이요, 나이가 들수록 가정을 잘 꾸려나가니 참으로 현명한 부인이로다.

보수 · 保守

역상으로 '보수(保守)'라 함은 옛것을 보호하고 법도를 잘 지키는 것을 뜻하거니와 부부간 서로의 사랑과 존경이 함께 깃들어 있어 세찬 역경에도 굴하지 아니하고 장래 쓰러질 가문을 훌륭히 일으킬 수 있는 연(緣分)을 말한다.

녹수청파 원앙득의 · 綠水淸波 鴛鴦得意
정의상합 원처사모 · 情意相合 遠處思慕

간유공방 외화내허 · 間有空房 外華內虛
원앙침상 낙루하사 · 鴛鴦枕上 落淚何事

막한공방 재봉추월 · 莫恨空房 再逢秋月
관삼오륙 길연상합 · 冠三五六 吉緣相合

슬하지병 일면수번 · 膝下之病 一面隨煩
정지오륙 연운대통 · 井之五六 年運大通

이 명은 혼인 전 서로 인연 맺기가 좀 어려우나 일단 결혼 후에는 모든 액난이 소멸해버린다.

태어난 금궁을 살피건대, 푸른 물 맑은 물결에 한 쌍의 원앙이 따스한 봄, 서로 뜻을 얻어 정분이 서로 합하였으나 일시적이나마 남을 먼 곳에 두고 사모하는 격이로다.

부부운도 잘 타고났지만 한때 공방이 있음도 배제할 수 없는 운이니 비록 남 보기엔 화려하지만 그 마음 속은 쓸쓸한 면이 있도다.

중년에 이르러 고운 원앙침 위에 눈물이 웬말이냐. 만일 공방이 없다면 병액이 따를 것이니 한때나마 부부간에 떨어져 살게 됨을 한탄치 마라.

돌아오는 가을 소쩍새 울고 들국화(野菊)가 필 적에 다시 만나 못다한 정분을 아낌없이 나누게 되리로다.

역단하건대, 23·25·26세 때에 길한 인연 서로 합한 격이요, 다만 슬하(子孫)의 병액으로 한번은 번뇌가 따르는 운이니 산모는 특히 임신중에 유산·낙태의 화가 따를까 두려우니 가히 몸을 조심하여라.

45·46세 때는 그 해의 운(年運)이 대통(大通)하여 부부간에 한 번 크게 웃을 것이다.

입사 · 入舍

■ 역상으로 '입사(入舍)'라 함은 서로 헤어진 부부가
■ 다시 집을 향해 돌아오는 형상을 말하거니와 애정상 한때의 결핍(障碍)을
■ 극복해야 함을 뜻한다.

  원리탐화 미면고독 · 元離貪花 未免孤獨
  금슬부조 일한삼탄 · 琴瑟不調 日恨三嘆

  원앙각별 구로근정 · 鴛鴦各別 鷗鷺近情
  혹불병처 필유생리 · 或不病妻 必有生離

  만춘화조 후분안락 · 晚春花鳥 後分安樂
  순구관이 봉연무실 · 旬九冠二 逢緣無實

  관삼사칠 천연상봉 · 冠三四七 天緣相逢
  적수공권 점기성가 · 赤手空拳 漸起成家

  먼저 원앙(本家)을 이별하고 담장 밖 꽃(他人)을 탐하는 격이니 어찌 외로움을 면할 수 있으랴.
  잔잔한 환경에 평지풍파가 이는 것은 서로의 성격 조절의 불찰이거니 하루에

도 참을 '인(忍)' 자를 열 번 새기고 자신의 마음 속을 조용히 돌아보면 무엇 때문에 담 밖으로 큰소리가 새어나리요!

한 손으로 손뼉을 치면 소리가 나지 않는 법〔孤掌不鳴〕

다만 금슬이 서로 고르지 못하니 하루에도 내 신세를 돌아보며 세 번을 한탄하는 격이로고.

일찍 만난 원앙은 각각 이별하고 차라리 엉뚱한 백로에게 정이 가까우니 그 마음을 어느 누가 알아주랴!

만일 이 명이 처〔또는 男便〕의 병환으로 근심이 들지 아니하면 반드시 한때 생이별이 있을 것이지만 바야흐로 늦은 봄에 꽃〔花〕·새〔鳥〕가 서로 짝을 만난 격이니 후분은 분명히 안락하리로다.

역단하건대, 19·22세에 인연이 찾아들었으나 그 열매는 안타깝게 맺지 못할 격이요,

23·24·27세에 하늘이 내린 천생의 연분이 나타날 것인즉 비록 맨주먹, 맨손으로 반려를 만나더라도 점차 허물어진 가문을 일으키게 되니 세상 사람들이 모두 반겨 칭송하리로다.

이처 · 離妻

역상으로 '이처(離妻)'라 함은 피치 못할 사정으로 본의 아니게 처를 이별하는 것을 뜻하거니와 이는 곧 본인은 서로 좋아한다 해도 혹 타인 또는 주위의 반대로 환경상 장애에 부딪쳐 좌절하는 비련의 상을 뜻하기도 한다.

관찰금궁 선소후화 · 觀察琴宮 先疎後和
화원춘방 정처이별 · 花園春房 正妻離別

약유조취 양가지수 · 若有早娶 兩家之數
간유기성 해소불만 · 間有器聲 解消不滿

관이사구 유연무실 · 冠二四九 有緣無實
관육입후 천연결실 · 冠六立後 天緣結實

수득양배 심중유수 · 雖得良配 心中有愁
만년영화 자손지운 · 晩年榮華 子孫之運

타고난 부부궁을 자세히 살필진댄 처음에는 부부 사이에 서먹한 정이 있는 것 같지만 종내에는 화합하여 그 정이 매우 돈독해지리로다(※남성은 이와 반대).

따라서 조혼한즉 춘삼월에 꽃동산 봄방에서 정처(正妻, 情婦)를 이별할 수요,

만일 일찍 장가를 들면 두 처〔兩妻〕를 거느릴 수로다.

간간이 집안으로부터 그릇 깨지는 소리가 들리기도 하지만 급성급해(急性急解)로 금방 화났다 금세 풀리는 상이니 이로써 마음 속 쌓인 불만을 풀어 없애리로다.

역단하건대, 22 · 24 · 29세에는 외화내허(外華內虛)의 상으로 인연의 꽃은 만발했으나 그 열매가 없는 격이요,

26 · 30세가 지난 후의 인연은 분명히 하늘이 정해준 연분이니 그 결실을 볼 것이지만 비록 주위에서는 보기 좋은 배필을 얻었다고 소문은 자자하나 마음 가운데 자신도 모르게 불안한 근심이 있음은 무슨 일인가?

이 명이 만년에 이르러 즐거운 영화가 있게 됨은 모두 자손의 운이 번성함을 말함이로다.

남성에 비해 여성은 결혼 전에는 혼인을 맺기에 장애가 약간 따르지만 일단 결혼한 후에는 번성할 운이로다.

중부 · 重夫

역상으로 '중부(重夫)'라 함은 남편이 겹쳐 들어온 상을 뜻하거니와
내 마음에 둔 사람은 인연이 멀고 마음에 합당치 못한 사람만 나타나는
형상으로 한때 삼각 관계의 이성적 번뇌가 따르게 됨을 의미하기도 한다.

수합원앙 만득가배 • 雖合鴛鴦 晩得佳配
조결양과 몽중생연 • 早結兩果 夢中生緣

초혼불리 재봉안락 • 初婚不利 再逢安樂
심중정열 수지아심 • 心中情熱 誰知我心

서천일경 누송세월 • 西天日傾 淚送歲月
약불고분 별리가외 • 若不叩盆 別離可畏

관삼오칠 미득천연 • 冠三五七 未得天緣
관사육입 천생천연 • 冠四六立 天生天緣

타고난 부부궁을 살피건대, 비록 일찍이 원앙이 짝을 지어 서로 합했다고는
하나 늦게 맺은 인연이 좋은 배필이요, 일찍 맺은즉 한 가지에 두 열매가 달린 격
이니 어찌 꿈 가운데 생한 인연과 같지 않으랴. 초혼은 불리하나 다시 만난즉 안락

한 삶을 누릴 것이니 마음 속에 뜨거운 정열이 서려 있음을 그 누가 알아주리요.

황혼빛 서쪽 하늘에 태양이 기우는 형상이니 한때 눈물의 세월이 있음을 알라. 만일 고분(喪配)의 슬픔이 없으면 혹 별거나 이별이 있을까 두려운 명이로다.

역단하건대, 23·25·27세에 만난 사람은 하늘이 준 연분이 못됨을 원망치 마라.

24·26세나 30세에 천생의 참 배필을 하늘이 내려주심을 그때야 비로소 알겠도다.

중처 · 重妻

역상으로 '중처(重妻)'라 함은 여자가 거듭 나타나
방해의 대상이 된다든가 아니면 환경적 장애로 말미암아
한때의 고통을 뜻한다.

원명지수 양삼혼처 • 原命之數 兩三婚處
심사숙고 동화백년 • 心思熟考 同和百年

막경금궁 이별가외 • 莫輕琴宮 離別可畏
차중지사 입살혼파 • 此中之事 入殺婚破

군지팔자 편방시첩 • 君之八字 偏房侍妾
수유호색 의식자족 • 雖有好色 衣食自足

관삼오륙 막혼유연 • 冠三五六 莫婚有緣
관사칠후 월하결실 • 冠四七後 月下結實

일생을 통해 여난〔혹은 男難〕이나 상처(喪妻)의 고통이 있음을 배제할 수 없는 명이기도 하다.

타고난 금궁을 살피건대, 원명(原名)은 두세 번 장가 갈 명이니, 어찌 혼사를 경솔히 맺을 것인가. 이 명은 남녀 모두 심사숙고하여 성품에 맞는 배필을 맞아들임이 마땅하리로다.

　　일찍이 금궁을 가벼이 생각지 말라.

　　이별이 가히 두려운 명인즉 이와 같은 일을 자세히 알고 싶거든 곧 그대의 타고난 명에 혼파살(婚破殺)이 있기 때문이로다.

　　고로 그대의 팔자는 편방에 숨은 여인을 두고 한쪽에 묶여 못 가는 심정이요, 본시 성품은 호걸남아지만 미색[能力]을 갖추었으니 평생 의식은 남아돌리라.

　　역단하건대, 23·25·26세에 만난 인연과 혼인하지 마라. 분명 천생연(天生緣)이 아니로다.

　　24·27세 이후에 만난 인연이 비로소 달 아래 빙인(月下氷人)이 남몰래 청·홍실을 맺어주는 격이니 장래 그 열매가 튼실하리로다.

극자 · 克子

역상으로 '극자(克子)'라 함은 부부간 사이는 몹시 좋더라도
자손으로 인한 고통이 있음을 말하거니와 이는 곧 무자식 팔자 혹은
불효·사별로 인한 슬픔이 있게 됨을 뜻하기도 한다.

추월단풍 범주적벽 • 秋月丹楓 泛舟赤壁
수유범주 하사무풍 • 雖有泛舟 何事無風

부부수화 자녀하루 • 夫婦雖和 子女下淚
운거정후 천지태평 • 運去井後 天地太平

막탐호색 구설망신 • 莫貪好色 口舌亡身
관사이전 불호양연 • 冠四以前 不好良緣

관육이후 시개운정 • 冠六以後 始開運程
원앙분비 하시천연 • 鴛鴦分飛 何時天緣

타고난 금궁(夫婦宮)을 살필진댄 단풍이 붉게 물든 가을 달 아래 적벽 강 맑은 물에 돛단배를 띄웠도다. 비록 배는 쉽게 띄웠지만 장강의 뱃길에 어인 일로 바람이 불어오지 않는고.

이 명은 부부 사이의 합이 비록 잘 들었지만 한때 자녀로 인한 눈물이 있을 것이요, 30세 이후 40세에 이르면 만사 태평할 운이로다.

호색할 명이여! 너무 색을 가까이하지 마라. 구설과 망신살이 몸을 휘둘렀으니 매사에 신중함이 상책이로다.

역단하건대, 24세 이전에는 좋은 연분을 만나기 어려우니 감언이설에 유혹되지 마라.

26세 이후에라야 금문(琴門)에 닫힌 문이 열릴 것인즉 겨우 이때부터라야 해로인생(偕老人生)이 마땅하리로다.

일찍이는 원앙새가 동서로 각각 따로 나는 격이니, '어느 때나 서로 만나 회포를 풀어볼까.' 하며 남몰래 한숨짓는 격이로다.

第十六章

선천직업궁 先天職業宮

읽기 전에 알아두어야 할 사항

「선천직업궁」은 자신의 명조(命造)에 천부적으로 짜여진 직업을 말하거니와 현재 이 직업에 해당되는 사람은 천부적 자기 직업이 되는 것이다.

다만 현재의 직업과 선천 직업이 동일하지 않은 사람이 대부분인 줄로 알지만 여기에 나타나는 직업에 해당되는 사람은 무심히 그냥 지나칠 수 없는 것이기에 깊이 참고할 바가 있다.

따라서 현재의 자기 직업과 동일한 사람은 약간 불만이 있더라도 그대로 밀고 나가야지 만일 직업을 경솔히 전환한즉 훗날 큰 고통(失敗)을 동반하게 된다. 그러므로 묵묵히 인내하며, "이것이 내 팔자이거니." 하고 노력해가면 장차 자기의 타고난 분수만큼은 발전할 것이다.

반대로 현재의 직업이 동일하지 않은 사람은 장래 발전이 적은 사람이며 운세가 기울어질 때에는 뜻하지 않은 사고가 생길 수 있음을 말해둔다. 왜냐하면 선천과 후천은 동일한 인연의 끈이기에 다른 인생을 사는 것과 같이 그 마음 한구석에 보이지 않는 불안 요소가 잠재해 있는 것이며, 다만 현재는 직장이나 능력 정도가 운세가 좋기 때문에 노출되지 않는 정도일 뿐 운이 악운으로 돌아올 때는 반드시 그 패(敗)가 배로 증가된다.

다만 이「선천직업궁」은 현대인으로서 전부 믿을 만한 것은 못되나 필자 자신이 30여 년 동안 경험했던 실질적 확신과 옛성인들이 믿고 행해 왔던 일이기에 참고 삼아 여기에 기재해두는 것이다.

생각건대, 백 년 전 직업과 현대의 직업이 천양지간으로 직업도 수만 가지이니 어찌 같을 수 있겠는가? 그러나 엄밀히 구분해서 실질적 직업의 종류를 크게 나누어 생각한다면「선천직업궁」은 깊이 참고할 바가 있음을 분명히 말해둔다.

옛 속담에 "제 팔자는 개도 못 준다."는 말이 여기에 합당한 말일 것이다.

선천직업궁 조견표(先天職業宮照見表)

생년(生年) / 생월(生月)	甲갑년년생생	乙을년년생생	丙병년년생생	丁정년년생생	戊무년년생생	己기년년생생	庚경년년생생	辛신년년생생	壬임년년생생	癸계년년생생
관 공 (官公)	1	2	3	4	5	6	7	8	9	10
어 상 (魚商)	2	3	4	5	6	7	8	9	10	11
수 재 (手才)	3	4	5	6	7	8	9	10	11	12
장 공 (匠工)	4	5	6	7	8	9	10	11	12	1
술 사 (術師)	5	6	7	8	9	10	11	12	1	2
주 관 (酒館)	6	7	8	9	10	11	12	1	2	3
연 예 (演藝)	7	8	9	10	11	12	1	2	3	4
의 복 (醫卜)	8	9	10	11	12	1	2	3	4	5
승 도 (僧道)	9	10	11	12	1	2	3	4	5	6
양 재 (洋裁)	10	11	12	1	2	3	4	5	6	7
농 림 (農林)	11	12	1	2	3	4	5	6	7	8
수 작 (修作)	12	1	2	3	4	5	6	7	8	9

* 생년 · 생월 음력 기준

관공 · 官公

천부기업 관공의직 · 天賦其業 官公宜職
차직진출 진관첨록 · 此職進出 進官添祿

약비관록 농산대리 · 若非官祿 農産大利
불연고관 처궁유우 · 不然高官 妻宮有憂

하늘이 내려준 업은 관리(公務員)직이 마땅하도다.
이 명이 관공직에 진출하면 관직이 오르고 녹은 나날이 늘 것이요,
만약 관록을 먹지 아니하면 농·산업으로 진출한즉 큰 이익을 볼 것이며,
만일 고관을 한때나마 지내지 못하면 장차 처궁에 크게 근심이 있으리로다.

어상 · 魚商

노상거래 행상팔자 · 路上去來 行商八字
약비상업 해물생애 · 若非商業 海物生涯

주야관인 수롱천금 · 晝夜關人 手弄千金
초년수곤 말년향복 · 初年雖困 末年享福

이 명의 전생 직업은 노상에서 거래하는 행상 팔자가 분명하도다.
만일 상업에라도 종사하지 아니하면 해물 수산으로 생애를 보내리로다.
밤낮으로 사람을 상대한즉 손끝에 천금을 희롱할 것이오.
초년에는 비록 고생이 있으나 말년에는 크게 복락을 누리리로다.

수재 · 手才

대인우차 필시문명 · 大人遇此 必時文明
서인지명 수재필묘 · 庶人之命 手才必妙

약비수재 공상지인 · 若非手才 工商之人
불연의술 화상필성 · 不然醫術 畵商必成

대인이 이 명을 만난즉 반드시 문명(書 · 畵 · 文學)으로 뛰어날 것이요,
서민(庶人)이면 손재주가 기묘할 것이로다.
만일 기술직을 갖지 아니하면 공업이나 상업가의 명이며,
혹 의학이나 화가로 나아가도 반드시 크게 성공하리로다.

장공 · 匠工

천부소업 공장생애 · 天賦所業 工匠生涯
이소성대 금목이재 · 以小成大 金木以財

건축토목 필시적업 · 建築土木 必時適業
중년치부 가소석숭 · 中年致富 可笑石崇

하늘이 그대에게 내려준 업은 공업이나 장인의 생애로다.
작은 것으로써 장차 큰 것을 이루니 쇠나 나무로 인해 재물(돈)을 얻을 것이요,
건축이나 토목직도 필시 적업이니,
중년에 치부하여 가히 석숭이를 비웃으리로다.

술사 · 術師

차인실업 이문생애 · 此人實業 以文生涯
교사지풍 산고수장 · 敎師之風 山高水長

가기문필 필두생화 · 可期文筆 筆頭生花
문예유여 일세풍미 · 文藝有餘 一世豊味

이 사람의 실제 업은 글(文藝)로써 사는 생애로다.
교육자나 스승의 풍이 있으니 그 덕이 참으로 산고수장하도다.
가히 문필을 기약할 명일 것인즉 붓 끝에서 꽃이 피어나도다.
학문과 예술이 유여하여 일세를 풍미할 운이 분명하리로다.

주관 · 酒舘

군지팔자 주상생애 · 君之八字 酒商生涯
양양소부 작사노방 · 襄陽少婦 作舍路傍

화류춘풍 매주행촌 · 花柳春風 賣酒杏村
용전여수 인칭여걸 · 用錢如水 人稱女傑

전생에 타고난 팔자는 주상(술장사)의 생애가 분명하도다.
양양 땅 젊은 여인이 길가에 집을 짓고,
춘풍에 버들꽃 날릴 적에 행촌에서 술을 파니,
손끝에 천금을 희롱하고 돈을 물쓰듯 하니 모든 사람들은 그대를 일컬어 여장부라 하도다.

연예 • 演藝

장일탄금 풍류지객 • 長日彈琴 風流之客
예술생애 인기집중 • 藝術生涯 人氣集中

광음인생 가석세류 • 光陰人生 可惜歲流
약비차생 신명유해 • 若非此生 身命有害

하고많은 날 온종일 거문고를 벗삼으니 과연 풍류객이 분명하도다.
예술로 생애를 보내면 세인의 인기를 한몸에 모을 것이요,
짧은 인생 가는 세월 애석하도다.
만일 이와 같은 생을 보내지 않으면 신상에 해로우리라.

의복 • 醫卜

천부활인 재예출중 • 天賦活人 才藝出衆
신명우조 무복지사 • 神明祐助 巫卜地師

회춘의약 만인구제 • 回春醫藥 萬人求濟
능소능대 용전여수 • 能小能大 用錢如水

하늘에서 일찍이 활인성을 주었으니 재예가 출중해 뭇사람을 뛰어넘으리라.
신명이 굽어보고 조상이 도우니 무당이나 점술·지관의 명이 분명하여라.
그대에겐 회춘의 묘약이 있으니 의약계로 진출하면 만인의 생명을 구제할 것이며,
위인이 본래 능소능대하여 돈 쓰는 재주 또한 비상한 사람이로다.

승도 · 僧道

기분이친 신의산문 · 棄墳離親 身依山門
송풍라월 한좌염불 · 松風蘿月 閑坐念佛

무상인생 독이자탄 · 無常人生 獨以自嘆
약불여차 집술도규 · 若不如此 執術刀圭

고향땅 버리고 일찍이 육친을 이별하고 그 몸은 산사에 의지했도다.
솔바람 다래나무 사이에 홀로 앉아 염불하는 팔자가 분명하고녀.
덧없이 보낸 인생 홀로이 한탄성을 발하는구려!
만일 이 명이 이와 같지 아니하면 술객이나 손에 칼을 잡는 의사〔刀圭人〕가 마땅하리로다.

양재 · 洋裁

교역시상 의품득리 · 交易市上 衣品得利
식록유여 부명지격 · 食祿有餘 富名之格

대인사업 수롱전재 · 對人事業 手弄錢財
여명여차 침자성공 · 女命如此 針刺成功

넓은 교역 시장에서 의복과 물품으로 이익을 얻으니,
식록이 유여하여 부자의 운명이로다.
만인을 상대하는 사업으로 많은 전재〔千金〕를 희롱할 것이요,
만일 여자가 이 명에 닿으면 자수〔洋裁〕나 수침〔美容〕으로 성공할 명이 분명하리라.

농림 · 農林

천부생업 농림산업 · 天負生業 農林産業
목축자성 광치전장 · 牧蓄自盛 廣置田庄

약비기업 식품득리 · 若非其業 食品得利
팔자기국 명진호부 · 八字其局 名振豪富

하늘이 그대에게 지워준 업은 농림 산업이 적업이로다.
소 · 돼지 등 목축업도 번성하니 반드시 넓은 전장(土地)을 둘 것이요,
만일 이 업을 갖지 않으면 식품업으로 득리하리라.
원래 타고난 팔자기국이 이름을 드날리고 호부(豪富)의 명이 분명하도다.

수작 · 修作

수기출중 비단범인 · 手技出衆 非但凡人
평생소업 소무불의 · 平生所業 所無不宜

금목선치 일일입재 · 金木善治 日日入財
천성근면 중후발복 · 天性勤勉 中後發福

손재주(技術性)가 뛰어나 보통 사람보다 특출하니,
평생 모든 일에 마땅치 않음이 없도다.
'금목(나무 · 쇠)이나 돌(石工)'을 잘 다스리니 나날이 재물이 들어올 것인즉,
천성이 근면하여 중년 후에는 반드시 발복할 명이 분명하도다.

第十七章

자녀적성궁 子女適性宮

심상(心相)의 대처 방안

무릇 "인간에게 있어 자녀라 함은 자신의 인생(家門)을 반영해주는 하나의 거울과 같다."고 해도 무리한 표현은 아닐 것 같다.

부귀빈천이 인간이 타고난 운명에 대한 표현기(表現器)라 한다지만 이 운명은 자신의 가문(家門)과 불가분의 밀접한 관계를 맺고 있다.

따라서 "운명은 성격을 낳고 성격은 직업에 커다란 영향을 끼쳐 장래 인생 일대사를 좌우한다."고 하겠거니와 자녀에게 일찍부터 문벌에 대한 높은 자부심을 불어넣어 주고 진정한 자아를 자각케 해주며, 자신의 적성에 맞는 직업을 선택케 해줌으로써 후회 없는 보람된 삶을 살아갈 수 있다.

일찍이 옛 성현은,
적선지가 필유여경 적악지가 필유여앙 • 積善之家 必有餘慶 積惡之家 必有餘殃
"선을 쌓는 집안에는 반드시 훗날에라도 남은 경사가 있고,
악을 쌓는 집안에는 반드시 재앙이 있다."
고 설파하지 않았던가?

모든 사람들이 제 스스로가 행운의 씨앗을 뿌려 행운의 열매를 거두고, 불행의 씨앗을 뿌려 불행의 열매를 거두는 것도 모두 자신의 행위에 대한 반영(結果)이다.

인간이 처음 세상에 태어나 그 모습을 드러낼 때는 전생에 그려진 운명선 위에 제일 먼저 부모(家門)의 영향을 직·간접으로 받게 되지만 그 외에도 자연 현상이나 혹은 주

위 환경, 심령적인 여러가지 사항으로부터도 장래 운명을 형성하게 된다.

  때문에 우리 인간은 이 지구상에 생존 경쟁이 시작되면서부터 자기 스스로를 알기 위해 끊임없이 노력해 왔다. 무릇 이 세상에 살아 있는 모든 것, 동물이나 생물조차도 각자 독자적인 개성(品性)을 지니고 있어 갖가지 미물이나 풀 한 포기를 보더라도 완전히 동일한 형태는 하나도 없다.

  만물의 귀왕(貴王)인 인간이야 각자의 태어난 생년일시가 모두 다르고 부모의 유전인자가 다르기 때문에 용모·혈액·체질에 따라 성격도 취미도 같을 수 없는 것이다.

  이와 같은 현상은 각자 자기의 심혼(心魂)에 담겨진 그릇이 서로 다름을 의미한다. 그 심혼의 그릇에는 여러가지로 인간이 해야 할 천부적인 직업이 태어날 때부터 이 그릇(運命)에 담겨져 있기 때문이며 이것은 곧 천차만별의 일상(日常)을 영위하는 개인의 특유한 직업선으로 나타나게 된다.

  따라서 우리 인간은 일생을 평생토록 빗나가지 않도록 자신은 물론 자기의 자녀에게 어떤 특성과 사명 그리고 직분이 숨어 있는지를 운명적 도표에 의해 철저히 파악하여, 단 한 번뿐인 귀중한 인생을 살아감에 있어 개인적 보람은 물론이려니와 더 나아가 국가·사회를 윤택하게 살찌우는 데 있어서도 적극 헌신할 수 있도록 북돋워주어야 할 것이다.

※ 난궁(蘭宮)은 자손궁을 말하고 슬하(膝下)는 자녀, 과(果)는 아들, 화(花)는 딸을 의미한다.

난궁 조견표(蘭宮照見表)

생년(生年) / 생시(生時)	子쥐年生띠	丑소年生띠	寅범年生띠	卯토끼年生띠	辰용年生띠	巳뱀年生띠	午말年生띠	未양年生띠	申원숭이年生띠	酉닭年生띠	戌개年生띠	亥돼지年生띠
상록(商祿)	巳	寅	亥	申	巳	寅	亥	申	巳	寅	亥	申
관록(官祿)	午	卯	子	酉	午	卯	子	酉	午	卯	子	酉
예록(藝祿)	未	辰	丑	戌	未	辰	丑	戌	未	辰	丑	戌
법록(法祿)	申	巳	寅	亥	申	巳	寅	亥	申	巳	寅	亥
문록(文祿)	酉	午	卯	子	酉	午	卯	子	酉	午	卯	子
신록(信祿)	戌	未	辰	丑	戌	未	辰	丑	戌	未	辰	丑
술록(術祿)	亥	申	巳	寅	亥	申	巳	寅	亥	申	巳	寅
군록(軍祿)	子	酉	午	卯	子	酉	午	卯	子	酉	午	卯
공록(工祿)	丑	戌	未	辰	丑	戌	未	辰	丑	戌	未	辰
정록(政祿)	寅	亥	申	巳	寅	亥	申	巳	寅	亥	申	巳
약록(藥祿)	卯	子	酉	午	卯	子	酉	午	卯	子	酉	午
교록(敎祿)	辰	丑	戌	未	辰	丑	戌	未	辰	丑	戌	未

* 생년·생시 기준

역상으로 '상록(商祿)'이라 함은 장사·무역·거래·경영 등 상대로부터 경제적으로 주고받는 물적(物的) 이익에 의한 상거래(交易)를 뜻하거니와 그 의미 또한 이에 상응(相應)한다.

문전옥수 기실이삼 • 門前玉樹 其實二三
불헌무공 조자난양 • 佛獻無功 早子難養

관오이전 기자불연 • 冠五以前 其子不緣
인신사년 잉태불가 • 寅申巳年 孕胎不可

상유적덕 필유만영 • 常有積德 必有晚榮
차명자손 상재특달 • 此命子孫 商財特達

그러므로 '상록'을 타고난 사람은 일찍부터 자녀에게 여기에 합당한 직업을 선택케 해줌으로써 장래 영화는 물론이요, 부귀를 도모(期約)할 수 있다.

역단하건대, 문 앞의 옥수(玉樹)는 그 열매가 몇이나 되는고? 원래 타고난 열매는 2~3개이지만 선대(先代, 先塋)의 음덕이나 불전의 공덕이 없는 사람은 일찍 둔 자식(早子)은 한 몸에 키우기 어려운 난관이 있음이니, 25세 이전에 낳은 아들과는 깊은 인연이 별로 없음이 안타깝도다.

　　판단짓건대, 특히 범(寅)·원숭이(申)·뱀(巳) 해에 분만한 자녀는 운명상 불가함이니 가급적 위와 같은 해(年度)에는 피함이 가(可)하리로다.
　　반면 평소에 음덕을 많이 쌓아 적덕이 있는 집안은 만경(老年)에 반드시 남은 영화가 찾아들 것이요,
　　이 명을 살피건대, 특히 상업이나 경제계에 발군(拔群)의 자녀가 있음을 나타내는 것이니 혹 자녀가 한때 학문을 게을리한다 해도 너무 혹독히 질책하거나 원망해선 안 되며 자기 운명에 맞는 천부적 직업을 선택해줌이 마땅하리로다.

　　『六甲經』에, '지장이 불여 복장(智將而 不如 福將)'이라 하였듯이 모든 세상살이가 제아무리 잘 배워 지혜가 많은 사람이라도 복(福), 즉 운명(運命)을 잘 타고난 사람에겐 당할 수 없는 법이다.
　　때문에 자녀에게도 인간적 교육이 더욱 필요하다. 일찍이 공부를 게을리하다가도 때(運期)가 이르면 자연히 늦머리가 트여 책상머리에 스스로 앉게 되어 있는 것이기에 평소 정서적 교육에 힘쓰는 것이 더욱 중요하다.

▲ 이 명은 상업계에 입문하면 대성하든가 부자의 명성(富名)을 떨칠 자손이 있음.

관록 · 官祿

역상으로 '관록(官祿)'이라 함은 공문(公門)에 들어가
국가로부터 그에 상응한 근로의 대가를 받아먹는 것을 뜻한다.

난궁지수 계화삼타 · 蘭宮之數 桂花三朶
삼실지중 일과특달 · 三實之中 一果特達

자묘유년 잉태불가 · 子卯酉年 孕胎不可
관사이후 슬하유영 · 冠四以後 膝下有榮

장래지사 인여권재 · 將來之事 因女權財
차명기손 관경진명 · 此命其孫 官經振名

이는 사회적 단체 · 기관 · 반관반민의 단계적(階級的) 생활을 의미하기도 한다. 때문에 독자적 사업보다는 어느 집단이나 단체에 들어가 사무적인 능력을 발휘하여 장래의 지위를 차근차근 향상시키는 것이 좋다.

역단하건대, 난궁〔子女〕지수는 계화(桂花) 끝에 세 열매가 매달린 격이니 원명(原命)은 3남매 격이나 다만 세 열매 중 하나의 열매가 특히 발달되어 있으므로 자녀를 잉태함에 있어 깊이 숙고(熟考)할 바가 있도다.

    판단짓건대, 출산의 해〔年度〕로 쥐〔子〕·토끼〔卯〕·닭〔酉〕의 해는 마땅치 못하니 피하는 것이 좋으며 여성의 경우 24세 이후에 분만한 자손이 장래에 영화를 기약하리로다.
    명을 살피건대, 특히 여식으로 인한 권재(權財)가 따를 수이니 자(子)보다 여(女)가 발전할 운세임을 의심할 바 없도다.
    이 명의 자녀는 관계와 경제계에 진출하여 크게 그 명성을 떨칠 것인즉 이는 곧 윗대 가문의 혈통이 자손대에 내린 결과이므로 선영의 제사를 정성껏 모셔라〔奉祀〕.

    옛사람〔古人〕은,
    종두득두 종과득과 · 種豆得豆 種瓜得瓜
    "콩 심은 데 콩 나고 오이 심은 데 오이 난다."
라고 말한다.

    이 태생의 자녀는 머리가 너무 일찍 발달한 사람은 13·16세 때의 방황이 예상되기도 하나 반대의 경우 늦머리가 트여 큰 그릇을 이루기도 한다.
    따라서 이 명은 평소 적선이 필요하고 자손 없는 선대의 제사를 잘 모셔야 그에 상응하는 복록을 쟁취할 수 있다〔無後奉祀〕(※3남매 중 한 명은 특별히 재주가 뛰어나다〔特達〕).

▲ 이 명은 관계나 경제계에 출세할 자손이 있음.

예록・藝祿

역상으로 '예록(藝祿)'이라 함은 예술로부터 얻는 녹을 뜻하거니와 음악・미술・무용・문예・체육 등 예기(藝技)의 자질이 두드러져 장래 예능적 기교를 유감없이 발휘하여 여기에 상응한 복록을 받고 윤택한 생활을 즐길 수 있는 명을 말한다.

기작천구 난궁불합 • 豈作天拘 蘭宮不合
칠성적공 일자가전 • 七星積功 一子可傳

천정삼실 조대적선 • 天定三實 祖代積善
진술축년 잉태불가 • 辰戌丑年 孕胎不可

관삼후년 슬하지영 • 冠三後年 膝下之榮
차명난궁 예기특출 • 此命蘭宮 藝技特出

역단하건대, 어인 일로 '천구살(天狗殺)'이 가문에 비쳤는고? 구마(狗魔)가 서로 짝을 지어 해를 끼치니 자손궁이 불리하도다.

이와 같은 현상은 전생에 지은 업보의 표출이거늘 흉해를 돌리려거든 평소 칠성전에 많은 공덕이 필요함을 명심하라.

만일 공덕을 게을리한즉 겨우 자녀 하나를 손대(孫代)에 전하리로다.

이 명에게 하늘이 정해준 자녀의 수는 세 명이 분명함이니 세 명을 모두 성장

시킨즉 윗대[先代]로부터 내려준 적선의 결실임을 잊지 말아야 한다.

　판단짓건대, 만일 용[辰]·개[戌]·소[丑] 해에 자녀를 출산할 것 같으면 장래 인연이 매우 불리할 것이요,
　특히 출산 연령은 23세 이후의 슬하손(膝下孫)에 무궁한 영화가 있다는 것을 잊어서는 안 되리로다.
　특히 이 명의 자녀의 적성은 예[藝道]와 기[技術]에 뛰어난 자질을 천명으로 부여 받았음이니, 일찍부터 특수한 기술이나 예능 방면으로 진출시킴이 가하리로다.
　사람이 타고난 천부적 자질은 겉으로는 쉽게 판단 짓기 어려운 점이 있으며 장래 시운(時運)이 도래함에 따라 점차 밖으로 드러나기 시작하여 장차 사계(斯界)의 명성과 복록을 갖추어 일세를 마음껏 풍미할 수 있을 것이다.
　따라서 '인간의 노력은 결코 1%에 불과한 것이며 천재성 내지 예술성이 99%' 임을 지적해둔다. 때문에 냉정히 논단하면 실로 '노력은 정해진 운명에 미치지 못하는 것' 이 지고의 현실임을 부인할 수 없다.

▲ 이 명은 예능 혹은 기술(技術) 계통에 출세할 자손이 있음.

법록 · 法祿

역상으로 '법록(法祿)'이라 함은 일생 법조계에 진출하여 그로부터 형권(刑權)을 쥐어 식록을 받고 생활하는 것을 뜻하거니와 넓은 의미로는 상법·공법·교법·의법 등 여러가지 법학에 관한 뜻이 포함되어 있다.

관찰난궁 삼지동락 • 觀察蘭宮 三枝同樂
지성산신 이지귀영 • 至誠山神 二枝貴榮

인신사년 산아불가 • 寅申巳年 産兒不可
관육이후 영특남아 • 冠六以後 英特男兒

적선지가 명만가정 • 積善之家 名滿家庭
차명자손 법교진명 • 此命子孫 法敎振名

    일러두건대, 무릇 법을 다루는 자는 특히 "범죄에는 성역이 있을 수 없다." "죄는 미워하되 죄인은 미워하지 마라."는 임마누엘 칸트의 지론과 같이 그 인간성도 평등·공평·정직성 등 3대 요소를 생활 신조로 하여 마음 속에 갖추어 인성(人性)의 존귀함을 깊이 자각해야 함은 새삼 말할 것도 없다.
    타고난 난궁(蘭宮)을 깊이 살피건대, 세 가지〔三枝〕가 동시에 봄날의 온유함 속에 화사함을 발하고 있는 형상이로다.

이 명은 본시 명산준령(名山峻嶺)의 명기(明氣)를 머금고 이 세상에 태어난 까닭에 산신(山神)에게 공덕을 소홀히 해서는 그 운이 크게 형통〔發福〕할 수 없도다.

반드시 조상 산신이 굽어살핀즉 타고난 손궁(孫宮)의 세 가지 중 두 가지가 크게 영달하여 귀하게〔入閣〕 될 것이로다.

따라서 과거 윗대의 2~3대가 끊겨진〔零落〕 가문일지라도 비로소 이 대〔當代〕에 큰 발복이 있게 되므로 선조 가문의 명예를 다시 회복할 수 있게 되리라.

역단하건대, 범〔寅〕·원숭이〔申〕·뱀〔巳〕 해에는 잉태·분만을 삼가야 할 터인즉 26세 이후에 출생한 자녀가 매우 영특한 머리를 지녀 장래 귀히 되리로다.

누누이 말했거니와 선을 닦고 음덕을 쌓는 집안에는 훗날 반드시 남은 경사가 있음은 고금의 진리이다.

특히 이 태생은 사물〔蛇物, 생사탕〕을 가까이 한즉 자신은 물론 자손에게까지 그 해가 미친다.

선영을 잘 받들어 나날이 음덕을 쌓은즉 자녀 중에 법학계나 교육계 등에 인연을 지어 장래 큰 영화가 따르게 됨은 의심 없는 명이로다.

▲ 이 명은 교육계에 이름을 날릴〔得名〕 자손이 있음.

문록 · 文祿

역상으로 '문록(文祿)'이라 함은 천부적으로 그 자질이
학문에 대한 소양이 있음을 뜻한다.

문전옥수 천부삼과 · 門前玉樹 天負三果
삼과지중 최영이과 · 三果之中 最榮二果

불헌공덕 일과봉촉 · 不獻功德 一果奉燭
자묘유년 잉산불가 · 子卯酉年 孕産不可

관칠팔후 슬하필영 · 冠七八後 膝下必榮
차명슬하 문경특달 · 此命膝下 文經特達

이 명은 장래 많은 공부를 하여 학계로 진출함으로써 어떤 학문적 분야를 깊이 연구하여 훗날 그 계통에 일생을 몸담아 오직 자신만이 우뚝 설 수 있는 사학(斯學)의 태두(泰斗)가 될 수 있는 운명을 뜻하기도 한다.

역단하건대, 이 태생의 자녀는 모든 일이 처음보다 끝에 가서 더욱 발전할 수 있는 운기(運氣)를 타고났으므로 점차 성장해감에 따라 학문적 지혜가 발달하고 나이가 들수록 뜨겁게 달아올라 그 분야에 한 기봉(奇峰)을 세울 수 있는 명운임을 믿어 의심치 않도다.

이 명을 살필진댄 본래의 옥수(玉樹, 子女)는 천부적으로 몇 과(果)를 타고났는가?

분명 세 열매 중 두 열매(二子)가 특히 영화를 발(發)할 것인즉 평소에 불전(佛前)이나 선영(先塋)에 공덕을 게을리하지 말아라.

만약 이 말을 따르지 않을 것 같으면 황혼길 염라전에 돌아갈 때(眼光落地時)에 겨우 일과(一果)가 외롭게 향불을 밝히리로다.

판단짓건대, 쥐(子)·토끼(卯)·닭(酉) 해에는 출산·분만이 가히 마땅치 못하니 이 해(年度)에 출생한 자손은 장래 불리한 인연이로다.

이 태생에 있어 조자(早子)는 성장하면서 병액이 따르든가 학문을 게을리하게 되는 단점이 있을 터인즉 분명 27~28세 이후 슬하에 영화가 찾아들 것이니 늦게 둔 자식(晩子)이 운명상 참 인연이로다.

자녀의 장래 특성은 학계나 금융·경제계에 깊은 인연이 있게 되리라. 특히 문학 방면이나 학문, 재계(財界)에 진출하여 세상에 반드시 그 이름을 현양(顯揚)하리로다.

▲ 이 명은 문(文)·경(經) 계통에 크게 성공(大成)할 자손이 있음.

신록 · 信祿

역상으로 '신록(信祿)'이라 함은 종교를 뜻하거니와 무한(無限)·절대(絶對)의
초인간적인 신불(神佛)을 경신 숭배하고 깊이 신앙하여 이로 인하여
선악을 권계하고 인생 최대의 행복을 얻고자 하는 행위의 실천을 말한다.

    불전치성 물탐구육 ● 佛前致誠 勿貪狗肉
    지성여차 가면양자 ● 至誠如此 可免養子

    추결양과 계화일귀 ● 秋結兩果 桂花一貴
    진술축년 산아불연 ● 辰戌丑年 産兒不緣

    관삼오칠 잉출영특 ● 冠三五七 孕出靈特
    차명자손 신교진명 ● 此命子孫 信敎振名

  무릇 인간에게는 학문·재능·권력을 뛰어넘는 위대한 신앙의 힘이 존재한다. 그 신앙은 어떠한 고난과 역경도 뛰어넘을 수 있는 인성(人性)의 핵(核)인 것이다.
  따라서 인간은 머지않아 될 수 있는 것에 자기를 비교해보면 현재는 그 반밖에 눈을 뜨지 못한 상태이며 사람은 누구나 육체는 물론, 정신적 각자 재능의 아주 미미하고 적은 부분을 활용하고 있을 뿐 자신이 도달할 수 있는 한계선까지 그 능

력이 미치지 못하고 있는 것이다.

이와 같이 싹트지 아니한, 즉 활용하지 못한 연약한 재질을 몸소 발휘케 하는 것이 오직 위대한 신앙의 힘(願力)이다.

역단하건대, 성전(聖殿)에 지극한 정성이 없으면 자손에게 큰 발전이 없을 것이다.

특히 개고기(補身湯)를 탐하지 마라. 본인은 물론 자녀의 앞날에도 재앙이 미치리로다. 이와 같은 정신(마음)으로 성전에 정성이 있는 자는 타인의 자손을 양자로 맞아들이는 것만을 가히 면하리로다.

판단짓건대, 가을걷이 후(秋後)에 늦게 맺은 두 열매 중 유독 귀히 핀 계화 꽃 한 송이가 화사함을 발(發)하도다.

특히 이 태생은 용(辰)·개(戌)·소(丑)의 해에는 잉태·분만은 가히 마땅치 못함이니 깊이 숙고(熟考)함이 좋을 것이로다.

23·25·27세에 출산한 자녀가 매우 영특하여 장래 문벌(門閥)의 대(代)를 크게 이을 것이요, 이 명을 자세히 살필진댄, 자녀 중에 신앙(宗敎)이나 교육계에 나아가 세상에 그 이름을 드러내어 모든 사람이 선망하는 인물이 될 수 있음에 기이한 명이 분명하도다.

일찍이 음덕을 쌓고 몸을 청정히 닦아 성전에 나아가 기도함이 마땅하리로다.

▲ 이 명은 종교계나 교육계에 크게 이름을 떨칠 자손이 있음.

역상으로 '술록(術祿)'이라 함은 음양오행에 정통한 사람 또는 특이한 기술이 있어 그 술수(術手)로 인하여 녹(祿)을 얻는 생활 수단을 뜻하거니와 특수하고도 묘한 일에 능통한 사람(牙僧人 : 재주꾼)을 말한다.

천구래침 자위방액 • 天狗來侵 子爲防厄
이실지중 일실가외 • 二實之中 一實可畏

지극정성 명진출란 • 至極精誠 名振出蘭
인신사년 잉태불가 • 寅申巳年 孕胎不可

관육입년 가내명만 • 冠六立年 家內名滿
차명정란 슬법기락 • 此命庭蘭 述法奇樂

일찍이 옛 선인(先人)은,
"성공을 바라거든 직업을 확정 짓고 이를 지켜야 하며 반드시 일인일기(一人一技)를 가져라."
무릇 인간이란 누구나 태어날 때부터 자기만이 갖는 하나의 재능을 부여 받았다고 일러왔다.

따라서 어떤 사람이든 직업의 여하를 막론하고 그 분야에서 일을 재빠르고 재치있게 잘 처리하는 사람(敏腕家, 수완가)이 되려거든 반드시 삼체(三體)를 요한다.

그 첫째는 천성의 발견이요, 둘째는 연구에 대한 부단한 노력이요, 셋째는 강한 실행력이다.

이 모든 것은 직업의 확립으로 인한 인생의 성공자가 되기 위한 방법이다.

따라서 인생은 확고한 기술을 갖고 그에 스스로 만족할 줄 아는 사람이라야만이 비로소 보람 있는 삶을 살았다고 떳떳이 말할 수 있는 것이다.

고전 경제학의 비조(鼻祖)인 아담 스미스는,
"각자 인성(人性)에 적합하고 가장 뚜렷한 자기 기술로 동요 없는 직업에 종사하여 죽음(死期)에 이를 때까지 추호도 유감 없는 생활을 하라."
고 충언했던 것이다. 그러므로 이 태생에겐 신념 있는 확고한 직업을 자녀에게 인도해줄 의무가 있다.

역단하건대, 천구살이 가문에 비쳐 구마(狗魔)가 침범하였으니 자녀를 위하여 큰 액을 당하기 전에 미리 예방하여라. 그 방법은 칠성님과 용왕전에 기도함이 마땅하리로다. 문 앞의 옥수(玉樹, 子女)는 두 열매가 뚜렷하나 그 중 한 열매가 떨어질까 몹시 두렵도다.

판단짓건대, 정성을 게을리하지 마라. 특히 범(寅)·원숭이(申)·뱀(巳)의 해에는 잉태·분만이 가히 마땅치 못하니 그 해를 피함이 좋을 것이요, 25·30세에 자손으로 인해 가정에 경사가 겹쳤으니 모든 사람이 즐거워하도다.

분명 이 명의 자녀는 기술이나 법(法) 또는 술객(術客)으로 진출한즉 장래 기이한 낙을 즐기리로다.

▲ 이 명은 술사(術師)나 법조계에 크게 이름을 떨칠 자손이 있음.

군록 · 軍祿

역상으로 '군록(軍祿)'이라 함은
무관, 즉 군인의 녹(武人之祿)을 말한다.

　　불전칠성 정심기도 · 佛前七星 淨心祈禱
　　만득귀자 노거득재 · 晚得貴子 老去得財

　　낙수상명 독자종신 · 落水喪明 獨子終身
　　자묘유년 산아불가 · 子卯酉年 産兒不可

　　관오칠팔 가기영화 · 冠五七八 可期榮華
　　차명지자 군사특달 · 此命之子 軍士特達

　무릇 무(武)는 문(文)과 반대되는 용어인 듯하지만 실은 문 가운데 무가 있고, 무 가운데 문이 있으므로 문이 곧 무요, 무가 곧 문이다.
　다만 문은 무보다 앞서는 것으로 '무록(武祿)'이라 함은 운명상 무인 또는 군인의 기질이 있어 마음보다 행동을 위주로 모든 만물을 다스려가는 것을 말한다.
　특히 이 명의 자녀에게는 강한 자긍심과 인내의 정신을 불어넣어주어야 한다.
　강한 인내 속에 위대한 용기가 탄생하는 것이며 오직 자신의 과욕과 노기(怒氣)

를 스스로 자제할 수 없다면 장래 큰 화를 불러들이는 패망의 인(因)이 되는 것이다.

고로 옛성현은,
"인내는 종말의 낙(樂)을 위한 시간의 기교(技巧)다."
고 갈파했다.

까닭에 불가(佛家)에서 말하는 '인욕(忍辱)' 의 두 글자는 인간을 절망의 구렁에서 구출하는 필수 원소(必須原素)가 되는 것이다.
예로부터 우리의 주위에 정신이 고상하고 견고하여 진정한 무(武)의 정신이 있었던 사람은 비록 백난(百難) 중에서도 좌절하지 아니하고 오히려 태연자약하여 자유로이 사료(思料)를 돌려 미리 불의에 대비하여 필수(必須)의 기회를 기다렸다.
이것이 곧 무인의 도(道)인 것이다.

역단하건대, 이 명은 자손의 복록을 위해서 불전(佛前)이나 칠성에 끊임없는 기도가 필요함이니 마음을 깨끗이 하여 정성껏 기도하라.
늦게나마 귀히 될 자손을 얻는 명이니 늙바탕에 자손으로 인해 크게 득재하고 편안함을 얻으리로다.
눈빛(眼光)이 땅에 떨어져 사천강(死川江) 건널 때에 즉 임종에 임할 때에 아들 하나가 슬하에 앉아 향불을 밝히리로다.

판단짓건대, 쥐(子)·토끼(卯)·닭(酉)의 해에는 잉태, 분만을 마땅히 삼가라. 25·27·28세에 귀자를 낳아 장래 가문의 복된 영화를 기약하리로다. 이 명의 자손은 군인이 아니면 선비(學者)로 크게 명성을 떨칠 것이로다.

▲ 이 명은 군인·학자로 큰 명성을 얻을 자손이 있음.

공록 · 工祿

역상으로 '공록(工祿)' 이라 함은 어떤 물건이나 원료를 가공하여
인간 생활에 유용한 물품을 만드는 일을 일상의 업(生業)으로 삼고
그로부터 얻는 녹을 말한다.

난궁유살 조자난양 · 蘭宮有殺 早子難養
만득이자 노지종효 · 晚得二子 老至終孝

막식구육 자손유해 · 莫食狗肉 子孫有害
진술축년 난궁불길 · 辰戌丑年 蘭宮不吉

적선지인 명진정란 · 積善之人 名振庭蘭
차명자손 공상향복 · 此命子孫 工商享福

따라서 철저한 장인(匠人) 정신이 깃들어 있어야 한다.

신(神)은 짐승에게 자연이라고 하는 천혜(天惠)의 먹이를 주었고 인간에겐 의식(衣食)을 주었다.

다만 인간이 짐승보다 위대한 것은 신이 인간에게 모든 물건을 제조할 수 있는 손(手技)을 주어 만물을 지배하도록 했기 때문이다. 이 땅에 인류 역사가 생기면서부터 인간에게는 위대한 장인 정신이 있었다.

무릇 그 장공(匠工)의 기능이 오늘날 문명의 이기(利器)를 낳았지만 아직도 문명을 완성하지 못한 채 막연하게 그저 미지의 세계에 도전하며 아직도 미완성의 길을 가고 있다.

옛선인은 일찍이 장인 정신에 대해 말하기를,
"한 가지 일에 탁월하려고 하는 자는 아침에 일어나서 밤에 잠자리에 들 때까지 끊임없이 타념(他念)을 없애고 오직 자신과 고독과의 싸움에서 승리해야 한다."
고 일렀다. 때문에 일 분의 공시간(空時間)도 놓치지 아니하고 각고면려의 성실한 근면을 생활 신조로 삼아왔던 것이다. 따라서 인간에게 있어 근면 정신은 권태와 죄악, 궁핍의 3대 해악(害惡)을 물리친다. 무릇 '공록'을 타고난 사람은 마음에서부터 스스로 근면성을 찾지 않으면 안 된다. 왜냐하면 이 명은 자손 중에 우주 과학이나 상·공업 분야에서 위대한 발명가 또는 창업자가 나올 수 있는 명이기 때문이다.

운명짓건대, 어인 일로 일찍 둔 자손은 키우기 어려운고? 난궁(蘭宮)에 흉살이 들어 삼신(三神)에 재앙이 있음이로다. 속히 흉살을 제거하려거든 삼신님께 기도하라. 그리하면 늦게나마 아들 둘이 가문을 일으키고 부모에게 효도하리로다.
일러두노니, 개고기를 먹지 마라. 본인은 물론 자손에게까지 그 재앙이 미치리라.

판단짓건대, 용(辰)·개(戌)·소(丑)의 해에 자손을 잉태한즉 그 인연이 불리할 것이요, 가히 적선을 즐겨하고 음덕을 쌓는 집안에는 모든 재앙은 물러가고 자손에게 큰 명성이 있으리로다.

▲ 이 명은 상·공 계통에 복록과 명성을 떨칠 자손이 있음.

역상으로 '정록(政祿)'이라 함은 넓은 범위에서 한 국가의 주권자로
그 영토와 국민을 다스리는 경세지록(經世之祿)을 뜻한다.

귀살래침 자궁불합 • 鬼殺來侵 子宮不合
정성지극 가득일자 • 精誠至極 可得一子

하환자손 천부일실 • 何患子孫 天負一實
인신사년 잉태불가 • 寅申巳年 孕胎不可

만득귀자 명리록사 • 晚得貴子 名利祿事
차명지손 정경발영 • 此命之孫 政經發榮

세상을 다스릴 수 있는 묘책이 뛰어나고 비상한 권모를 갖추고 시대의 흐름을 미리 간파할 수 있는 선견지명이 있음을 암시한다.

사람이 정신을 통일시켜 날카롭고 빛나는 통찰력(炯眼)에 유의(留意)하여 사방의 끝(四邊)을 유심히 살핀다면 반드시 운명을 볼 수 있을 뿐만 아니라 다가오는 미래도 명확히 헤아려 알 수 있는 것이다.

따라서 '정록'을 타고난 사람은 앞날을 내다보는 영감도(靈感度)가 특출해야 하는데 그 영대(靈臺)는 다만 천품적으로 그 사람의 강한 신념(意志)에 의해 표출된다.

까닭에 무슨 일이든 진정으로 마음을 비우고 신념으로 착수한다면 하등의 고려(考慮) 없이도 그가 올라갈 수 있는 최고조(最高潮)에 고요히 도달할 수 있게 되는 것이며, 강한 신념은 비록 난관에 부딪쳐도 항시 일정불변하여 동요(動搖)하지 않는 것이다.

무릇 '정(政)'의 자의(字意)는 다스린다는 뜻이며 천지가 만물을 포용하고 다스리듯 인간이 국가와 사회를 잘 다스리는 것이 곧 '정'의 근본 이치다.

역단하건대, 일찍이 가문에 귀살(鬼殺)이 침범하였으니 자손궁이 불합하여 한때 번뇌가 따를 것이로다. 다만 지극한 마음으로 불도(佛道)에 귀의하면 모든 액이 소멸하여 귀히 될 아들 하나를 전하리로다.

어인 일로 자녀 중에 근심이 들었는고? 비록 둘셋을 두어도 하늘은 오직 하나의 열매(一子)만 내렸도다.

판단짓건대, 다만 범(寅)·원숭이(申)·뱀(巳)의 해에는 잉태·분만이 불가함이니, 이 해는 삼가는 것이 마땅하리로다.

반드시 늦게 귀한 자식을 얻으니 가문의 명성과 이록(利祿)이 한꺼번에 있도다. 이 명을 살필진댄 정치나 경제계에 크게 발복한 자손이 있음을 가히 미루어 알겠도다.

▲ 이 명은 정치·경제계에 크게 성공할 자손이 있음.

역상으로 '약록(藥祿)'이라 함은 병든 사람의 상처를 치유하고
그 행위로부터 얻는 녹을 말한다.

　　욕보난궁 명산헌공 • 欲保蘭宮　名山獻功
　　물탐견사 신상유해 • 勿貪犬蛇　身上有害

　　문전옥과 기실삼사 • 門前玉果　其實三四
　　석양귀로 일자종효 • 夕陽歸路　一子終孝

　　자묘유년 산아무익 • 子卯酉年　産兒無益
　　차명슬하 의상발복 • 此命膝下　醫商發福

　더 나아가 모든 생체(生體)에 대한 연구 및 질병의 치료나 예방에 관한 의술적 소행에 따른 생활 수단으로 이에 상응한 녹을 받는 것을 의미한다.
　무릇 의학에는 양의(洋醫)와 한의(漢醫)가 있으나 동서양을 막론하고 역학상 용어로 신농유업(神農遺業) · 행림지업(杏林之業) · 도규(刀圭) · 약칭(藥稱) 등이 있는데 그 표현은 수없이 많다.
　특히 이 '약록'을 행할 사람은 순수한 인간성을 필요로 하며 양심적인 사람이 아니고서는 안 된다.

오직 물적 이익에 너무 탐닉하지 말고 오로지 봉사 정신만을 가지고 순수한 타아(他我)에 귀의하여 업(業)을 수행하는 자세가 중요한 요건이다.

필자는 '인간은 누구나 어두운 그림자를 가진 존재'라고 규정 짓겠다.

다시 말해서 질병의 근원도 그 뿌리가 나타나지 않는 강(江)에 비유할 수 있음이니 과연 그 원인이 어디서 오고 어디로 갈지 몽매(蒙昧)하여 무지할 따름이다.

때문에 이 '약록'을 타고난 사람은 인명(人命)의 존귀함을 깨달아 생명의 실상에 대한 깊은 인식이 필요하다.

역단하건대, 이 명이 난궁(蘭宮)의 발복을 원할진대 모든 일 다 미뤄두고 명산을 두루 찾아 지극한 정성으로 공덕을 게을리해서는 안 되며, 일생 개고기나 사물(生蛇湯)을 탐해서는 불길하다.

만일 개와 사물(蛇物)을 즐겨 먹는 자는 신상에 크게 해로울 것이며 자손까지 온전히 그 복덕을 보존키 어려우리라.

문 앞의 옥수(玉樹)에는 몇 과(果)가 열렸는고? 그 열매는 3~4개가 분명하도다.

그러나 황혼길 눈빛(眼光)이 땅에 떨어져 석양으로 돌아갈 제 오직 아들 하나가 배웅하며 향불을 밝히리로다.

판단짓건대, 만일 쥐(子)·토끼(卯)·닭(酉)의 해에 잉태·분만한즉 아무런 이익이 없음이니 이 해는 피해서 잉산(孕産)함이 가히 마땅하리로다.

이 명의 자손은 의술·약업·상업계에 진출한즉 큰 복록을 누리게 되리라.

▲이 명은 의학·상계(商界)에 명성을 떨칠 자손이 있음.

교록 · 教祿

역상으로 '교록(教祿)'이라 함은 미성숙자의 개성과 환경을 돌보아 심신 양면에 걸쳐 최선의 인격적 발달을 도모하고 이에 상응(相應)한 대가를 받고 최소한의 생활을 영위할 수 있는 교도(教導)에 대한 경제적 수단을 말한다.

 천정자손 다즉사오 · 天定子孫 多則四五
 무공칠성 다즉이실 · 無功七星 多則二實

 일자귀영 계화삽절 · 一子貴榮 桂花揷折
 장외고죽 최위영창 · 牆外孤竹 最爲榮昌

 진술축년 막태잉아 · 辰戌丑年 莫胎孕兒
 차명지과 교예진명 · 此命之果 教藝振名

 더 나아가서는 성숙된 자의 심적(心的)인 인격 도야의 한 방편으로 인생 전반에 걸쳐 지도하고 일생을 통해 품격 완성의 연구 및 지침이 될 수 있는 교적(教的) 분야를 의미하기도 한다.

 일찍이 칸트는 인간에게 배움(教學)을 강조하였다.
 그의 명저 『순수이성비판』에서,

"학문이 있는 연후에 앞을 내다보는 힘〔先見〕이 있고, 선견이 있는 연후에 위대한 노력〔力行〕이 있다."

고 갈파했다.

맹자(孟子)도 후인에게 공부할 시기를 지적하면서 세 가지 기회를 이용하라고 일렀다.

"겨울은 그해의 남은 것이요, 밤은 그날의 여분(餘分)이며, 비오는 때는 시간이 남는 것이다."

고 지적했었다.

이와 같이 공부하는 요령과 방법도 남몰래 스스로 꾸준히 해나가면 자기가 목적한 바에 충분히 도달할 수 있다.

다만 이 '교록'을 가진 사람은 어릴 때부터 인성 교육(人性敎育)에 힘써주어야 한다.

루소는 『교육론』에서,

"교육의 목적은 기계를 만드는 것이 아니고 인간〔心性〕을 만드는 것이다."

고 지적했었다.

따라서 사람이 재조(才操)와 지혜만 양성하여 성장하면 도리어 인간 사회의 해독이 될 수 있는 까닭에 모든 학문의 근본은 단정한 심지(心志) 위에 오직 선량한 싹〔善基〕을 함께 심어주는 데 있다.

역단하건대, 이 명에게 하늘이 정해준 자손은 몇 과나 되는고? 많은즉 4~5명이요, 공덕이 부족한즉 두 과〔二果〕를 거두게 되리로다.

다만 그 중 일자(一子)가 귀한 영화를 볼 것인즉 계화꽃이 꺾였구나. 담장 밖 외로운 대나무〔孤子, 즉 외방 자손〕가 장래 가장 영화롭게 번창할 것이로다.

판단짓건대, 용(辰)·개(戌)·소(丑)의 해에 분만하지 마라. 가히 인연이 마땅치 못하리로다.

▲ 이 명은 교육·예술계에 명성을 떨칠 자손이 있음.

第十八章

흉성궁 凶星宮

심상(心相)의 대처 방안

'흉성'이라 함은 운명에 흉(凶)하게 작용하는 불운의 별(凶星)을 상징한다.

인간의 명조(命造)에 있어 어떤 사람을 막론하고 누구나 흉살을 갖고 있다.

전 장에서 밝힌 바와 같이 타고난 팔자에는 신살(神殺)이라는 것이 있어서 '신(神)'은 곧 길(吉神)을 의미하기 때문에 운명상 좋은 영향을 주지만 '살(殺, 煞)'은 운명에 나쁜 장애를 일으키는 까닭에 이를 흉살(凶殺, 즉 凶星)이라고 부른 것이다.

다만 이 장은 각 개인이 타고난 달(月令)에 따라 해당되는 살이 어떠한 영향을 끼치고 있는가를 설명한 것임을 말해둔다.

무릇 인간이란 한번 운수가 도래하면 모든 일마다 여의(如意)하여 크게 복락(福樂)을 누리지만 반대로 악운이 도래하면 일마다 장애를 일으켜 뜻하는 일이 산산이 부서져 인생에 고통을 주게 된다. 이와 같은 현상은 모두 신살(神殺)의 작용이라 해도 과언이 아니다.

때문에 행운은 길신, 즉 길성의 작용이며 악운은 흉살, 즉 흉성의 작용인 것이니 행운이 도래했을 때는 삼가 겸손한 자세로 자신의 일거일동을 점검하여 주위의 불우한 이웃을 돌봐야 하고, 악운이 닥쳤을 때는 지난날을 반성하며 모든 행동을 자제하여 때를 기다리는 자세로 임하고, 심성을 착하게 가짐으로써 시간이 흘러 때가 되면 사시의 운행(春秋必法)과 같이 다시 호운이 돌아오게 되어 있다.

인간의 마음 속에는 누구나 '성선(聖善)과 해악(害惡)'의 두 마음이 도사리고 있다. 선한 마음은 곧 행운을 가져오는 근원이 되고 악한 마음은 불운을 자초하는 원동력이 된다.

그러므로 모든 사람의 행·불행도 모두 타고난 운명(八字)에 그릇 지워진 마음의 비롯됨(因果)에 불과하다고 할 것이다.

흉성궁 조견표(凶星宮照見表)

생월(生月) \ 생년(生年)	甲갑年년生생	乙을年년生생	丙병年년生생	丁정年년生생	戊무年년生생	己기年년生생	庚경年년生생	辛신年년生생	壬임年년生생	癸계年년生생
고 신 (孤神)	1	4	4	7	7	10	10	10	12	10
과 숙 (寡宿)	4	10	1	4	12	1	7	7	4	1
대 패 (大敗)	9	12	11	12	3	3	3	6	6	9
적 랑 (赤狼)	5	11	12	2	5	6	2	8	11	2
팔 패 (八敗)	6	1	6	6	1	2	9	5	3	8
천 랑 (天狼)	7	2	3	11	6	11	6	12	9	7
소 랑 (小狼)	3	3	8	10	4	4	1	1	5	4
파 가 (破家)	2	6	5	1	2	5	5	11	7	11
삼 형 (三刑)	11	8	10	3	11	12	12	3	1	3
육 파 (六破)	8	5	7	9	9	8	11	2	2	6
대 모 (大耗)	10	7	9	8	10	9	4	4	8	5
사 관 (四關)	12	9	2	5	8	7	8	9	10	12

* 생년천간과 생월 음력 기준

第一八章 흉성궁(凶星宮)

고신살 · 孤神殺

옛사람[古人]이 이르기를, 늙어서 지아비[夫, 男便]가 없는 것을 '과(寡)'라 하고, 어릴 때 아비[父]가 없는 것을 '고(孤)'라고 하였다.

명입고신 고독지명 • 命入孤神 孤獨之命
남즉상처 여즉극부 • 男則喪妻 女則剋夫

동서분주 타향지객 • 東西奔走 他鄕之客
독수년년 고매회춘 • 獨守年年 古梅回春

연중사시 도비심력 • 年中四時 徒費心力
외득내실 무저옹기 • 外得內失 無底瓮器

"남명(男命)에 고신(孤神)이 깃들면 평생토록 장가들기 어려우며, 여명(女命)이 과숙(寡宿)을 만난즉 여러 번 시집을 가도 해로하기 어렵다."
고 하였던 바 귀격은 데릴사위로 더부살이를 하고, 천격은 거처가 불안하여 떠돌아다님을 면하기 어렵다고 하였다.

때문에 명에 '고신살'이 들어 있게 되면,

"쓸쓸한 늦가을 처마 밑 쓰르라미 울음 소리에도 잠을 설친다."
고 일렀거니와 일생이 고독하고 쓸쓸한 명임에 홀로 마음 속에 은연중 외로움을 느낀다.

남성이 범한즉 처로 인한 고통이 있고 여성이 범한즉 남편의 명을 눌러 복록이 감소된다.

중국의 고전 『삼거일람(三車一覽)』에,
명입고신 살비가 · 命入孤神 殺非佳
일신유한 고평생 · 一身有恨 孤平生
"고신은 가히 아름다운 살이 아니니 일신에 한이 있어 평생을 고독하게 지낸다."
고 지적했다. 따라서 일생을 동서로 분주하여 먹는 것은 적고 할 일은 많고〔食小事煩〕 고향 땅이 맞지 않으니 어린 나이에 타향으로 나가 방황할 수이다.

역단하건대, 새털같이 많은 날 해마다 빈 방을 홀로 지키는 격이니 어찌 고독한 명이 아니랴!
이 명이 노경에 이르러 다시 봄을 맞이한 격이니 매화꽃이 때를 만나 눈 속에서 그 아름다운 자태를 한껏 드러내는 것과 같도다.
사시사철 분주하게 사방을 다니지만 노력에 비해 심력만 허비하고, 겉으로 얻고 안으로 잃는 격이니 어찌 밑빠진 옹기에 물 퍼붓기가 아니랴! 남녀를 불문하고 초혼이 불리하니 특히 남성은 여인으로 인해 비련의 한을 남기니 일생 여난을 주의하지 않으면 안 된다〔※다만 여성은 그 해(害)가 약하게 작용함〕.

▲ 이 명은 배필을 잘 얻으면 만사가 잘 풀릴 대길한 운명이기도 하다.

과숙살 · 寡宿殺

옛사람은 '과숙살(寡宿殺)'을 두고 이르기를,
"일찍이 청춘성욕 굶주리고 남편 덕이 소원(疏遠)하여 독좌난방(獨座蘭房)에
한숨짓네."라고 한탄하였다.

주중과숙 독수공방 · 柱中寡宿 獨守空房
광대천지 일신무의 · 廣大天地 一身無依

조업무산 표락인생 · 祖業霧散 飄落人生
가견유액 별리반가 · 家見有厄 別離反可

백반기교 유지난신 · 百般奇巧 有志難伸
중년지후 적수성가 · 中年之后 赤手成家

'과숙'은 그 자의로 볼 때 '홀로 외롭게 자는 것'이라고 풀이할 수 있다.
특히 여성은 남성과의 금슬이 고르지 못하여 청춘에 외로움을 느껴 큰 방 금침 낭에 홀로 지새며 남편을 그리다 잠 못 이루는 것과 같은 형상에 비유할 수 있다.
이 명은 부부간 금슬이 좋으면 복력(財物)이 부족하고 건강이 쇠약하여 늘 병치레를 한다든가 혹은 몰래 정부를 들여 이중 생활의 흑막이 있게 되는 한 가닥 비밀의 근심을 안게 된다.

『삼거일람』에서 일행선사(一行禪師)는,

태중과숙 별무락 · 胎中寡宿 別無樂

청춘한방 두견성 · 靑春寒房 杜鵑聲

"태중에 과숙살이 들면 일평생 즐거운 날이 별로 없어 청춘에 찬 방에 누워 소쩍새 소리를 듣는다."

고 지적했다. 때문에 '과숙살'은 쓸쓸한 초겨울 한밤을 지새우며 울어지친 불여귀(不如歸)와 같은 형상을 말하였거니 어찌 살아가는 동안 외로움을 느끼지 않으랴!

역단하건대, 사주에 '과숙'이 들었으니 님 없는 세월 독수공방이요, 여기에 육친의 덕마저 소원하여 넓은 천지에 이 한 몸 의지할 곳 없는 격이로다.

일찍이 부모의 조업은 안개처럼 흩어지고 표표히 떠도는 외롭고 고달픈 인생 나그네 되었도다.

집[家庭]을 돌아보면 액화(厄禍)가 끊겨 마음이 편치 못하니 차라리 이별함이 나으리로다.

머리에는 백천(百千) 기교가 있으나 그 뜻을 펴기가 이토록 어려운고?

다만 중년기에 이르러 운이 회생(回生)하니 맨손으로 크게 성공하여 늦게야 안락한 가정을 이루리로다.

대패살 · 大敗殺

역경(易經)에 이르기를, "명중(命中)에 '대패살(大敗殺)'은 명진(名振) 중에 풍파가 일어 일시에 가자여세(家資如洗)하니 야반(夜半)에 홀로 탈출을 시도한다."고 일러왔다.

육친무덕 화액신지 · 六親無德 火厄愼之
동서분주 식소사번 · 東西奔走 食小事煩

수조출롱 연지견시 · 囚鳥出籠 鳶枝見視
임진무선 신운내하 · 臨津無船 身運奈何

수다풍랑 궁달즉통 · 雖多風浪 窮達則通
대패지중 술업득명 · 大敗之中 術業得名

이와 같이 '대패'는 한때 크게 패(破産)해 풍전등화와 같은 방랑객의 운명을 암시하거니와 이 살이 들면 재복(財福)과 지혜는 뭇사람을 능가한다. 권력을 휘두르고 재물을 다루는 수완(用財用權)이 있어 대인의 풍모를 지닌 사람이 많다.

다만 명성을 떨치고 돈바람(財運)이 불어 모든 사람들이 부러워하는 호운(豪運) 중에 일시에 함정을 만나 집안 살림이 물에 씻기듯 없어져서 모든 세인이 잠든 캄캄한 밤에 정든 고향집을 탈출하는 패자(敗者)의 참담한 순간을 그려볼 수 있다.

옛사람(古人)도 일렀거니,

입살대패 돌풍랑 · 入殺大敗 突風浪
부귀운중 독리가 · 富貴運中 獨離家

"팔자에 '대패살'이 들면 평온한 환경에 갑자기 풍랑이 일어 부귀를 누리는 운 중에도 홀로 고향집과 이별한다."

고 애탄하였다. 이와 같이 '대패살'은 운명에 악영향을 주는 흉살인 것이다.

역단하건대, 일찍이 육친의 덕이 없으니 부모의 도움을 기대하지 말며 일생을 통해 화재(火)를 조심하여라.

동서로 분주히 뛰며 노력하지만 식록은 적고 일만 번거롭구나. 붙잡혀 갇힌 새가 새장을 나왔는데 어인 일로 눈 앞에 솔개가 나뭇가지에 앉아 쳐다보고 있는가? 겨우 위기를 모면하여 강나루에 이르러 나룻배마저 보이지 않으니 이내 신세 어찌하면 좋으랴!

다만 이 명이 일생에 풍랑은 심상치 않지만 궁지에 이르러 묘하게 형통을 얻으니, 크게 패한 가운데 혹 술업(術師, 또는 牙僧人)으로 나아가 세상에 득명(得名) 할 수 있도다.

적랑살 · 赤狼殺

고서(古書)에서 '적랑살(赤狼殺)'을 가리켜 "한밤중 굶주린 이리떼가 인가에 내려와 혈흔(血痕)의 화를 입힌다."고 지적했다.

신입적랑 일엽편주 • 身入赤狼 一葉片舟
막수고기 재패빈빈 • 莫守古基 財敗頻頻

심야삼경 독좌은우 • 深夜三更 獨坐隱憂
반천잔월 파가리향 • 半天殘月 破家離鄕

이수치패 막근주색 • 以手致敗 莫近酒色
수고초년 선곤후해 • 雖苦初年 先困後解

때문에 '적랑'의 자의는 '붉은 이리'를 말한다. 이것은 곧 타의(他意)에 의하여 자신이 상해를 당해 고통을 겪는 것을 뜻하거니와 어릴 때는 유괴·압박·강간의 액이 있고 높은 곳에서 떨어져 낙상(落傷)의 화를 입기도 한다.

경(古經)에 이르기를,
적랑지살 종고신 • 赤狼之殺 從苦身

독도고주 야상류 • 獨棹孤舟 夜上流

"적랑살이 몸에 들면 반드시 신고가 따르니 캄캄한 밤 홀로 배를 띄워 노를 젓는다."

고 하였다. 부모의 덕이 있으면 질병의 액이 따르고 일찍 고향집과 이별하고 친척이나 남의 집에 의존하여 학문을 닦는 외로움이 따르는 격이다.

역단하건대, 몸에 '적랑살'이 들었으니 창창대해에 떠 있는 일엽편주와 같도다. 옛터를 지키기 어려우니 어찌 타향객이 아니랴!

번번이 재물로 인한 실패가 따르드니 깊은 밤 삼경에 홀로 앉아 숨은 근심이 일도다. 쇠잔한 달 바라보며 흩어진 가산을 정리하여 밤차에 올랐도다.

특히 손으로써 허망한 패(失敗)를 보고 주색으로써 몸을 망칠까 두려우이!

도박과 주색을 삼가지 않으면 장래 큰 고통을 겪게 되니 패가망신이 분명하리라. 이 명이 비록 '적랑살'로 인해 실패와 고통이 따르지만 처음은 고달파도 후에는 반드시 귀인이 도와 뜻밖의 성공으로 늦게나마 가히 즐거운 낙을 취하리로다.

팔패살 · 八敗殺

옛사람(古人)은 '팔패살(八敗殺)'을 가리켜, "동서남북, 상하좌우, 형제, 친척, 친구, 처가로 여덟 번 패(破財)가 겹쳤다."고 일러왔다.

명입팔패 낙중생우 · 命入八敗 樂中生憂
유년학문 용두사미 · 幼年學問 龍頭蛇尾

소년지시 성패다단 · 少年之時 成敗多端
설화유액 일도형상 · 舌禍有厄 一到刑傷

관재수신 수분정도 · 官災隨身 守分正道
수유풍상 재기금풍 · 雖有風霜 再起金風

'팔패'는 자의로 풀이하면 '여덟 번 패한다'는 뜻이 된다.

이와 같은 작용으로 인해 마음은 늘 안정감이 부족하여 좌충우돌하는 기운이 감돌아 거처의 불안을 가져오기도 한다.

학생은 책상에 앉아도 정신의 혼란을 가져와 집중력이 약화되어 학업 성적이 떨어지기도 하는 고통이 따른다.

일찍이 총명하여 모든 일에 능력은 있지만 자신의 위치에 비해 이상(理想)이 너무 높은 까닭에 젊은 날엔 가끔 좌절의 늪에 떨어져 고생을 스스로 사서 하기도 한다.

중국의 고전 『연금경(演禽經)』에서는 팔패를 가리켜,
작야춘화 일타홍 · 昨夜春花 一朶紅
추풍괄거 일천향 · 秋風刮去 一千香
"어젯밤에 봄 꽃 한 송이 붉었는데 오늘 아침 가을 서리 세찬 바람에 일천 향기를 한꺼번에 쓸어가버렸네."
라고 탄식하였다.
이와 같이 모든 만물은 춘하의 생장(生長)과 푸르름도 한낮 찬 가을 서리 바람에 모두 스러진다. 따라서 인간의 삶의 노정도 '장애라고 하는 장벽'에 부딪쳐 번뇌한다. 다시 말해서 인생의 장애, 그것이 곧 팔패이다.

역단하건대, 명궁에 '팔패'가 들었으니 즐거운 가운데 불현듯 우수(憂愁)가 깃들고 유년의 학문길은 용머리에 뱀꼬리와 같은 격이니 처음은 좋으나 끝이 흐리다. 그래서 이 명은 소년 시절 성패가 다단함을 알라.

연이나 혀(言) 가운데 액이 있으니 무릇 말을 삼가지 않으면 한 번 형상(刑傷)의 화를 당할 것인즉 반드시 관재의 재앙이 몸을 두르리라.

분수를 알고 바른 길을 행하며 항시 정도(程度)를 지켜라. 비록 일찍이 풍상은 있게 되나 다시 금풍(돈바람)이 일어나니 반드시 몸은 금곡(金谷, 富人)에 들게 되리로다.

천랑살 · 天狼殺

예로부터 '천랑살(天狼殺)'은 "보이지 않는 하늘의 재앙이 미쳐 노액(路厄)으로 인명(人命)에 해를 끼친다."고 일러왔다.

신상천랑 단명가외 • 身上天狼 短命可畏
헌공산신 전화위복 • 獻功山神 轉禍爲福

가내풍상 사사분리 • 家內風霜 事事分離
외화내허 각분동서 • 外華內虛 各分東西

경풍경호 낙미지액 • 驚風驚虎 落眉之厄
선체후광 길운상생 • 先滯後光 吉運相生

인간의 생사가 천리(天理)에 의한 일생이지만 죽음이 내 곁에 다가와 마지막 문을 두드릴 때는 하나의 공포가 아닐 수 없다.

그래서 선인(古人)들은 '천랑살'을 일컬어 '죽음을 재촉하는 생명의 마(摩)'라고 믿어왔던 것이다.

고문(古文)에 이르기를,

천랑소화 불호살 • 天狼召禍 不好殺
장명난득 생수심 • 長命難得 生愁心

"천랑살은 화를 부르니 좋은 살이 아니요, 장수(長壽)의 명을 얻기 어려울까 은근히 마음 속에 수심이 일렁인다."
고 지적하였다.

특히 일생을 두고 노상(路上)의 액을 주의해야 하며 물가나 높은 산에 가는 것은 절대 불가하며 화재를 조심하라.

이와 같은 운명의 암시는 어릴 때는 부모의 공덕이 필요하고 장성해서는 본인이나 부인의 정성이 극히 필요하다.

'천랑살'은 전생으로부터 받은 업연(業緣)의 소치라 할 수 있으니 옛사람은 '천랑살'이 들어 있는 명은 반드시 호환(虎患)이 있다고 믿어왔다.

생각건대, 옛 호랑이는 지금의 자동차와 같다.

밤에 호랑이의 두 눈의 환한 빛은 마치 자동차의 헤드라이트와 같은 것이니 예전의 호환은 오늘날의 거액〔車厄〕과 같음을 일러둔다.

역단하건대, 신상에 '천랑살'을 놓았으니 혹 단명할까 두렵구나. 만일 명산을 찾아 정성껏 공덕을 드리면 전화위복하여 장수할 명이 분명하도다.

집안에도 은연중 풍상이 일어 일마다 뜻이 맞지 않아 사사건건 분리(分離)되니 남보기엔 화려해도 실속은 비었도다.

집안 식구들의 마음이 동서로 갈린 격이니 가내에 어찌 수심이 일지 않으랴! 한때 바람〔病, 또는 姦通〕에 놀라고 범〔交通事故〕에 놀랄 일이 있도다.

정성이 지극하면 화는 두려워할 것 없느니. 운수가 먼저는 침체하여 괴로움이 따르나 반드시 훗날 광명이 비칠 것인즉 다시 길운이 상생하여 복록이 따르리로다.

소랑살 · 小狼殺

예로부터 '소랑살(小狼殺)'은 "부부 사이의 금슬을 저해하는 인화(人和)의 적이다."라고 규정했다.

명침소랑 낙루지병 · 命侵小狼 落淚之病
남즉별처 여즉고분 · 男則別妻 女則叩盆

조업여연 육친극해 · 祖業如煙 六親剋害
일편공방 팔자지수 · 一片空房 八字之數

평지풍파 이주변동 · 平地風波 移走變動
지평광개 복덕기중 · 地平廣開 福德其中

이 살이 명중에 들면 남성은 아내에게 자신도 모르게 미운 정이 일어나 싫어지게〔愛憎〕 되고, 여성의 경우는 미혼 시절 사랑하는 남성으로부터 배신의 화를 입는다든가 결혼 후에는 남편에게 혐오의 정을 느껴 이유없이 가정 살림이 싫어지거나 혹 다른 사람에게 연정이 생기기도 하는 묘한 정신적 번뇌를 일으키기도 한다.

'소랑' 의 해는 성격의 불합을 일으켜 마음의 고독을 자초하는 것과 같다.

고서(古書)에 이르기를,
홍교일단 무소식 • 紅橋一斷 無消息
천수요원 불가피 • 天數遼遠 不可避
"홍교(무지개 다리)가 한번 끊어진 후 소식 없으니 천수가 요원하여 팔자를 피할 길 없구나."
라고 탄식하였다.

홍교는 애정(戀人)의 소식, 영전·출세의 소식 등 희보(喜報), 즉 자신이 갈구하는 목적의 달성과 희망의 성취를 말하거니와 이 명이 지혜가 깊고 낭만과 감성이 어우러져 추구하는 이상 또한 높지만 '소랑살'의 장애가 따른다는 것이다.
그러므로 '소랑살'은 '좌절과 번뇌'의 살이다.

역단하건대, 명 가운데 '소랑살'이 침범하였으니 자녀로 인해 한때 옷깃에 눈물을 떨어뜨릴 것이요, 남성은 처와 이별할 수이며, 여성은 고분(喪夫)을 면키 어려우리라. 조업은 연기처럼 흩어져 부모(兄弟)를 극해(剋害)하니 육친의 인연이 박약하도다.
중년에 한때 가정이 쓸쓸함(空房)은 이것이 모두 팔자 탓이어니 평온한 가정에 갑자기 풍파가 일어 이주(移住, 변동)함이 불가피하도다.
이 명은 40대에 지평(地德)이 크게 열릴 터인즉 모든 복덕은 땅 가운데 있도다.

파가살 · 破家殺

고인(古人)은 '파가살(破家殺)'을 가리켜 "선조의 유업과 가문의 갱신(更新)을 꾀하다가 결국 구설로 선의의 실패를 초래하여 고향집 문전을 남몰래 이별하는 것이다."고 일러왔다.

신침파살 육친무덕 · 身侵破殺 六親無德
고기불리 이향성공 · 古基不利 離鄕成功

동식서숙 일무영일 · 東食西宿 一無寧日
천상득죄 금생승도 · 天上得罪 今生僧道

막작승도 일생수번 · 莫作僧道 一生隨煩
초곤후락 명성현양 · 初困後樂 名聲顯揚

이와 같이 '파가살'은 '가정을 파괴한다.'는 뜻이니만큼 일찍부터 남다른 포부와 목적이 있었지만 '파가(破家)'라고 하는 운명의 불협화음으로 본의 아닌 실패를 초래하게 된다는 것이다.

실패의 비극은 나로부터 모든 사람들을 무정스럽게도 멀리 격리시키지만 한편 생각하면 더 큰 성공에의 밑거름이다. 그래서 사람들은 "실패는 장차 환(歡)의 뿌리요, 성공은 곧 비(悲)의 열매와 같다."고 생각한다. 이것이 곧 역리(易理, 道)의 진의인 것이다.

고문(古文)에 이르기를,
작야향몽 홀연각 • 昨夜鄕夢 忽然覺
금사고영 루쌍현 • 今思孤影 淚雙懸
"어젯밤 꿈 속에 고향을 거닐다가 객심(客心)에 지친 몸 홀연히 깨어보니 오늘 아침 향리에 두고온 노모 생각에 문득 자신도 모르는 새 양볼에 눈물이 넘치네."
라고 애탄했다.
이토록 간절한 표현으로 '파가살'의 본의(作用)를 말하였다.

역단하건대, 명 가운데 '파가살'이 침범하였다고 육친의 덕이 없음을 한탄하지 마라. 일찍부터 고향 땅엔 이익이 없으니 타향 성공이 분명하리라.
동편에서 먹고 서편에서 자니 초년엔 하루도 편할 날이 없도다.
이와 같은 고통은 천상에 득죄하고 금생에 승도(중)의 몸으로 떨어진 까닭이니 중이 되든가 아니면 불도를 열심히 닦지 않은즉 단명치 아니하면 일생 번뇌가 그대 몸을 두르리로다.
이 점을 깊이 유념하여 보덕수신(報德修身)하면 처음은 비록 곤고하지만 뒤에는 즐거운 날이 생길 것인즉 평인은 안빈낙도하고 대인은 가까운 날 큰 명성을 사해에 떨치게 되리로다.

삼형살 · 三刑殺

옛사람은 '삼형살(三刑殺)'을 가리켜 "환경이 평온하여 일취월장의 운세를 타다가도 갑자기 모해(謀害)를 받아 형옥(刑獄)의 화가 심상치 않다."고 지적했다.

명범삼형 옥문난면 · 命犯三刑 獄門難免
심야행로 봉비풍우 · 深夜行路 逢飛風雨

친인모해 신부할족 · 親因謀害 信斧割足
정심수도 원악퇴흉 · 正心修道 遠惡退凶

수왈다액 권도평생 · 雖曰多厄 權度平生
후분여경 보심광대 · 後分餘慶 保心廣大

따라서 '삼형'을 타고난 사람은 귀격인 경우 권병(權兵)을 장악하여 만인을 호령하고 천격은 흉폭하여 반역을 일으켜 흔히 형상의 화를 당하기도 한다.

대부분 육친과는 불합하여 거리를 두고 멀리하여 지내며 모사는 기민하지만 원망심이 있고 때로는 인근(隣近)의 세력만 믿고 저돌(狙突)하다가 스스로 화를 입는다.

성품은 다정다한(多情多恨)하여 의리를 주장하지만 자신은 본의 아니게 은혜를 저버리는 결과를 낳기도 한다.

특히 여성의 경우 남편의 운기(運氣)를 꺾고 자기 주장을 하는 경향이 있고 한 때 대수술의 병액을 당하기도 한다.

그러나 대인의 경우 90퍼센트 이상이 이 '삼형살'을 타고난 사람이다.

『음부경(陰符經)』에 이르기를

승도환속 극부자 · 僧道還俗 剋夫子

관송쟁투 불목인 · 官訟爭鬪 不睦人

"삼형살이 명에 비치면 승도는 환속하기 쉽고 부인은 자식을 형극하고 시비가 잦으며 관재송사의 화가 있어 화목하지 못하다."

고 하였다.

역단하건대, 명궁에 '삼형살'이 침범하였으니 가히 옥문(獄門)을 면하기 어려우리라. 깊은 밤 길 떠나는 객이 풍우를 만났도다. 친한 사람의 모해가 있어 믿는 도끼에 발등 찍히는 수이니.

평소 마음을 바르게 갖고 수도에 전념하여 악을 멀리하면 자연히 흉을 물리쳐 전화위복 되리라.

비록 액이 많은 명일지라도 마음이 광대하여 수행에 힘쓴즉 오래도록 안락함을 보존하리로다.

육파살 · 六破殺

> 옛경(古經)에 이르기를, "육파(六破)를 범한 자는 어릴 때부터 재앙이 머물러 있어서 재산이 산산이 부서지고 아울러 몸에 절상(折傷)의 화를 입게 된다."고 하였다.

명대육살 심고지명 · 命帶六殺 心孤之命
초년리향 노년환향 · 初年離鄕 老年還鄕

수도출함 암상호견 · 囚兔出陷 岩上虎見
퇴빙칩벽 신긍부초 · 䨻䨺䨿䨋 怳怳蠢楚

천우신조 입사출생 · 天祐神助 入死出生
풍곡사방 말년지락 · 豊穀四方 末年之樂

일찍이 부모와의 인연이 박약하고 몸이 쇠약하여 병고(疾病)의 고통이 따르며 학문의 장애가 심상치 않으니 문도(文道)에 방황이 있을까 두려운 명이다.

항시 정서가 불안하고 마음은 두근두근 무엇에라도 놀란 양 큰 일을 당해서는 심장이 박동하여 일의 차질을 가져오기도 한다.

다만 귀격은 어떠한 난처(難處)에도 능수능란한 수완으로 일을 처리함에 기민성을 보인다.

무릇 인간의 운명이란 너무나 복잡하고 난해하기 때문에 통변(通變)의 묘(妙)를 터득해야 함을 분명히 말해둔다.

고서(古書)에 이르기를,
육파지살 다진퇴 · 六破之殺 多進退
신고도일 면요수 · 辛苦度日 免夭壽
"육파살은 일생 진퇴가 다단하여 쓰디쓴 고생으로 날을 헤아리니, 이로써 요수(短命)만은 면한다."
고 지적했다.

이와 같이 '육파'는 일진일퇴의 번복된 성패의 소용돌이 속에서 육도칠생(六倒七生)의 시련을 이겨내야 하는 괴로움이 따른다.

전 장에서 설파했지만 인명에 흉살이 있으면 반드시 길신이 뒤에 있어 나쁜 재앙을 해소(解消)하고 안위(安位)의 본명에 귀정(歸定)하게 되는 것이다.

역단하건대, 명 중에 '육파살'을 둘렀으니 항시 마음에 고독함이 있도다. 초년에 고향을 이별하고 노년에 금의환향하니 만인이 기뻐할 것이지만, 다만 이 명이 한때 신상에 갇히는(囚獄) 난관의 고비가 있으리로다.

갇힌 토끼가 함정을 나오니 바위 위에서 범이 쏘아보고 있도다. 순간 먹구름 일고 번개가 치고 억수 같은 비가 쏟아지니 그 길을 조심히 피해 초국(※초나라 땅, 즉 생지(生地))으로 달아났도다.

다행히 하늘이 돕고 신명의 도움이 있어 죽음의 땅에서 생지로 탈출하니 온 사방엔 곡식(食祿)이 풍요하여 가히 말년의 낙을 이로써 즐거이 취하리로다.

대모살 · 大耗殺

옛글(古文)에 '대모살(大耗殺)'은 "윗대(先代)에 내려온 유업을 스스로 파모(破耗)하고 이를 다시 갱신하여 본가(本家)를 일으킨다."고 하였다.

입살대모 조업파산 • 入殺大耗 祖業破散
패가지손 유리지인 • 敗家之孫 流離之人

장사일모 신재천리 • 長沙日暮 身在千里
추월고객 무불상심 • 秋月孤客 無不傷心

막문형궁 희중생우 • 莫問荊宮 喜中生憂
와신상담 종내향복 • 臥薪嘗膽 終乃享福

'대모'라 함은 '크게 던다, 크게 줄인다'는 뜻이거니와 비록 명문 거족의 소생이라도 옛것을 따르지 아니하고 자신의 대(代)에서 새롭게 가풍(家風)을 변화시켜 다시 일으켜 세운다는 뜻이다.

따라서 본성이 대범하고 중후한 기풍의 면모를 갖고 있어 어떠한 역경에도 자신의 기백을 잃지 않고 큰 일을 도모하여 목적을 성취하게 된다.

여성의 경우 다 쓰러진 가문(破家)에 출가하여 그 집안을 자신의 의지(自力)로

다시 일으키니 모든 사람들의 칭송을 받게 된다. 이는 곧 선망재기(先亡再起)의 강한 의지를 함축하고 있다.

중국의 고전 『연금상법(演禽相法)』에 이르기를,
대모지살 이난관 • 大耗之殺 易難關
유년신질 건장성 • 幼年身疾 健長盛
약진행의 의국수 • 若進行醫 醫國手
기시해탈 소가가 • 期時解脫 笑呵呵
"대모살은 비록 흉살이지만 난관에 부딪쳐도 이를 쉽게 돌파하고 유년기에 질병이 있어 몸이 허약한 사람도 장성하면 건강하게 되니 만약 의학계에 진출한즉 한 나라의 국수로서 명의가 됨을 의심치 않는다."
고 찬탄하였다.

따라서 성품이 민감하고 두뇌가 총명하며, 특히 손재주〔手技〕가 뛰어남을 뜻하는 바, 장래 많은 인명을 다루는 기(技) • 법(法) • 의(醫)로 나아가면 큰 명성이 있게 됨을 암시한다.

다만 초년에 외로운 세월을 보내지만 30세 이후 큰 발전이 있다.

역단하건대, 명 중에 '대모살'이 들었으니 조업이 부서져 흩어질 것이요, 패가의 자손으로 태어나 사방〔各地〕에 유리할 것인즉 장사(長沙)길 해질녘에 갈 길은 먼데 몸은 천 리 밖에 서 있도다.

가을 달 아래 외로운 길손은 상심을 더하고, 그대여! 형궁〔夫婦宮〕을 묻지 마라. 즐거운 가운데 우수가 깃드는 것을!

지난날 와신상담이 종내에는 크게 복락을 누리리로다.

사관살 · 四關殺

옛사람(古人)은 '사관살(四關殺)'을 가리켜 "천지사방 적들에 둘러싸여 사지(死地)에 몸을 두고 이제나 저제나 생환(生還)의 날을 기다린다."고 하였다.

명입사관 청고지인 · 命入四關 青孤之人
전생사문 천상득죄 · 前生沙門 天上得罪

철창탄궐 촉라표산 · 鐵窓嘆厥 矗囉驫山
약비도연 불연헌공 · 若非道緣 佛緣獻功

응시진행 대득명리 · 應時進行 大得名利
막근주색 병득난쾌 · 莫近酒色 病得難快

이와 같이 암담한 환경에 일신이 갇혀 원병(貴人)을 요청하여 죽음의 함정을 벗어나려고 하는 백척간두에 선 운명을 암시한다.

따라서 이 명은 남에게는 죽도록 베풀어줘도 선공(善功)이 전무하며, 일찍이 부모형제와도 뜻이 맞지 않아 스스로 고생을 사서 하는 역경(逆境)의 운명과 같다.

이 같은 특성은 기질에도 깊이 작용, 일생에 승부욕도 강해 남에게 지기를 싫어하고 타(他)를 지배하고자 하는 마음이 충만되어 있다.

일찍이 예술을 좋아하여 학문을 소홀히 하다가도 성장한 뒤에는 자신의 어린 날을 크게 후회하여 다시 돌아온 길을 되밟아 만학(晚學)의 대기(大器)를 이루기도 한다.

역학의 거두(巨頭) 유백온(劉伯溫)은 『소병가(燒餠歌)』에서 이르기를,
사관 불의심 • 四觀 不義心
회천 무궁각 • 回天 無窮覺
탕탕 중원귀 • 湯湯 中原歸
유독 자올올 • 唯獨 自兀兀
"사관살이란 일찍이 거슬리는 마음이 있었으나 천도(天道)를 돌아보고 무궁함을 깨달은 뒤에는 마음이 탕탕무애하여 다시 중원땅(本性)으로 되돌아가 오직 홀로 우뚝 선다."
고 읊었다.
이와 같이 철(見性)이 든 뒤에는 이성이 바로 싹터 장부의 일대사를 깨달아 큰일을 도모하게 되는 깊은 의미를 내포하고 있다.

역단하건대, 명 중에 '사관살'이 들어 있으니 만고에 청고한 사람일레라. 전생에 중의 몸으로 천상에 득죄하고 인간 몸 받았도다. 돌궐 땅 철창에 갇혀 탄식하고 크게 부끄러이 생각하여 속히 산으로 피했도다.
만약 도(道)에 인연을 갖지 않으면 불전(佛前)에 헌공하라. 특히 때를 알아 적절히 진행한즉 장차 크게 명리를 얻을 것이로다.
다만 주색을 가까이 하지 마라. 만일 이로 인해 병을 얻은즉 쉬 완쾌하기 어려우리라.

第十九章

복성궁 福星宮

심상(心相)의 대처 방안

'복성(福星)'이라 함은 인간의 명조(命造)에 있어 없어서는 안 될 가장 귀한 존재로서 모든 흉한 악살을 제거하고 운명을 좋은 방향으로 유도해 가는 행운을 상징하는 길신(吉神)을 뜻한다.

전 장에서 설명한 바와 같이 인간은 누구나 흉살을 지니고 있지만 여기에 복성이 있으므로 적게나마 불길한 요소를 해소시키기 때문에 복록을 뒷받침하는 깃이다.

일러두건대, 사람의 명조에는 행운의 길신보다 불운의 흉살이 더 많다. 다만 이 길신(福星)은 각자의 운명에 미치는 영향이 흉살보다 더 크게 작용하는 까닭에 그만큼 복력을 가중시킨다.

특히 이 장에서는 인간의 운명에 가장 크게 영향을 주는 예로부터(唐末期) 내려온 「9가지 길신(九福星)」을 기재하였다.

이 중에서 혹 자신의 운명이 복성궁에 해당되지 않는 사람도 있을 것이다. 그와 같은 사람은 선천적 복력이 부족한 사람이므로 더욱 분발하고 노력할 일이다.

반대로 복성궁에 자신의 운명이 해당된 사람은 현재 고난중에 있더라도 장차 모든 악운을 제거하고 행운의 운정(運程)에 오를 수 있을 것임을 분명히 일러두는 것이니 현재보다 착한 심성을 갖고 과거를 반성하고 더욱 노력해야 할 것이다.

그러면 명리학의 비조(鼻祖) 산음(山陰) 심효첨(沈孝瞻) 선생의 『운통시결가(運通詩訣歌)』를 후학을 위해 참고 삼아 몇 자 적어보겠다.

운수시래 사의성 • 運數時來 事宜成
포의유분 사천제 • 布衣有分 士天梯
귀인경착 제휴력 • 貴人輕着 提携力
지일청운 귀가기 • 指日青雲 貴可期

운수가 도래하면 일마다 여의하여 모두 이루어지고,
분수와 정도(程度)를 따라 발전할 것이요,
귀인이 가볍게 조금이라도 이끌어준다면,
청운(入閣)의 귀한 출신 할 수 있게 되리라.

자시생래 불수빈 • 者是生來 不受貧
관거화옥 사시춘 • 官居華屋 四時春
하량동난 청고처 • 夏凉冬暖 淸高處
향효배반 승별인 • 香肴杯盤 勝別人

출생하여서부터 가난하지 아니하고,
관계에 출세, 좋은 집에서 사시를 장춘과 같이 향락할 것이니,
여름에는 서늘하고 겨울에는 따뜻하며 청고한 곳에서,
향기로운 음식을 취식하는 사람인 바
부귀안락이 능히 모든 사람을 승능(勝凌)할 것이로다.

차운상광 사전신 • 此運祥光 事轉新
일단화기 애양춘 • 一團和氣 藹陽春
청운유신 천서근 • 青雲有信 天書近
정시초군 발취인 • 定是超軍 拔翠人

복운이 도래하면 모든 것이 상서로워서 평인은 돈을 벌어 치가(治家)하고
사자(仕者)는 등과급제할 것이니,
모든 일이 새롭게 전신(轉新)될 것이요,
일단 화기가 넘쳐 생의 의욕으로 충만할 터인즉,
청운의 뜻을 펴고 황제의 측근으로
정히 초군발취의 위인이 되리로다.

복성궁 조견표(福星宮照見表)

생년 (生年) \ 생시 (生時)	복관 福官	귀예 貴藝	왕극 旺極	인문 印門	거부 巨富	무고 武庫	금곡 金谷	시횡 施橫	재고 財庫
갑년생(甲年生)	酉	辰	亥	子	丑	巳	申	癸	戊
을년생(乙年生)	申	丑	午	亥	寅	丑	酉	壬	己
병년생(丙年生)	子	未	酉	卯	辰	巳	亥	乙	庚
정년생(丁年生)	亥	申	卯	寅	巳	未	子	甲	辛
무년생(戊年生)	卯	未	巳	午	辰	巳	寅	丁	壬
기년생(己年生)	寅	申	午	辰	巳	未	卯	丙	癸
경년생(庚年生)	寅	戌	卯	午	未	亥	巳	己	甲
신년생(辛年生)	午	亥	子	巳	申	丑	卯	戊	乙
임년생(壬年生)	巳	丑	未	酉	戌	亥	午	辛	丙
계년생(癸年生)	午	寅	酉	申	亥	子	巳	庚	丁

※ 시횡(施橫)과 재고(財庫)만은 생시의 천간임.
※ 「복성궁」은 생시를 기준으로 하나 생일 일진은 똑같이 「복성궁」에 적용됨.
※ 이 장은 만세력을 참고하십시오.

복관 · 福官

'복관(福官)'의 운의는 일생에 복락과 관운이 등등(登登)하여 무궁한 복록이 있음을 뜻한다.

주임복관 부호지명 · 柱臨福官 富豪之命
수유초고 중도대부 · 雖有初苦 中到大富

사방유길 도처득리 · 四方有吉 到處得利
의인지경 의외생재 · 宜人之景 意外生財

남녀막론 점업진부 · 男女莫論 漸業進富
권익재운 가발광채 · 權益財運 家發光彩

지위개호 재경수신 · 地位皆好 財慶隨身
수이안강 지왈복인 · 壽而安康 指曰福人

이는 곧 인생에 참 행복이 깃들어 있는 길성(吉星)을 의미하거니와 일생을 살아감에 있어 어떠한 고난과 역경이 있더라도 이에 굴하지 않고 시련과 풍랑이 겹칠수록 신념은 더욱 비례적으로 강해져서 오직 자신의 뜻하는 바〔目的〕에 동요됨

없이 그저 묵묵히 밀고 나간다.

　이러한 가운데 자신도 모르는 사이 행운의 복신(福神)이 찾아와 커다란 기반을 구축하여 이때부터 눈부신 발전과 전재(錢財)가 날로 쌓여 많은 사람의 선망을 받게 된다.

　이는 모두 선인선과(善因善果)의 전생업연(前生業緣)의 소치이거니와 보이지 않는 가운데서도 그 결과는 어김없이 나타난다.

　역단하건대, 몸 주(身柱)에 복관이 임했으니 장차 부귀를 누릴 명임이 분명하도다.

　일만 사람의 그릇을 홀로 다 채우니 정녕 부귀가 심상치 않음을 알겠도다.

　그대의 명이 비록 초년에는 장애가 따른다 해도 장년에 이르러 큰 부자가 될 것이요, 운세는 갈수록 가경(漸入佳境)이니 뜻밖의 재운이 일어 횡재가 급증하리라.

　여기에 권세와 부(富)를 더하니 어찌 가문의 광채가 한껏 밖으로 드러나지 않으리요.

귀예 · 貴藝

'귀예(貴藝)'의 운의는 일생에 예술적 귀기(貴氣)로 인한 복록을 뜻하거니와 위인이 총명하여 모든 일에 능소능대하여 예술적 기교가 다양하고 풍류를 좋아하며 많은 사람에게 즐거움을 주고 자신도 만족하는 생을 향유하게 된다.

주유사방 유리지사 · 周遊四方 流離之士
운치가흥 풍류호걸 · 韻致加興 風流豪傑

조유북해 모거창오 · 朝游北海 暮居蒼梧
약비처재 양가지재 · 若非妻財 養家之財

차인지사 일생분주 · 此人之事 一生奔走
낙재기중 녹록종신 · 樂在其中 祿祿從身

횡재유수 천금자래 · 橫財有數 千金自來
명성가기 귀예지명 · 名聲可期 貴藝之命

특히 이 명은 호걸의 품성이 두드러져 풍파는 간혹 따르지만 난감한 처지에 이를 때에는 뜻밖에 귀인의 도움을 받아 순간의 고비를 잘 모면하여 실패를 해도 재기(再起)의 운세가 따른다.

역단하건대, 천지 사방을 두루 돌아다니기를 좋아하니 운치를 마음껏 즐기는 한가로운 선비의 명이 분명하도다.

세계 곳곳에 풍광이 좋은 곳만을 찾아다니며 일생에 아무런 근심이 없으니 행복한 사람이로고,

마음에는 항시 흥이 일어 운치를 더하니 참으로 풍류를 아는 호걸이 분명하도다.

아침에는 북해에 가 노닐고 저녁이면 창오산에 머무니 가히 신선의 낙을 취하는 도인이 아닌가!

이 사람은 일생 분주한 명으로 사방을 바쁘게 뛰는 가운데 낙이 있고 그 가운데 또한 재물이 따르도다.

일생에 횡재수가 번번이 겹치고 천금이 스스로 들어오니 장래 명성을 가히 기약할 것인즉 이와 같은 명을 가리켜 '귀예지명(貴藝之命)'이라 이르노라.

왕극 · 旺極

'왕극(旺極)'의 운의는 부와 귀가 어느 한쪽에 편중되어 극치를 이루는 뛰어난 형복(亨福)을 뜻하며 일생 한쪽에 목표를 두고 정신없이 질주하여 실패를 거듭하면서도 자신의 이상을 버릴 수 없어 주위의 만류에도 고집으로 결국 큰 뜻을 이룬다.

명중왕극 부귀지명 · 命中旺極 富貴之命
귀록패인 일생태평 · 貴祿佩印 一生太平

대인봉상 자득광영 · 大人逢相 自得光榮
신규사업 무난돌파 · 新規事業 無難突破

천희래조 하선석숭 · 天喜來助 何羨石崇
신성재왕 자손만당 · 身盛財旺 子孫滿堂

팔도산하 일장내유 · 八道山河 一掌內有
묘유진각 왕극지인 · 妙有眞覺 旺極之人

따라서 아무리 운세가 불운에 침체해도 그 기질만은 절대 잃지 않고 강하게 되살아나 창조와 발명을 거듭한다.

정신없이 분주한 가운데 빠른 착상이 떠오르고 고통이 함께하면 그 마음은 더욱 강인해져 마치 철인(鐵人)과도 같은 오뚝이 인생이라 하겠다.

그러나 한번 운세가 피어오르면 엄청난 세력으로 활기를 띠어 한꺼번에 지위와 부(富)가 절정에 도달하는 이른바 '왕극(旺極)'을 이룬다.

무릇 운명은 부귀를 박탈할 수 있으나 그 용기만은 박탈할 수 없으니 결국 운명의 신은 집념에 불타는 용기 있는 자를 사랑한다.

그러므로 운은 항시 용자(勇子)의 편에 서서 싸워주는 까닭에 이와 같은 평범한 진리가 이 '왕극'을 타고난 명에 부합되는 것이다.

역단하건대, 명 가운데 '왕극'이 들었으니 부귀할 명이 분명하도다. 하늘로부터 귀록(貴祿)을 받고 허리에 패인(佩印)을 찼으니 어찌 귀인의 명이 아니랴.

일생을 태평하게 지낼 것이며 반드시 대인을 만나 광휘로운 영화를 얻을 것인즉 새로운 사업에 뛰어들어 어떠한 어려움도 무난히 돌파하여 큰 뜻을 이루리라.

천희귀인(天喜貴人)이 나를 도우니 어찌 그까짓 석숭이의 부(富)를 부러워하랴. 몸도 성하고 재물도 함께 왕하여 자손마저 집안에 가득하니 흥취가 날로 일도다.

팔도 산하가 내 손바닥 안에 있으니 뭇 법[世法]이 묘유하여 진공(眞空)을 홀연히 각(覺)하니 이러한 사람을 일컬어 '왕극지인(旺極之人)'이라 이르노라.

인문 · 印門

'인문(印門)'의 운의는 권부(權府)에 높이 앉아 양손에는 생살여탈(生殺與奪)의 방망치봉(妨妄治捧)을 들고 천하를 호령하는 제후의 상을 말한다.

독좌고풍 만인앙시 · 獨坐高風 萬人仰視
경국제세 이무창생 · 經國濟世 以撫蒼生

약비고관 반위형상 · 若非高官 反爲刑傷
차인지사 유처생번 · 此人之事 由妻生煩

만평형극 이수능제 · 萬坪荊棘 以手能制
천성청아 추호불오 · 天性淸雅 秋毫不誤

대사이기 신진승작 · 大事易機 新進昇爵
요대인문 목하민복 · 腰帶印門 目下民伏

따라서 세상을 마음껏 활보하고 한 나라의 대권을 장악하여 인생 자체가 곧 자기를 위한 삶이 아니라 뭇사람의 생존을 위해 만인에게 솔선하고 인품은 중후·겸양하여 권선징악의 협기(俠氣)가 뛰어나 세인의 기강(紀綱)이 되는 것이다.

때문에 이 명은 부보다 귀, 재보다 권을 중요시 여기고 특히 명예를 생명처럼 받드는 청고(淸高)한 기품이 깃들어 있다.

다만 의리나 명예를 너무 지나치게 존중한 나머지 때로는 독선적 기질이 되어 독재의 화신이 되기도 한다.

그러나 대부분 마음 속에 깊은 사려가 있고 정도(程度)를 넘지 않으려는 현명한 자제력이 있는 까닭에 결국 인성(仁聖)에의 길로 인도된다.

남성의 경우 초년에 패가(敗家)에서 난 사람이 많고 특히 여성에 대한 고(苦)가 따르므로 처를 잘 선택해야 하며 여성은 왕비의 복록을 지녔으나 초혼에 극히 신경을 쓰지 않으면 함정이 있다.

역단하건대, 홍루(紅樓) 높은 단상에 고풍을 지니고 홀로 앉아 있는 격이니 만인이 어찌 우러러보지 않으랴.

나아가 한 국가를 다스리고 백성을 어루만져 난세를 구제할 명이 분명할진저.

만일 이 명이 고관대작이 아니면 반대로 형상을 받을 것이요, 다만 이 사람의 일은 처(妻)로 인한 번뇌가 간간이 따르리로다.

만평이나 되는 형극(荊棘)의 길을 손수 제하고 천성은 청아하여 추호도 그릇됨을 용납치 않도다. 기회를 쉽게 잡아 대사를 이루니 벼슬은 날로 상승하여 허리에 인문(國印)을 둘러 목하(目下) 백성이 엎드려 응하도다.

※ 6·25 이후 한국의 역대 대통령 중 병권을 장악한 이들(李乘晚·朴正熙·全斗煥·盧泰愚)은 연(年)·월(月)·일(日)·시(時) 중 어느 곳엔가 모두 이 '인문(印門)' 이 사주에 들어 있음을 확인하였음.

거부 · 巨富

'거부(巨富)'의 운의는 일생 갑부(甲富)의 녹을 타고나 겨울에는 따뜻하고 여름에는 시원하게 한 사회의 부(富貴)를 마음껏 주무를 수 있는 집산(執産)의 명을 말한다.

명입부록 천록수인 • 命入富祿 天祿受人
보보생금 진업첨토 • 步步生金 進業添土

조리고택 타국진출 • 早離古宅 他國進出
부지하처 공권추성 • 不知何處 空拳麤麤成

재록착신 종자여운 • 財祿着身 從者如雲
금의환향 문전앙시 • 錦衣還鄕 門前仰視

명진거향 홍문입신 • 名振巨鄕 鴻門入身
제인지왈 거부지명 • 諸人指曰 巨富之命

따라서 재물(錢財)의 기운이 항시 몸에 따르는 명으로서 초년에는 약간 돈에 대한 부자유가 있다 하더라도 성장한 뒤에는 이른바 남국(南國)이나 북극(北極)에 가서 황금을 캐오는 횡재의 복록이 깃들어 있음을 뜻한다.

때문에 일생을 두고 돈에 궁핍이 없으며 위험한 궁지〔逆境〕에 도달하면 하늘〔神命〕의 도움이 있어 전화위복의 전기〔轉機〕를 이루어 입신에의 길로 나아간다.

따라서 옛사람〔古人〕은 거부의 명을 가리켜,
재기통문 거부록 • 財氣通門 巨富祿
중도부귀 양상수 • 中到富貴 兩相隨
금곡왕래 황금출 • 金谷往來 黃金出
지왈만인 석부옹 • 指曰萬人 石富翁
재물의 기〔氣運〕가 문에 통했으니 이를 거부의 녹이라 하네.
중년에 이르러 부귀가 함께 찾아들고,
금곡을 왕래하며 마음껏 황금을 캐오니,
만인이 이 명을 가리켜 '석부옹'이라 이르나니.

역단하건대, 재록이 몸에 와 붙으니 따르는 자 구름과 같아라.
이제 비단옷 입고 고향에 돌아오니 문 앞에서 수많은 사람이 우러러보도다.
향리에서 크게 이름을 떨치고 홍문〔大闕〕에 몸이 드니 모든 사람들은 이 사람을 가리켜 '거부의 명〔巨富之命〕'이라 이름하나니.

무고 · 武庫

'무고(武庫)'는 무권(武權)의 상생처로서 군수(軍首)의 위상으로 창고에 병기를 쌓아놓고 백만 대군을 호령하는 대장군의 운명을 뜻하며, 그 권세가 충천하여 신장(神將)의 호위를 받고 세상에 출현하여 한 국가의 흥망을 좌우하는 운력(運力)을 타고 났다.

신대장인 백만기수 · 身帶將印 百萬其帥
수집병권 호령군중 · 手執兵權 號令軍中

호취갈산 만인절복 · 呼聚喝散 萬人折伏
약불연야 반위형상 · 若不然也 反爲形傷

지족다모 도처춘풍 · 智足多謀 到處春風
천성여뢰 심인포덕 · 天性如雷 心仁布德

파조공권 권문출입 · 破祖空拳 權門出入
중인지수 세인앙시 · 衆人之首 世人仰視

따라서 위인이 의리는 강하지만 마음 한편에는 무지한 일면이 있어서 일생을 살아가는 데 있어 가끔 소인의 이용을 당하기도 하며 주변의 사람들로 인해 뜻밖의 모해(謀害)를 받기도 한다.

그러나 본성이 순백하고 강자에게 대항하여 약자를 돕는 활빈도의 정신이 깃들어 있어 자기의 할 바를 끝까지 관철하고 마는 정복 정신이 두드러졌으며 어떠한 세론(世論)에도 자신의 주체를 저버리고 영합하는 일이 없어 불패독립(不敗獨立)의 정신이 강하게 마음 속에 자리잡고 있다.

역단하건대, 몸에 장군의 인(將印)을 둘렀으니 그 운명은 백만 대군을 거느린 장수의 운명이 분명하도다.

손에는 병권을 쥐고 군중을 호령하여 임전무퇴의 무사도 정신이 서려 있음이니 한번 부르면 만인이 일시에 모이고 한번 꾸짖으면 만인이 사방으로 흩어지도다.

만일 이 명이 이와 같지 아니한즉 반대로 큰 형상(刑傷)이 몸을 두를 것이요, 아울러 일생 빈곤을 면하기 어려우리라.

일면 우둔한 듯 보여도 지모를 족히 갖추었으니 도처에 춘풍이요,

천성은 우레와 같고 마음은 어질고 덕을 베푸는 사람이지만 일찍이 조업을 파하고 맨손으로 일어나 권문(權門)에 출입하여 뭇사람의 두령이 될 명이니 어찌 이 장인(將印)의 복을 타고난 이 사람을 세인이 부러워하지 않으랴!

금곡 · 金谷

'금곡(金谷)'의 운의는 재물(貴金)이 많이 묻혀 있는 골짜기를 뜻하거니와, 이는 곧 중국 유수의 갑부(甲富) 석숭이가 황금을 발견한 곳이다.

신입금곡 굴지득금 • 身入金谷 掘地得金
재명입신 쌍수권재 • 財名入身 雙手權財

한가독서 필시등과 • 寒家讀書 必是登科
좌수흥우 우수양우 • 左手興雨 右手釀雨

광대천지 일장내유 • 廣大天地 一掌內有
중인지수 자영자귀 • 衆人之首 自榮自貴

불고부귀 포덕만인 • 不顧富貴 布德萬人
상수안강 금곡지옹 • 上壽安康 金谷之翁

그는 이곳[金谷園] 중국 천하의 넓은 강토에서 하루 아침에 당대의 재벌이 되었던 것이니 당시 석숭의 부가 지나칠 정도로 놀랄 만한 신기적(新奇蹟)이었기에 후인들은 지금도 큰 부자를 가리켜 석숭이에 비유하고 있다.

※ 고전 역학에서 부자 또는 횡재를 한 사람을 표현할 때 '금곡(金谷)' 이라 하고, 일명 큰 부자를 가리켜 금곡원에 출입한다고 말한다.

    때문에 이 '금곡' 을 타고난 명은 윗대(先代)에서 보이지 않는 수많은 음덕과 적선을 많이 베푼 조상이 있었다는 것을 암시한다.
    다만 그 뒤로 잠시 명가(名家)의 혈(穴)이 끊겨 부모대에 와서는 비록 어릴 때 빈궁한 생활을 하지만 장년기에 들어 자력으로 반드시 대업(大業)을 일으켜 권력을 쟁취하여 비로소 세상에 그 이름을 드러낸다.
    이는 곧 적선을 즐겨하는 집안에는 반드시 훗날 남은 경사가 있다는 것을 후대에 증명해 보인 것이다.

    역단하건대, 몸 주(身柱)가 금곡에 들어 있어 땅을 파서 황금을 줍는 격이니 그 이름이 세상에 자자할 것이요, 양손에는 권세와 부를 한꺼번에 쥐었도다.
    왼손으로 미를 일으키고 오른손으로 술을 빚는 격이니 그 조화가 무궁하여 중인(衆人)의 수장(首長)임에 영화로운 귀(貴)를 스스로 취하리로다.
    마음 속엔 항시 측은지정(惻隱之情)이 스며 있어 자신의 부귀만을 돌아보지 아니하고 만인에게 덕을 베푸니, 수명은 상수에 이르고 몸은 안강(安康)하여 모든 사람들은 이 명을 일컬어 '금곡옹(金谷翁)' 이라 이르나니.

시횡 · 施橫

'시횡(施橫)'은 하늘로부터 내리는 복록을 말하는 바, 노적봉을 좌우에 쌓아놓고 빗대 앉아 한 손에는 부(富)와 다른 한 손에는 명성을 가지고 세상을 홀로 잠수질(世泳)하는 명을 뜻하며, 복록이 나날이 흥왕하여 기세가 번창함을 말한다.

명입시횡 홍재수신 • 命入施橫 洪財隨身
암중귀록 치부지인 • 暗中貴祿 致富之人

수롱만금 불선하인 • 手弄萬金 不羨何人
진명가흥 향인환대 • 振名家興 鄕人歡待

명운이전 신입금곡 • 命運以前 身入金谷
명후운정 홍문입신 • 命後運程 鴻門立身

고대누각 연년익수 • 高臺樓閣 年年益壽
차인지명 지왈시횡 • 此人之命 指曰施橫

따라서 일생에 '시횡'을 타고난 사람은 세 번 이상 큰 횡재를 보게 되고 해(海) · 수(水) · 산(山) · 야(野)에서 노다지를 캐내는 복력을 갖추고 있으며, 위인이 호방하고 풍류를 좋아하며 아무리 분주한 가운데서도 유유자적하여 한가함을 잃지 않는다.

여성은 스스로 가업(家業)을 일으켜 만인을 공손히 접대하여 세상의 인기를 한 몸에 휘둘러 만인의 사랑을 받게 되는 운명이다.

역단하건대, 명 가운데 '시횡'이 들었으니 큰 재물이 스스로 몸에 따르고 어두운 가운데 귀한 녹(貴祿)을 얻었으니 장래에는 반드시 치부할 사람이로다.

양손에는 수많은 재물(金錢)을 희롱하고 나날이 부(富)에 귀를 더하니 세상의 많은 사람들 가운데 어떤 사람을 부러워하랴.

날로 이름을 떨치고 집안이 부흥하니 고향의 많은 사람들이 문전에 찾아들어 환희하고 칭송하도다.

50세 이전에 벌써 몸이 금곡원에 들 것이요, 50세 이후 운정에는 홍문(權門)에 그 몸이 설 것이로다.

높은 누대에 노닐며 안락함이 무궁할지니 어찌 수(長壽)를 더하지 않을손가.

모든 세인들은 이와 같은 명을 가리켜 예로부터 '시횡지인(施橫之人)'이라 칭했나니.

재고 · 財庫

'재고(財庫)'의 운의는 재물(金錢)이 가득 쌓여 있는 금고를 의미하거니와 그 자의(字意) 또한 '재물이 쌓인 창고'를 뜻한다.

　　신대재고　부명가기 · 身帶財庫　富名可期
　　재록무진　외재적산 · 財祿無盡　外財積山

　　원앙상합　화락백년 · 元央相合　和樂百年
　　전후전고　홍부태창 · 前後錢庫　紅腐太倉

　　재명유기　일흥가부 · 財命有氣　日興可富
　　붕비상천　작하부지 · 鵬飛上天　雀下不知

　　천지동남　개시장중 · 天地東南　皆是掌中
　　명진만리　국부지명 · 名振萬里　國富之命

따라서 금융의 고장(庫藏)이며 경제의 원동력을 이루는 모든 사람들의 식록을 쥐고 있는 마치 금고의 열쇠와 같은 격이다.

일생을 살아감에 있어 아무리 빈가(貧家)에 태어난 사람일지라도 한평생 돈이 떨어지지 아니하고 어디를 가나 식록과 재물이 가득 쌓여 뜻하는 대로 부(富)를 취할 수 있는 행운이 기다리고 있는 사람이다.

　이 '재고'를 타고난 사람은 초년에는 대부분 패가(敗家)의 출신이 많아 어릴 때부터 유독 가난의 비극을 깨닫게 되고 금전에 대한 소중함을 느껴 장차 돈에 대한 이재(利財)의 묘를 터득하여 중년에 이르러 우연히 기반을 구축, 어느 지역에서 살든 일단은 거부가 된다.

　역단하건대, 몸 주(身柱)에 '재고'를 둘렀으니 장차 부자의 이름을 반드시 기약할 것이요, 재록(財祿)이 무궁하여 아무리 써도 다함이 없으니 밖에서 들어온 돈이 산처럼 쌓였도다.
　여기에 원앙이 상합하여 부부가 아무 근심 없이 백년을 화락할 것이요, 앞뒤 금고에는 돈이 가득 채워져 있고 커다란 창고에는 비단 피륙이 썩을 정도로 쌓여 있으니 이 명이 이른바 재명유기(財命有氣)라, 날로 부흥하여 점점 부를 더하리로다.
　다만 초년에는 한가(寒家)에 있는 몸이지만 마치 구만 리를 나는 붕새와 같은 명이거니 어찌 참새와 같은 인간이 그대의 대기(大器)를 감히 짐작할 수 있으리요.
　무릇 천리동남이 모두 손바닥 안에 놀고 이름이 만 리에 치솟으니 가히 '국부의 명(財庫之命)'이 분명하도다.

第二十章

수명궁 壽命宮

심상(心相)의 대처 방안

인간의 수명을 생의학적으로 볼 때 다른 동물과 마찬가지로 최소한 성장 기간의 다섯 배를 살 수 있다.

그러므로 인간도 성장 기간인 25세의 다섯 배인 125세 이상을 능히 살 수 있는 것이다.

그러나 사람의 수명이 짧아지는 것은 여러가지 원인이 있겠지만 특히 삶을 살아가면서 운명에 미친 행복과 불행에 대한 정신적인 자극, 환경의 공해, 희로애락의 노출 및 은폐 등으로 인해 두뇌가 무참히 혹사당하는 까닭에 생명력이 위축되어 인간 본래의 수명을 다 채우지 못하고 이 세상을 떠나고 만다.

따라서 이 대뇌(大腦)를 안정시켜 자극을 주지 않고 섭생(攝生)을 잘한다면 인간 누구나 125세 이상을 살 수 있게 되는 것이다.

돌이켜보건대, 세계 7대 불가사의 중 하나인 만리장성을 쌓았던 진시황(秦始皇) 역시 인생 극치의 환락과 권세를 누리면서도 오직 죽음을 두려워했다.

그래서 불사약(不死藥)이라는 불로초를 구하기 위해 삼신산(三神山)으로 수많은 신하들을 보냈으나 결국 죽음이라고 하는 신(神)의 섭리 앞에서는 그도 예외일 수 없었다.

생각건대, 인생이란 한번 오면 가지 않을 수 없는 것, 한번 가면 다시 올 수 없는 것.

불교의 윤회설을 그대로 믿는다 해도 죽음이라는 것은 이미 별개의 것이요, 분명 현재의 '나'는 아니다. 그러므로 살아 있는 '나(我)'가 있을 때 이 '나'를 잘 다스려 최대의 보람찬 삶을 즐겨야 한다.

만일 당신이 병으로 늘 신음하고 있다면 자신이 참으로 행복하다고 말할 수 있겠는가? 그렇듯 건강은 곧 장수와 통하는 길이기에 예로부터 사람들은 건강을 제일 중요시 해왔다.

　제아무리 돈이나 명예가 많고 아름다운 아내와 훌륭한 자식이 있어 행복의 조건을 모두 갖추었다 해도 만일 자신이 병자라면 행복할 수 없는 것.

　현재 당신이 40세의 나이로 쓰러진다면 세상의 모든 것들은 죽음이라는 것 앞에 하나의 스러지는 물거품이 되고 말 것이기 때문이다.

　이런 까닭에 당신이 지금까지 불행한 생〔삶〕을 살았다고 한다면 오로지 이는 장수(長壽)라고 하는 생명의 연장에 의해서만 지난날을 만회할 수 있는 것이며, 인간 누구나가 장수를 누리며 천수(天壽)를 다하는 날까지 건강하고 행복하게 살고 싶어하는 것이 인간 최대의 본능임에랴!

　그러면 인간에게 숙명적으로 정해진 수명은 과연 몇 살이나 될까? 그것은 세상의 온갖 비밀 중에서도 해득(解得)하기 어려운〔天秘〕 묘난사(妙難事)가 아닐 수 없다.

　그래서 송대(宋代)의 역선(易仙) 심효첨(沈孝瞻)은 수명에 대해서,
　　수산유현 식자희 · 壽算幽玄 識者稀
　　식득수시 설천기 · 識得須是 泄天機
　"수명은 깊고 묘현(妙玄)하여 산출하기 어려우니 이 세상에 아는 사람 드물도다. 그대가 만일 수명에 대한 비밀을 안다면 그것은 곧 천기(天機)를 해득한 사람이다."
라고 참으로 진솔되게 토로했다.

지당한 말[獨白]이 아닐 수 없다.

그러므로 천학소기(淺學小器)의 인간이 수명의 비밀을 터득하기란 어려운 일이다. 다만 본 장(章)에서는 선천적 명조(命造)에 의한 수명궁이니만큼 현대와는 약간 엇갈린 점이 없지 않으나 예로부터 내려오는 현묘한 학설이기에 마지막으로 여기에 논하는 것이니, 후학은 깊이 참고하여 연구한다면 묘열(妙悅)을 통감할 것임을 분명히 일러둔다.

※ 연령에 관한 술어(術語)

10세 : 순(旬)	40세 : 정(井)	70세 : 희(稀 또는 希)
20세 : 관(冠)	50세 : 명(命)	80세 : 성(聖) 희(喜)
30세 : 입(立)	60세 : 순(順)	88세 : 미(米)

수명궁(壽命宮)

생시(生時) / 생년지지	조귀 鳥歸	수귀 獸歸	목귀 木歸	초귀 艸歸	산귀 山歸	해귀 海歸	풍귀 風歸	운귀 雲歸	우귀 雨歸	뇌귀 雷歸	금귀 金歸	공귀 空歸
쥐띠 (子年生)	亥	戌	酉	申	未	午	巳	辰	卯	寅	丑	子
소띠 (丑年生)	子	亥	戌	酉	申	未	午	巳	辰	卯	寅	丑
범띠 (寅年生)	丑	子	亥	戌	酉	申	未	午	巳	辰	卯	寅
토끼띠 (卯年生)	寅	丑	子	亥	戌	酉	申	未	午	巳	辰	卯
용띠 (辰年生)	卯	寅	丑	子	亥	戌	酉	申	未	午	巳	辰
뱀띠 (巳年生)	辰	卯	寅	丑	子	亥	戌	酉	申	未	午	巳
말띠 (午年生)	巳	辰	卯	寅	丑	子	亥	戌	酉	申	未	午
양띠 (未年生)	午	巳	辰	卯	寅	丑	子	亥	戌	酉	申	未
원숭이띠 (申年生)	未	午	巳	辰	卯	寅	丑	子	亥	戌	酉	申
닭띠 (酉年生)	申	未	午	巳	辰	卯	寅	丑	子	亥	戌	酉
개띠 (戌年生)	酉	申	未	午	巳	辰	卯	寅	丑	子	亥	戌
돼지띠 (亥年生)	戌	酉	申	未	午	巳	辰	卯	寅	丑	子	亥

* 생년 · 생시 기준

조귀 · 鳥歸

정명지운 순지정임 · 定命之運 順之丁壬
기운과지 양정가기 · 其運過之 兩井可期

간신위폐 습냉신지 · 肝腎胃肺 濕冷愼之
차유병액 방약동남 · 此有病厄 方藥東南

경신임계 가신액회 · 庚辛壬癸 可愼厄會
순후칠팔 옥경조위 · 順后七八 玉京朝位

귀음가 · 歸吟歌

초록강변 욱욱청청 • 草綠江邊 郁郁靑靑
상생상응 시즉필법 • 相生相應 是則必法

화호불성 반위구자 • 畵虎不成 反爲狗子
항룡재천 하망대해 • 亢龍在天 何望大海

- 풀은 강변에 늘 푸르고 욱욱하여 청청하고녀!
- 서로 생하고 서로 응하니 이것이 곧 사시(四時)의 법!
- 호랑이를 그리려다 도리어 개 그림이 되고 말았네.
- 용이 높이 하늘에 있는데 어이해 그대는 큰 바다〔大海〕만 바랐는가?

　그대에게 하늘이 내려준 수명은 60세를 지난 정(丁)·임(壬) 년이지만 혹 그 운을 넘기면 가히 80수〔上壽〕를 기약하리로다.
　평소 장〔藏腑〕이 냉습할 명이니 일생 조심해야 할 질환은 간장·신장·위장·폐장인 바, 이 병액이 들어왔을 때는 즉시 거처〔自宅〕로부터 동·남쪽 방향을 찾아 약방문하라.
　돌아오는 햇머리〔干頭〕에 경(庚)·신(辛)·임(壬)·계(癸) 년에 당도하여 액이 모이는 해가 될 것인즉 가히 몸을 조심할 것이며 67~68세에 일단 천상 옥경에 조위(朝位)를 표하리로다.

수귀 · 獸歸

정운묘연 육칠우마 · 定運杳然 六七牛馬
약과기운 희상가팔 · 若過其運 希上加八

신허위습 혈풍가외 · 腎虛胃濕 血風可畏
차팔신질 문약서북 · 此八身疾 問藥西北

계명호소 신질횡액 · 鷄鳴虎嘯 身疾橫厄
건명희오 곤명희구 · 乾命稀五 坤命稀九

귀음가 · 歸吟歌

| 백운귀로 | 노옹지시 • | 白雲歸路 | 老翁指示 |
| 천지현황 | 일월영측 • | 天地玄黃 | 日月盈昃 |

| 우후강흥 | 회향백구 • | 雨後江興 | 回向白鷗 |
| 수양산영 | 조두편편 • | 首陽山影 | 照頭片片 |

- 흰구름 멧부리 돌아가는 길에 노옹이 지시하매,
- 천지 사방은 검고 누르러 해와 달은 연일 차고 기운다.
- 비 온 뒤에 맑은 흥을 돌리어 백구에게 물었더니,
- 백구는 말 없고 수양산 그림자만 조각조각 흰 머리칼에 비쳐드이!

그대에게 하늘이 정해준 수명은 묘연하도다. 다만 60세나 70세의 소(丑)니 말(午)이 닿는 해가 될 것이지만 혹 그 운을 넘기면 78세가 분명하도다.

이 명은 일생에 신장이 허하고 비위가 습하여 혈액이나 풍(中風)이 가장 두려운 명인즉, 만일 이와 같은 질환이 들었을 때는 거처로부터 서쪽이나 북쪽으로 가서 약방문하라.

닭 울고(酉年) 호랑이 바람(寅年) 일면 갑자기 신체상에 횡액살이 몸을 두를 것이며 그대의 정명(定命)은 남성은 75세요, 여성은 79세가 되리로다.

목귀 · 木歸

군지정명 순팔귀시 · 君之定命 順八歸時
가면사운 희칠무의 · 可免死運 希七無疑

각고장환 풍습신지 · 脚股長患 風濕愼之
차이신고 감손용약 · 此尒身苦 坎巽用藥

자오묘유 신대수질 · 子午卯酉 身帶壽疾
독자종신 희상선종 · 獨子終身 希上善終

귀음가 · 歸吟歌

만경창파 일엽편주 • 萬頃滄波 一葉片舟
일신고대 부운귀처 • 一身高臺 浮雲歸處

앵상유지 편편황금 • 鶯上柳枝 片片黃金
장성귀로 처자석정 • 長城歸路 妻子惜情

- 만경창파에 한 잎사귀 외로운 조각배로고!
- 이 한몸 높은 누대에 뜬구름 돌아가는 곳에 외로운 길손이렷다.
- 꾀꼬리 버들가지에 오르니 온 가지마다 조각조각 황금빛
- 오늘 장성길 돌아가는 길에 처자는 슬픈 눈으로 애석한 정 보내네!

그대에게 하늘이 정해준 명은 68세가 옥경(玉京)에 돌아가는 시간이로다. 만일 이때의 사운(死運)을 요행히 면한다면 77세에 당도하여 천상에 오름은 의심할 바 없도다.

이 사람의 타고난 질환은 다리(神經痛)로 인한 장환(長患)과 풍습(腦溢血, 中風)이니 이를 조심하라.

이와 같은 질환으로 몸이 병들어 파리하게 된즉 북쪽이나 동쪽으로 가서 약을 쓸 것이요,

쥐(子)·말(午)·토끼(卯)·닭(酉)해에 신상에 병마(病魔)가 찾아들 것이요, 그대가 수명을 마칠 때는 독자의 종신이 분명하고 70세를 넘은 나이에 편안한 죽음을 맞게 되리로다.

초귀 · 艸歸

관찰정명 희년무의 · 觀察定命 希年無疑
차명가순 혼비북망 · 此命可旬 魂飛北邙

뇌풍간열 신지주색 · 腦風肝熱 愼之酒色
차병입신 방문서남 · 此病入身 訪問西南

용사마양 가신중병 · 龍蛇馬羊 可愼重病
낙수상명 이녀종견 · 落水喪明 二女終見

귀음가 · 歸吟歌

천리고객 추월와정 • 千里孤客 秋月臥亭
욕지평생 불향삼운 • 欲知平生 不享三運

낙일서천 사인비인 • 落日西天 似人非人
화급동량 연자안거 • 火及棟樑 燕子安居

- 천리 외로운 손이 가을 달 아래 수수(愁愁)히 정자에 누웠도다.
- 그대의 평생일을 알고자 할진댄 지난날 세 번의 좋은 운을 다 누리지 못했구나.
- 떨어지는 날 서편 하늘에 사람이 비슷하나 정녕 사람이 아니로고.
- 타는 불기둥과 들보에 미치니 철없는 제비 새끼들 어찌하면 좋을꼬?

그대의 정명을 살펴보건대, 가히 70당년이 분명하도다. 다만 이 해를 잘 넘긴 즉 10세를 더한 80세에 혼백이 북망산에 날으리라.

이 사람의 타고난 질병은 뇌병과 풍병이지만, 특히 간이 열하니 평소 주색을 삼감이 마땅하리로다.

만일 이와 같은 질병이 몸에 들면 서쪽이나 남쪽을 찾아가서 약을 물을 것인 즉 용(辰) · 뱀(巳) · 말(午) · 양(未)의 해에 임하여 중병을 조심할 것이요, 수기가 떨어지고 눈빛을 잃을 때는 반드시 두 여자가 임종을 지켜보리로다.

산귀 · 山歸

군지팔자 도가지명 · 君之八字 道家之命
세종지시 우마견월 · 世終之時 牛馬犬月

약봉용사 채약봉래 · 若逢龍蛇 採藥蓬萊
풍뇌심허 요병신지 · 風腦心虛 尿病愼之

문약북로 행봉명의 · 問藥北路 幸逢名醫
성상당년 상천열반 · 聖上當年 上天涅槃

귀음가 · 歸吟歌

초혜혜혜 전정기초 · 草兮兮兮 前庭其草
회고일생 몽중환몽 · 回顧一生 夢中幻夢

청산세우 창응거두 · 靑山細雨 蒼鷹擧頭
모도금행 수운지시 · 暮途今行 誰云指示

- 풀이여! 풀이여! 예나 지금이나 뜰 앞에 그 풀이로다.
- 지난 생 돌아보니 꿈 가운데 환몽이로고!
- 청산 속 가는 비에 푸른 뫼 머리를 들고,
- 이제 저문 길 향하는 길손에게 뉘라서 정토길을 일러줄꼬.

그대의 타고난 말지는 도가(道家)의 명이 분명하도다. 본래 세상을 끝마치는 임종의 시기를 가늠하여 보건대 말(午)이나 개(戌)의 달이 될 것이며, 혹 용(辰)이나 말(午)의 해에 당도하여 봉래산에 선약(仙藥)을 캐러 갈 것인즉 그해(年度)를 삼가 조심하고 일생에 풍병이나 뇌병이 위험하며 특히 심장이 허약하고 요도(糖尿, 子宮)의 질환을 주의함이 마땅하도다.

만일 이와 같은 질환이 발생했을 때는 거처로부터 북쪽 길에 가서 약을 물은 즉 다행히 명의를 만날 것이요,

이 사람에게 하늘에서 내려준 원명은 80당년에 이르러 천상에 올라 열반하리로다.

해귀 · 海歸

군지정명 성수감삼 · 君之定命 聖壽減三
슬하자손 이지봉촉 · 膝下子孫 二枝奉燭

칠칠당년 승학상천 · 七七當年 乘鶴上天
춘종추과 일장춘몽 · 春種秋果 一場春夢

비허신간 이연장환 · 脾虛神肝 爐延長患
약불차액 감수풍혈 · 若不此厄 減壽風血

귀음가 · 歸吟歌

야우행객 회고진퇴 · 夜雨行客 回苦進退
기루창파 일고불래 · 幾淚滄波 一顧不來

백일청천 음운몽몽 · 白日靑天 陰雲朦朧
함구절치 천한미신 · 含口切齒 千恨未伸

- 밤비 내리는 길 행하는 길손이여! 지난 명을 문득 돌아보니 진퇴간에 괴로웠도다.
- 창파에 뿌린 눈물 그 얼마나 되었던가, 한번 돌아가면 다시 오지 못할 길을!
- 백일 청천에 가리운 구름비 오늘 따라 음울하고 몽몽한데,
- 입을 꽉 물고 이를 갈아도 일천 한을 다 못 풀겠네.

그대에게 하늘이 내려준 명은 80세에서 3년을 감했도다.

임종시에 슬하의 자손은 두 가지(二孫)가 향촉을 밝힐 것인즉, 77세에 당도한 해에 임하여 홀로 학을 타고 천상에 오르리로다.

봄에 씨 뿌리고 가을에 열매를 거두는 것도 이제 하나의 봄 꿈이 되었도다.

이 사람의 일생 질환은 비위가 허하고 간이 열하여 신경통으로 다리와 허리, 무릎의 통환(痛患)으로 오랜 장환이 있을 것인즉 만일 이 사람에게 이와 같은 질병이 없다면 마땅히 중풍과 혈압으로 그대의 천수(天壽)를 감하리로다.

풍귀 · 風歸

군지명찰 고목회춘 · 君之命察 枯木回春
순봉신진 혼비가외 · 順逢申辰 魂飛可畏

차운과지 성수제이 · 此運過之 聖壽除二
경신계구 가신액회 · 庚辛鷄狗 可愼厄會

내장암종 문의자방 · 內臟癌腫 問醫子方
독룡반석 공덕부주 · 毒龍蟠石 供德符呪

귀음가 · 歸吟歌

일입운중 일하불명 · 日入雲中 日何不明
풍전고객 비여일엽 · 風前孤客 比如一葉

방병대종 편작난의 · 方病大瘇 扁鵲難醫
백옥락점 차명고언 · 白玉落點 此命孤言

- 해가 구름 가운데 들었으니 어찌 날이 밝으리요?
- 바람 앞에 떨어지는 외로운 생! 한 잎새 낙엽과 같아라.
- 병들고 종기 나니 편작인들 무슨 수로 고치랴!
- 흰 옥에 떨어진 점은 정녕 고독한 명이었음을 말함이여!

 그대에게 하늘이 내려준 명을 살펴보긴대 고목나무에 미치 봄이 돌이온 격이요, 60대에 이른 원숭이(申)나 용(辰)의 해를 만나 혼백이 구천에 날아갈까 두렵도다.
 만일 다행히 이 운을 넘긴다면 80세에서 2를 제한 수가 그대의 정명(定命)이로다.
 특히 해(年度)의 첫머리에 경(庚)이나 신(辛)이 보이거나 연지에 닭(酉)이나 개(戌)의 해를 만난즉 병액이 회집(會集)할 터이니 삼가 몸을 조심해야 할 것이요,
 이 사람의 일생에 타고난 질환은 내장으로 인한 질병이나 암이 두려운 명인즉 마땅히 거주지에서 북방에 있는 의원을 찾아가 몸을 구해야 할 것이로다.
 마치 독룡이 돌멩이 위에 웅크리고 있는 격이니 늘 공덕을 쌓고 음덕을 베풀어 부주(符作이나 呪文)로 명을 다스림이 가(可)하리로다.

운귀 · 雲歸

과년칠사 개시허몽 · 過年七四 皆是虛夢
조업춘설 고득전재 · 祖業春雪 苦得錢財

광음소멸 일몽로생 · 光陰消滅 一夢盧生
인신곤두 우연득병 · 寅申坤頭 偶然得病

병득거북 보명축액 · 病得去北 保命逐厄
곤문명의 승상백운 · 坤門名醫 乘上白雲

귀음가 · 歸吟歌

과년생광 유사표풍 · 過年生光 有似飄風
일모서천 망망해로 · 日暮西天 茫茫海路

희비쌍선 쟁재허송 · 喜悲雙船 爭財虛送
세본운하 홍로낙설 · 世本云何 紅爐落雪

- 지나간 삶의 빛 한오라기 회오리 바람 같았도다.
- 어느덧 서천에 해 저무니 바닷길이 망망쿠나.
- 희비쌍선에 몸 싣고 재물 다투며 보낸 세월!
- 인간 세업이 다 무엇이더냐. 붉은 화롯불에 떨어질 한 조각 눈인 것을!

지나간 74년이 도무지 허망한 꿈! 부모로부터 물려받은 조업은 마치 봄눈 녹듯 없어지고, 고생 가운데 겨우 얻은 돈과 재물도 이제 광음에 사라지니 이것이 한낱 노생의 꿈이 아니고 무엇이랴!

호랑이(寅)나 원숭이(申) 해(年度)와, 햇머리(年干)에 경(庚)·신(辛)이 붙은 해에는 우연히 병을 얻게 될 것인즉 만일 이때 병을 구제하려거든 즉시 북쪽으로 가서 명을 보존(救命施食)하고 액을 쫓을 것이요, 이르노니 서쪽으로 향한 문(西向門)의 명의를 구하여라.

다만 74세 당년에 백운을 타고 천상에 오르리로다.

우귀 · 雨歸

석양귀로 삼과봉촉 · 夕陽歸路 三果奉燭
희중신계 안광락지 · 希中辛癸 眼光落地

대소장환 폐담신지 · 大小臟患 肺膽愼之
차병신질 용약리진 · 此病身疾 用藥離震

진술축미 액회가신 · 辰戌丑未 厄會可愼
희오추동 고문염라 · 希五秋冬 叩門閻羅

귀음가 · 歸陰歌

석양혼객 휴공망망 • 夕陽昏客 携恐忙忙
염천귀로 춘광추색 • 炎天歸路 春光秋色

일조청광 순식간사 • 一朝淸光 瞬息間事
피운견월 구천조명 • 披雲見月 九天照命

- 석양빛 저문 황혼의 길손이 지팡이 끌기를 몹시 바쁘게 하네.
- 더운 하늘 돌아가는 길가, 사방은 온통 봄빛과 가을빛이요.
- 하루 아침 맑은 빛도 찰나간의 일!
- 구름을 헤치고 달을 바라보니 문득 구천에 명이 비쳐드이.

    석양길〔죽음길〕 돌아가는 때에는 삼과〔三果, 三孫〕가 향촉을 밝힐 것이요, 그대의 명이 70세에 당도한 신(辛) · 계(癸) 년에 이르러 눈빛이 땅에 떨어지리라.
    이 사람에게 일생의 병으로는 대장과 소장의 질환이 두렵도다. 임종시에는 폐와 담병을 조심할 것이며, 만일 이와 같은 질병이 들었을 때는 동쪽이나 남쪽으로 난 병원 문을 두드림이 마땅하리로다.
    용〔辰〕 · 개〔戌〕 · 소〔丑〕 · 양〔未〕의 해에 병액이 모일 터인즉 삼가 주의할 것이며 그대에게 하늘이 내려준 수명은 75세가 분명하이.
    당년에 추(秋) 8월이나 겨울 동지 추운 날에 염라문을 홀로 두드릴 것이로다.

뇌귀 · 雷歸

황혼귀시 이지특발 · 黃昏歸時 二枝特發
우연득병 삼순병상 · 偶然得病 三旬病床

정명지수 칠삼당년 · 定命之數 七三當年
기년가팔 혼우삼산 · 其年加八 魂雨三山

심허간열 뇌풍신지 · 心虛肝熱 腦風愼之
곤신북방 이제신액 · 坤申北方 以濟身厄

귀음가 · 歸陰歌

추기동산 심동소족 • 秋起東山 心動疎足
노안대경 반시난심 • 老顔對鏡 反是亂心

광대천지 납리하왕 • 廣大天地 納履何往
전도황황 불도속귀 • 前途荒荒 佛道速歸

- 동산에 가을빛 비쳐드니 바쁜 걸음 재촉하네.
- 이제 늙은 얼굴로 새삼 거울을 대하니 도리어 어지러운 마음만 이는구려.
- 넓고 넓은 천지 사방에 신을 메고 어디로 갈 것인가?
- 앞길이 갈수록 창창하니 속히 불도에나 귀의함이 어떠리!

그대 수명이 다하여 횡혼으로 기우는 때에 어느덧 두 가지〔二孫〕가 영화롭게 피었도다.

우연히 병을 얻어 삼순〔三旬, 30日〕 동안 병상에 누운 몸이 될 것인즉 하늘이 그대에게 내려준 정명은 73세가 분명하지만 만일 그 해를 무사히 넘긴다면 8년을 더한 81세에 이르러서 비오는 날 그대 혼백이 홀연히 삼산에 오르리로다.

일생에 심장이 허하고 간이 열하며 특히 뇌의 질환이나 풍〔中風, 腦溢血〕이 두려운 명인즉 이 병을 삼가 조심할 것이며 만일 이와 같은 질환을 앓게 된즉 즉시 서남방이나 정북방의 의원을 찾아가 약을 쓰고 몸을 구함이 마땅하리로다.

금귀 · 金歸

천정세월 칠십구년 · 天定歲月 七十九年
찰나인생 제다허망 · 刹那人生 諸多虛妄

봉두임계 가지액회 · 逢頭壬癸 可知厄會
귀처마우 병문곡성 · 歸處馬牛 病門哭聲

비한간경 풍습신지 · 脾寒肝硬 風濕愼之
동남문방 필봉신의 · 東南問方 必逢神醫

귀음가 · 歸陰歌

망망창해 과풍고범 • 茫茫蒼海 過風孤帆
춘광중음 기색난수 • 春光重陰 其色難秀

강호귀범 도가원성 • 江湖歸帆 棹歌遠聲
승사도해 황룡부주 • 乘槎渡海 黃龍負舟

- 망망한 푸른 바다 위에 바람 만난 외로운 돛배여!
- 봄빛은 거듭 그늘에 가렸으니 고운 빛 빼어나기 어려울레라.
- 강호로 돌아가는 배에 노젓는 어옹의 애끓는 도가(棹歌)마저 멀어진 채,
- 떼를 타고 창해를 건너니 황룡이 다가와 배를 지고 인도하네.

하늘이 그대에게 내려준 수명은 79세로다. 찰나간에 사라질 광음과 같은 인생이 어찌 길다고 할 수 있으랴.

도무지 다 무상하여 허망한 것이로고!

다가오는 햇머리(年干)에 임(壬)·계(癸) 자가 붙은 해에 액이 모여 들어옴을 가히 미루어 알겠도다.

그대가 돌아가는 곳(死地)은 남쪽 방위이며, 지지는 말(午)이나 소(丑)의 해가 분명하니 이때를 당도하여 병문(病門)에 곡성이 들이치리로다.

일생 비위(胃)가 한습하고 간이 경색(硬塞)될까 두려운 명이며 특히 바람(中風)이나 습병(性病·糖尿·皮膚病)을 조심하여라. 만일 이같은 병을 얻었을 때는 거처로부터 동쪽이나 남쪽 방위를 찾아가 물은즉 반드시 신의(神醫)를 만나게 되리로다.

공귀 · 空歸

정명지운 희중무기 · 定命之運 希中戊己
제방명의 약석무효 · 濟方名醫 藥石無效

여뢰인생 개시허망 · 如雷人生 皆是虛妄
혼귀구천 상봉염라 · 魂歸九天 上逢閻羅

토마년월 낙지안광 · 兎馬年月 落地眼光
두상회곡 이지광영 · 頭上會哭 二枝光榮

귀음가 · 歸吟歌

노성광락 연명하언 • 老星光落 淵明何言
욕보천수 기욕포력 • 欲保天壽 棄欲布力

만리장성 거거태산 • 萬里長城 去去泰山
조고북망 신건모옥 • 早顧北邙 新建茅屋

- 늙은 별빛 쇠하여 땅에 떨어지니 도연명인들 무슨 말을 할꼬?
- 그대 타고난 천수 고이 보존하고 싶거든 모든 욕(慾) 다 버리고 보시에나 힘쓰게.
- 만 리나 되는 길 갈수록 태산이거니,
- 속히 일찍 북망산에 돌아가 뗏집이나 새로이 엮게나!

    그대에게 하늘이 내려준 수명은 70세에 이른 무(戊)·기(己) 년이로다. 몸에 병이 침노하매 사방 천지에 이름 있는 의원의 처방을 받았으나 정성은 간 곳 없고 약석(藥效)이 무효로다.
    찰나간에 스러질 번개와 같은 인생이여! 모든 것이 다 허망한 일이로다.
    혼백은 홀로 외롭게 구천을 날아서 천상에 올라 염라왕을 만날 것인즉,
    토끼(卯)나 말(午)이 닿는 연월에 눈빛이 땅에 떨어지니 머리맡에 사람들이 모여 앉아 곡성을 발하는데 홀연히 주위를 돌아보니 두 가지(二孫)만 남아서 영화로운 빛을 발하리로다.

● 김일성 歸命歌

정운묘연 칠팔양계 • 定運杳然 七八羊鷄
정해진 운수 묘연하여 칠월이나 팔월, 양이나 닭날

약과기운 희상가팔 • 若過其運 喜上加八
만일 그 운을 넘긴다면 80에 8을 더하니 팔팔세가 분명하리.

계명견폐 횡액전신 • 鷄鳴犬吠 橫厄纏身
닭 울 때 개 짖는 해에 횡액이 온몸을 얽을지니,

계명견폐 횡액전신 • 白晝金聲 虛空凋裂
대낮에도 김씨 성 부르는 곡소리만 북녘 하늘 찢누나!

※ 참고 : 1994(갑술)년 7월이나 8월 양이나 닭날 계명 축시(새벽1시~3시 사이)에 사망할 것이다.
(1990. 5.『인물계(人物界)』『역단(易斷)』)

● 등소평 歸命歌

군지정명 미년귀시 • 君之定命 米年歸時
그대에게 하늘이 내려준 명은 팔팔 세가 복경에 돌아가는 시간이로다.

가면사운 구십일수 • 可免死運 九十一數
만일 이때의 사운을 요행히 면한다면 구십일 세가 되리로다.

진술축미 신대수질 • 辰戌丑未 身帶壽疾
용·개·소·양 달에 신상에 병마가 찾아들지니,

화급동량 하사종풍 • 火及棟樑 何事宗風
타는 불기둥과 들보에 미쳐 종묘에 부는 바람 어찌하면 좋을꼬.

저자의 말

일찍이 옛사람(古人)은, "달을 보았거든 손가락 보기를 놓아버리고 집에 돌아왔거든 길을 묻지 마라."고 일렀다.

우주에 현존하는 천지만물은 서로가 연(類類相緣)이 되어 잠시 어떠한 사물을 이루었다가 종국에는 그것들끼리 흩어져 빙소와해(氷消瓦解)! 홀연히 없어지고 마는 것이기에 이 모두 생각하면 세상만사가 다 부질없는 마음 장난(八字所關)으로서 고락·성쇠가 한량없이 바뀌지는 유식(唯識)이며 하나의 몽환이랄 수밖에. 하지만 필자의 소의는 독자들께서 『육갑경(六甲經)』의 제반 이치를 두루 꿰뚫어 '역의 진의'를 터득함으로써 태고의 상생처인 본향에 도달하기 위한 하나의 방편임을 분명히 밝혀둔다.

회려하건대, '역(易)을 정확히 단(斷)'한다는 것은 지극히 신변이사(神變離事)하고 위험한 작위이다.

이와 같은 허중사(虛中事)를 식정(識情)으로만은 다 완각할 수 없는 것이기에, 천학소기(淺學小器)한 이 사람이 인간의 일생 운명을 논단했다는 것, 이 또한 참으로 고소를 금치 않을 수 없다.

그러나 이 글 인격수양서(人格修養書)는 시간이 흐를수록 빛을 더하여 많은 사람, 눈 밝은 이들의 애호물(愛護物)로 두고두고 읽혀질 줄 믿는다.

다만 고백하지만,
이 글은 어쩌면 가장 천스런 글이라고 삼가 말하겠다.
왜냐?
그것은 필자 자신이 '나'라고 하는 자신을 완전히 탈각하지 못했기 때문이다.

돌이켜보건대, 오늘날 우리 인간의 존재 가치는 엉뚱하게도 나를 잘못 고집(意識)했던 까닭에 지금까지도 인류의 생존 역사가 아수라(阿修羅)와 같은 불행의 수레바퀴(輪廻) 위에 비틀리고 꼬이게 된 것이 아닐까?

너나 할 것 없이 내가 있기에 모든 것이 존재하고 있다고 하는 그러한 고착된 생각(我執) 말이다.

초연한 자기 방착은 인간 태고의 밑뿌리, 곧 인간 본능의 인업이 있기에 불가능하다고 단언한 사람도 없지 않겠지만 한편 생각하면 삼생(三生, 三界)을 자신만 주장하고 '내 것'만 고집하던 버릇(習)의 뿌리가 아직 남아 흔들고 있기에 하루 아침에 대오방착(大悟放着)하기란 실로 어려운 일이기도 하다.

그러면 문제는 '현실을 불기(不棄)!' 나를 당장 놓아버리고 어떻게 살라는 말이냐? 하고 당신은 즉시 반문할 것이다.

그 답에 대해선 필자 자신도 감히 혀를 내두를 수 없다.

다만 그것은 내 스스로가 본아(本我)의 청징(淸澄)한 자리에 도달하기 전까지는 그 답, 그 해결점은 너무도 요원(遼遠)한 허공중(虛空中)의 '뚜렷한 마음 원(圓)'인 나 자신의 문제들이기 때문이며 이 묘난사(妙難事)만은 분명 석가·예수·공자도 그 답을 명쾌하게 일러줄 수 없는 불가당착한, 오직 본인 자신의 방중사(房中事, 屋裏事)인 까닭이다.

그래서 부득이 『육갑경(六甲經)』을 답습한 뒤 각자 팔자귀정처(八字歸定處)를 알아 이 생각 저 생각, 이 물건 저 물건 다 놓아버리고 내 고장이며 우주의 본향인 이 마음 집(心原 : 古宅)으로 돌아오는 종종걸음이라.

돌(咄)!

둥근 달은 오늘따라 머리 위에 유난히 밝았는데,
흰 눈에 덮인 산야는 한없이 고요하고녀!
웃노라! 코웃음에 천지는 금세 무색해졌다.
그대! 이르노니, 그 무색을 보았는가!

餘滴 〔여적 : 글을 다 쓰거나 그림을 다 그리고 남은 머물, 즉 여록(餘錄), 덧붙이는 글.〕

見則盲 不見則亦盲, 見不見 未生前眼?
好好好！ 非非非！ 是是是！
月白風淸 秋一色이로다.

봐도 눈멀고 못 봐도 눈먼다.
보든 못 보든 태어나기 이전의 그 눈?
좋아, 좋아, 좋아! 아니야, 아니야, 아니야! 그렇지, 그렇지, 그렇지!
달 희고 바람 맑으니 온 천지가 가을색이로다.